W0292560

Manfred Böttcher

WEG UND ZIEL der Gemeinde Jesu

ADVENT-VERLAG · HAMBURG

Titelbild: Hans Rudolf Uthoff
Einbandgestaltung: H. Baensch

Advent-Verlag GmbH, Grindelberg 13–17, 2000 Hamburg 13
Verlagsarchiv-Nr. 1239 1281
Gesamtherstellung: Grindeldruck GmbH, Hamburg 13
Printed in Germany – ISBN 3–8150–0183–8

Inhaltsverzeichnis

Vorwort 7

1 Warum das letzte Buch der Bibel einem Christen nicht gleichgültig sein kann 9
Entstehung, Sinn und Bedeutung der Offenbarung

2 Die Offenbarung – eine Botschaft an die Gemeinde 15
Offenbarung 1

3 Das Sendschreiben Christi an die Gemeinde Ephesus 34
Offenbarung 2, 1–7

4 Die Sendschreiben Christi an die Gemeinden Smyrna und Pergamon 44
Offenbarung 2, 8–17

5 Die Sendschreiben Christi an die Gemeinden Thyatira und Sardes 58
Offenbarung 2, 19–29; 3, 1–6

6 Die Sendschreiben Christi an die Gemeinden Philadelphia und Laodicea 73
Offenbarung 3, 7–22

7 Der Thron Gottes, das Lamm und das versiegelte Buch 90
Offenbarung 4 und 5

8 Die apokalyptischen Reiter 106
Offenbarung 6, 1–17; 8, 1

9 Die Versiegelten und die unzählbare Schar 130
Offenbarung 7

10 Sieben Posaunen künden Gottes Gericht an 146
Offenbarung 8, 2–13; 9, 1–21; 11, 15–19

11 Der Engel mit dem offenen Büchlein 174
Offenbarung 10

12 Das Messen des Tempels und die beiden Zeugen 187
Offenbarung 11, 1–14

13 Die Gemeinde in der Auseinandersetzung
zwischen Christus und Satan 201
Offenbarung 12

14 Die Gemeinde der Übrigen
im Kampf mit Antichrist und falschem Propheten 218
Offenbarung 13

15 Gottes letzte Botschaft an die Menschheit 242
Offenbarung 14

16 Das Siegeslied am kristallenen Meer
und die sieben Plagen 268
Offenbarung 15 und 16

17 Das göttliche Urteil und Gericht über Babylon 291
Offenbarung 17 und 18

18 Das Hochzeitsmahl des Lammes 317
Offenbarung 19

19 Die Austilgung der Sünde aus dem Universum 329
Offenbarung 20

20 Die Heimat der Erlösten wiederhergestellt 343
Offenbarung 21, 1–27; 22, 1–5

21 Abschließende Worte der Offenbarung 361
Offenbarung 22, 6–21

Quellenverzeichnis 373

Eingesehene Literatur 378

Vorwort

Das letzte Buch der Bibel, die Offenbarung, ist gewiß nicht ein Buch mit sieben Siegeln, das dem menschlichen Verständnis entzogen ist. Die Gemeinde Jesu hat dieses Buch im Laufe ihrer langen Geschichte auf dem Hintergrund ihrer Zeit immer wieder neu ausgelegt und daraus Trost und Zuversicht gewonnen. Die entscheidende Botschaft dieses Buches ist bei allen Visionen und atemberaubenden Bildern klar: Sieger der menschlichen Geschichte ist Jesus Christus, und seine Gemeinde hat trotz Anfechtung und Versuchung, trotz Verfolgung und Tod an diesem Sieg Anteil. Diese Welt hat ein gutes Ende; denn die letzten Kapitel der Offenbarung schildern eine erneuerte Erde, auf der alle leben, die sich zu Christus halten.

Als die Adventgemeinde Mitte des vorigen Jahrhunderts ins Leben trat, zog sie ihre Existenzberechtigung auch aus dem Verständnis der prophetischen Bücher der Bibel, vor allem des Buches Daniel und der Offenbarung. Diese Überzeugung setzte die Kraft zur Hingabe für Jesus und zum missionarischen Dienst frei. Die Adventgemeinde hat also immer eine besondere Beziehung zum letzten Buch der Bibel gehabt. Manfred Böttcher hält in seiner hier vorgelegten Auslegung die historisch gewachsene adventistische Auslegung fest und sucht sie in seelsorgerlich-evangelistischer Weise zu aktualisieren. Die Grundlinien der adventistischen Offenbarungsauslegung greifen traditionelle protestantische Auslegungen auf und setzen sie fort.

Das Buch der Offenbarung will zeigen, „was in Kürze geschehen soll", wie es im ersten Vers heißt. In großen Umrissen zeigt es die Entwicklung einer Welt, die von Verfolgung, Kriegen, Tyrannei und Naturkatastrophen heimgesucht wird und in deren Mitte sich die Gemeinde Jesu bewähren und behaupten muß. Was der Gemeinde Jesu bei aller Anfechtung die Kraft zum Durchhalten gibt, ist die Hoffnung auf den wiederkommenden Herrn. Mit der tiefen Sehnsucht „Ja komm, Herr Jesus!“ endet mit ihrem letzten Buch die ganze Bibel.

Die Offenbarung wird sich dem Leser als das erweisen, was sie für die Gemeinde Jesu aller Zeiten war: als Trostbuch Gottes!

Der Herausgeber

1 Warum das letzte Buch der Bibel einem Christen nicht gleichgültig sein kann

(Entstehung, Sinn und Bedeutung der Offenbarung)

Vor etwa 1900 Jahren wurde das letzte Buch der Bibel, die Offenbarung, geschrieben. Welche Bedeutung hat sie für uns? Oft wird für Offenbarung auch der griechische Name „Apokalypse“ verwendet. Müssen wir nicht aufhorchen, wenn der Gemeinde inmitten der Verborgenheit der Wege Gottes, die wir nicht begreifen, inmitten aller Dämonie der Bosheit ein Buch geschenkt ist, das „Offenbarung“ heißt?

Bibelübersetzer haben die letzte neutestamentliche Schrift „Die Offenbarung des Johannes“ genannt; doch damit wird bereits den ersten Worten dieses Buches widersprochen. Es ist „die Offenbarung Jesu Christi“ (Offb. 1, 1). So lautet der eigentliche Titel dieses Buches, des einzigen in der Bibel, das den Namen Christi trägt. Jesus Christus, der Herr der Gemeinde, steht aber nicht nur am Anfang, sondern auch am Ende der Offenbarung. „Ich, Jesus, habe gesandt meinen Engel“ (Offb. 22, 16), heißt es im Schlußkapitel.

Kann uns angesichts dieser Tatsache das letzte Buch der Bibel gleichgültig sein? Wäre es nicht vorhanden, dann gliche die Heilige Schrift einem Satz ohne Schlußpunkt. Nun aber ist durch die Offenbarung die Heilige Schrift zu einem wunderbar harmonischen Ganzen zusammengeschlossen.

Keine andere biblische Schrift stand und steht auch heute noch so im Kreuzfeuer der Fragen und Auseinandersetzungen. Bereits in nachapostolischer Zeit traten Männer auf, die die Echtheit der Offenbarung bestritten und sie verwarfen. Es gab aber auch bedeutende christliche Erweckungs- und Erneuerungsbewegungen, die darin die Botschaft des erhöhten Herrn für die Gemeinde erkannten und sie gläubig annahmen.

Gerade zu Beginn des 19. Jahrhunderts war unter den Christen vielerorts wachsende Aufgeschlossenheit gegenüber dieser prophetischen Botschaft des Neuen Testaments zu beobachten. Eng verknüpft damit war das Aufkommen der Adventbewegung in der Mitte des vorigen Jahrhunderts. Bis in die Gegenwart hinein beschäftigen sich Gläubige unterschiedlichster Konfessionen mit diesem einzigartigen Buch; ja, das Interesse ist bei vielen noch gewachsen, weil die Offenbarung die Herrlichkeit Jesu Christi enthüllt.

Wer steht im Mittelpunkt der Offenbarung?

Jesus, der Zimmermann aus Nazareth, ist der ewige Gott, durch den Himmel und Erde geschaffen sind und durch den wir ewiges Leben erlangen. Obwohl von Ewigkeit her Gott, hat er doch menschliche Gerstalt angenommen, um uns zu erretten. Er führte ein vollkommenes Leben, unbefleckt von Sünde, als er mitten unter sündigen Menschen lebte. Wenn er zum Volk redete, geschah es in Vollmacht. Das wird über 20mal in den Evangelien hervorgehoben. Dieser Jesus von Nazareth steht im Mittelpunkt der Offenbarung.

In den Evangelien wird Jesus Christus in seinem Menschsein beschrieben, in seinem Leiden und Sterben am Kreuz. Die Offenbarung aber zeigt ihn als den Erhöhten, der mit seinem Vater den Thron der Herrlichkeit teilt. Immer wieder leuchtet in den über vierzig Visionen dieses Buches die Botschaft auf: Christus kommt wieder! Er ist der Herr. Alles hält er in seinen Händen, und zuletzt wird er seine Gemeinde ans Ziel bringen. Dann wird offenbar werden, daß selbst das Widergöttliche in der Geschichte, sogar Gottes Schweigen nur Ausdruck und Bestandteil seines Wirkens für die Gemeinde war.

Die Offenbarung skizziert den Weg der Gemeinde durch die Zeiten bis hin zur Wiederkunft Jesu und zur Aufrichtung des Reiches Gottes. Sie zeigt, daß zwar Verfolgung, Abfall und Bedrängnis nicht ausbleiben werden, aber keine menschliche Macht den Plan Gottes mit seiner Gemeinde durchkreuzen kann. Bleibt sie ihrem Herrn treu, darf sie schon jetzt ihres Sieges gewiß sein.

So schenkt die Offenbarung der Gemeinde in den Tagen der Verfolgung Trost und Mut; und in den Zeiten scheinbarer Sicherheit warnt sie vor drohenden Gefahren und den Folgen, die sich aus geringfügig erscheinenden Abweichungen vom Wort Gottes ergeben. Was den Gläubigen vergangener Zeiten Zuversicht und Hilfe war, gilt ebenso für jene Christusnachfolger, die in den Tagen vor der Wiederkunft des Herrn leben.

Es geht also in der Offenbarung nicht zuerst um die Enthüllung künftiger Geschehnisse, sondern um die Offenbarung dessen, der Vergangenheit, Gegenwart und Zukunft in seinen Händen hält: Jesus Christus.

Johannes der Täufer bezeugte: „Siehe, das ist Gottes Lamm, welches der Welt Sünde trägt." (Joh. 1, 29.) Wer dieses Zeugnis über Jesus außer acht läßt, wird in der Offenbarung nur unverständliche Worte und Symbole sehen; denn die Offenbarung ist das Buch des Lammes, das „mitten zwischen dem Thron" steht (Offb. 5, 6).

29mal wird für Christus in der Offenbarung das Symbol des Lammes gebraucht und damit direkt oder indirekt darauf verwiesen, daß sein Opfer das Entscheidende in seinem Wirken für uns ist. Heute ist Christus unser Hoherpriester, der im himmlischen Heiligtum für uns vor dem Vater eintritt. Bald wird sein Mittlerdienst beendet sein, und er wird wiederkommen als „König aller Könige und Herr aller Herren" (Offb. 19, 16), um sein Volk zu sich zu nehmen.

Nicht zuletzt sollen Nachfolger Jesu durch das Studium der Offenbarung zur Anbetung geführt werden. In keinem anderen Buch des Neuen Testaments kommt das Wort „anbeten" so häufig vor, nämlich 24mal. Gleichsam in der

Mitte der Offenbarung steht die Aufforderung: „Betet den an, der gemacht hat Himmel und Erde und Meer und die Wasserbrunnen!" (Offb. 14, 7.)

Worauf haben wir bei der Auslegung der Offenbarung zu achten?

Das letzte Buch der Bibel erhebt den Anspruch, eine prophetische Schrift zu sein. Gleich in der Einleitung wird gesagt, daß es sich um die „Offenbarung Jesu Christi" handelt, „die ihm Gott gegeben hat, seinen Knechten zu zeigen, was in Kürze geschehen soll" (Offb. 1, 1). Johannes unterstreicht das wenige Zeilen später noch einmal, indem er den Inhalt der Offenbarung als „Worte der Weissagung" (Offb. 1, 3) bezeichnet. Ohne die Anerkennung göttlicher Inspiration kann es deshalb kein Verständnis dieses biblischen Buches geben.

Bei der Deutung der Offenbarung begegnen wir den gegensätzlichsten Strömungen. Die verschiedenen Auslegungen klaffen mitunter so weit auseinander, daß man annehmen könnte, es handle sich nicht mehr um ein und dasselbe Buch. Im wesentlichen sind vier verschiedene Richtungen zu unterscheiden.

Da ist zunächst die **zeitgeschichtliche Deutung**. Man geht davon aus, daß dieses Buch für das letzte Jahrzehnt des ersten christlichen Jahrhunderts geschrieben wurde. Die Bilder und Symbole werden auf geschichtliche Ereignisse jener Zeit gedeutet. So meint man zum Beispiel in dem Tier (Offb. 13, 1 ff.) Kaiser Nero zu erkennen.

Gewiß ist es notwendig, bei jeder Auslegung den historischen Hintergrund zu berücksichtigen. Auch die Offenbarung wurde zunächst für Christen geschrieben, die in einer bestimmten Zeit unter bestimmten Gegebenheiten lebten. Johannes sollte diesen seinen Zeitgenossen die göttliche Botschaft verkündigen. Darüber hinaus ist die Offenbarung aber eine Botschaft Jesu Christi an die Gläubigen aller Zeiten.

Bliebe man in der Deutung nur beim Zeitgeschichtlichen hängen, so machte man die Visionen des Johannes museumsreif und ließe den prophetischen Charakter des Buches unberücksichtigt.

Heute begegnet man häufig der **endzeitlichen oder futuristischen Deutung.** Der nachweislich erste Vertreter dieser Auslegung war der spanische Jesuit Francisco Ribera (1537–1591). Nach seiner Auffassung bezieht sich die Offenbarung hauptsächlich auf die allerletzte Zeit der Kirche und der Welt und hat deshalb in ihren entscheidenden Aussagen bis heute noch keine Erfüllung gefunden.

Die Vertreter dieser futuristischen Deutung haben wir zu fragen: Soll sich in den 1900 Jahren seit Patmos nichts ereignet haben, was als Erfüllung der Voraussagen der Offenbarung zu verstehen ist? Wird nicht in der Einleitung wie am Schluß der Offenbarung erwähnt, daß das Geoffenbarte „in Kürze" geschehen soll und daß „die Zeit nahe" ist (Offb. 1, 1. 3; 22, 6. 10)? Johannes erhielt den Auftrag zu schreiben, was er gesehen hat, „was ist, und was geschehen soll danach" (Offb. 1, 19). Ähnlich wie bei der zeitgeschichtlichen wird durch die futuristische Deutung die Botschaft im letzten Buch der Bibel entschärft.

Die **traditions- oder religionsgeschichtliche Deutung** ist die jüngste Form der Auslegung. Sie behauptet, daß die Visionen, Bilder, Gestalten und Geschehnisse der Apokalypse auf mythologischen Vorlagen beruhen.

Beim Studium der Offenbarung geht es aber letztlich nicht um religionsgeschichtliche Entdeckungen, so interessant sie sein mögen, sondern darum, daß Jesus Christus zu seiner Gemeinde spricht. Die traditionsgeschichtliche Auslegung läßt zum andern unberücksichtigt, daß in den 405 Versen der Offenbarung 505 Anführungen oder Ausdrücke aus 28 alttestamentlichen Büchern enthalten sind. Die drei bisher genannten Auslegungsformen gehen mehr oder minder auf Kosten der Gegenwartsbezogenheit der Offenbarung.

Schließlich gibt es noch die **welt- und kirchengeschichtliche Deutung**. Bereits in nachapostolischer Zeit hat man die

Offenbarung in diesem Sinn zu verstehen versucht. Joachim von Fiore (gest. 1202), die Vorreformatoren, Martin Luther und mit ihm die meisten Reformatoren haben die Offenbarung so gesehen. Diese Auslegung besagt, daß die Offenbarung wirkliche Ereignisse schildert, die in unsere Zeit hineinreichen. Wer sie so im Gesamtzusammenhang der Heiligen Schrift und des prophetischen Wortes sieht, hat in ihr ein „Licht, das da scheint an einem dunkeln Ort, bis der Tag anbreche“ und Christus, „der Morgenstern“, in seinem Herzen aufgeht (2. Petr. 1, 19).

Wir wollen uns in diesem Buch wesentlich von jener vierten Deutungsmöglichkeit der Offenbarung bestimmen lassen und davon ausgehen, daß im letzten Buch der Bibel der Gemeinde die Heilsgeschichte bis ans Ende der Zeiten, bis zur Wiederkunft Christi und zur Aufrichtung von Gottes ewigem Friedensreich skizziert wird. Dabei wird besonders auf das Verhältnis der Christenheit zu den Mächten und Kräften ihrer Umwelt eingegangen. Verhängnisvolle Fehlentscheidungen in der Christenheit werden bloßgelegt und die notwendigen Korrekturen durch Christus, den Herrn der Gemeinde, gezeigt.

Bereits das 1. Kapitel der Offenbarung macht deutlich, daß es um die Heilsgeschichte geht, in deren Mittelpunkt der Erlösungsplan und die Beseitigung der Sünde mit all ihren tragischen Folgen stehen. Wenn wir das im Auge behalten, werden wir bei der Auslegung vor Irrtümern bewahrt bleiben. Das Verständnis dieses letzten Buches der Bibel wird zunehmen, je näher wir der Wiederkunft Christi kommen. Dabei denken wir an Jesu Wort in Johannes 13, 19: „Jetzt sage ich's euch, ehe denn es geschieht, damit, wenn es geschehen ist, ihr glaubet, daß ich es bin.“ „Es verhält sich mit dieser Weissagung wie mit einem Kometen, dessen Lauf sich von Tag zu Tag, von Woche zu Woche leichter berechnen läßt, weil man zu der Erkenntnis eines immer größeren Abschnittes seiner Bahn gelangt.“ (Dächsel.) Voraussetzung allerdings ist, daß wir uns als Hörende dem Wort Gottes nahen.

Die Offenbarung – eine Botschaft an die Gemeinde

2

Offenbarung 1

1 *Dies ist die Offenbarung Jesu Christi, die ihm Gott
gegeben hat, seinen Knechten zu zeigen, was in
Kürze geschehen soll; und er hat sie durch seinen Engel
gesandt und gedeutet seinem Knecht Johannes, 2 der
kundgetan hat das Wort Gottes und das Zeugnis Jesu
Christi, alles, was er gesehen hat. 3 Selig ist, der da liest
und die da hören die Worte der Weissagung und
behalten, was darin geschrieben ist; denn die Zeit ist
nahe.*

Gruß an die sieben Gemeinden

*4 Johannes den sieben Gemeinden in der Landschaft
Asien: Gnade sei mit euch und Friede von dem, der
da ist und der da war und der da kommt, und von
den sieben Geistern, die da sind vor seinem Thron,
5 und von Jesus Christus, welcher ist der treue Zeuge
und Erstgeborene von den Toten und Herr über die
Könige auf Erden! Dem, der uns liebt und erlöst hat von
unsern Sünden mit seinem Blut 6 und hat uns zu
Königen und Priestern gemacht vor Gott, seinem Vater,
ihm sei Ehre und Gewalt von Ewigkeit zu Ewigkeit!
Amen. 7 Siehe, er kommt mit den Wolken, und es
werden ihn sehen alle Augen und alle, die ihn
durchbohrt haben, und es werden wehklagen um
seinetwillen alle Geschlechter der Erde. Ja, Amen. 8 Ich
bin das A und das O, der Anfang und das Ende, spricht*

Gott der Herr, der da ist und der da war und der da
kommt, der Allmächtige.

Der Auftrag an Johannes

9 *Ich, Johannes, euer Bruder und Mitgenosse an der*
Trübsal und am Reich und im Ausharren bei Jesus, ich
war auf der Insel, die da heißt Patmos, um des Wortes
Gottes willen und des Zeugnisses von Jesus. 10 *Der*
Geist kam über mich an des Herrn Tag, und ich hörte
hinter mir eine große Stimme wie von einer Posaune,
11 *die sprach: Was du siehest, das schreibe in ein Buch*
und sende es zu den sieben Gemeinden: nach Ephesus
und nach Smyrna und nach Pergamon und nach
Thyatira und nach Sardes und nach Philadelphia und
nach Laodicea. 12 *Und ich wandte mich um, zu sehen*
nach der Stimme, die mit mir redete. Und als ich mich
wandte, sah ich sieben goldene Leuchter 13 *und mitten*
unter den Leuchtern einen, der war eines Menschen
Sohn gleich, der war angetan mit einem langen
Gewand und begürtet um die Brust mit einem golde-
nen Gürtel. 14 *Sein Haupt aber und sein Haar war weiß*
wie weiße Wolle, wie der Schnee, und seine Augen
wie eine Feuerflamme, 15 *und seine Füße gleichwie*
goldenes Erz, das im Ofen glüht, und seine Stimme wie
großes Wasserrauschen; 16 *und er hatte sieben Sterne*
in seiner rechten Hand, und aus seinem Munde ging
ein scharfes, zweischneidiges Schwert und sein Ange-
sicht leuchtete, wie die Sonne scheint in ihrer Macht.
17 *Und als ich ihn sah, fiel ich zu seinen Füßen wie ein*
Toter; und er legte seine rechte Hand auf mich und
sprach zu mir: Fürchte dich nicht! Ich bin der Erste und
der Letzte 18 *und der Lebendige. Ich war tot, und siehe,*
ich bin lebendig von Ewigkeit zu Ewigkeit und habe die
Schlüssel der Hölle und des Todes. 19 *Schreibe, was du*
gesehen hast, und was ist, und was geschehen soll
danach. 20 *Das Geheimnis der sieben Sterne, die du*
gesehen hast in meiner rechten Hand, und die sieben

goldenen Leuchter: die sieben Sterne sind Engel der sieben Gemeinden, und die sieben Leuchter sind die sieben Gemeinden.

Die Offenbarung Jesu Christi ist einzigartig unter den biblischen Büchern, sowohl in ihrem äußeren Aufbau, ihren Symbolen als auch im Inhalt. Sie ist gegeben von Gott dem Vater und von Jesus Christus, durch die allein uns göttliche Offenbarungen zuteil werden. Johannes empfing sie durch „seinen Engel" (Offb. 1, 1), in dem wir vermutlich Gabriel zu sehen haben. Diesen Engel hatte Gott schon früher mit der Übermittlung entscheidender Botschaften im Zusammenhang mit dem Erlösungsplan betraut. So unterrichtete er den Propheten Daniel, damit dieser die von Gott gegebenen Gesichte verstehen konnte. Er war es auch, der die Geburt Jesu ankündigte. (Dan. 8, 16–27; 9, 21–27; Luk. 1, 19. 26.)

Wer schrieb die Offenbarung?

Hinsichtlich der Verfasserschaft braucht es kaum Fragen zu geben. Johannes nennt sich selber dreimal als Schreiber der Offenbarung (Offb. 1, 4. 9; 22, 8). Sein Name bedeutet soviel wie „Gott ist gnädig". Er ist es, „der kundgetan hat das Wort Gottes". Das vierte Evangelium und die drei neutestamentlichen Briefe tragen zwar auch seinen Namen, aber nur in der Offenbarunng stellt er sich als Verfasser vor. In seinem ersten Brief erklärt Johannes, daß er das „Wort des Lebens" mit seinen Augen gesehen und mit seinen Händen betastet hat. In der Einleitung seines Evangeliums spricht er von dem „Wort" (griech. „logos"), das bei Gott war, und fährt fort: „... und Gott war das Wort... Und das Wort ward Fleisch und wohnte unter uns." (Joh. 1, 1. 14.) Alle Schriften des Johannes dienen dem einen Ziel: „... daß ihr glaubet, Jesus sei der Christus, der Sohn Gottes, und daß ihr durch den Glauben das Leben habet." (Joh. 20, 31.)

In der frühen Kirche wurde kaum bezweifelt, daß Johannes der Verfasser der Offenbarung ist. Das bezeugen Papias, Justin der Märtyrer, Irenäus und Melito, Bischof von Sardes (gest. 190). Eusebius von Cäsarea, einer der frühen Kirchengeschichtsschreiber, erwähnt den „Ältesten" Johannes als Verfasser der Offenbarung. In seinem 2. und 3. Brief bezeichnet sich Johannes selbst als „der Älteste". Es gibt keinen ernstzunehmenden Grund, daß Johannes, „der Älteste", und Johannes, der Evangelist, nicht auch die Offenbarung geschrieben hat. Allerdings trat gegen Ende des 2. Jahrhunderts eine kleine Gruppe innerhalb der Christenheit auf, die sogenannten Aloger, die aus dogmatischen Gründen die Verfasserschaft des Jüngers Johannes bestritt. Man schrieb die Offenbarung dem Johannesgegner Kerinthos in Ephesus zu.

Später bezweifelten auch Dionysius von Alexandrien (um 250) und Eusebius von Nikomedien (340), daß Johannes die Offenbarung geschrieben habe. Diese Männer verhehlten nicht ihr Mißbehagen dem Inhalt dieses Buches gegenüber. Da man sich nicht frei fühlte, einen Apostel Jesu Christi anzugreifen, schrieb man kurzerhand das letzte Buch der Bibel einem anderen Johannes zu. Man begründete das damit, daß in Offenbarung 1, 1 und an anderen Stellen nicht geschrieben stehe: „Johannes, der Apostel".

Als das Christentum zur Staatskirche geworden war und infolge seiner glänzenden Beziehungen zum Kaiserhaus fest in der Welt stand, hatte man verständlicherweise wenig Sinn für die Botschaft dieses Buches. Was sollte man mit einer Schrift anfangen, die 14 Wehe über die Welt ausruft und in der Bitte gipfelt: „Komm, Herr Jesus!"?

Wenn auch heute die meisten Theologen Zweifel an der Verfasserschaft des Johannes hegen, so muß doch festgehalten werden, daß das Werk seit frühesten Zeiten mit der größten Selbstverständlichkeit als Schrift des Apostels Johannes, des Sohnes des Zebedäus, gelesen wurde. Die ältesten kirchlichen Verzeichnisse der biblischen Bücher aus dem 2. Jahrhundert nennen sämtlich die Offenbarung mit Johannes als ihrem Schreiber.

Wie hätte auch das Buch irgendeines unbekannten Johannes solch ein Echo finden können? Welchen anderen Johannes gab es denn in jener Zeit, der so viel Einfluß und Autorität in der apostolischen Gemeinde ausübte, daß er eine solche Botschaft an sie hätte richten können? Darüber hinaus war der Verfasser der Offenbarung – soweit bekannt ist – die erste Person in der Kirchengeschichte, die als „theologos", als Theologe, bekanntgeworden ist.

Entsprechend der frühkirchlichen Überlieferung war Johannes der letzte Überlebende der zwölf Apostel. Alle anderen hatten den Märtyrertod erlitten. Johannes wurde nach Rom vor Gericht geladen und vor Kaiser Domitian seines Glaubens wegen verhört. Seine Worte übten eine solch starke Wirkung aus, daß seine „Zuhörer erstaunt waren über seine Weisheit und seine gewandte Rede". Das Zeugnis, das Johannes ablegte, war so geistesmächtig, daß es nicht entkräftet werden konnte. Kaiser Domitian, von Wut erfüllt, beschloß, diese Stimme zum Schweigen zu bringen, und ließ Johannes der Überlieferung nach in einen Kessel mit siedendem Öl werfen. „Aber der Herr bewahrte das Leben seines treuen Dieners, wie er es einst mit den drei Hebräern im feurigen Ofen getan hatte."[1]

Später wurde Johannes auf die Insel Patmos verbannt. „Die Feinde der Wahrheit hatten geglaubt, durch die Verbannung des Johannes die Stimme des treuen Zeugen Gottes für immer zum Schweigen zu bringen; aber auf Patmos empfing er Botschaften, die bis an Ende der Zeiten die Gemeinde stärken sollten."[2]

Es ist anzunehmen, daß das um das Jahr 95 geschah. Das bedeutet, daß Johannes um diese Zeit nahezu 100 Jahre alt gewesen sein muß. Nach dem Tode Domitians kam Nerva auf den römischen Thron; und wie es häufig der Fall war, wurden die politischen Gefangenen beim Herrscherwechsel frei. Vermutlich kehrte Johannes nach Ephesus zurück. Während seiner Verbannung auf der Insel Patmos hatte er die Visionen empfangen, die in der Offenbarung niedergeschrieben sind.

Patmos war keine „Insel der Seligen“. Die römischen Cäsaren pflegten auf diese spärlich besiedelte Insel vor der asiatischen Küste mißliebig gewordene Staatsbürger zu verbannen. Unzählige Flüche mögen von Patmos gen Himmel aufgestiegen sein, aber Johannes empfing in dieser trostlosen Umgebung eine einzigartige Schau von Gott. „Im Geiste“ erlebte er den Triumph des Gekreuzigten und den endgültigen Sieg der Gemeinde. Jesus Christus begegnete dem von Domitian Verbannten als der König aller Könige in überirdischer Herrlichkeit, die er nach seinem Tode am Kreuz und nach seiner Auferstehung wieder angenommen hatte.

Auf dieser trostlosen Insel erhielt Johannes einen einzigartigen Einblick in die Wirrnisse der Geschichte und das Handeln Gottes mit dieser Welt. Er sah und hörte Dinge, die niemand vor ihm gesehen und gehört hatte. Im Glanz des Geschauten erhielt sein Leben einen neuen Sinn. Von Jesus Christus aufgefordert, schrieb er die Botschaften nieder, die in Wahrheit eine Offenbarung Jesu Christi sind.

Das Ziel dieses Buches

Die einleitenden Worte des Buches „Dies ist die Offenbarung Jesu Christi“, besagen, daß Jesus in dieser neutestamentlichen Schrift künftige Dinge anzeigt. Die Einleitung kann aber auch so übersetzt werden, daß es sich um eine „Offenbarung von Jesus“ handelt. Die Bücher des Alten Testaments weisen in prophetischen Aussagen und Bildern auf den kommenden Erlöser hin. Die Evangelien zeigen den Gottessohn in seinem Menschsein und in seinem Sterben für uns. Die Apostelgeschichte und die neutestamentlichen Briefe künden vom Werden und Wachsen der Gemeinde unter Führung des Heiligen Geistes. Das letzte Buch der Bibel aber offenbart Christus in seiner göttlichen Herrlichkeit, sitzend zur Rechten des Vaters. Von dort aus wird er als Hoherpriester seine Gemeinde zur Vollendung führen. Zugleich zeigt ihn die Offenbarung als Richter der Welt, vor dem alle Völker zu erscheinen haben. Die letzten Kapitel stellen ihn als König aller Könige dar, der mit den Erlösten für alle Ewigkeit in seinem Reich regiert.

So vermittelt die Bibel ein umfassendes Bild von dem Lamm Gottes, eine Schau der Herrlichkeit Christi. Das paßt in den Rahmen der ganzen Heiligen Schrift: Das erste Buch Mose berichtet von der Schöpfung, dem Sündenfall und dem verlorenen Paradies. In der Offenbarung leuchtet das herrliche Bild des wiederhergestellten Paradieses auf.

Johannes, der einst Augenzeuge des Leidens Jesu war, durfte durch die göttliche Offenbarung etwas von dieser unaussprechlichen Herrlichkeit seines Herrn schauen und uns glaubensstärkend vermitteln.

Mittelpunkt aller Prophezeiungen dieses Buches ist Jesus Christus, der nach seinem Erlösungswerk auf Golgatha die Herrlichkeit wieder empfing, die er von Anfang an besaß. Allein in den ersten drei Kapiteln sind zahlreiche Bezüge auf den Gottessohn zu finden. „Die Weissagungen Daniels und der Offenbarung sollten sorgfältig studiert werden und zwar in Verbindung mit den Worten: ‚Siehe, das ist Gottes Lamm, welches der Welt Sünde trägt'."[3]

In seinem Evangeliumsbericht sagt Johannes, daß der ewige Gott, das Wort, „Fleisch wurde" und mitten unter uns wohnte (Joh. 1, 14). Das griechische Wort, das mit „wohnen" übersetzt wird, lautet „skenoo"; genauer müßte es mit „Lager aufschlagen" wiedergegeben werden. Der Sinn dieses Wortes wird verständlich durch eine freundliche Sitte der Araber. Wenn sich jemand einer Karawane anschließen wollte, forderte man ihn zunächst auf, sein Zelt neben den Zelten der Reisenden aufzuschlagen und dann erst mit ihnen weiterzuziehen.

In gewissem Sinne bietet diese Sitte eine Veranschaulichung der Menschwerdung des Gottessohnes. Er erniedrigte sich, nahm unsere menschliche Natur an und verhüllte seine göttliche Herrlichkeit. Er reiste mit uns über die rauhen Straßen des Lebens und starb schließlich für uns am Kreuz, um uns vom Tode zu erlösen. Er wurde ins Grab gelegt, aber er brach die Macht des Todes und des Grabes, stieg auf zu seinem Vater und wurde „gekrönt mit Preis und Ehre" (Hebr. 2, 9). Nachdem Johannes zum Seher dieses Geschehens berufen worden war, fiel er, ergriffen von der Herrlichkeit und Größe des Gottessohnes, vor ihm nieder (Offb. 1, 17). Sollte es uns nicht gleichfalls zur Anbetung drängen, wenn die Offenbarung von Jesus Christus unser Herz bewegt?

Wer Jesus Christus in seiner Göttlichkeit erkennen will, muß sich selbst zuvor als verlorener Sünder erkannt haben. Er muß wissen, daß Christus der einzige Retter aus Sünde und Schuld ist. Wem das aufgegangen ist, der wird etwas von der Herrlichkeit erfassen, die das letzte Buch der Bibel erfüllt. Wer Jesus Christus aber nicht als seinen Retter aus Sündenschuld erkannt hat, weiß letztlich weder mit ihm noch der Offenbarung Jesu Christi etwas anzufangen. Für ihn bleibt sie ein Buch voll unverständlicher Symbole und Bilder, ein Buch mit „sieben Siegeln".

An wen wurde die Offenbarung gerichtet?

Die Offenbarung wurde nicht für die Welt geschrieben, sondern für die Gemeinde; sie ist denen geschenkt, die ihrem Gott als treue Knechte von ganzem Herzen nachfolgen; und zwar auch mit der Absicht, wie es Offenbarung 1, 1 sagt, „... seinen Knechten zu zeigen, was in Kürze geschehen soll". Wer nur seine Neugier befriedigen will, wird vor der Offenbarung als einem Buch mit „sieben Siegeln" stehen.

Als einst die geheimnisvolle Schrift an der Wand von Belsazers Festsaal erschien, konnte sie keiner der Weisen Babels lesen oder deuten. Allein Daniel war es gegeben, Gottes Botschaft zu verstehen und dem König zu übermitteln. Nur wer an Gott glaubt, wird eingeweiht in Gottes Geheimnisse. „Gott der Herr tut nichts, er offenbare denn seinen Ratschluß den Propheten, seinen Knechten." (Amos 3, 7.)

Zugleich erfahren wir aus den Einleitungsworten des letzten Buches der Bibel, auf welche Weise göttliche Offenbarungen zu den Menschen gelangen. Am Anfang steht Gott, Quell und Ursprung der Wahrheit. Nur von Gott kann Wahrheit empfangen werden, wenn man ernsthaft nach ihr sucht und ehrfürchtig auf sein Wort hört.

Die Offenbarung wurde zunächst Jesus Christus „gegeben". Damit wird die völlige Abhängigkeit Christi vom Vater hervorgehoben. „Meine Lehre ist nicht mein, sondern des, der micht gesandt hat." (Joh. 7, 16.) „Denn ich habe nicht von mit selber geredet, sondern der Vater, der mich gesandt hat, der hat mir ein Gebot gegeben, was ich sagen und reden soll." (Joh. 12, 49.)

Gottes Wahrheit ist durch Jesus zu uns gekommen. Johannes empfing sie durch die Vermittlung eines Engels. Zu allen Zeiten gebrauchte Gott Menschen, die er mit seiner Wahrheit erfüllen und als Sprachrohr benutzen konnte.

Wenn auch die Offenbarung Gottes zuerst Trost und Hilfe für die verfolgte Gemeinde in den Tagen des Johannes war, ist sie doch an die Gläubigen aller Zeiten gerichtet und enthält eine besondere Botshaft für jene, die in der Zeit vor der Wiederkunft Jesu leben (Offb. 22, 6. 7. 10).

Welche Bedeutung haben die Seligpreisungen der Offenbarung?

Die Bergpredigt Jesu beginnt bekanntlich mit den Seligpreisungen. Da heißt es zuerst: „Selig sind, die da geistlich arm sind; denn das Himmelreich ist ihr." (Matth. 5, 3.) Auch die Offenbarung enthält Seligpreisungen aus seinem Munde. Siebenmal wird erwähnt, wer zu den Gesegneten zählt: „Selig ist, der da liest und die da hören die Worte der Weissagung und behalten, was darin geschrieben ist." (Offb. 1, 3.)

Diese göttliche Verheißung in der Einleitung der Offenbarung will uns ermutigen, auf die Worte der Weissagung nicht nur zu achten, sondern sie auch zu behalten. Warum ist das so wichtig? Gewiß steht in der Offenbarung manches, was wir in seiner Tiefe noch nicht erfassen können. Töricht wäre es aber, die von Gott gegebene Botschaft deshalb beiseitezuschieben.

Als einst die Hirten der Mutter Jesu mitteilten, was sie auf den Feldern Bethlehems erlebt hatten, als Simeon bei der Darstellung Jesu im Tempel bezeugte: „Siehe, dieser wird gesetzt zum Fall und Aufstehen vieler in Israel“ (Luk. 2, 34) und als Maria schließlich erlebte, wie der Zwölfjährige im Tempel mit den Schriftgelehrten über göttliche Weissagungen redete, verstand sie vieles nicht. Doch der Evangelist berichtet, daß sie alle diese Worte in ihrem Herzen bewegte. So sollen wir gleichermaßen auf die Worte der Weissagung achten und sie im Herzen behalten. Noch heute gilt, was Jesus seinen Jüngern sagte: „Jetzt sage ich's euch, ehe denn es geschieht, damit, wenn es geschehen ist, ihr glaubet.“ (Joh. 13, 19.)

An die einleitende Seligpreisung schließen sich sechs weitere an: „Selig sind die Toten, die in dem Herrn sterben von nun an.“ (Offb. 14, 13.) Diese Verheißung gilt allen Freunden Jesu auf Erden. – „Selig ist, der da wacht und bewahrt seine Kleider.“ (Offb. 16, 15.) Hier wird der Pilger zur Wachsamkeit ermutigt. – „Selig sind, die zum Abendmahl des Lammes berufen sind.“ (Offb. 19, 9.) Diese Seligkeit gilt allen geladenen Gästen Gottes. – „Selig ist der und heilig, der teilhat an der ersten Auferstehung.“ (Offb. 20, 6.) Das ist die Auferstehung der Gerechten. Wer an ihr teilhat, kommt nicht in das Gericht, in dem der zweite Tod verhängt wird über die, „die Gott nicht kennen wollen“ (2. Thess. 1, 8). – „Selig ist, der da hält die Worte der Weissagung in diesem Buch.“ (Offb. 22, 7.) Allen, schließlich, die am Worte Gottes festhalten, wird die Verheißung zugerufen: „Selig sind, die seine Gebote halten“ (Offb. 22, 14), oder nach neuerer Lesart: „Selig sind, die ihre Kleider waschen." Wer Gottes Wort hört und ihm gehorcht, wird durch den Empfang der Vergebung Jesu Christi Teilhaber dieser Seligkeit.

Wer sind die Empfänger der Offenbarung?

Der erste Teil der Offenbarung trägt das Gepräge von Briefen, die an sieben Gemeinden „in der Landschaft Asien" gerichtet sind. Wenn das Neue Testament von „Asien" spricht, ist damit nicht der heutige gleichnamige Erdteil, sondern die römische Provinz Asia gemeint, die einen Teil Kleinasiens umfaßte.

In Vers 11 zählt Johannes sieben Gemeinden auf: Ephesus, Smyrna, Pergamon, Thyatira, Sardes, Philadelphia, Laodicea. Diese sieben Gemeinden waren keineswegs die einzigen in der Provinz, nicht einmal die bedeutendsten. Gemeinden gab es nach Aussage des Neuen Testaments auch in Kolossä (Kol. 1, 2), Hierapolis (Kol. 4, 13), Troas (2. Kor. 2, 12) und Milet (Apg. 20, 17). Weshalb werden in der Offenbarung gerade diese sieben Gemeinden der Provinz Asia genannt?

Auswahl und Reihenfolge dürften nicht nebensächlich gewesen sein. Denn die genannten Gemeinden lagen an einer kaiserlichen Poststraße, die etwa um 130 v. Chr. von den Römern gebaut worden war. Diese Straße führte von Ephesus aus in der Reihenfolge der angeführten Städte bis nach Laodicea, wo sie auf eine andere Poststraße stieß.

Mehr als 50mal begegnet uns in der Offenbarung die Zahl sieben; erwähnt werden sieben Gemeinden, sieben Briefe, sieben Sterne, sieben Leuchter, sieben Siegel, sieben Posaunen usw. Die Zahl sieben versinnbildet in der Heiligen Schrift Vollständigkeit. Sie ist ein Symbol göttlicher Vollendung. Wenngleich Johannes nur an sieben Gemeinden schrieb, wandte er sich damit doch an alle Gemeinden.

Das erste Verzeichnis der als „kanonisch" anerkannten Schriften des Neuen Testaments ist der Kanon Muratori.

Darin sind zu jedem einzelnen Bibelbuch kurze Erklärungen gegeben. Von der Offenbarung des Johannes heißt es: „Denn auch Johannes spricht zu allen Gemeinden, obwohl er in der Offenbarung nur an sieben Gemeinden schreibt." Das wird dadurch bekräftigt, daß Johannes häufig sagt: „Wer Ohren hat, der höre, was der Geist den Gemeinden sagt." – „Zwar richtete Johannes seinen Brief nur an sieben Gemeinden, doch aus der Bedeutung, die der Zahl sieben zukommt, können wir ersehen, daß seine Botschaft der ganzen Kirche galt und noch heute gilt."[4]

Nicht nur die Zahl sieben, sondern auch die Namen der sieben Gemeinden haben eine tiefe Bedeutung. Sie stehen stellvertretend für alle Nachfolger Jesu – angefangen von den Tagen der Apostel bis zur Wiederkunft Jesu. „Die sieben Sendschreiben, die zunächst an sieben kleinasiatische christliche Gemeinden gerichtet waren, enthüllen zugleich das Wachsen und Werden des Christentums bis in unsere Tage... Beim Studium der Sendschreiben tritt deutlich hervor, daß die christliche Kirche in ihrer zweitausendjährigen Entfaltung erschreckend ähnliche Wandlungen durchgemacht hat wie das alttestamentliche Gottesvolk von den Tagen Abrahams bis in die Zeit des Untergangs Judas durch die Römer im Jahr 70 nach Christus. Heute befindet sich die Christenheit im letzten Abschnitt ihrer irdischen Existenz, gleichnishaft dargestellt durch die siebente Gemeinde Laodicea."[5]

In diesen Botschaften der Offenbarung steht Christus unsichtbar vor seiner Gemeinde. Er verheißt ihr, daß er sie sicher bis ans Ziel des Heilsweges führen wird. „Die sieben Gemeinden stellen sieben Perioden der Kirchengeschichte dar, beginnend mit der Zeit der Apostel bis zur Wiederkunft Christi. Ihr Wesen kommt zum Teil schon in den Namen dieser Gemeinden zum Ausdruck, aber noch deutlicher in den Sendschreiben, die an sie gerichtet sind."[6]

„Die Namen der sieben Gemeinden sind Symbole der Gemeinde in den verschiedenen Abschnitten des christlichen Zeitalters. Die Zahl Sieben weist auf die Vollständigkeit hin und besagt, daß die Botschaften bis zum Ende der Zeiten reichen, während die Sinnbilder den Zustand der Gemeinde in den verschiedenen Abschnitten der Geschichte offenbaren."[7]

„Die bestimmte Ordnung aber, in der die Gemeinden aufeinanderfolgen, nötigt uns, die Gemeinde zu Ephesus für den Typus der ersten und die Gemeinde Laodicea für den der letzten, also auch die fünf übrigen in der Mitte liegenden Gemeinden für die verschiedenen Mittelstationen der Entwicklung der Christenheit anzusehen."[8] So sind die sieben Sendschreiben nicht nur an jene kleinasiatischen Gemeinden vor etwa 1900 Jahren gerichtet, sie gelten darüber hinaus der Gemeinde Jesu Christi in allen Abschnitten der Kirchengeschichte. Deshalb hatte Johannes die Weisung erhalten: „Schreibe, was du gesehen hast, und was ist, und *was geschehen soll danach.*" (Offb. 1, 19.)

Manche Bibelausleger haben versucht, genau abzugrenzen, wann eine dieser Perioden endete und die andere begann. Wenn man auf einer Straße von einer Stadt zu einer dicht benachbarten fährt, verringert sich die Bebauung zwischen den beiden Städten oft nur so geringfügig, daß sich kaum erkennen läßt, wo die eine Stadt aufhört und die andere beginnt. Ebenso schwer ist es, den Anfang und das Ende einer Periode innerhalb der Christenheit abzugrenzen. Jeder Abschnitt aber ist gekennzeichnet durch unverwechselbare Merkmale, die klar zu erkennen geben, ob wir uns am Anfang oder bereits in der Mitte eines kirchengeschichtlichen Abschnittes befinden. Darauf zu achten, ist ein wichtiges Anliegen für alle, die Christus bekennen.

Erlöser, Hoherpriester und kommender König

Die Sendschreiben an die sieben Gemeinden weisen nicht nur auf bestimmte Begebenheiten in der Geschichte der Gemeinde Jesu hin, sondern zeigen auch die verschiedenen Seiten des Dienstes Jesu Christi. Sie bilden so den angemessenen Rahmen für die Botschaft des ganzen Buches. In der Einleitung wird durch ein Bild auf das stellvertretende Opfer Jesu und seinen priesterlichen Dienst hingewiesen (Verse 5. 12. 13), am Schluß das Kommen Christi angekündigt. Dann werden all jene ewiges Leben empfangen, die ihm treu geblieben sind.

Das letzte Buch der Bibel ist der literarischen Form nach ein apokalyptisches Buch. Die Geschichte wird darin als eine Einheit gesehen, die auf die endgültige Errichtung des ewigen Gottesreiches zielt. Den Sieg erhalten die Heiligen des Höchsten durch das Lamm, das erwürgt ist und doch lebt. In den Ruf der Engel im Himmel: „Das Lamm, das erwürget ist, ist würdig . . ." (Offb. 5, 12) werden zuletzt die Erlösten aller Zeiten einstimmen.

Die Gnade als Grundlage der Erlösung

Die Botschaften, die nicht nur die Gläubigen damals, sondern alle Nachfolger Jesu ermutigen sollen, leitet Johannes mit dem Gruß ein: „Gnade sei mit euch und Friede . . .!" (Vers 4.) Am Ort der Verbannung hatte er in wunderbarer Weise Gottes Gnade und Frieden erfahren. Ihm wurde die Vollendung des göttlichen Heilsplanes gezeigt. Er wurde bestärkt in der Überzeugung, daß Gottes Gnade ein kostbares Geschenk, die Voraussetzung unseres Heils ist. Von uns aus haben wir nichts, wodurch wir Gottes Gunst gewinnen könnten. Selbst unser Glaube und Gehorsam wurzeln in der Gnade. Nur auf dem Boden der Gnade können wir vor Gott bestehen.

Gnade beweist sich in der Liebe des Vaters, der seinen Sohn für uns gab. Gnade ist es auch, wenn uns der Heilige Geist unserer Sünden überführt. Gnade wird uns zuteil in Jesus Christus, der uns in Geduld nachgeht und nur das eine Ziel hat: uns zurückzuführen in die Gemeinschaft mit Gott.

Die ganze Weite der göttlichen Gnade kommt in den Versen 5 und 6 zum Ausdruck: Der Herr, „der uns liebt und erlöst hat", der „hat uns zu Königen und Priestern gemacht". Gott wartete mit seiner Liebe zu uns nicht, bis wir von Sünden gereinigt waren. Noch als wir seine Feinde waren und seiner Gegenwart zu entfliehen suchten, „hat der Vater den Sohn gesandt zum Heiland der Welt" (1. Joh. 4, 14).

„Gnade sei mit euch und Friede von dem, der da ist und der da war und der da kommt." (Offb. 1, 4.) Friede ist eine Frucht der göttlichen Gnade. Sie befähigte einst Johannes, in einer Zeit des Schreckens unerschüttlich an Gott festzuhalten.

Mit drei Aussagen über Jesus Christus deutete Johannes an, daß völliger Verlaß auf ihn ist. Er ist „der treue Zeuge". Weil er von Gott kam, konnte er aus erster Hand von Gott und seiner Wahrheit zeugen. Er ist aber auch der „Erstgeborne von den Toten". Im ganzen Universum – sowohl in dieser als auch in der zukünftigen Welt – gibt es nichts, über das Jesus nicht Herr wäre. Darum kann uns im Leben und im Tode nichts von ihm trennen. Drittens ist Jesus der „Herr über die Könige auf Erden". Einst führte der Teufel Jesus auf einen hohen Berg und zeigte ihm alle Reiche der Welt. Er behauptete, sie seien ihm übergeben und er habe Gewalt über sie. Was der Teufel Jesus versprach, ihm aber niemals zu geben vermocht hätte, errang Jesus durch den Tod am Kreuz und durch seine Auferstehung. So ist der auferstandene Christus Herr über die Könige auf Erden. Nicht dem „Kompromiß mit dem Bösen, sondern seiner unerschüttlichen Treue und nie versiegenden Liebe, mit der er selbst den Kreuzestod hinnahm, verdankt Jesus seine Herrschaft über die Welt".[9]

Christi Wiederkunft – das zentrale Thema der Offenbarung

„Siehe, er kommt mit den Wolken", ruft der Apostel, „und es werden ihn sehen alle Augen." (Vers 7.) Nichts wird im Neuen Testament so oft erwähnt wie die Wiederkunft Jesu. Im Durchschnitt geht jeder 25. Vers des Neuen Testaments darauf ein. Keine andere Lehre der christlichen Botschaft ist kraftvoller als die vom Kommen des Herrn. Christen leben von der Verheißung seiner Wiederkunft. In Gottes Heilsplan ist Jesu Opfertod am Kreuz untrennbar mit seinem zweiten Kommen verknüpft. Eines ohne das andere wäre sinnlos. Deshalb weisen die einleitenden Worte der Offenbarung hin auf das große Ereignis, das Gottes Erlösungswerk auf Erden vollenden wird: die Wiederkunft Jesu in Herrlichkeit.

Johannes setzt sein Vertrauen auf das Erscheinen seines Herrn, durch das alle Christen aus Trübsal und Bedrängnis gerettet werden. Dabei gründete er sich offenbar auf eine Vision aus dem Buch Daniel. Nachdem Daniel die verschiedenen Weltreiche geschaut hatte, wurde sein Blick in den Himmel gelenkt: „Ich sah in diesem Gesicht in der Nacht, und siehe, es kam einer mit den Wolken des Himmels wie eines Menschen Sohn und gelangte zu dem, der uralt war, und wurde vor ihn gebracht. Der gab ihm Macht, Ehre und Reich, daß ihm alle Völker und Leute aus so vielen verschiedenen Sprachen dienen sollten." (Dan. 7, 13. 14.) Jesus selbst hat dieses Bild vom Menschensohn aus dem Buche Daniel auf sich bezogen. Für die Gläubigen wird die Wiederkunft Jesu ein Tag beglückender Freude sein: „Das ist der Herr, auf den wir hofften; laßt uns jubeln und fröhlich sein über sein Heil." (Jes. 25, 9.) Die Sehnsucht der Gläubigen findet endlich ihre Erfüllung.

Der Tag Christi wird aber auch ein Tag der *Scheidung* sein. Für eine *Entscheidung* ist es dann zu spät. Was nützt alles Wissen über den Tag Christi, wenn unser Denken und Tun nicht davon bestimmt wird? Gehören wir zu denen, die „warten" und „eilen" auf den Tag des Herrn?

Johann Albrecht Bengel hat in seiner Bibel unter Offenbarung 1, 7 geschrieben: „Herr, gib mir immer größere Freudigkeit auf deine Zukunft." Für die Feinde Jesu wird die Wiederkunft Christi ein erschreckendes Ereignis sein. Um das zu bekräftigen, führt Johannes ein Wort aus dem Alten Testament an: „Und sie werden mich ansehen, den sie durchbohrt haben, und sie werden um ihn klagen, wie man klagt um eine einziges Kind, und werden sich um ihn betrüben, wie man sich betrübt um den Erstgeborenen." (Sach. 12, 10.)

Es ist unvorstellbar, welch ein Schrecken jene erfassen wird, die Jesus gekreuzigt haben, wenn sie ihn kommen sehen in Herrlichkeit. Christi Wiederkunft wird für sie ein furchtbares Erlebnis sein. Zunächst galten diese Worte für die Juden und Römer, die Jesus tatsächlich gekreuzigt haben. Aber wird der Herr nicht immer wieder von denen gekreuzigt, die ihn mißachten (Hebr. 6, 6)? Der Tag wird kommen, an dem auch sie vor ihren Richter treten müssen. Johannes schließt diesen Satz mit zwei Ausrufen: „Ja, Amen!" Er benutzt den griechischen und den hebräischen Ausdruck für eine feierliche Bekräftigung, um so das Gesagte zu unterstreichen.

Gottes Liebe – ein unerschöpfliches Thema

Die einleitenden Gruß- und Segensworte der Offenbarung gipfeln in einem Satz, den Gott selbst spricht: „Ich bin das A und das O, der Anfang und das Ende." In Offenbarung 22, 13 ergeht ein ähnliches Wort aus dem Munde Jesu. Alpha und Omega sind der erste und der letzte Buchstabe des griechischen Alphabets. In dieser Sprache ist das Neue Testament verfaßt. So wie der Vater ist Christus „der Anfang", denn er ist der Mitschöpfer Himmels und der Erden (Kol. 1, 16). Er ist auch „das Ende"; denn er wird durch seine Erscheinung in Kraft und Herrlichkeit die irdische Geschichte abschließen. Als Stellvertreter des Vaters, „der da wohnt in einem Licht, da niemand zukommen kann, welchen kein Mensch gesehen hat noch sehen kann" (1. Tim. 6, 16), wird Christus ihm gleichgesetzt als „der Allmächtige".

Alles, was die Offenbarung von Jesus sagt, ist in diesem Wort zusammengefaßt. Was Gottes Sohn angefangen hat, das wird er auch vollenden und seine Gemeinde, die der Welt oft ein Bild der Armseligkeit darbot, zur göttlichen Herrlichkeit führen.

Mitten unter den Gemeinden

In Offenbarung 1, 13 sieht Johannes mitten unter den Leuchtern einen, der eines Menschen Sohn gleicht. Die sieben brennenden Leuchter sind nicht nur Sinnbild der sieben genannten Gemeinden in Kleinasien, sondern aller Gemeinden auf Erden. Selbst dort, wo sich nur „zwei oder drei" in seinem Namen versammeln, wird er „mitten unter ihnen sein" (Matth. 18, 20).

In Offenbarung 1, 20 wird Jesus gezeigt, wie er die Diener seiner Gemeinde, die sieben Sterne, in seiner rechten Hand hält. Das ist ein einzigartiges Bild der persönlichen Fürsorge für die Seinen. Welche Verfolgung die Gemeinde auch zu erdulden hat, der Herr ist stets bei seinen Kindern. Er richtet sie auf, nimmt Anteil an jedem Schmerz, der ihnen durch ihre Feinde zugefügt wird. Wenn wir die Botschaft der Offenbarung recht verstehen wollen, müssen wir sie in Beziehung zu dem erhöhten Christus sehen. Durch seine Macht ist die Tyrannei der Finsternis gebrochen. Damit hat er die Voraussetzung für eine herrliche Zukunft unseres Planeten geschaffen. Der „dem Tode die Macht genommen und das Leben und ein unvergängliches Wesen ans Licht gebracht" hat durch das Evangelium (2. Tim 1, 10), der inmitten seiner Gemeinde zu finden ist, sagt einem jeden mahnend: „Wer Ohren hat, der höre, was der Geist den Gemeinden sagt!" (Offb. 2, 7.)

Die Offenbarung gründet sich auf das Alte Testament

Über fünfhundert Anführungen oder Ausdrücke aus dem Alten Testament begegnen uns in diesem Buch. Wie ein Baum mit seinen Wurzeln den Saft aus dem Erdreich zieht, so nährt sich die Offenbarung von der göttlichen Inspiration vergangener Zeiten. Wie die Bibel eine Bezeugung Christi ist, so auch dieses Buch, das seine Wurzel in den Propheten des Alten Bundes hat.

Patmos war von den Römern zum Verbannungsort gemacht worden. Nun wurde das felsige Eiland für den Apostel zu einem Tor der Hoffnung und einer Stätte engster Gemeinschaft mit dem Himmel. Johannes war auf dieser Insel, „die da heißt Patmos". Das ist die eine Seite. Daneben steht: „Der Geist kam über mich." Wohl hatte Johannes die Mühsal und Qual der Verbannung zu ertragen; dennoch konnte Gottes Geist zu ihm sprechen.

Wir wollen uns nun gleichsam an die Seite des Propheten stellen und durch Gottes Geist die Botschaften verstehen lernen, indem wir mit ihm die Jahrhunderte durchwandern. Zugleich wollen wir Zeugen des Wirkens Jesu Christi sein, der von Gott gesandt ist und wiederkommen wird. Dann wird Gott gerechtfertigt werden; seine Feinde aber werden ihrer Macht entblößt. Christus wird die Toten auferwecken und sich selbst in den Heiligen verherrlicht finden. Am Ende wird der Urheber des Bösen ausgetilgt, die sündenbefleckte Erde erneuert und Christus als König aller Könige und Herr aller Herren auf ewig regieren.

Das Sendschreiben Christi an die Gemeinde Ephesus 3

Offenbarung 2, 1–7:

*2 Dem Engel der Gemeinde zu Ephesus schreibe:
Das sagt, der da hält die sieben Sterne in seiner
Rechten, der da wandelt mitten unter den sieben
goldenen Leuchtern: 2 Ich weiß deine Werke und deine
Arbeit und deine Geduld und daß du die Bösen nicht
ertragen kannst, und hast geprüft die, welche sagen, sie
seien Apostel, und sind's nicht, und hast sie als Lügner
erfunden, 3 und hast Geduld, und hast um meines
Namens willen Last getragen, und bist nicht müde
geworden. 4 Aber ich habe wider dich, daß du die erste
Liebe verlässest. 5 Gedenke, wovon du gefallen bist,
und tue Buße und tue die ersten Werke. Wo aber nicht,
werde ich über dich kommen und deinen Leuchter
wegstoßen von seiner Stätte, wenn du nicht Buße tust.
6 Aber das hast du, daß du die Werke der Nikolaiten
hassest, welche ich auch hasse. 7 Wer Ohren hat, der
höre, was der Geist den Gemeinden sagt! Wer
überwindet, dem will ich zu essen geben von dem
Baum des Lebens, der im Paradies Gottes ist.*

Johannes schaute den Menschensohn mitten unter den sieben Leuchtern, den Gemeinden (Offb. 1, 13). Wir wissen, daß Jesus als der Lebendige in Macht und Herrlichkeit mitten unter denen steht, die zu ihm gehören. Das war den Gläubigen aller Zeiten ein Trost, besonders in Tagen der Verfolgung. Das zweite Kapitel der Offenbarung zeigt, welchen Anfechtungen und Gefahren die Gemeinde ausgesetzt ist, und weist zugleich hin auf ihren Sieg. Was dem Volke Gottes auch begegnen mag, es darf gewiß sein, daß ihm der Herr zur Seite steht. Die Verheißung, die er bei seinem Abschied gab, gilt noch heute: „Siehe, ich bin bei euch alle Tage bis an der Welt Ende." (Matth. 28, 20.)

Christus als Sieger inmitten seiner Gemeinde

Als Johannes im Gesicht die Herrlichkeit des Herrn schaute, waren dessen Augen wie Feuerflammen anzusehen, und sein Angesicht leuchtete wie die Sonne. Kein Wunder, daß Johannes zu Füßen des Herrn zusammenbrach (Offb. 1, 17).

Angesichts der Heiligkeit und Herrlichkeit Christi wird der Mensch von Ehrfurcht erfüllt. Das hatte bereits Petrus erlebt, als er nach dem wunderbaren Fischzug am See Genezareth erkannte, wer Jesus war. Im Bewußtsein seines sündhaften Wesens fiel auch er vor Jesus nieder (Luk. 5, 1–11). Doch seit den Tagen, da Jesus auf den Straßen Palästinas gegangen war, hat sich ein unvorstellbarer Wandel vollzogen. Er ist nicht mehr der von Menschen verachtete Zimmermannssohn; er trägt auch nicht mehr die staubige Kleidung eines umherziehenden Lehrers. Nun weist sein Gewand hin auf seinen Dienst als Priesterkönig und ist ein Symbol für das hohepriesterliche Wirken des Auferstandenen. Er ist Priester und König in einer Person.

In 1. Mose 14, 18–20 und Hebr. 7, 1–4 lesen wir den Bericht von der Begegnung Abrahams mit Melchisedek, dem König von Salem. Dieser König, der den gläubigen Patriarchen segnete, war in seinem Handeln und Auftreten ein Hinweis auf Christus. Abraham gab Gott den Zehnten, indem er ihn Melchisedek überreichte.

Heute beten wir den ewigen Vater durch unsern Hohenpriester an, den König der Gerechtigkeit, der ein Priester ist nach der „Ordnung Melchisedeks“ (Hebr. 6, 20). Christus ist also nicht Priester nach der Ordnung Aarons; denn er gehörte weder dem Stamm Levi noch dem Geschlecht Aaron an (das war Voraussetzung, um in Israel Priester sein zu können); er ist vielmehr Priester nach der königlichen Ordnung Melchisedeks. In Herrlichkeit und Majestät dient er für uns im Himmel.

Christus als Sieger über den Tod

Johannes wurde von der Herrlichkeit Christi so überwältigt, daß er „zu seinen Füßen wie ein Toter“ niederfiel. Der Herr aber sagte zu ihm: „Fürchte dich nicht! Ich bin . . . der Lebendige. Ich war tot, und siehe, ich bin lebendig von Ewigkeit zu Ewigkeit und habe die Schlüssel der Hölle und des Todes.“ (Offb. 1, 17, 18.) Diese herrliche Verheißung war all die Jahrhunderte hindurch ein Trost für Gottes Volk.

Millionen gaben als Märtyrer ihr Leben hin um Christi willen, und sie taten es in der Gewißheit, daß Jesus den Tod besiegt hat. Sie wußten, daß in seinen von Nägelmalen gezeichneten Händen der Schlüssel liegt, der jedes Grab öffnet. Der Tod kann jene nicht mehr schrecken, die den Herrn über Leben und Tod kennen. Wovor sollten sie sich fürchten? Christus selbst versichert seinen Nachfolgern: „Verwundert euch des nicht. Denn es kommt die Stunde, in welcher alle, die in den Gräbern sind, werden seine Stimme hören, und werden hervorgehen . . .“ (Joh. 5, 28. 29.) Paulus erklärte in seinen Ausführungen über Tod und Auferstehung: „Denn gleichwie sie in Adam alle sterben, so werden sie in Christus alle lebendig gemacht werden.“ Später bezog er sich auf Hosea 13, 14 mit den Worten: „Der Tod ist verschlungen in den Sieg. Tod, wo ist dein Stachel? Hölle, wo ist dein Sieg?“ (1. Kor. 15, 22. 55.) Christus zerbrach die Fesseln des Todes und öffnete die Tür des Grabes. Deshalb dürfen wir mit dem Apostel freudig ausrufen: „Gott aber sei Dank, der uns den Sieg gibt durch unsern Herrn Jesus Christus! ... Der letzte Feind, der vernichtet wird, ist der Tod." (1. Kor. 15, 57. 26.)

Die sieben Sendschreiben Jesu an seine Gemeinde

Die Sendschreiben gelten dem ganzen Volke Gottes zu allen Zeiten. Sie umfassen – wie bereits erwähnt – die Geschichte der neutestamentlichen Gemeinde vom ersten Kommen Jesu an bis zu seiner Wiederkunft in Macht und Herrlichkeit. Die Städte, die an der kaiserlichen Poststraße in Kleinasien lagen, wurden zu einem eindrucksvollen Symbol für den Weg der neutestamentlichen Gemeinde. Im Rückblick auf die Geschichte der Christenheit wird uns deutlich, wie treffend sich Christi Vorausschau erfüllt hat. Die Gemeinden Ephesus und Smyrna kennzeichnen die ur- und frühchristliche Zeit, Pergamon und Thyatira den langen Zeitraum des Mittelalters, Sardes und Philadelphia die Zeit der Reformation mit den von ihr ausgelösten Umwälzungen und Erweckungen. Und in Laodicea steht schließlich die christliche Welt unserer Tage vor uns.

Wir werden die Sendschreiben an diese Gemeinden besser verstehen, wenn wir sie vor dem Hintergrund der Städte betrachten, an die sie zuerst gerichtet waren. Vieles wird uns verständlicher, wenn wir die Verhältnisse kennenlernen, in denen die Glieder jener Gemeinden lebten und arbeiteten.

Jede seiner Botschaften leitet der Herr mit den Worten ein: „Dem Engel der Gemeinde ... schreibe." Mit dem so Angeredeten ist kein himmlisches Wesen gemeint. Es wäre ja undenkbar, daß ein Mensch – in diesem Falle Johannes – an ein „höheres" Wesen (Hebr. 2, 7) einen Auftrag mit tadelnden Worten zu richten hätte. Die Engel der sieben Gemeinden sind vielmehr von Gott berufene Boten, dazu erwählt, seine Aufträge an die Gemeinde zu übermitteln. Es sind also Bischöfe, Vorsteher, Hirten und Prediger.

Jeder Gemeinde und jedem durch sie dargestellten Abschnitt in der Geschichte der Christenheit begegnet Jesus in ganz bestimmter Weise. Wenn er sich vorstellt, werden Symbole genannt, denen Johannes schon begegnet war, als er Jesus mitten unter den Lebenden gesehen hatte. Jede Botschaft wird abgeschlossen mit einem der Gemeinde und dem entsprechenden Zeitabschnitt geltenden Mahnwort.

Beim Nachdenken über die sieben Sendschreiben wird deutlich, daß die Christenheit in ihrer 2000jährigen Geschichte durch überraschend ähnliche Erfahrungen gegangen ist wie einst das Volk Israel. Angesichts der Botschaften, die Jesus an die Gemeinden richtet, können wir uns nicht der Frage entziehen: Sind wir wirklich noch Christen im biblischen Sinn des Wortes?

Die Sendschreiben an die Gemeinden tragen jeweils sechs Kennzeichen: 1. Sinn und Bedeutung des Namens; 2. charakteristische Merkmale der Stadt, in der die betreffende Gemeinde lebte; 3. das Lob Gottes; 4. der Tadel des Herrn, der in fünf von sieben Briefen ausgesprochen wird; 5. der Rat des Herrn an die Gemeinde; 6. die Verheißung für die Überwinder.

Die folgende Übersicht soll uns die zeitliche Einordnung der Botschaften Jesu verdeutlichen:

Erstes Kommen Jesu — Wiederkunft Jesu

Ephesus	Smyrna	Pergamon	Thyatira	Sardes	Philadelphia	Laodicea

Das Sendschreiben an die Gemeinde Ephesus

Sinn und Bedeutung des Namens: Der Name „Ephesus" wird vielfach mit „wünschenswert" wiedergegeben. Diese Gemeinde hat über die Zeit der Apostel hinaus bestanden. Und so läßt sich auch die Botschaft Jesu an Ephesus auf den Zeitabschnitt beziehen, in dem die Apostel der Gemeinde noch durch Rat und Führung zur Seite standen.

Die charakteristischen Merkmale der Stadt: Ephesus lag geographisch außerordentlich günstig und war die Hauptstadt der römischen Provinz Asia. Während seiner zweiten Missionsreise hatte Paulus zwei Jahre lang dort gewirkt; wahrscheinlich verbrachte auch Johannes seine letzten Lebenstage in dieser Stadt.

Bei Ausgrabungen in jüngster Vergangenheit fand man Überreste des alten Ephesus. Die aufkeimende Saat des Christentums kam dort bald zur Blüte. „Nirgendwo fand der christliche Glaube freundlichere Aufnahme, nirgendwo faßte er tiefer Fuß und trug schönere Früchte der Liebe als hier."[1] Ephesus mochte als größte Stadt der Provinz Asia etwa 250 000 Einwohner gezählt haben und hatte einen der schönsten Häfen an der Westküste Kleinasiens. Wo einst dieser Hafen war, breitet sich heute sumpfiges Schilfgelände aus. Vom alten Ephesus blieb kaum mehr übrig als ein Ruinenfeld. Die Straßen, auf denen sich einst die Menschen drängten, sind leer und verödet.

Infolge seiner ehemals günstigen Lage war Ephesus eine der reichsten Städte Kleinasiens. Ein Strom von Waren und Menschen floß ununterbrochen in die Stadt hinein und wieder heraus. In herrlichen Tempeln wurde vor allem der Göttin Diana oder Artemis Verehrung gezollt. Festlichkeiten zu Ehren heidnischer Götter waren häufig mit sittlichen Ausschweifungen verbunden. Diana galt als „die große Mutter" oder die „große Mutter der Götter". Der erste Diana-Tempel war um 480 v. Chr. erbaut worden. Er wurde in jener Nacht, als Alexander der Große geboren wurde (356 v. Chr.), durch Feuer zerstört. Später erbot sich Alexander, ihn auf eigene Kosten wiederherstellen zu lassen; aber das wurde ihm verwehrt.

Für den Wiederaufbau des Tempels, der etwa 120 Jahre dauerte, gingen Spenden aus ganz Kleinasien ein. Der Diana-Tempel zählte zu den sieben Weltwundern der Antike und war aus rotem, blauem, gelbem und weißem Marmor erbaut. Es wird sogar berichtet, daß Goldstaub als Mörtel benutzt worden sei. Jedenfalls war der Reichtum dieses Tempels unermeßlich. Er war 150 m lang, etwa 70 m breit und hatte 120 Säulen von je 20 m Höhe. Jede dieser Säulen war von einem König gestiftet. Das Dach war von Zypressenholz. Zu den heiligsten Kostbarkeiten des Tempels gehörte das Standbild der Diana oder Artemis. Ephesus war bekannt als „Hüterin der großen Göttin Diana" (Apg. 19, 35). Auf dem Konzil zu Ephesus im Jahre 451 wurde der Jungfrau Maria der Titel „Mutter Gottes" verliehen. Vor dem Hintergrund dieser heidnischen Stadt erhält dieses Geschehen einen seltsamen Beigeschmack.

Lob: Während der Verbannung des Johannes auf Patmos trug vermutlich Timotheus die Verantwortung für die Gemeinde Ephesus. Die Gläubigen wurden von Christus gelobt für ihren missionarischen Eifer, ihre aufopferungsvolle Arbeit, ihre Werke der Liebe und ihren festen Glauben. Sie standen treu zu den Lehren des Wortes Gottes und scheuten sich nicht, alle jene gewissenhaft zu prüfen, die sich als Apostel ausgaben. Gottes Wort war für sie der unverrückbare Maßstab des Glaubens.

Man wünschte, daß jede Gemeinde eine solche Haltung einnähme. Leider ist heute die christliche Botschaft durch Modernismus oder Liberalismus weithin ausgehöhlt. Die Gemeinde zu Ephesus aber wurde von Christus gelobt, weil sie die falschen Apostel als Lügner entlarvt hatte.

Bei seiner letzten Zusammenkunft mit den Ältesten der Gemeinde Ephesus hatte Paulus vor „greulichen Wölfen" gewarnt, die in die Herde eindringen würden (Apg. 20, 29). Johannes hat in seinem ersten Brief ebenfalls dazu ermahnt, alle „Geister", die behaupteten, sie kämen von Gott, genau zu prüfen. Wahre Verkündiger werden daran erkannt, daß sie die Menschwerdung des Gottessohnes ohne Vorbehalt bejahen (1. Joh. 4, 1–3). Paulus hatte die Thessalonicher aufgefordert, die Weissagung nicht zu verachten, alles zu prüfen und das Gute zu behalten (1. Thess. 5, 20. 21). Und Jesus selber hat gesagt: „An ihren Früchten sollt ihr sie erkennen." (Matth. 7, 20.)

Im Sendschreiben an die Gemeinde Ephesus werden die Nikolaiten erwähnt, die außerhalb der Offenbarung nirgendwo genannt werden. Durch Irrlehren, die in die Gemeinde Eingang gefunden hatten, war es zu schriftwidrigem Verhalten gekommen. Wenn wir auch nicht genau sagen können, worin diese irrigen Anschauungen bestanden, so wissen wir doch, daß die Nikolaiten christliche Freiheit mit Zügellosigkeit verwechselten. Sie gehörten zu denen, die Paulus ermahnen mußte, die Freiheit nicht so zu mißbrauchen, daß dem Fleisch Raum gegeben werde (Gal. 5, 13). Wahrscheinlich behaupteten sie, Gottes Gnade stelle einen Schutz für die Gläubigen dar, so daß sie tun und lassen könnten, was sie wollten, ohne innerlich Schaden zu nehmen. Gottes Gnade wurde von ihnen zur Schleuderware gemacht. Darüber hinaus waren die Nikolaiten auf einen Kompromiß mit der Welt bedacht. Sie waren nicht bereit, sich vorbehaltlos für Christus zu entscheiden.

Tadel: Ephesus war zwar treu in seinem Dienst; dennoch machte sich mit der Zeit ein empfindlicher Mangel an Liebe zu Christus bemerkbar. Dadurch wurde das geistliche Leben gefährdet. Die Gemeinde hatte „die erste Liebe verlassen". Das mußte ihnen der auferstandene Christus sagen.

Wenn ein Mädchen zum ersten Mal einen jungen Mann liebt und ihn heiratet, dann ist dies ihre erste Liebe. Wenn sie durch ihr ganzes Leben nur diesen einen Mann liebt und keinen anderen, dann bleibt dies auch ihre einzige Liebe. Wenn sie sich aber später einem anderen zuwendet, dann hat sie ihre erste Liebe verlassen.

Das Verhältnis zwischen Christus und der Gemeinde wird oft unter dem Bild von Braut und Bräutigam dargestellt. Zu Beginn des zweiten Jahrhunderts begann die Christenheit, die bedingungslose Treue zu ihrem Herrn aufzugeben. Der Tadel Jesu kann aber auch noch etwas anderes besagen. In der ersten Zeit hatten die Glieder der Gemeinde Ephesus einander wirklich geliebt. Nie gab es Zwietracht unter ihnen; sie waren bereit, einander zu helfen. Aber diese Liebe zu den

Brüdern, die ihren Ursprung in der Liebe Jesu hat, war verlorengegangen. Wohl hielt man in Ephesus an der rechten Lehre fest, aber die Liebe nahm immer mehr ab. Niemals jedoch kann Rechtgläubigkeit die Liebe zu Christus und seiner Gemeinde ersetzen. Liebe ist das entscheidende Kennzeichen einer lebendigen Gemeinde. So begann sich das von Paulus angekündigte Geheimnis des Frevels (2. Thess. 2, 7) bereits im zweiten Jahrhundert zu regen.

Rat: Der Aufruf Jesu an Ephesus kann in drei Worten zusammengefaßt werden: Gedenke, bereue, tue die ersten Werke! Diese drei Schritte gehören zu echter Umkehr. Die Gläubigen in Ephesus aber hatten vermutlich ihren geistlichen Mangel gar nicht wahrgenommen.

Jesus spricht in diesem Sendschreiben zu Menschen, die zwar der Gemeinde angehörten, aber vom rechten Weg abgeirrt waren. Der erste Schrittt zur Besserung besteht immer darin, daß sich der Mensch bewußt wird, was er falsch gemacht hat. Der verlorene Sohn erinnerte sich in der Fremde plötzlich an sein Vaterhaus (Luk. 15, 17). Das war der erste Schritt auf dem Weg zur Umkehr.

Zum zweiten fordert Jesus: „Tue Buße!" Das heißt: Suche nicht die Schuld bei anderen, denke auch nicht, man müsse sich ins Unvermeidliche schicken, sondern gib zu, daß du schuldig bist vor Gott und empfinde ehrliche Trauer darüber.

Drittens sagt Jesus: „Tue die erste Werke!" Wer lediglich bereut, dann aber hingeht und weiterlebt wie bisher, bereut in Wirklichkeit nicht. Der Beweis echter Reue besteht in einer veränderten Lebensführung, die ermöglicht wird durch Gottes Gnade und das ernste Wollen des Menschen.

Werke können niemals Liebe hervorbringen oder an die Stelle der Liebe treten. Sie beweisen aber die Echtheit der Liebe. Das alles ist in dem Bild enthalten von Christus als dem Bräutigam und der Gemeinde als Braut.

Verheißung: „Wer überwindet, dem will ich zu essen geben von dem Baum des Lebens, der im Paradies Gottes ist."

(Vers 7.) Nach damaliger Sitte wurden in Ephesus – wie auch in anderen Gegenden Griechenlands – Bäume göttlich verehrt. Als der heilige Olivenbaum auf der Akropolis von Athen kurz nach der Zerstörung der Stadt durch die Perser neue Schößlinge trieb, wurde das als günstiges Zeichen für die Zukunft angesehen.

Hier aber ist eine Verheißung gegeben, die hinreicht bis in die Zeit, da die Überwinder vom Baum des Lebens essen werden. Als der Mensch sündigte, verlor er alle Rechte am Baum des Lebens und wurde aus dem Garten Eden vertrieben. Wenn wir auf die Stimme des Heiligen Geistes achten, durch Gottes Gnade Buße tun und überwinden, werden wir einst vom Baum des Lebens essen dürfen. Dann werden Sorge und Sünde für immer verbannt sein.

Diese Verheißung künftigen Segens wird sich in Gottes erneuertem Reich erfüllen. Sie kann uns aber schon heute lebendige Erfahrung sein. Durch das Studium des Wortes Gottes haben wir Anteil an Christus, der Quelle alles geistlichen Lebens. Wenn wir mit ihm Gemeinschaft haben, beginnt für uns das Paradies schon hier und jetzt. Wer „reines Herzens" ist, darf jetzt schon Gott im Glauben schauen und wird einst in seinem Reich für immer mit ihm leben.

„Wer Ohren hat, der höre, was der Geist . . . sagt!" (Vers 7.)

Laßt uns offene Ohren haben für die liebevolle Mahnung Jesu. Tag für Tag können uns vielfältige Einflüsse vom rechten Wege abbringen. Darum wollen wir auf den Rat des Herrn achten und hören, was der Geist den Gemeinden sagt. Durch seine Botschaft fordert Gott Männer und Frauen auf, sich von Selbstsucht und Sünde abzukehren und zur Gerechtigkeit und zum Frieden hinzuwenden. Durch Unterdrückung, Rassenhaß und Kriege, durch Zerrüttung der Heime und Herzen werden in unserer Zeit unsagbare Not und Sorge ausgelöst. Viele sehnen sich nach wirklichem Frieden in der Welt und in ihrem Leben. In seiner Liebe lädt Christus uns ein: „Kommet her zu mir alle . . . ich will euch erquicken . . . so werdet ihr Ruhe finden für eure Seelen." (Matth. 11, 28. 29.)

4

Die Sendschreiben Christi an die Gemeinden Smyrna und Pergamon

Offenbarung 2, 8–17:

*2 8 Und dem Engel der Gemeinde zu Smyrna
schreibe: Das sagt der Erste und der Letzte, der tot
war und ist lebendig geworden: 9 Ich weiß deine
Trübsal und deine Armut – du bist aber reich – und die
Lästerung von denen, die da sagen, sie seien Juden,
und sind's nicht, sondern sind des Satans Synagoge.
10 Fürchte dich vor keinem, was du leiden wirst! Siehe,
der Teufel wird etliche von euch ins Gefängnis werfen,
auf daß ihr versucht werdet, und werdet Trübsal haben
zehn Tage. Sei getreu bis an den Tod, so will ich dir die
Krone des Lebens geben. 11 Wer Ohren hat, der höre,
was der Geist den Gemeinden sagt! Wer überwindet,
dem soll kein Leid geschehen von dem zweiten Tode.
12 Und dem Engel der Gemeinde zu Pergamon
schreibe: Das sagt, der da hat das scharfe, zweischnei-
dige Schwert: 13 Ich weiß, wo du wohnst: da des Satans
Thron ist; und hältst an meinem Namen und hast den
Glauben an mich nicht verleugnet auch in den Tagen,
in denen Antipas, mein treuer Zeuge, bei euch getötet
wurde, wo der Satan wohnt. 14 Aber ich habe ein
Kleines wider dich, daß du daselbst hast, die an der
Lehre Bileams halten, welcher den Balak lehrte, zu
verführen die Kinder Israel, daß sie Götzenopfer aßen
und Unzucht trieben. 15 So hast auch du solche, die in*

gleicher Weise an der Lehre der Nikolaiten halten.
16 *Tue Buße; wo aber nicht, so werde ich bald über*
dich kommen und mit ihnen streiten durch das Schwert
meines Mundes. 17 *Wer Ohren hat, der höre, was der*
Geist den Gemeinden sagt! Wer überwindet, dem will ich geben von dem verborgenen Manna und will ihm geben einen weißen Stein; auf dem Stein aber steht ein neuer Name geschrieben, welchen niemand kennt, als der ihn empfängt.

In Ephesus, dem Tor zur Provinz Asia, begann die kaiserliche Poststraße und führte nordwärts durch Smyrna nach Pergamon. Dann wandte sie sich östlich nach Thyatira und weiter bis nach Sardes, Philadelphia und Laodicea.

Das Sendschreiben an die Gemeinde zu Smyrna

Sinn und Bedeutung des Namens: Smyrna war in den Tagen des Johannes eine blühende Handelsstadt. Sie lag etwa 60 km nördlich von Ephesus. Der Name Smyrna bedeutet nach Meinung vieler Ausleger „Wohlgeruch", hergeleitet von dem Duft, den das würzig-bittere Harz der Myrrhe, eines Balsamstrauches, verströmt. Andere führen den Namen auf eine anatolische Göttin zurück, die hier verehrt wurde.

Die Gemeinde Smyrna mußte durch bittere Verfolgungen gehen. Doch all diese Leiden konnten sie nicht vernichten; durch ihr standhaftes Ausharren wurde sie ihrer Umwelt ein „Wohlgeruch" des Himmels.

Nach Psalm 45, 9 sind die Gewänder des Herrn durchdrungen vom Duft der Myrrhe, Aloe und Kassia.

Das Charakteristische der Stadt: Smyrna hielten viele für die schönste Stadt der Provinz Asia. Auch der griechische

Schriftsteller Lucian war davon überzeugt. Sie gehört zu den ältesten Städten der Welt und besteht als einzige von den sieben in der Offenbarung erwähnten noch heute. Gegenwärtig zählt sie ungefähr 270 000 Einwohner und heißt Izmir. In den Tagen des Johannes nannte man sie die Zierde Asiens. Die Stadt lag auf einer Anhöhe. Inmitten der Stadt erhob sich der Pagos, ein kleiner Hügel, auf dem der Altar der griechischen Göttin Nemesis stand. Dem Wanderer erschienen von ferne die Umrisse dieses Hügels mit dem Altar wie die Konturen einer Krone. Smyrna verdankte seine Größe nicht nur dem Handel, seiner Schönheit, seiner politischen und religiösen Bedeutung, sondern auch dem hohen Ansehen, das Kunst und Wissenschaft dort genossen.

Aber kaum eine andere Stadt hat je so viel gelitten wie sie durch Belagerung, Gemetzel, Erdbeben, Feuersbrünste und anderes Unglück. Dadurch wird Smyrna zu einem treffenden Symbol für den zweiten Abschnitt der Kirchengeschichte vom Anfang des zweiten bis zum Ausgang des dritten Jahrhunderts. Es ist die Zeit der schweren Verfolgungen durch den römischen Staat.

Wie kam es zu dieser Bedrückung, wo doch der römische Staat allen übrigen Religionen gegenüber tolerant war? Unter den Kaisern, die nach Augustus regierten, wurde es zur „selbstverständlichen Bürgerpflicht", dem Herrscher oder seinem Bild göttliche Verehrung entgegenzubringen. Im übrigen wurde niemand in seiner Religionsausübung gehindert. Den Heiden innerhalb des römischen Reiches bereitete es keine Schwierigkeiten, dem Kaiser diese geforderte Ehre zu erweisen. Auch die Christen wären unangetastet geblieben, wenn sie sich am Kaiserkult beteiligt hätten. Aber gerade das konnten sie nicht. Sie wußten sich an das erste Gebot gebunden: „Du sollst keine anderen Götter haben neben mir." (2. Mose 20, 3.) So wurden sie zu Staatsverbrechern gestempelt und mit dem Tode bestraft.

Lob: Man nimmt an, daß zu der Zeit, da die Offenbarung geschrieben wurde, Polykarp, einer der bekanntesten Märtyrer in der Frühzeit des Christentums, der Gemeinde Smyrna vorstand. Später lebende Kirchenväter, wie Tertullian, Irenäus, Eusebius und Hieronymus, erwähnen übereinstimmend, daß Polykarp von Smyrna durch den greisen Apostel Johannes zum Bischof ordiniert worden war.

Im hohen Alter wollte man Polykarp zwingen, dem Cäsar (= römischer Kaiser) göttliche Verehrung zu zollen. Der ihm wohlgesonnene Statthalter versuchte ihn zu retten und forderte ihn auf: „Denk an dein Alter, schwöre beim Genius des Kaisers und tue Buße . . . schwöre ab und verfluche Christus, dann lasse ich dich frei."

Aber der greise Bischof antwortete: „86 Jahre diene ich ihm, und nie tat er mir unrecht. Wie könnte ich meinen König lästern, der mich errettet hat?"

Wenige Worte hätten Polykarp vor dem Scheiterhaufen bewahrt. Er konnte sie jedoch nicht sprechen; und so wurde er 155 (166) n. Chr. am Abhang des Hügels Pagos auf dem Scheiterhaufen verbrannt. In allen Teilen des Römischen Reiches haben Christen in ähnlicher Weise dem Kaiserkult widerstanden. Sie konnten keinem *die* Ehre geben, die allein Gott gehört. In größter Trübsal bewiesen sie die Echtheit ihres Glaubens.

Dieser zweite Abschnitt der Kirchengeschichte erstreckt sich bis zur Zeit Konstantins. Christus brauchte die Gemeinde Smyrna mit keinem Wort zu tadeln. Er wußte, was sie erduldete und wie sie sich für Gottes Reich einsetzte.

Unter den Gemeindegliedern der ersten Jahrzehnte gab es offenbar immer einige, die ihre jüdische Herkunft gern hervorhoben. Sie nannten sich selber „Juden", wurden aber von Gott zur „Synagoge des Teufels" gezählt. Gerade in den Synagogen wurden nicht selten hinterhältige Pläne gegen die Christen geschmiedet. Leibliche Abstammung von Abraham, auf die sich die frommen Juden stolz beriefen, ist eben noch keine Gewähr für die Erlangung des ewigen Lebens. Paulus sagt: „Denn nicht das ist ein Jude, der auswendig ein Jude ist . . . sondern das ist ein Jude, der's inwendig verborgen ist . . . Denn nicht alle sind Israeliten, die von Israel stammen, auch nicht alle, die Abrahams Nachkommen sind, sind darum auch Kinder." (Röm. 2, 28. 29; 9, 6–8.) „Seid ihr aber Christi, so seid ihr ja Abrahams Kinder und nach der Verheißung Erben." (Gal. 3, 29.) Wahre Gotteskinder haben eine Erneuerung erfahren, sind wiedergeboren durch den Heiligen Geist.

Rat: Der Herr kannte die „Armut" und die Leiden der Gläubigen zu Smyrna. Doch von ihm aus gesehen waren sie nicht arm, im Gegenteil: Sie waren „reich", reich im Glauben, an Liebe und an Werken des Dienstes für Gott (siehe 1. Tim. 6, 18; Jak. 2, 5; Matth. 6, 20). Wirklicher Reichtum zeigt sich in den Werten des Charakters, nicht im Besitz von materiellen Gütern. „Fürchte dich vor keinem, was du leiden wirst! Siehe, der Teufel wird etliche von euch ins Gefängnis werfen, auf daß ihr versucht werdet." (Vers 10.)

Gott läßt zwar zu, daß uns Trübsal begegnet, doch kommt sie nicht von ihm: „Niemand sage, wenn er versucht wird, daß er von Gott versucht werde." (Jak. 1, 13.) Es ist vielmehr der Teufel, der ständig Gottes Volk zu Fall bringen will.

„. . . und werdet Trübsal haben zehn Tage", sagte Gott den Christen in Smyrna voraus. Während des zweiten und dritten Jahrhunderts wollten die römischen Kaiser die christliche Gemeinde auslöschen. Sie fürchteten das Christentum, weil sie in ihm einen Angriff auf das herkömmliche Denken vermuteten und darin eine starke Bedrohung sahen.

Deshalb wurden Verfolgungen angezettelt. Man spricht von insgesamt zehn Verfolgungswellen. Die schlimmste war die unter Kaiser Diokletian. Dieser härtesten Leidenszeit war eine 40jährige Zeit der Ruhe vorausgegangen, in der die christliche Kirche leider allzu sicher und mächtig geworden war. Von 303 bis 313 währte die letzte Verfolgungswelle, die beendet wurde durch die Thronübernahme Kaiser Konstantins.

Wenn wir jene „zehn Tage" als prophetische Zeit ansetzen – wobei ein prophetischer Tag einem wirklichen Jahr entspricht (siehe 4. Mose 14, 34 und Hes. 4, 6) –, dann dürften sich diese „zehn Tage der Trübsal" in der Zeit von 303 bis 313 erfüllt haben. Zwar verleugneten in dieser furchtbaren Verfolgung auch viele ihren Herrn Jesus Christus und opferten dem Kaiser bzw. seinem Abbild, aber Tausende blieben treu bis hin zur Preisgabe des Lebens.

„Sei getreu bis an den Tod", sagt der Herr. Dieser Aufruf hat bedrängten Gotteskindern in allen Jahrhunderten Mut und Kraft zum Ausharren gegeben. Mit diesen Worten auf den Lippen sind Millionen in den Tod gegangen. Wenn Gott auch Trübsal über uns zuläßt, so gibt er doch die Gewißheit, daß er uns zur Seite steht. Darüber hinaus verheißt er das Geschenk des ewigen Lebens.

Verheißung: „Ich will dir die Krone des Lebens geben." Eine Königskrone kann von einem Menschen immer nur eine Reihe von Jahren, höchstens einige Jahrzehnte getragen werden. Mit der Krone des Lebens aber werden die Erlösten für ewig geschmückt. Bei den in Smyrna häufig stattfindenden Sportwettkämpfen wurden die Sieger mit Lorbeer bekränzt. Auch diese ehrende Auszeichnung war nur kurzlebig. Und so ist es bis heute geblieben. Wer von uns kennt noch die Olympiasieger von vor zehn oder zwanzig Jahren?

In der Offenbarung aber wird die Verheißung ewig bleibender Herrlichkeit und Ehre gegeben. Die Treue zum Herrn mag den Nachfolger Jesu unter Umständen das Leben kosten, doch der Tod ist für ihn nur eine kurze Unterbrechung, ein Ausruhen von der Arbeit. „So werdet ihr, wenn erscheinen wird der Erzhirte, die unverwelkliche Krone der Ehren empfangen." (1. Petr. 5, 4.)

„Wer überwindet, dem soll kein Leid geschehen von dem *zweiten* Tode." (Vers 11.) Das bedeutet, daß er wohl sterben wird, wie es allen Menschen beschieden ist, doch von Christus (bei der ersten Auferstehung; siehe 1. Thess. 4, 15. 16 u. a.) aus dem Grabe gerufen wird. Wer aber Christus ablehnt, hat mit dem andern, dem ewigen Tod zu rechnen. Dies ist der „zweite Tod" oder der Tod des Gerichts (siehe Offb. 20, 6). Der Überwinder, der im Glauben an Christus entschläft, stirbt also in der Gewißheit, daß er mit Christus auferstehen wird zum ewigen Leben. Für diese uns im Evangelium geschenkte Hoffnung wollen wir Gott danken.

Das Sendschreiben an die Gemeinde zu Pergamon

Sinn und Bedeutung des Namens: Die Bedeutung des Namens Pergamon wird von einigen Bibelauslegern mit „Erhöhung" wiedergegeben, abgeleitet von dem griechischen Wort für Zitadelle oder Akropolis.

Die Stadt wurde um 1150 v. Chr. auf einem etwa 320 m hohen Hügel erbaut, hatte also eine natürliche Befestigung und galt als uneinnehmbar. Man sah sie als so sicher an, daß fremde Herrscher ihre Schätze in Pergamon aufbewahren ließen. Von König Lysimachos wird berichtet, daß er sein Vermögen von etwa 30 Millionen Mark (nach heutiger Währung) dort hinterlegte. Die Anhöhe, auf der die Stadt erbaut war, beherrschte das Tal des Kaikos-Flusses. Von dort aus konnte man bis zu dem etwa 25 km entfernten Mittelmeer schauen.

Pergamon stand in dem Ruf, ein Zentrum der Wissenschaft und Bildung zu sein. Die Bibliothek mit ihren 200 000 Bänden stand der ägyptischen Bibliothek in Alexandrien kaum nach. Als Ägypten sich eines Tages weigerte, Pergamon mit Papyros für die Papierherstellung zu versorgen, gelang es den Bewohnern der Stadt, eine neue Art von Schreibmaterial aus sorgfältig bearbeiteten Tierhäuten herzustellen. Dieses Schreibmaterial ist bis heute unter dem Namen „Pergament" bekannt.

Das Charakteristische der Stadt: Pergamon war eine prunkvolle Stadt mit herrlichen Bauten und wertvollen Kunstschätzen. Sie wurde zur Hauptstadt der römischen Provinz Asia, als Attalos III., der letzte König von Pergamon, sein Reich 133 v. Chr. vertraglich Rom überließ. Den jeweiligen Prokonsuln der Provinz Asia wurde bei der

Einsetzung in ihr Amt ein breites, zweischneidiges Schwert als Zeichen ihrer Autorität verliehen.

In Pergamon hatte auch der Oberste Gerichtshof der Provinz Asia seinen Sitz. Gefangene, die sich dort wegen ihrer Vergehen zu verantworten hatten, wußten, daß das Urteil über sie Leben oder Tod bedeuten konnte. So stellt sich auch Jesus der Gemeinde Pergamon als derjenige vor, „der da hat das scharfe, zweischneidige Schwert“ (Vers 12).

Im Endgericht über diese Erde wird Jesus ebenfalls das Urteil über alle Menschen sprechen (vgl. 2. Kor. 5, 10). Sein Richterspruch wird in jedem Fall gerecht sein, weil er weiß, unter welchen Gegebenheiten wir leben mußten. Er kennt die Einflüsse, denen der einzelne ausgesetzt ist und in denen er sich zu bewähren hat, aus eigener Erfahrung.

Pergamon war nach heidnischer Auffassung eine ausgesprochen religiöse Stadt. Zur Erinnerung an einen Sieg über die Galater war gegenüber dem Tempel der Athene ein gewaltiger Zeusaltar errichtet worden. Er war nahezu 10 m hoch und stand auf einem Felsvorsprung. Mit seinem wuchtigen Unterbau sah er wie ein riesiger Thron aus. Reste dieses Altars stehen heute im Pergamon-Museum zu Berlin und rufen immer wieder die Bewunderung der Besucher hervor.

Christus sagt der Gemeinde in dieser Stadt: „Ich weiß, wo du wohnst: da des Satans Thron ist.“ (Vers 13.) Als einst die Perser Babylon erobert hatten, gewährten sie den Bewohnern Babylons sofort wieder ihre Freiheit. Die Priester aber zettelten einen Aufstand gegen die Perser an und wurden daraufhin der Stadt verwiesen. Später errichteten sie in Pergamon eine zentrale Kultstätte.

So kam es, daß im Tempel zu Pergamon babylonische „Geheimkulte“ gepflegt wurden. Diese „Religion“ erhob den Anspruch, eine Brücke zwischen Himmel und Erde zu bilden. Oberhaupt dieses religiösen Kultes war der jeweils herrschende Monarch, der eine Reihe von Titeln trug, darunter den des „Pontifex Maximus“, das heißt „oberster Brückenbauer“.

In 1. Mose 11, 1–5 steht der Bericht vom Bau des alten Babylon. Die Menschen wollten damals einen Turm errichten, dessen Spitze bis in den Himmel reichen sollte. Das geschah nicht lange nach der Sintflut. Zu der Zeit waren gewaltige physikalische Veränderungen auf Erden eingetreten, die das Leben der Menschheit von Grund auf veränderten.

Die Erinnerung an die große Flut blieb in den folgenden Generationen lange erhalten. Davon zeugen die Sintflutsagen vieler Völker. Eine Frage muß damals die Menschen bewegt haben: Wodurch war diese mächtige Flut verursacht worden? Muß auch in Zukunft mit einer solchen Katastrophe gerechnet werden? Zwar hatte Gott dem Noah und seiner Familie zugesichert, nie mehr eine Sintflut über die Erde kommen zu lassen; diese Zusage aber reichte den von Gott abgefallenen Menschen nicht aus.

Deshalb beschlossen sie, einen Turm zu bauen. Man wollte damit Vorkehrungen treffen, um vor ähnlichen Katastrophen geschützt zu sein. Der Turmbau war letztlich der Versuch, eine Brücke zwischen Himmel und Erde zu errichten, weil man der Zusage Gottes mißtraute. Er war ein Zeichen offenbaren Unglaubens gegenüber den Verheißungen Gottes. Außerdem begründeten die Erbauer der Stadt Babel ihr Bauvorhaben damit, daß sie sich „einen Namen machen" wollten, „denn wir werden sonst zerstreut in alle Länder" (1. Mose 11, 4).

Die babylonischen Geheimkulte entsprangen ähnlichen Ideen. Gottes Volk mußte sich immer wieder mit derartigen Religionen auseinandersetzen. Als der Herrscher von Pergamon sein Reich den Römern überließ, wurde damit auch der dort heimisch gewordene Kult der Babylonier von Rom übernommen und umgeprägt.

Es ist bezeichnend, daß gerade in Pergamon die göttliche Verehrung des Kaisers ihren Anfang nahm. Pergamon war die erste Stadt, in der dem Kaiser zu Ehren ein Tempel errichtet wurde, und zwar im Jahre 29 v. Chr.

Der berühmteste Tempel aber war der des Zeus. Er war zugleich dem Schlangengott Asklepios, dem „Gott der

Heilkunde", geweiht. Im Tempel selbst wurde eine lebendige Schlange gehütet und angebetet. Wahrscheinlich sahen Juden und Christen darin eine Art Teufelskult. In diesem Zeustempel hatte außerdem eine berühmte Schule der Medizin ihren Sitz. Ihr Erkennungszeichen war eine um einen Stab geringelte Schlange. Dieses Symbol des medizinischen Berufs ist bis heute erhalten geblieben.

Lob: Christus sagt der Gemeinde Pergamon: „Ich weiß, wo du wohnst . . .", nämlich an dem Ort, wo sich der Thron des Teufels befand. Es mag für sie nicht leicht gewesen sein, dort ihres Glaubens zu leben. Aber Jesus forderte sie nicht auf zu fliehen, sondern ihre Aufgabe an dem zugewiesenen Platz zu erfüllen, ob es ihr gefiel oder nicht.

Hier stoßen wir auf einen wichtigen christlichen Grundsatz. Zuweilen meinen Gläubige, es ließe sich anderswo, unter anderen Umständen, unter sympathischeren Menschen oder in einem Kreis, wo man Christus leichter bekennen kann, besser leben. Nachfolger Jesu aber haben die Pflicht, dort für Christus zu zeugen, wo sie hingestellt wurden. Wo des „Teufels Thron" stand, hatten sich die Christen von Pergamon zu bewähren.

„Du hältst an meinem Namen und hast den Glauben an mich nicht verleugnet." (Vers 13.) Als einer von denen, die in Pergamon unter schwierigsten Umständen aushielten, wird Antipas genannt. Um seines Glaubens willen mußte er den Märtyrertod erleiden. Der auferstandene Christus nennt ihn „mein treuer Zeuge". Wer sich zu Christus bekannte, mußte in jenen Tagen mit dem Martyrium rechnen. Auch in der Folgezeit haben aufrichtige Christen nicht selten für ihr Glaubenszeugnis teuer bezahlen müssen.

In Offenbarung 1, 5 und 3, 14 wird Jesus Christus ebenfalls der „treue Zeuge" genannt. Wer dem Herrn treu bleibt, wird zuletzt die gleiche Ehre und den gleichen Namen empfangen wie Jesus selbst.

Einige ältere Bibelausleger meinten sogar, es handle sich gar nicht um eine tatsächliche Person, sondern sahen in dem

Namen Antipas ein Symbol des Widerstandes gegen das Aufkommen der kirchlichen Hierarchie. Sie übersetzten den ersten Teil des Namens (anti) mit „gegen" und sahen im zweiten Teil (pas) einen Hinweis auf „alle" oder „Vater" (pater).

Was immer dieser Name bedeuten mag: Christus lobt die Gemeinde für ihren Mut. Und es gehörte tatsächlich Mut dazu, sich der öffentlichen Meinung zu widersetzen in einer Zeit, da das abgefallene Christentum zur Staatsreligion wurde und gleichsam am Thron des römischen Imperiums seinen Sitz aufgeschlagen hatte.

Im Jahre 313 n. Chr. war die große Wende eingetreten. Konstantin hatte Schluß gemacht mit den bisherigen Verfolgungen und den Christen gleiche Rechte zugesprochen wie den Heiden. In den folgenden Jahren begann er sogar, der Christenheit Vorrechte einzuräumen.

Nach Zeiten schwerster Drangsal schien das für die Christen ein Vorteil zu sein. Aber darin lag zugleich eine große Gefahr. Nur wenige Jahrzehnte später wurde das Christentum zur Staatsreligion erklärt, und es dauerte nicht lange, bis – diesmal von „christlicher" Seite aus – Rom erneut zur Stätte der Unduldsamkeit wurde.

Jetzt verfolgten nicht mehr Heiden die Christen, sondern es kam dazu, daß fanatisierte Christen die Heiden verfolgten. Noch häufiger geschah es in der Folgezeit, daß man denen nach dem Leben trachtete, die offenbar wie jener treue Zeuge Antipas in Pergamon am unverfälschten christlichen Bekenntnis festhielten. Und der Staat leistete der Kirche dabei Hilfestellung. Bereits im Jahre 385 wurden in Trier sechs Christen der Ketzerei beschuldigt und hingerichtet.

Tadel: Ungeheuer schnell hatte der Abfall um sich gegriffen. Die Irrlehre der Nikolaiten war von Jesus bereits im Sendschreiben an Ephesus verurteilt worden. Aus „den Werken" einiger hatte sich inzwischen eine regelrechte „Lehre" innerhalb der Kirche gebildet (Offb. 2, 6). Christus erinnert hier an eine alte, wohlbekannte Begebenheit aus dem Leben des Volkes Israel (siehe 1. Mose 22, 1 ff.): „Ich habe ein Kleines wider dich, daß du daselbst hast, die an der Lehre Bileams halten, welcher den Balak lehrte, zu verführen die Kinder Israel, daß sie Götzenopfer aßen und Unzucht trieben." (Vers 14.)

Bileam wollte durch List erreichen, was ihm auf geradem Wege nicht gelang. Er gab dem Moabiterkönig Balak den Rat, schöne moabitische und midianitische Frauen in das Lager der Israeliten zu schicken, um die Männer zur Unzucht und dann zum Götzendienst zu verführen. Und Israel ließ sich tatsächlich betören.

Konstantin suchte sich mit den Christen zu befreunden. Unter ihren verantwortlichen Männern gab es tatsächlich einige, die sich ähnlich verhielten wie einst Bileam. Aus taktischen Gründen waren sie sogar bereit, Glaubensgrundsätze zu verändern oder preiszugeben.

Aus der Sicht der Bibel war das Hurerei und Ehebruch. Indem sich die christliche Gemeinde heidnischen Einflüssen öffnete, verlor sie ihre geistliche Reinheit. Schon im dritten Jahrhundert waren durch den Gnostizismus, der fortan das christliche Denken prägte, Aberglaube und Dämonie in die Gemeinde hineingetragen worden.

Mit allem Ernst fordert Jesus deshalb die Gläubigen auf, sich von ihrem verkehrten Wege zu wenden; „wo aber nicht, so werde ich bald über dich kommen und mit *ihnen* streiten durch das Schwert meines Mundes". Jesus sagt nicht: Ich werde mit *dir* streiten, sondern: „Ich werde über dich kommen und mit *ihnen* streiten."

Das kann doch nur heißen, daß er gegen jene vorgeblichen Christen kämpfen wird, die einer falsch verstandenen Toleranz das Wort reden und auf dem Weg des Abfalls beharren. Durch ihren Einfluß werden andere in die Irre geführt. Wo man aber der Neigung nachgibt, sich der weltlichen Moralauffassung anzugleichen, gerät man zwangsläufig unter den Einfluß des „Fürsten dieser Welt". Durch das Schwert seines Mundes wollte der Herr mit ihnen streiten, also mit seinem Wort, das sie verachtet hatten.

Gottes Wort, das zweischneidige Schwert (Hebr. 4, 12), überführt auch uns unserer Sünde. Durch das Wort wird der Irrtum offenbar. Gottes Geist wirkt niemals am Wort vorbei.

Rat und Verheißung: „Wer überwindet, dem will ich geben von dem verborgenen Manna und will ihm geben einen weißen Stein; auf dem Stein aber steht ein neuer Name geschrieben, welchen niemand kennt, als der ihn empfängt." (Vers 17.)

Im Allerheiligsten der Stiftshütte befand sich in der Bundeslade ein Krug mit Manna (Hebr. 9, 3. 4). Dieses „verborgene Manna" war ein Symbol auf Christus, das Brot des Lebens. Nur wenn wir ihn in uns aufnehmen, wird uns ewiges Leben zuteil. Das gilt noch heute.

Der „weiße Stein" erinnert an verschiedene Gepflogenheiten in damaliger Zeit. So benutzten beispielsweise Richter bei der Urteilsverkündung schwarze und weiße Steine: weiß für Freispruch, schwarz für Verurteilung. Erhielten Sklaven die Freiheit, dann gab man ihnen einen weißen Stein, auf dem ihr Name, manchmal auch ein neuer Name, geschrieben stand.[1]

Ferner konnte ein weißer Stein, „tessera" genannt, seinem Besitzer bei vornehmen Familien ganz bestimmte Vorrechte verschaffen. Und wenn ein Gladiator aus 15 Kämpfen als Sieger hervorgegangen war, erhielt er einen weißen Stein als Symbol der Freiheit und Ehre.

Als Überwinder in Christus sind wir von den Fesseln der Sünde befreit und Glieder der Familie Gottes geworden: „Wenn euch nun der Sohn frei macht, so seid ihr recht frei." (Joh. 8, 36.) Zugleich wird uns ein neuer Name geschenkt, der verbürgt, daß wir Erben Gottes und Miterben Christi sind (Jes. 62, 2).

Nachfolger Jesu brauchen aber nicht nur einen neuen Namen, sie bedürfen auch des verborgenen Mannas, des Wortes Gottes. Jeremia sagt: „Dein Wort ward meine Speise, sooft ich's empfing, und dein Wort ist meines Herzens Freude und Trost; denn ich bin ja nach deinem Namen genannt,

Herr, Gott Zebaoth." (Jer. 15, 16.) Das kann und wird die Erfahrung aller werden, die Gottes Wort regelmäßig in sich aufnehmen.

Unsere Not besteht darin, daß wir oft zu sehr mit anderen Dingen beschäftigt sind und dabei versäumen, täglich „himmlisches Manna" zu uns zu nehmen. Gottes Volk wurde vor alters aufgefordert, jeden Morgen frisches Manna zu sammeln. Im Bericht der Bibel heißt es: „Wenn aber die Sonne heiß schien, zerschmolz es." (2. Mose 16, 21.) Versäumten es die Israeliten, am frühen Morgen hinauszugehen und zu sammeln, dann hatten sie den Tag über nichts zu essen.

Nachfolger Jesu sollten deshalb allmorgendlich, noch ehe die täglichen Pflichten beginnen, in der Andacht das nötige „Manna" für den inwendigen Menschen sammeln.

Die Sendschreiben Christi an die Gemeinden Thyatira und Sardes

5

Offenbarung 2, 18–29; 3, 1–6:

2 18 Und dem Engel der Gemeinde zu Thyatira
schreibe: Das sagt der Sohn Gottes, der Augen hat
wie Feuerflammen, und seine Füße sind gleichwie
goldnes Erz: 19 Ich weiß deine Werke und deine Liebe
und deinen Glauben und deinen Dienst und deine
Geduld, und daß deine letzten Werke mehr sind als die
ersten. 20 Aber ich habe wider dich, daß du das Weib
Isebel duldest, die da spricht, sie sei eine Prophetin,
und lehrt und verführt meine Knechte, Unzucht zu
treiben und Götzenopfer zu essen. 21 Und ich habe ihr
Zeit gegeben, daß sie sollte Buße tun, und sie will nicht
von ihrer Unzucht lassen. 22 Siehe, ich werfe sie auf ihr
Bett und werfe in große Trübsal, die mit ihr die Ehe
gebrochen haben, wenn sie nicht lassen von des
Weibes Werken, 23 und ihre Kinder will ich zu Tode
schlagen. Und alle Gemeinden sollen erkennen, daß
ich es bin, der die Nieren und Herzen erforscht, und
ich werde geben einem jeglichen unter euch nach
euren Werken. 24 Euch aber sage ich, den anderen zu
Thyatira, die solche Lehre nicht haben und nicht
erkannt haben die Tiefen des Satans – wie sie sagen –:
Ich will nicht auf euch werfen eine andere Last; 25 doch
was ihr habt, das haltet, bis daß ich komme. 26 Und wer
da überwindet und hält meine Werke bis ans Ende,

dem will ich Macht geben über die Heiden, 27 und er
soll sie weiden mit einem eisernen Stabe, und wie
eines Töpfers Gefäße soll er sie zerschmeißen, 28 wie
auch ich's von meinem Vater empfangen habe; und ich
will ihm geben den Morgenstern. 29 Wer Ohren hat,
der höre, was der Geist den Gemeinden sagt!

3 Und dem Engel der Gemeinde zu Sardes schreibe:
Das sagt, der die sieben Geister Gottes hat und die
sieben Sterne: Ich weiß deine Werke: Du hast den
Namen, daß du lebest, und bist tot. 2 Werde wach und
stärke das andre, das sterben will, denn ich habe deine
Werke nicht als völlig erfunden vor meinem Gott. 3 So
gedenke nun, wie du empfangen und gehört hast, und
halte es und tue Buße. Wenn du aber nicht wachen
wirst, werde ich kommen wie ein Dieb, und du wirst
nicht wissen, zu welcher Stunde ich über dich kom-
men werde. 4 Aber du hast etliche zu Sardes, die ihre
Kleider nicht besudelt haben; die werden mit mir
wandeln in weißen Kleidern, denn sie sind's wert. 5
Wer überwindet, der soll mit weißen Kleidern angetan
werden, und ich werde seinen Namen nicht austilgen
aus dem Buch des Lebens, und ich will seinen Namen
bekennen vor meinem Vater und vor seinen Engeln. 6
Wer Ohren hat, der höre, was der Geist den Gemein-
den sagt!

Wer vor etwa zweitausend Jahren auf der kaiserlichen Poststraße in Kleinasien reiste, kam schließlich nach Thyatira, der vierten Stadt. Wie bereits erwähnt, sind die Orte an dieser Straße Sinnbilder für den Weg der christlichen Gemeinde von den Tagen der Apostel bis zu der Zeit, da Christus in Herrlichkeit wiederkommen wird.

Die Reihenfolge der Sendschreiben ist ebenso bedeutsam wie die einzelnen Botschaften. Zusammengenommen ergeben sie ein umfassendes Bild der Christenheit, wie es Gott von seiner Warte aus sieht.

Mit Eifer und Hingabe im Glauben hatte die apostolische Gemeinde begonnen. Doch bald geriet die Christenheit auf einen gefährlichen Weg, der im Mittelalter zu verhängnisvollem Abfall führte. Paulus, Petrus und Johannes hatten diesen Abfall vorausgesehen. Wie Jesus hatten sie die Gemeinden vor dieser Gefahr gewarnt. Im Brief an die Thessalonicher sagt Paulus: „Lasset euch von niemand verführen, in keinerlei Weise; denn er [Jesus] kommt nicht, es sei denn, daß zuvor der Abfall komme." Und dann fährt er fort: „Es regt sich bereits das Geheimnis des Frevels." (2. Thess. 2, 3. 7.) Schon in den Tagen der Apostel setzte der Abfall ein, wirkte sich aber erst in den folgenden Jahrhunderten aus. Dies geschieht, so sagt Paulus, daß „offenbart werde der Mensch der Sünde ... der da ist der Widersacher und sich überhebt über alles, was Gott oder Gottesdienst heißt, so daß er sich setzt in den Tempel Gottes und vorgibt, er sei Gott" (2. Thess. 2, 3. 4). Die Elberfelder Bibel sagt: „... und sich selbst darstellt, daß er Gott sei."

In der Zeit vor Christi Wiederkunft aber sollte die Gemeinde Gottes wieder zurückfinden zum reinen apostolischen Glauben und bekleidet werden mit der Gerechtigkeit Christi, erfüllt von Eifer und der ursprünglichen Hingabe. Wer sich mit allem Ernst auf Jesu Wiederkunft vorbereitet, wird sich bemühen, Christus immer ähnlicher zu werden, um schließlich ihm gleich zu sein (siehe 1. Joh. 3, 2). Noch während sich der Abfall ausbreitete, erweckte Gott gläubige Männer und Frauen, die zur Erneuerung des Glaubens aufriefen. Das sollen die folgenden Ausführungen deutlich machen.

Das Sendschreiben an die Gemeinde zu Thyatira

Sinn und Bedeutung des Namens: Einige Bibelausleger geben den Namen Thyatira wieder mit „Opfer der Zerknirschung". Diese Bedeutung ist allerdings nicht sicher nachzuweisen. Die Gemeinde Thyatira steht als Sinnbild für den Abschnitt der Kirchengeschichte, da infolge des Abfalls äußere Werke und Bußübungen an die Stelle schlichter Frömmigkeit traten. Erlösung aber kann niemals durch noch so eifrige Bemühungen erkauft oder verdient werden. Sie ist ein Geschenk Gottes und wird uns aus Gnaden zuteil.

Im vierten Abschnitt der Kirchengeschichte wandte man sich endgültig ab vom reinen Evangelium Jesu Christi. An seine Stelle trat ein formvollendetes Ritual, das durch ein von Menschen eingesetztes Priestertum verwaltet wurde. Es ist ein dunkles Kapitel in der Geschichte der Christenheit. Aufrichtige Reue wurde von toten Werken abgelöst und der „Glaube Jesu" durch das Ritual der Messe ersetzt.

Das Charakteristische der Stadt: Die Stadt Thyatira wurde 280 v. Chr. durch Seleukus, einen der Generäle Alexanders des Großen, erbaut. Um Pergamon zu schützen, war dort eine Garnison von Soldaten als Vorposten stationiert. Da es in dieser Gegend keine natürliche Befestigung gab, wollte man auf diese Weise die Verteidigung nach Norden hin gewährleisten. Der römische Geschichtsschreiber Plinius behauptete wenig schmeichelhaft, die Stadt sei eine „unehrenhafte Kommune".

Nach und nach wuchs Thyatira zu einem Gewerbe- und Industriezentrum, wo vor allem Instrumente aus Messing und Bronze hergestellt wurden. Es gab daher Gießereien in der Stadt. Thyatira war aber auch durch die Kunst des Färbens von Stoffen bekannt. Lydia, die Purpurkrämerin, die in Philippi mit Paulus zusammengetroffen war, hatte wahrscheinlich mit solch einer Färberei zu tun (Apg. 16, 14). Der Überlieferung nach soll sie später das Evangelium nach Thyatira gebracht haben.

Einen hervorragenden Platz in der Stadt nahm ein großer Tempel ein, errichtet zu Ehren Apollos, des Sonnengottes. Dort befand sich ein Altar, der einer weiblichen Gottheit geweiht war.

Einige Bibelausleger nehmen an, daß zu der Zeit, da Johannes diese Botschaft schrieb, eine Frau in der Gemeinde Thyatira als Prophetin aufgetreten war und beherrschenden Einfluß ausübte. Vermutlich habe sich Johannes auf sie bezogen, als er von dem Weib „Isebel" sprach.

Lob: Jesus tritt vor die Gemeinde als einer, „der Augen hat wie Feuerflammen" und „Füße . . . gleichwie goldnes Erz". Im Sendschreiben an Thyatira bezeichnet er sich als Sohn Gottes, übrigens das einzige Mal in der Offenbarung mit diesem Titel. Die flammenden, alles durchdringenden Augen können hinter jede fromme Maske blicken, und die ehernen Füße veranschaulichen die unerschütterliche Stärke und Macht des auferstandenen Christus.

Im Mittelalter wurde der Platz, der dem Sohn Gottes als Haupt der Gemeinde gebührt, in zunehmendem Maße der Maria als „Mutter Gottes" und der Verehrung der Heiligen eingeräumt. Der „Mann der Schmerzen" wurde vom Heiligen- und Reliquienkult in den Hintergrund gedrängt.

Thyatira steht für den längsten Zeitabschnitt der Kirchengeschichte. Er reicht bis zum Beginn der Reformation und umspannt rund tausend Jahre. „Thyatira ist die mittlere der sieben Gemeinden und steht demzufolge symbolisch für die Kirche des Mittelalters."[1] Die wenigen wirklichen Gläubigen dieser Zeit werden gelobt, weil ihre „letzten Werke mehr sind als die ersten", oder wie es Die Gute Nachricht wiedergibt: „. . . daß ihr jetzt noch mehr tut als früher."

Trotz ernster Bemühungen seitens gläubiger Männer und Frauen vollzog sich der entscheidende Wandel in dem unerfreulichen Zustand der Christenheit erst gegen Ende des Zeitabschnittes der Gemeinde Thyatira. Männer wie Luther, John Knox, Calvin, Zwingli und andere setzten in der Reformation ihre ganze Kraft ein, um Menschen zu Gott zurückzuführen.

Tadel: Die Botschaft an Thyatira ist das längste der sieben Sendschreiben. Es enthält schwere Anklagen. Auffallend ist der Hinweis auf Isebel. Unter dem Bild dieser phönizischen Prinzessin, die der israelitische König Ahab zur Frau genommen hatte, wird der planmäßige und hinterhältige Angriff auf die Wahrheit dargestellt.

Als unheilvolle „Mitgift“ hatte Isebel ihre beiden Hauptgötzen, Baal und Aschera, mit ins Land gebracht. Unter dem Einfluß ihrer Königin huldigte fast die ganze israelitische Nation diesen Götzen. In jener Zeit sagte Elia, der Prophet Gottes, eine Zeit „ohne Tau noch Regen“ voraus, die dreieinhalb Jahre dauern sollte. Während dieser Dürre sollte die Ohnmacht der beiden Fruchtbarkeitsgottheiten Baal und Aschera vor allem Volk offenbar werden.

Das Land hatte unter der Hungersnot furchtbar zu leiden. Als die Dürre zu Ende ging, forderte Elia das Volk auf, zu dem wahren Gott zurückzukehren. Nach dem sogenannten Gottesurteil auf dem Berge Karmel ließ er 850 Propheten und Priester des Baal töten (1. Kön. 18).

Die Verbindung des israelitischen Königs Ahab mit Isebel und der sich daraus ergebende Abfall des Volkes vom lebendigen Gott veranschaulicht, wie das Heidentum in die Kirche eindrang und die Führung der stark verweltlichten Christenheit die Macht über den Staat anstrebte. Die Gemeinde Christi war im vierten Jahrhundert zur Staatskirche geworden. In der durch Pergamon dargestellten Periode hatte der Abfall vom Evangelium durch die betrügerische List der „Bileamiten“ begonnen. Die gefährliche Verführung war aus der Gemeinde selbst hervorgegangen. Unversehens war es „Isebel“ gelungen, ihre Herrschaft auszuüben.

Die römisch-katholische Kirche gewann immer größere Macht. Papst Leo III. setzte Karl dem Großen im Jahre 800 überraschend die Kaiserkrone auf. Die Kirche wollte sich nicht mehr auf eine rein geistliche Funktion beschränken. Das zeigte sich besonders unter den schwachen Nachfolgern Karls des Großen. Wie einst die phönizische Isebel ihren Mann, den israelitischen König Ahab, beherrschte, so gängelte das Papsttum des Mittelalters nicht wenige Kaiser und Könige.

Bereits im Jahre 538 hatte Kaiser Justinian I., der kaiserliche und kirchliche Gewalt weitgehend vereinigte, ein Dekret herausgegeben, in dem er den römischen Bischof zum „Richter über alle Ketzerei" ernannte.[2] Damit verlieh er ihm neben der geistlichen auch die weltliche Autorität über alle christlichen Kirchen. Dreieinhalb prophetische Zeiten oder 1260 wirkliche Jahre (538–1798) sollte der Bischof von Rom diese Macht ausüben. Erst unter Napoleon kam es zu einer erheblichen Machteinbuße der Kirche.

In den Jahrhunderten des Mittelalters durchlitt die Christenheit eine geistliche Dürre. Gott gab jedoch der abgefallenen Kirche auch in dieser Zeit Gelegenheit zur Buße. Die Reformation des 16. Jahrhunderts war ein Ruf zur Entscheidung. Jene aber, die durch Isebel dargestellt werden, weigerten sich nicht nur, dem Ruf Gottes Gehör zu schenken, sondern bekämpften in der Gegenreform das von ihm gewirkte Erneuerungswerk.

Jesus sagte von der abgefallenen Kirche, daß er ihr Zeit gegeben habe, Buße zu tun; aber sie wollte nicht von ihrer Unzucht lassen (Vers 21). Viele Menschen waren so verstockt, daß sie Gottes Botschaft gar nicht vernehmen konnten. Jesu Gerichtswort fand schließlich eine erschütternde Bestätigung: „Ich werfe sie auf ihr Bett und werfe in große Trübsal, die mit ihr die Ehe gebrochen haben." (Vers 22.) Die Gemeinde Gottes, „das Weib", mit dem Gott einen Ehebund eingegangen war, hatte diese Ehe gebrochen, indem sie sich mit der Staatsmacht verbündet hatte.

Rat: In dem Sendschreiben werden nicht zuerst Isebel und die ihr Zugehörigen angesprochen, sondern die Treuen, die sich ebensowenig betören ließen wie einst Elia und jene siebentausend Standhaften, die ihre Knie nicht gebeugt hatten vor Baal. Wenn sie auch in der Minderheit waren, so gab es in der Gemeinde Thyatira dennoch Treue.

Diese „anderen" (Vers 24) hoben sich wohltuend ab von denen, die nur so aussahen, als wären sie Christen. Gottes Sohn redete sie so an: „Euch aber sage ich, den anderen zu

Thyatira." Nach dem Griechischen könnte man auch übersetzen: „Euch aber sage ich, den Übrigen."

In der Zeit des furchtbaren Abfalls konnte der Herr lediglich einen Überrest als eigentliche Gemeinde ansehen. Aber vor Gott ist nie die Zahl entscheidend, sondern die Treue. Nur wer den Mut hat, inmitten von Scheinfrömmigkeit und Abfall zu Gottes Wort zu stehen, ist ein Nachfolger Jesu. Wo Glaube, Liebe und Gehorsam walten, da ist Gemeinde Gottes, auch wenn sie sich in einer erbärmlichen Hütte versammeln sollte.

Millionen sind während der päpstlichen Vorherrschaft im Mittelalter um ihres Glaubens willen umgekommen. Diesen treuen Gläubigen sagt der Herr: „Ich will nicht auf euch werfen eine andere Last." (Vers 25.) Was sie erkannt, geglaubt und verkündigt hatten, sollten sie nicht verlieren, sondern bewahren: „... doch was ihr habt, das haltet, bis daß ich komme." (Vers 25.)

Hier begegnet uns in den Sendschreiben der erste Hinweis auf Christi Wiederkunft. Diese Botschaft, die jahrhundertelang zur Seite geschoben und verwässert worden war, sollte wieder zur lebendigen Hoffnung der Gläubigen werden. Jahrhundertlang hatte man Schriftstellen, die von der Auferstehung des Leibes bei der Wiederkunft Jesu sprechen, so ausgelegt, als bezögen sie sich auf ein Weiterleben der Seelen von Verstorbenen. Nun aber sollte mit der Erwartung der Wiederkunft Jesu auch die Hoffnung auf die Auferstehung des Leibes lebendig werden.

Verheißung: Den Überwindern verspricht Jesus Macht über die Nationen. Das ist angesichts der Verfolgung in jenen Tagen eine unglaubliche Verheißung. Mit Schimpf und Schande wurde überschüttet, wer dem Evangelium treu blieb. Nun aber verheißt Christus den Gläubigen, daß sie in seinem künftigen Reich mit ihm regieren werden.

Und noch eine Verheißung wird zugefügt: „Ich will ihm geben den Morgenstern" (Vers 28). Wie der Morgenstern das Ende der Nacht ankündigt, so will Jesus, der helle Morgenstern (2. Petr. 1, 19; Offb. 22, 16), seiner Gemeinde in Stunden größter Trübsal ein Licht der Hoffnung sein. Als die Kirche durch die Dunkelheit des Abfalls ging, erweckte der Geist Christi gottesfürchtige Männer wie Wiklif, Hus und andere, die das Volk zurück zum Worte Gottes führten. Sie waren die Herolde der Reformation.

Jesus wird in der Offenbarung „der helle Morgenstern" genannt; darin liegt eine herrliche Verheißung. Wer Christus treu bleibt, dem wird dieser Morgenstern leuchten, und er wird ihn nie mehr aus den Augen verlieren.

Das Sendschreiben an die Gemeinde zu Sardes

Sinn und Bedeutung des Namens: Sardes kann soviel bedeuten wie „Was übrig bleibt" oder einfach „Überrest", aber auch „Flüchtiger". Nach Jahrhunderten des Abfalls und der Verfolgung im frühen Mittelalter war tatsächlich nur noch wenig vom wahren Glauben übriggeblieben. Doch Gott hatte einen Überrest bewahrt, durch den neues geistlichen Leben in der Gemeinde entfacht werden sollte. Leider wurde dieses neue Leben, das so verheißungsvoll begann, bald wieder schwächer und vom Sterben bedroht.

Das Charakteristische der Stadt: Sardes war die ehemalige Hauptstadt Lydiens und lag auf der Felsplatte eines 500 m hohen Hügels. Es galt als uneinnehmbar. Der letzte König Lydiens, Krösus, war einer der reichsten Männer der antiken Welt. Man nimmt an, daß in Sardes zum ersten Mal Goldmünzen im Umlauf kamen.

Im Jahre 546 v. Chr. gelang es dem Perserkönig Cyrus II., die Stadt durch einen Handstreich zu nehmen; denn die Verteidiger hatten sich für so sicher gehalten, daß sie auf ausreichende Wachen verzichteten. Das gleiche Schicksal ereilte die Stadt noch einmal im Jahre 213 v. Chr. durch den syrischen König Antiochus den Großen. Eine Schar tapferer Soldaten erkletterte nachts die steilen Klippen. Dieben gleich erstiegen sie die kaum bewachten Mauern. Die Bewohner von Sardes hatten aus der Vergangenheit nichts gelernt, sondern gefielen sich in der Erinnerung an ihre einstige Größe.

Reichtum und Macht lassen leicht sorglos und selbstsicher werden. Vermutlich war die christliche Gemeinde zu Sardes durch ähnliche Erfahrungen gegangen. Sie lebte selbstzufrieden dahin und ließ es an der notwendigen Wachsamkeit fehlen. So wurde sie zu einem Bild der Kirche zur Zeit der Reformation im 16. Jahrhundert.

Durch die Reformation war der Christenheit neues geistliches Leben geschenkt worden, das sie aber in der Folgezeit nicht gewissenhaft bewahrte. Hätte es nicht „etliche zu Sardes" gegeben, die sich als treue Wächter erwiesen, so wäre es dem Feind der Gemeinde gelungen, ihre Mauern ebenfalls zu gewinnen.

Durch die öffentliche Verbrennung jener päpstlichen Bulle am 10. Dezember 1520, die ihn mit dem Bann bedrohte, löste sich Luther endgültig von der römisch-katholischen Kirche. Tags darauf sagte er vor Studenten: „Wenn ihr nicht von ganzem Herzen euch vom Reich des Papstes wendet, könnt ihr nicht das Heil eurer Seelen erlangen. Hüte sich jeder, der für seine Seele sorgt, daß er nicht dadurch, daß er es mit den elenden Päpsten hält, Christus verleugnet." Noch im selben Jahr schrieb er in einem Brief an Spalatin: „Schon fühle ich mich viel freier, da ich endlich gewiß geworden bin, daß der Papst der Antichrist und des Satans Stuhl offenbar erfunden ist."

Die Loslösung von Rom forderte von Luther den Neuaufbau des Gemeindelebens. Das sollte nach den Grundsätzen der Heiligen Schrift geschehen, frei von aller Bevormundung durch die Obrigkeit. In einer Predigt im Jahre 1522 forderte er: „So muß bei der Kirche alles ausgeschieden werden, was sich auf Anwendung von Gewalt gründet. Es muß alles in der Kirche gestellt sein auf die innere Autorität der Wahrheit und auf die Macht des Geistes." Luther hatte die Vorstellung von einer Gemeinde, bestehend aus denen, die „mit Ernst

Christen sein wollen und das Evangelium mit Hand und Mund bekennen".

In den folgenden Jahren aber wandelte sich Luthers Gemeindeverständnis bedauerlicherweise. Wahrscheinlich wurde er dazu vorwiegend durch die Bauernunruhen veranlaßt. Leibeigenschaft und Steuerlast lagen schwer auf den Bauern. Luthers Schrift „Von der Freiheit eines Christenmenschen" hatte die Bauern hoffnungsvoll aufatmen lassen, aber vergebens warteten sie auf die befreiende Tat. Als dann der Bauernaufstand ausbrach und sich rasch ausbreitete, zögerte Luther zu lange, ehe er Stellung nahm. Die „Ermahnung zum Frieden auf die 12 Artikel der Bauernschaft in Schwaben" kam zu spät. In seiner Schrift „Wider die mörderischen und räuberischen Rotten der Bauern" stellte sich Luther auf die Seite der Fürsten. Bauern und Volk waren schwer enttäuscht.

Noch in der „Deutschen Messe" hatte Luther eine Gemeinde auf der Grundlage freiwilligen Zusammenschlusses vorgeschlagen. Nach den Bauernunruhen wagte er den entscheidenden Schritt dazu nicht mehr, sondern betrieb die Gründung von Landeskirchen. Er meinte, bei der Durchführung kirchlicher Ordnungen auf staatliche Hilfe nicht verzichten zu können. So knüpfte er bedauerlicherweise an die staatskirchliche Auffassung des Mittelalters und an die Reichskirche Konstantins an. Doch damit konnten die Gemeinden weder Selbständigkeit noch Mündigkeit erlangen. So wurde die evangelische Kirche eine Pastoren- und Amtskirche, gestützt auf den Landesfürsten und nicht auf die Gemeinde. Es konnte daher nicht ausbleiben, daß sich auch in der protestantischen Kirche Unduldsamkeit gegenüber Andersgläubigen regte.

Nach dem Tode Luthers erstarrte die evangelische Kirche mehr und mehr. Statt an der Erneuerung der Gemeinde weiterzuarbeiten, begnügte man sich damit, an den überkommenden Lehren festzuhalten. Man blieb bei der unbiblischen Kindertaufe, etwa beim Abendmahl ohne Fußwaschung, bei der Feier des Sonntags und bei mancherlei unbiblischen Bräuchen.

Lob: Christus fand an der Gemeinde Sardes wenig zu loben. Als Johannes im Jahre 95 n. Chr. dieses Sendschreiben verfaßte, lebte die Stadt nur noch vom Ruhm ihrer Vergangenheit. Auch die christliche Gemeinde schien zum Absterben verurteilt. Ihr fehlte die innere Kraft, die ein Wirken nach außen ermöglicht hätte. Was die Gläubigen von Sardes aus der Vergangenheit hätten lernen können, war vergessen und verloren. Und doch gab es einige in Sardes, die „ihre Kleider nicht besudelt" hatten (Vers 4).

Tadel: „Du hast den Namen, daß du lebest, und bist tot." (Vers 1.) Auch die Gemeinde Sardes lebte nur noch von ihrem Namen. Der Herr wußte das und sagte: „Du bist tot." Er schaute hinter die Fassade und fand dort kaum noch Leben vor. Nicht Irrlehren oder Abfall waren das Problem dieser Gemeinde, sondern ihre Trägheit. Von großen Hoffnungen erfüllt, hatte sie einen Neuanfang gemacht, der sich jedoch bald als trügerisch erwies.

Keine Gemeinde und kein Christ kann auf die Dauer von den Erfahrungen der Vergangenheit leben. Man mag vor fünf oder zehn Jahren in lebendiger Gemeinschaft mit Christus gestanden haben; doch das ist nutzlos, wenn man nicht heute mit Christus lebt. „Ich habe deine Werke nicht als völlig erfunden vor meinem Gott." (Vers 2.) Sardes stand zwar in dem Ruf, eine „lebendige Gemeinde" zu sein, hatte aber in dem ihr von Gott zugewiesenen Wächterdienst versagt. Wie der faule Knecht im Gleichnis (Matth. 25, 25) hatte die Gemeinde ihr Pfund vergraben und nur sich selbst gelebt.

Rat: „Werde wach ... und tue Buße." (Vers 2.) Eindrucksvoll sind die Worte Jesu im Blick auf die Geschichte dieser Stadt und der Gemeinde. Nachfolger Jesu können nicht sorglos auf sich selbst vertrauen: „Wer da meint festzustehen, achte nur darauf, daß gerade er nicht falle." (1. Kor. 10, 12, Bruns.) „Mit aller erdenklichen List und Betrügerei versucht Satan, Menschen gefangenzunehmen. Wenn wir nicht ständig aufmerksam sind, werden wir eine leichte Beute seiner

Verführungen . . . Heute schlafen viele so wie die Jünger Jesu damals. Weil sie nicht wachen und beten, fallen sie unversehens in Anfechtung. Wir sollten deshalb die Aussagen der Bibel, die sich auf die letzten Tage beziehen, mit besonderer Aufmerksamkeit lesen und studieren, damit wir wissen, welche Gefahren dem Volke Gottes drohen."[3]

Wiederholt fordert Christus auf, wachsam zu sein: „Was ich aber euch sage, das sage ich allen: Wachet!" (Mark. 13, 37.) „So lasset uns nun nicht schlafen wie die andern", fordert Paulus die Thessalonicher auf, und: „Wir aber, die wir des Tages sind, wollen nüchtern sein." (1. Thess. 5, 6. 8.) „Der letzte Tag ist ein Geheimnis", schreibt Augustinus, „damit wir alle Tage wach sind." Wir sollten jeden Tag so leben, als sei es unser letzter Tag.

Wenn wir die Botschaft an Sardes auf die Reformation und die Folgezeit anwenden, erkennen wir, wie genau Jesu mahnende Worte auf diese Zeit zutreffen. Die Reformatoren waren Männer der Hingabe an Gott; ihre Nachfolger aber meinten, die Schlacht sei schon gewonnen. Schließlich klammerten sie sich nur noch an eine tote Orthodoxie (starre Rechtgläubigkeit). Die Bewegung der Reformation erstarrte zur Staatsreligion, die obendrein aus öffentlichen Mitteln unterhalten werden mußte. Zufrieden mit sich selbst und dem, was in der Vergangenheit geleistet worden war, hatte man keinen Blick für die große Aufgabe der Evangeliumsverkündigung unter „allen Nationen und Geschlechtern und Sprachen" (Offb. 14, 6).

Wohl haben gewisse äußere Formen auch im christlichen Glaubensleben ihre Berechtigung, aber nur wenn sie erfüllt sind mit Kraft aus der Höhe. Erstarrung hingegen führt zu bloßem Formalismus. Man kann dann nur noch von „toten Werken" sprechen. Der auferstandene Christus sagt: „Gedenke nun, wie du empfangen und gehört hast, und halte es und tue Buße." (Vers 3.) Buße äußert sich nicht nur in Gefühlen; sie ist ihrem Wesen nach eine Willensentscheidung. Ohne eindeutige Absage an die Sünde gibt es keine Nachfolge Jesu.

Ist unser Christsein wirklich Nachfolge Jesu? Oder begnügen wir uns mit religiösen Formen? Liegt da etwa die Ursache für das kraftlose Christsein in unseren Tagen? Wir sollten uns an die Zeit erinnern, da wir gläubig wurden!

„Wenn du aber nicht wachen wirst, werde ich kommen wie ein Dieb." (Vers 3.) Wenn Christus in Herrlichkeit erscheint, wird es überraschend geschehen. Ungläubige und auch solche, die sich Christen nennen, werden völlig unvorbereitet mit diesem Ereignis konfrontiert werden. Für die Gläubigen aber wird es ein Tag der Freude sein, an dem sich die Sehnsucht ihrer Herzen erfüllt: „Ewige Freude wird über ihrem Haupte sein; Freude und Wonne werden sie ergreifen, und Schmerz und Seufzen wird entfliehen." (Jes. 35, 10.)

Der Tag der Wiederkunft Christi wird somit ein Tag der Scheidung für die ganze Menschheit sein. Deshalb werden wir heute zur Entscheidung gerufen. Christsein heißt, sich zu entscheiden; niemals aber, sich treiben zu lassen.

Verheißung: Denen, die nur den Namen haben, daß sie leben, stehen die Träger lebendiger Namen gegenüber. Selbst in der Masse der Gleichgültigen und Ungläubigen wird Gott niemals seine Getreuen aus den Augen verlieren. Von diesem treuen Überrest heißt es: Sie haben „ihre Kleider nicht besudelt" (Vers 4). Das sind Menschen, die sich immer und überall durch Christi Gnade ein reines Herz bewahrten. Durch diese „etlichen" zu Sardes behielt der Protestantismus die Kraft, sich angesichts verstärkter Angriffe von seiten der römischen Kirche zu behaupten. Von diesem Überrest sagt Christus: Sie „werden mit mir wandeln in weißen Kleidern, denn sie sind's wert". Frei von aller Selbstgerechtigkeit, rühmen sie sich nicht ihrer Werke, sondern bekennen demütig ihre Sünden, weil sie wissen, daß sie allein durch Christi Gerechtigkeit vor dem Richterstuhl Gottes bestehen können.

Eine der schönsten Verheißungen der Bibel findet sich in Offb. 3, 5; „Ich werden seinen Namen nicht austilgen aus dem Buch des Lebens." Wessen Name im Buch des Lebens steht, der zählt zu den Getreuen, die in Gottes Reich gehören. Auf Erden mag er als Ketzer oder Sektierer verachtet worden sein, aber am Jüngsten Tag wird Jesus seinen Namen vor Gott und der Engelwelt nennen und sich zu ihm bekennen.

Kann man auch heimlich Christ sein? Das Alte wie das Neue Testament läßt keinen Zweifel daran, daß zur Nachfolge Jesu zu allen Zeiten das öffentliche Bekenntnis gehörte. Wer es wagt, sich im Glauben zu Jesus zu bekennen, zu dem wird sich auch der Herr vor dem Vater bekennen (siehe Matth. 10, 32. 33).

Fragen wir uns mit ganzem Ernst: Sind unsere Sünden ausgelöscht durch Jesu Blut? Steht unser Name im Buch des Lebens? Oder wird er ausgetilgt, weil unsere Sünden gegen uns zeugen im Jüngsten Gericht? Das sind keine belanglosen Fragen. Unser ewiges Schicksal hängt davon ab.

Joh. Albrecht Bengel beschloß seine Gedanken über das Sendschreiben an Sardes mit der Bitte: „Herr Jesus, wecke und belebe mich." Wer sich durch Jesus aus Gleichgültigkeit und Oberflächlichkeit herausreißen und vom Heiligen Geist mit neuem Leben erfüllen läßt, kann getrost in die Zukunft blicken und jenen Tag erwarten, an dem unser Herr kommt und uns zu sich holt. Dann wird der Befehl ergehen: „Tut auf die Tore, daß hineingehe das gerechte Volk, das den Glauben bewahrt!" (Jes. 26, 2.)

Die Sendschreiben Christi an die Gemeinden Philadelphia und Laodicea

6

Offenbarung 3, 7–22:

3 *7 Und dem Engel der Gemeinde zu Philadelphia*
schreibe: Das sagt der Heilige, der Wahrhaftige,
der da hat den Schlüssel Davids, der auftut, und
niemand schließt zu, der zuschließt, und niemand tut
auf: 8 Ich weiß deine Werke. Siehe, ich habe vor dir
gegeben eine offene Tür, und niemand kann sie
zuschließen; denn du hast eine kleine Kraft und hast
mein Wort behalten und hast meinen Namen nicht
verleugnet. 9 Siehe, ich werde geben aus des Satans
Synagoge, die da sagen, sie seien Juden, und sind's
nicht, sondern lügen; siehe, ich will sie dazu bringen,
daß sie kommen sollen und niederfallen zu deinen
Füßen und erkennen, daß ich dich geliebt habe.
10 Weil du bewahrt hast das Wort von meiner Geduld,
will ich auch dich bewahren vor der Stunde der
Versuchung, die kommen wird über den ganzen Welt-
kreis, zu versuchen, die da wohnen auf Erden. 11 Siehe,
ich komme bald; halte, was du hast, daß niemand
deine Krone nehme! 12 Wer überwindet, den will ich
machen zum Pfeiler in dem Tempel meines Gottes,
und er soll nicht mehr hinausgehen, und ich will auf
ihn schreiben den Namen meines Gottes und den
Namen des neuen Jerusalem, der Stadt meines Gottes,
die vom Himmel herniederkommt von meinem Gott,

und meinen Namen, den neuen. 13 *Wer Ohren hat, der*
höre, was der Geist den Gemeinden sagt! 14 *Und dem*
Engel der Gemeinde zu Laodicea schreibe: Das sagt,
der da Amen heißt, der treue und wahrhaftige Zeuge,
der Anfang der Schöpfung Gottes: 15 *Ich weiß deine*
Werke, daß du weder kalt noch warm bist. Ach, daß du
kalt oder warm wärest! 16 *Weil du aber lau bist und*
weder warm noch kalt, werde ich dich ausspeien aus
meinem Munde. 17 *Du sprichst: Ich bin reich und habe*
gar satt und bedarf nichts! und weißt nicht, daß du bist
elend und jämmerlich, arm, blind und bloß. 18 *Ich rate*
dir, daß du Gold von mir kaufest, das mit Feuer
durchläutert ist, daß du reich werdest, und weiße
Kleider, daß du dich antust und nicht offenbar werde
die Schande deiner Blöße, und Augensalbe, deine
Augen zu salben, daß du sehen mögest. 19 *Welche ich*
lieb habe, die strafe und züchtige ich. So mache dich
auf und tue Buße! 20 *Siehe, ich stehe vor der Tür und*
klopfe an. So jemand meine Stimme hören wird und
die Tür auftun, zu dem werde ich eingehen und das
Abendmahl mit ihm halten und er mit mir. 21 *Wer*
überwindet, dem will ich geben, mit mir auf meinem
Throne zu sitzen, wie ich überwunden habe und mich
gesetzt mit meinem Vater auf seinen Thron. 22 *Wer*
Ohren hat, der höre, was der Geist den Gemeinden
sagt!

Das Sendschreiben an die Gemeinde zu Philadelphia

Philadelphia erhielt seinen Namen von Attalus II., der die Stadt gründete und dessen Treue zu seinem Bruder Eumenes ihm den Beinamen Philadelphus einbrachte. „Philadelphia" bedeutet „Bruderliebe".

Die Stadt wurde um 150 vor Chr. gegründet. Sie blieb eine bescheidene Ortschaft. Für die Christenheit aber wurde ihr

Name zum Inbegriff brüderlichen Verhaltens. Zugleich wurde die Gemeinde Philadelphia Sinnbild für die Zeit der Erweckung zu Beginn des 19. Jahrhunderts.

Das Charakteristische der Stadt: Philadelphia war nicht wie Thyatira als Garnisonstadt angelegt, sondern bildete ein griechisches Kulturzentrum, dessen Einfluß bis nach Lydien und Phrygien reichte. In einer alten Beschreibung der Stadt heißt es, Philadelphia sei Ausgangspunkt für die friedliche Ausbreitung der griechischen Sprache, Literatur und Wissenschaft gewesen. In den Tagen der Apostel bot sich dieser Stadt abermals die Chance, zumindest sinnbildlich eine offene Tür zu sein, durch die das Evangelium von der Liebe Jesu Christi zu Menschen getragen wurde, die nie davon gehört hatten.

Philadelphia lag am Eingang eines fruchtbaren Tales. Wegen seiner Schönheit wurde es auch Klein-Athen genannt. Doch die Stadt war häufig Erdbeben ausgesetzt, und die Einwohner mochten ständig in der Angst vor einer Katastrophe leben. Im Jahre 17 n. Chr. wurde Philadelphia fast völlig zerstört. Die meisten Einwohner flohen aus der Stadt, und viele von ihnen kehrten nie zurück. Andere wohnten wochen- und monatelang in notdürftig errichteten Hütten. Es wird berichtet, daß inmitten der Trümmer eine Säule erhalten geblieben war, die noch im 18. Jahrhundert stand.

Nach diesem verheerenden Erdbeben unterstützte der römische Kaiser Tiberius die Bürger beim Wiederaufbau ihrer Stadt durch eine hohe Summe aus seinem Privatvermögen. Aus Dankbarkeit wurde ihr Name in Neocäsarea umgeändert: Neue Kaiserstadt. Nachweislich hat die Stadt noch einige Male ihren Namen gewechselt. Unter der Regierung Caracallas hieß sie Neocorus und zur Zeit des Kaisers Vespasian Flavia (Flavius war der Familienname Vespasians.)

Heute heißt sie Alashehir, was soviel bedeutet wie „rötliche Stadt". Etwa 15 000 Menschen leben dort.

Lob: Christus stellt sich dieser Gemeinde als König des Reiches Gottes vor, „der den Schlüssel Davids hat" (Vers 7).

David trug nur prophetisch den Schlüssel des messianischen Reiches. Allein Jesus Christus kann von sich sagen, daß ihm der „Schlüssel Davids" gegeben ist. Er schließt die Tür ins Reich Gottes auf, und niemand, auch nicht der Teufel, kann ihn daran hindern. Außerdem öffnet er den Boten des Evangeliums die Tür zu ungehinderter Verkündigung.

Wie in der Botschaft an die Gemeinde Smyrna lobt Christus auch die Gläubigen zu Philadelphia wegen ihres Glaubens. Im Gegensatz dazu steht die Botschaft an die Gemeinde Sardes. Dort hatten die Glieder den Namen, daß sie lebten, waren aber geistlich tot. In Philadelphia dagegen hatten sie das Wort Jesu behalten und seinen Namen nicht verleugnet.

Tadel: Es fällt auf, daß Christus diese Gemeinde mit keinem Wort tadelt. Die Liebe der Glieder untereinander und zu ihrem Herrn entsprach tatsächlich ihrem Namen.

Rat: Der Christenheit im Zeitabschnitt der Gemeinde Philadelphia sagt der Herr: „Siehe, ich habe vor dir gegeben eine offene Tür." (Vers 8.) Was ist darunter zu verstehen? Schon Paulus hatte an die Korinther schreiben können: „Mir ist eine große Tür aufgetan, die viel Frucht wirkt." (1. Kor. 16, 9.) Auch als er nach Troas kam, war ihm „eine Tür aufgetan . . . in dem Herrn" (2. Kor. 2, 12). Die Kolosser bat er, für ihn zu beten, damit Gott ihm „eine Tür für das Wort auftue" (Kol. 4, 3), und als der Apostel nach Antiochien zurückkehrte, verkündigte er, daß Gott „den Heiden hätte die Tür des Glaubens aufgetan" (Apg. 14, 27).

Dank der göttlichen Vorsehung taten sich zu Beginn des 18. Jahrhunderts fast in jedem Land der Erde Türen auf für Mission und Evangelisation. Diese Epoche, dargestellt unter dem Bild der Gemeinde Philadelphia, wurde eingeleitet durch die Verkündigung Wesleys, Whitefields und anderer Erweckungsprediger. Ihre freie Predigt vor großen Menschenmengen und ihre Botschaft von der „freien Gnade" war eine Herausforderung für die calvinistische Theologie von der „Erwählung durch Vorherbestimmung".

Zwei große politische Ereignisse – die Unabhängigkeitserklärung der englischen Kolonien im Jahre 1776 und die Französische Revolution im Jahre 1789 – übten nachhaltigen Einfluß auf das Denken vieler Menschen aus. Überall in Europa und Amerika regten sich freiheitliche Kräfte. Gegen die bisherige kirchliche Bevormundung wurde Sturm gelaufen. Die Tür für einen neuen Zeitabschnitt der Menschheit war weit aufgetan. Das war gleichzeitig die Geburtsstunde einer Wissenschaft, die die Echtheit der Bibel bezeugen sollte: die Archäologie oder Altertumswissenschaft.

Während Napoleons Feldzug gegen Ägypten (1798 bis 1799) fand man den sogenannten Rosette-Stein, der heute im Britischen Museum in London aufbewahrt ist. Anhand der dreisprachigen Inschrift dieses schwarzpolierten Basaltsteines, der einen Erlaß Königs Ptolemäus V. enthält, gelang es Champollion, die Hieroglyphen zu entziffern. In der Folge konnten Inschriften an ägyptischen Baudenkmälern entziffert werden.

Davon angespornt, begannen die Archäologen die alten Städte Assyriens, Babyloniens und Persiens auszugraben. Viele geschichtliche Angaben der Bibel, die man bis dahin ins Reich der Fabel verwiesen hatte, wurden durch archäologische Funde bestätigt. Zu Beginn des 19. Jahrhunderts entstanden dazu zahlreiche Bibelgesellschaften in Europa und Amerika, die sich mit Macht dafür einsetzten, Gottes Wort jedem Menschen in die Hand zu geben.

Während der geistigen Unterdrückung im Mittelalter war nicht nur das Glaubensleben der Christen erstarrt; auch die Mission kam über kümmerliche Ansätze nicht hinaus. Nun aber erwachte der Missionsgeist aufs neue. Eine Missionsgesellschaft nach der andern wurde gegründet. Diese Entwicklung schuf die Voraussetzung für ein gewaltiges Evangelisationswerk, das darauf ausgerichtet war, das ewige Evangelium „allen Nationen und Geschlechtern und Sprachen und Völkern zu bringen" (Offb. 14, 6).

Fast überall, wohin die „christlichen" Europäer gelangt waren, hatten sie Sklavenhandel und Sklavengreuel eingeführt. Die „heidnischen“ Vöker mußten schwer darunter leiden. Nun aber wurde der Kampf gegen Sklaverei und Sklavenhandel aufgenommen. Eines der schwärzesten Kapitel der Geschichte ging damit zu Ende.

Aber noch eine andere „Tür“ öffnete Gott in dieser Zeit: die Tür der Adventhoffnung. Rationalismus und Aufklärung hatten die frohe Erwartung der Wiederkunft Jesu fast völlig erstickt. Durch das Studium der Bücher Daniel und Offenbarung und das bessere Verständnis der prophetischen Hinweise Jesu und der Apostel kamen nun weite Kreise der Christenheit zu der Überzeugung, daß die Wiederkunft Jesu nahe bevorstehe.

Das aufsehenerregende Erdbeben zu Lissabon 1755, der bemerkenswerte „finstere Tag“ vom 19. Mai 1780 und der außergewöhnliche Sternenfall im Jahre 1833 wurden als Erfüllung der Prophetie und als Zeichen gewertet, daß das Kommen des Herrn bevorstehe (Matth. 24, 29; Offb. 6, 12. 13). Bald würde er sein Reich des Friedens und der Gerechtigkeit aufrichten.

So war die erste Hälfte des 19. Jahrhunderts von dem Ruf vieler erfüllt: „Der Herr kommt!“ Das Studium der Prophetie erhielt neuen Auftrieb. Die prophetische Zeitperiode der 1260 Tage bzw. der 42 Monate, die sich auf die Herrschaft des Antichrist bezieht, sowie die 2300 Tage, die es mit der Botschaft des Gerichts zu tun haben, fanden besondere Beachtung.

Mit dieser Neubelebung des Studiums der prophetischen Bücher der Heiligen Schrift ging ein bis dahin noch nie erlebter Fortschritt von Wissenschaft und Technik Hand in Hand. Es schien, als machte die Welt einen gewaltigen Sprung nach vorn, zuerst auf Rädern, dann auf Flügeln. Neue Verkehrsmöglichkeiten und Kommunikationsmittel verknüpften Länder und Kontinente. So entstanden günstige Voraussetzungen dafür, das Evangelium in kürzester Zeit in alle Welt zu tragen.

Philadelphia bedeutet „brüderliche Liebe“. Sie kennzeichnete das Verhalten des Gottesvolkes in dieser Zeit. Liebe zu

Jesus Christus hat immer die Liebe zum Bruder im Gefolge. Gottes Werk wird in der Kraft des Heiligen Geistes beendet werden, und diese Kraft des Heiligen Geistes ist zugleich die Kraft göttlicher Liebe. Wenn das Evangelium in aller Welt verkündigt sein wird, dann wird das Ende kommen (Matth. 24, 14) und unser Herr in Herrlichkeit erscheinen (Matth. 25, 31). Den Christen des sechsten Zeitabschnitts der Kirchengeschichte gilt Jesu Wort: „Siehe, ich komme bald; halte, was du hast, daß niemand deine Krone nehme!" (Vers 11.)

Dieses Wort könnte dahingehend verstanden werden, daß die Gemeinde die Krone schon besäße. Aber kein Wettläufer läuft mit einer Krone. Philadelphia ist noch nicht am Ziel, aber die Krone liegt schon „bereit" (2. Tim. 4, 8) und wird gewissermaßen als Erbteil „behalten im Himmel" (1. Petr. 1, 4). Gewiß kann kein Mensch diese Krone stehlen, aber es ist möglich, daß Gott die Krone nehmen und einem andern geben muß, wenn jemand sich ihrer unwürdig erweist. Es ist, als ob der Herr jedem Gläubigen sagen wollte: Laß nichts in deinem Leben geschehen, wodurch dir die Krone verlorengehen könnte.

Verheißung: Das Ereignis, auf das die Offenbarung immer wieder hinweist, ist der zweite Advent Jesu. Darum gibt der Herr in diesem Sendschreiben den treuen Gläubigen, die bis zum Ende ausharren, die Verheißung, daß sie bewahrt werden vor der Stunde der Versuchung, die über den ganzen Weltkreis kommen wird (Vers 10). Zuvor sagt Christus, daß alle, die seine Nachfolger hassen und verleumden, eines Tages vor ihnen niederknien werden.

Durch die Ablehnung Jesu hat das jüdische Volk den ihm von Gott zugedachten Platz im Heilsplan eingebüßt. Gottes Bund mit Israel ist an die christliche Gemeinde übergegangen. Vor Gott sind nicht mehr die fleischlichen Nachkommen Abrahams Gottes Kinder, sondern alle – gleich welcher Herkunft –, die wie Abraham das Wagnis des Glaubens eingehen (Röm. 9, 6–9). So ist die neutestamentliche Gemeinde Erbin aller Verheißungen, die einst Israel gegeben worden waren. Eines Tages werden vor ihr alle Völker niederknien, unter ihnen auch Juden. Sie müssen erkennen, daß der Herr seine treuen Bekenner liebt.

Wahrscheinlich bezieht sich Jesus in seiner Verheißung von Vers 12 auf jene nach dem Erdbeben in der Stadt Philadelphia stehengebliebene Säule und knüpft daran seine Mahnung, Überwinder zu sein. Tatsächlich ist jene Säule ein treffendes Sinnbild für die Überwinder: Wer überwindet, wer treu ist, wird zu einem Pfeiler im Tempel, das heißt in der Gemeinde Gottes werden. Er soll „nicht mehr hinausgehen".

Bei so manchem Erdbeben hatten die Bewohner die Stadt verlassen müssen, um nicht von den einstürzenden Häusern begraben zu werden. Draußen vor der Stadt lebten sie in Ungewißheit. Jesus verheißt, daß wir durch ihn niemals in Unsicherheit geraten, sondern gelassen und in Frieden leben dürfen. „In der Welt habt ihr Angst, aber seid getrost, ich habe die Welt überwunden." (Joh. 16, 33.) Niemand kann uns aus Christi Hand reißen, wenn wir auf seine Stimme hören und ihm folgen (siehe Joh. 10, 27. 28).

Darüber hinaus verheißt Jesus, daß er den Namen Gottes und den Namen des neuen Jerusalem auf seine Nachfolger legen wird. Sie tragen den Namen Gottes, weil sie sein Eigentum sind, und den Namen des neuen Jerusalem, weil sie dort ihr Bürgerrecht haben. Das alte Jerusalem hat nach den Worten des Apostels Paulus keine heilsgeschichtliche Bedeutung mehr (Gal. 4, 21–27). Deshalb schauen Gottes Kinder nach dem Jerusalem, das „droben ist", dem Ziel ihres Glaubensweges.

Das Sendschreiben an die Gemeinde zu Laodicea

Sinn und Bedeutung des Namens: Laodicea bedeutet „Volk des Gerichts" oder auch „gerechtfertigtes Volk". Die Stadt wurde etwa 100 Jahre vor Philadelphia um 230 v. Chr. von Antiochus II. erbaut und erhielt den Namen seiner Frau Laodice. Laodicea verdankte seine Bedeutung ausschließlich seiner günstigen Lage. Die Straße, die von Ephesus nach Osten und weiter nach Syrien führte, war die wichtigste in der Provinz Asia. Während der römischen Friedensherrschaft wurde Laodicea „eine sehr berühmte Stadt", wie der römische Schriftsteller Plinius berichtet.

Laodicea ist die letzte der sieben Gemeinden, an die sich Jesus wendet. Prophetisch verweist die Botschaft an Laodicea auf jene Epoche der Kirchengeschichte, in der Christus kurz vor seiner Wiederkunft seinen abschließenden Dienst als Hoherpriester im himmlischen Heiligtum versieht.

Ein Wort noch zum Namen: Gerechtfertigt werden wir aus Gnaden (Röm. 3, 24) durch das Blut Jesu (Röm. 5, 9) und den Glauben (Röm. 5, 1). Voraussetzung der Rechtfertigung ist die Gnade Gottes; das Blut Christi ist das Mittel dafür, und durch den Glauben wird sie uns zugeeignet. Rechtfertigung durch Jesus Christus zeigt sich im Leben des Gläubigen, in seinem Tun, in Werken der Gerechtigkeit (Jak. 2, 22. 24). Niemals können Leistungen eine Rechtfertigung erwirken, aber die Rechtfertigung erweist sich in guten Werken.

Das Charakteristische der Stadt: Laodicea lag etwa 80 km von Ephesus entfernt am Knotenpunkt zweier wichtiger Straßen. Es war eine Stadt mit großen Märkten, einer bedeutenden Bank und verschiedenen Manufakturen. Der fruchtbare Boden der Umgebung bot gute Voraussetzungen für die Landwirtschaft. Die dort erzeugte Wolle wurde zu einem hervorragenden schwarzen Tuch mit leicht violetter Tönung verarbeitet. Fast alle Bewohner Laodiceas trugen als Zeichen ihres Wohlstandes Kleider aus solchem Tuch.

Laodicea war auch ein führender Kurort in der griechisch-römischen Kulturwelt. Warme Bäder und Mineralquellen zogen die Heilungssuchenden an. Außerdem war in der Stadt eine berühmte Schule der Medizin. Von daher mag der Anstoß zur Herstellung einer Augensalbe mit Namen Collyrium gekommen sein, aus phrygischem Felsgestein bereitet.

Als Laodicea, diese reiche Stadt, im Jahre 61 n. Chr. durch ein Erdbeben weitgehend zerstört worden war, wiesen die

Bürger jede Hilfe von seiten der römischen Verwaltung zurück. Bei Tacitus, dem römischen Geschichtsschreiber, heißt es darüber: „Im gleichen Jahr wurde eine der berühmtesten Städte der Provinz Asia, Laodicea, von einem Erdbeben vernichtet, vermochte sich aber ohne jede Unterstützung durch andere ganz aus eigenen Mitteln zu helfen."[1]

Dieser Wohlstand machte die Einwohner Laodiceas eitel und anmaßend; und der Stolz auf ihre wohlgeordnete Stadtverwaltung verleitete sie zu gefährlicher Selbstsicherheit. Anscheinend hatte dieser Geist auch die christliche Gemeinde nicht unberührt gelassen. Deshalb benutzte der Herr die Gemeinde Laodicea zur Kennzeichnung der Christenheit des 20. Jahrhunderts.

Auf der kaiserlichen Poststraße ist nun – von Ephesus kommend – die siebente Gemeinde erreicht. Das letzte Sendschreiben Jesu liegt vor uns. Christus stellt sich vor mit den Worten: „Das sagt, der da Amen heißt, der treue und wahrhaftige Zeuge." (Vers 14.) Jesus Christus ist das „Amen" (gebraucht im Sinne einer Bestätigung, etwa: So geschehe es!). Er wird abschließen und vollenden, was er vor zweitausend Jahren begann und der Christenheit immer wieder verkündigen ließ. Wenn er, der Amen heißt, vor die Gemeinde tritt, gibt er damit die Zusicherung, daß auf ihn und sein Wort unbedingt Verlaß ist. Wir haben keinen Grund, an seinen Verheißungen zu zweifeln.

Zugleich steht Christus als der „wahrhaftige Zeuge" vor uns. Er kam von Gott und kann daher von Gott sprechen. Er ist Zeuge alles Göttlichen für uns Menschen. Darüber hinaus ist er „der Anfang der Schöpfung Gottes" (Vers 14). „Wenn er spricht, so geschieht's; wenn er gebietet, so steht's da." (Ps. 33, 9.) Jesus ist nicht Geschöpf, sondern Schöpfer. Er ist das Wort – „ohne dasselbe ist nichts gemacht, was gemacht ist" – und damit selbst Gott (Joh. 1, 3).

Nach neutestamentlichem Zeugnis ist der Schöpfer zugleich der Erlöser (Kol. 1, 13–16; Eph. 3, 9; 1. Kor. 8, 6). Jesus ist aber nicht nur der „Anfang der Schöpfung", sondern auch „Anfänger und Vollender des Glaubens" (Hebr. 12, 2).

Als Herr der Gemeinde steht er vor einer Generation von Christen, die sich hoher Kultur und Bildung rühmt, dabei aber voller Skepsis und Selbstzufriedenheit ist; Christen, die bei aller Religiosität im Begriff sind, ihren Gott aufzugeben. Sie stehen in der Gefahr, sich im „Gezänke der fälschlich so genannten Erkenntnis" zu verlieren (1. Tim. 6, 20).

Dazu gehört eine Theologie, die bedenkliche Abstriche am biblischen Schöpfungsbericht vornimmt und damit die Glaubwürdigkeit des Wortes Gottes aushöhlt. Es scheint das Ziel dieser „so genannten Erkenntnis" zu sein, den Glauben an den Schöpfergott zu untergraben.

Die fundamentalen christlichen Glaubenslehren können jedoch niemals mit der ihnen innewohnenden Konsequenz gepredigt werden, wenn man sich am Schöpfungsbericht vorbeizudrücken sucht. Hätte Gott tatsächlich – wie es so mancher Theologe meint – nur das erste Leben auf dieser Erde ins Dasein gerufen, die weitere Entwicklung jedoch auf dem Wege der Evolution geschehen lassen, müßte man die biblische Lehre von der Sünde als widersinnig ansehen. Der Bericht vom Sündenfall geht doch davon aus, daß der Mensch zuvor in einer ungetrübten, vollkommenen Gemeinschaft mit Gott, seinem Schöpfer, stand und zwar in einer Umwelt, die als „sehr gut" bezeichnet wurde. Das Neue Testament läßt keinen Zweifel darüber zu, daß der Ruf Gottes an den Menschen kein Ruf zum Humanismus oder zur Nächstenliebe ist, sondern ein Ruf zur *Rückkehr* in die Gemeinschaft mit ihm, die durch die Sünde verlorenging.

Wenn der biblische Bericht über Schöpfung und Sündenfall in den Bereich der Fabel verwiesen und gelehrt wird, der Mensch könne die ihm innewohnenden Kräfte selbst zum Besseren hin entwickeln, brauchte er letztlich keinen Erlöser mehr. Es kann deshalb nie eine Synthese zwischen Entwicklungslehre und dem biblischen Schöpfungsbericht geben. Beide gehen von verschiedenen Voraussetzungen aus, bewegen sich in entgegengesetzte Richtungen und ziehen Schlußfolgerungen, die so weit voneinander entfernt sind wie der Nordpol vom Südpol.

Lob: Der Herr hat kein Lob für Laodicea. Es ist die einzige Gemeinde, von der der auferstandene Christus nichts Gutes zu sagen weiß. Ihre Werke taugen nichts, weil sie nicht dem Leben mit Christus entspringen. Die Gemeinde Laodicea war auf gefährlichem Wege. Kein Wunder, daß sie der Herr scharf tadeln mußte.

Tadel: Ohne jede Beschönigung sagt der Herr zu Laodicea: „Ich weiß deine Werke, daß du weder kalt noch warm bist . . . Weil du aber lau bist und weder warm noch kalt, werde ich dich ausspeien aus meinem Munde." (Verse 15. 16.) Laodicea hat etwas so Ekelerregendes an sich, daß der auferstandene Christus diese selbstgerechte Gemeinde wie einen widerwärtigen Bissen am liebsten ausspeien möchte. Weshalb ergeht dieses harte Urteil?

Obwohl es heute kaum offene Feindseligkeiten dem Evanlium gegenüber gibt, herrscht innerhalb und außerhalb der Christenheit eine noch nie dagewesene Gleichgültigkeit. Doch Jesus Christus gegenüber kann man nicht neutral bleiben. Wer nicht bereit ist, mit ihm zu arbeiten, hindert sein Werk. Wer sich Christus nicht ergeben will, widersteht ihm. Fast klingt es, als wollte Jesus mit diesen ernsten Worten an Laodicea sagen, daß es besser wäre, gar nicht erst den Weg des christlichen Glaubens einzuschlagen, als in ein bloßes Namenschristentum abzugleiten.

„Und weißt nicht, daß du bist elend und jämmerlich, arm, blind und bloß." (Vers 17.) Die Gemeindeglieder in Laodicea waren überzeugt von ihrem Reichtum, aber blind angesichts ihrer Armut. Von außen gesehen, erweckte die Gemeinde einen gesunden Eindruck. Unter der Oberfläche aber wucherte ein furchtbarer Krebsschaden.

Eine Gemeinde mag viele Glieder haben und sehr aktiv sein, dennoch kann ihr Christus fehlen. Die Christen zu Laodicea mögen rechtgläubig gewesen sein und Gottes Wahrheit nach außen vertreten haben; aber Rechtgläubigkeit allein reicht nicht aus. Als ernste Christen brauchen wir die Inbrunst des Glaubens Jesu. Der Herr nennt die „lauen"

Christen nicht etwa Heuchler – ein Heuchler weiß über seinen Zustand Bescheid –; er muß vielmehr feststellen, daß die Gemeinde nicht weiß, wie es eigentlich um sie steht. Äußerlich scheint alles so, wie man es von einer Gemeinde erwartet; doch die wichtigste Erkenntnis fehlt: daß wir vor Gott elend, arm und bloß sind.

Die Gemeinde Laodicea ist reich; sie besitzt wunderbare Gotteshäuser und gute kirchliche Einrichtungen. Aber es mangelt ihr am Entscheidenden: an der Gemeinschaft mit Christus und der lebendigen Verbindung zu ihm, dem Haupt der Gemeinde. Der Herr hat vorausgesehen, daß dieser Zustand unmittelbar vor seiner Wiederkunft eintreten wird. Eine Christenheit, die sich damit begnügt, überkommene Formen zu wahren und Traditionen zu pflegen, hat kein geistliches Leben mehr und ist in Wirklichkeit von Christus abgefallen.

Viele Christen wählen heute den bequemen Weg. Sie sind zufrieden mit sich selbst und denken kaum darüber nach, wie es um sie bestellt ist. Sie befassen sich nur soweit mit dem Christentum, wie ihnen unbedingt nötig erscheint. Die Liebe zur Welt hat sich in ihren Herzen eingenistet und veranlaßt sie zu immer neuen Zugeständnissen. Ist es da verwunderlich, daß die Liebe zum Nächsten erkaltet und kaum noch das Verlangen da ist, andere zu Christus zu führen?

Im Grunde genommen hat Laodicea durch seine Einstellung das Recht verwirkt, den Namen des Erlösers zu tragen. Christus will nichts zu tun haben mit Menschen, die nicht bereit sind, ihr Glaubensbekenntnis zur Tat werden zu lassen. Ohne Unterschied der Person und ohne Rücksicht auf die Zugehörigkeit zu irgendeiner Kirche oder Gemeinschaft ruft Christus uns zu: „Mache dich auf und tue Buße!“ (Vers 19.)

Rat: Vor diesem ernsten Zustand der Gemeinde wollen und dürfen wir nicht die Augen verschließen. Dennoch ist er nicht so hoffnungslos wie bei jenen fünf der zehn Jungfrauen, die das Kommen ihres Heilandes versäumten. E. G. White schreibt: „Es ist Hoffnung für die Gemeinde, wenn sie die Botschaft beachtet, die der Herr Laodicea gegeben hat.“ [2]

Hätte Christus die Gemeinde unwiderruflich verworfen, dann wäre sein „Ich rate dir“ überflüssig. Dieser Rat sieht keine „geistliche Auswanderung“ vor, nicht den Versuch, nach einer besseren Gemeinde Ausschau zu halten; er ermuntert vielmehr zu völliger Erneuerung der Gesinnung und des Lebens.

„Mache dich auf und tue Buße!“ Diese Aufforderung steht in der Einzahl, geht also jeden persönlich an. Die geistliche Erfahrung von Verwandten und Freunden kann keinem helfen. Weil Jesus unsere Not kennt, legt er uns dringend ans Herz, Gold von ihm zu kaufen, „das mit Feuer durchläutert ist . . . und weiße Kleider“ (Vers 18) anzulegen. Das Gleichnis von dem Mann ohne hochzeitliches Kleid (siehe Matth. 22, 1 ff.) ist eine ernste Mahnung für jeden, der noch nicht mit der Gerechtigkeit Christi bekleidet ist. Es reicht nicht aus, die Einladung Jesu vernommen zu haben. Ohne hochzeitliches Kleid kann niemand vor Gott bestehen.

Jesus rät weiter, Augensalbe zu kaufen, „. . . deine Augen zu salben, daß du sehen mögest“ (Vers 18). Nur wenn wir aufhören, mit Befriedigung auf uns und unsere Frömmigkeit zu sehen, dafür aber endlich unsere Armut erkennen und nach dem Heil in Christus ausschauen, werden wir bereit sein für Jesu Wiederkunft.

„Welche ich lieb habe, die strafe und züchtige ich.“ (Vers 19.) In diesen Worten liegt eine Lehre, die die ganze Bibel durchzieht. Das hier verwendete griechische Wort für „strafen“ heißt auch: jemanden überführen, so daß er seinen Irrtum einsieht. Wenn uns Christus zur Rede stellt, geht es ihm nicht darum, uns unserer Sünden wegen zu strafen; er möchte uns vielmehr zur Einsicht bringen. Darum ist es töricht zu grollen, wenn Gott uns in Zucht nimmt. Wir sollten eher begreifen lernen, was er uns sagen will – und von Herzen dafür dankbar sein.

Wenn wir bereit sind, Christus unser Leben zu übergeben, beginnt neue Kraft in uns zu wirken. Es kommt zu einer

Umwandlung der Gesinnung, die der Mensch nie – auch nicht mit stärkster Willenskraft – von sich aus schaffen könnte. Göttliches Leben wird durch das Wunder der Wiedergeburt in unser sündenverderbtes Herz gepflanzt. Der Same dafür ist das Wort Gottes.

Durch Christus empfangen wir die Gerechtigkeit, mit der wir vor Gott bestehen können. Die Gerechtigkeit, die unser Leben heiligt, wird uns hier und heute verliehen. Sie wird durch die Wirksamkeit des Heiligen Geistes in unserem Leben offenbar. „Die erste stellt unser Anrecht auf den Himmel dar, die zweite macht uns geschickt für den Himmel."[3] „Die erste" bezieht E. G. White auf die „zugerechnete Gerechtigkeit", die „zweite" auf die „verliehene Gerechtigkeit" oder Heiligung.

Weil Jesus die Gemeinde liebt und ihm ihr ewiges Schicksal nicht gleichgültig ist, ermahnt er sie. Wer jedoch seinen Rat und Tadel zurückweist, bringt damit zum Ausdruck, daß er sich gegen seine Führung stemmt. Christsein bedeutet nicht nur, Vergebung zu erbitten und anzunehmen; es schließt auch die Bereitschaft zum Gehorchen ein, damit wir Christus ähnlich werden.

So steht Christus vor unserer Herzenstür und klopft an, geduldig, unermüdlich; er bittet, daß wir ihn einlassen. In der Botschaft an Laodicea wirbt er: „So jemand meine Stimme hören wird ..." (Vers 20.) Nicht der Mensch ergreift die Initiative, sondern der Herr ist es, der an die Tür klopft und um Einlaß bittet. Er hat die Herrlichkeit des Himmels verlassen und ist Mensch geworden, um uns zu retten.

In einem Dokument der christlichen Kirche Japans wird versucht, den entscheidenden Unterschied zwischen dem Christentum und anderen Religionen herauszustellen. Darin heißt es sinngemäß, dieser Unterschied bestehe darin, daß nicht die Menschen Gott suchen, sondern daß Gott von sich aus die Menschen sucht.

Ein bedeutender englischer Maler hat das Wort aus Offenbarung 3, 20 zum Thema eines Gemäldes gemacht, das in der St.-Pauls-Kathedrale in London zu sehen ist. Christus, der gute Hirte, steht vor einer einfachen Hütte und klopft an. Die Tür hat keine Klinke, mit der von außen geöffnet werden könnte. So steht es auch in unserem Ermessen, unsere Herzenstür zu öffnen, wenn Christus anklopft, oder sein Klopfen zu überhören. Niemals wird sich Christus gewaltsam Einlaß verschaffen. Wer die Tür vor ihm verschließt, muß einst im Jüngsten Gericht vor seinen Richterstuhl treten. Darum sagt Jesus: „So jemand meine Stimme hören wird und die Tür auftun, zu dem werde ich eingehen und das Abendmahl mit ihm halten und er mit mir."

Keine andere Gemeinde muß Christus so scharf tadeln wie Laodicea, aber auch keiner anderen wird ein solch überwältigender Beweis seiner Liebe angeboten. Wer auf die Stimme Jesu achtet und ihn einläßt, mit dem will er das Abendmahl halten, dem sichert er zu, „mit mir auf meinem Thron zu sitzen" (Vers 21). Die angebotene Tischgemeinschaft wird am Ende zu einer Gemeinschaft im Herrschen und Regieren werden.

Das Sendschreiben an Laodicea ist Gottes Botschaft an die Gemeinde auf ihrer letzten Wegstrecke. Wieviel Gnadenzeit dem einzelnen noch gegeben ist, weiß keiner. Wir sind jedoch gerufen, uns der Botschaft zu stellen und sie weiterzusagen.

Alle sieben Sendschreiben schließen mit den Worten: „Wer Ohren hat, der höre, was der Geist den Gemeinden sagt!" Damit wird jeder von Jesus persönlich angesprochen: Du bist gemeint, das geht dich an!

Beim Hören des Wortes Gottes stehen wir oft in der Gefahr, die Botschaft auf andere, nur nicht auf uns zu beziehen. Jesus aber sagt in diesem Schlußwort eindeutig: Das geht dich an! Die in den Sendschreiben enthaltenen Ermahnungen galten nicht nur den Gliedern der sieben Gemeinden damals, sondern sind durch den Heiligen Geist an die Menschen aller Zeiten gerichtet.

Ein herrliches Erbe hält Christus für jene bereit, die sich durch sein Wort rufen lassen und sein stellvertretendes Sühnopfer annehmen. Wenn einst die siebente Posaune erschallt, wird vor dem ganzen Universum offenbar, wer Herr der Welt ist. Auf Golgatha hat Jesus den Teufel besiegt und die Welt mit Gott versöhnt. Das ist die Garantie für die künftige endgültige Vernichtung Satans.

Die Rechtmäßigkeit der Herrschaft Christi ist bereits entschieden. Weisheit, Ehre, Ruhm und Anbetung gehören ihm, der da Amen heißt. „Wer Ohren hat, der höre, was der Geist den Gemeinden sagt!"

7

Der Thron Gottes, das Lamm und das versiegelte Buch

Offenbarung 4 und 5:

Vor dem Throne Gottes

4 *Danach sah ich, und siehe, eine Tür war aufgetan*
im Himmel, und die erste Stimme, die ich gehört
hatte mit mir reden wie eine Posaune, die sprach: Steig
herauf, ich will dir zeigen, was nach diesem geschehen
soll. 2 *Alsbald kam der Geist über mich. Und siehe, ein*
Thron war gesetzt im Himmel, und auf dem Thron saß
einer; 3 *und der da saß, war anzusehen gleichwie der*
Stein Jaspis und Sarder; und ein Regenbogen war um
den Thron, anzusehen gleichwie ein Smaragd. 4 *Und*
um den Thron waren vierundzwanzig Throne, und auf
den Thronen saßen vierundzwanzig Älteste, mit wei-
ßen Kleidern angetan, und hatten auf ihren Häuptern
goldene Kronen. 5 *Und von dem Thron gingen aus*
Blitze, Stimmen und Donner; und sieben Fackeln mit
Feuer brannten vor dem Thron, welches sind die
sieben Geister Gottes. 6 *Und vor dem Thron war es wie*
ein gläsernes Meer, gleich dem Kristall, und mitten am
Thron und um den Thron vier himmlische Gestalten,
voll Augen vorne und hinten. 7 *Und die erste Gestalt*
war gleich einem Löwen, und die zweite Gestalt war
gleich einem Stier, und die dritte hatte ein Antlitz wie
ein Mensch, und die vierte Gestalt war gleich einem
fliegenden Adler. 8 *Und eine jegliche der vier Gestalten*
hatte sechs Flügel, und sie waren außenherum und

*inwendig voll Augen, und sie hatten keine Ruhe Tag
und Nacht und sprachen: Heilig, heilig, heilig ist Gott
der Herr, der Allmächtige, der da war und der da ist
und der da kommt.* 9 *Und wenn die Gestalten gaben
Preis und Ehre und Dank dem, der da auf dem Thron
saß, der da lebt von Ewigkeit zu Ewigkeit,* 10 *fielen die
vierundzwanzig Ältesten nieder vor dem, der auf dem
Thron saß, und beteten den an, der da lebt von
Ewigkeit zu Ewigkeit, und legten ihre Kronen nieder
vor dem Thron und sprachen:* 11 *Herr, unser Gott, du
bist würdig, zu nehmen Preis und Ehre und Kraft; denn
du hast alle Dinge geschaffen, und durch deinen
Willen haben sie das Wesen und sind geschaffen.*

Das Lamm allein ist würdig, die Siegel zu öffnen

5 *Und ich sah in der rechten Hand des, der auf dem
Thron saß, ein Buch, beschrieben inwendig und
auswendig, versiegelt mit sieben Siegeln.* 2 *Und ich sah
einen starken Engel, der rief aus mit großer Stimme:
Wer ist würdig, das Buch aufzutun und seine Siegel zu
brechen?* 3 *Und niemand im Himmel noch auf Erden
noch unter der Erde konnte das Buch auftun und
hineinsehen.* 4 *Und ich weinte sehr, daß niemand
würdig erfunden ward, das Buch aufzutun und hinein-
zusehen.* 5 *Und einer von den Ältesten spricht zu mir:
Weine nicht! Siehe, es hat überwunden der Löwe, der
da ist vom Geschlecht Juda, die Wurzel Davids,
aufzutun das Buch und seine sieben Siegel.* 6 *Und ich
sah: mitten zwischen dem Thron und den vier Gestal-
ten und mitten unter den Ältesten stand ein Lamm, wie
wenn es erwürget wäre, und hatte sieben Hörner und
sieben Augen, das sind die sieben Geister Gottes,
gesandt in alle Lande.* 7 *Und es kam und nahm das
Buch aus der rechten Hand des, der auf dem Thron saß.*
8 *Und da es das Buch nahm, da fielen die vier Gestalten
und die vierundzwanzig Ältesten nieder vor dem*

*Lamm, und ein jeglicher hatte eine Harfe und goldene
Schalen voll Räucherwerk, das sind die Gebete der
Heiligen, 9 und sie sangen ein neues Lied und
sprachen: Du bist würdig, zu nehmen das Buch und
aufzutun seine Siegel; denn du bist erwürgt und hast
mit deinem Blut für Gott erkauft Menschen aus allen
Geschlechtern und Sprachen und Völkern und Natio-
nen 10 und hast sie unserem Gott zu Königen und
Priestern gemacht, und sie werden herrschen auf
Erden. 11 Und ich sah, und hörte eine Stimme vieler
Engel um den Thron und um die Gestalten und um die
Ältesten her, und ihre Zahl war vieltausendmal tau-
send, 12 und sprachen mit großer Stimme: Das Lamm,
das erwürget ist, ist würdig, zu nehmen Kraft und
Reichtum und Weisheit und Stärke und Ehre und Preis
und Lob. 13 Und alle Kreatur, die im Himmel ist und auf
Erden und unter der Erde und im Meer, und alles, was
darinnen ist, hörte ich sagen: Dem, der auf dem Thron
sitzt, und dem Lamm sei Lob und Ehre und Preis und
Gewalt von Ewigkeit zu Ewigkeit! 14 Und die vier
Gestalten sprachen: Amen! Und die Ältesten fielen
nieder und beteten an.*

Die Visionen in Offenbarung 1–3 sind eigentlich nur eine Einführung. Johannes sah den Auferstandenen als Hohenpriester inmitten seiner Gemeinden wandeln und hörte die Botschaften, die er an sie richtete. In den folgenden Gesichten wird sein Blick in den Himmel gelenkt. Das Wörtchen „danach“, das die Kapitel 4 und 5 einleitet, besagt nicht, daß sich die folgenden Visionen erst erfüllen, wenn alles eingetroffen ist, wovon in den ersten drei Kapiteln die Rede war.

Mit Offenbarung 4 beginnt etwas ganz Neues. Johannes berichtet: „Danach sah ich, und siehe, eine Tür war aufgetan im Himmel." Zugleich hörte er die Einladung dessen, der bereits in Offenbarung 1 zu ihm gesprochen hatte und der ihn nun aufforderte: „Steig herauf, ich will dir zeigen, was nach diesem geschehen soll." (Vers 1.)

„Eine Tür war aufgetan im Himmel." Es heißt nicht: eine Tür war aufgetan „in den Himmel" oder „zum Himmel", sondern *„im* Himmel". Sie wurde auch nicht erst geöffnet, sondern *war* aufgetan. Das ist beachtenswert. Durch Christi Opfertod ist „die Tür", der „Eingang in das Heilige" geöffnet (Hebr. 10, 19. 20). Johannes durfte einen Blick in dieses Heiligtum Gottes werfen und erhielt damit die Möglichkeit, vom Thronsaal Gottes her zu beobachten, wie das Erlösungswerk vollendet wird.

Zum drittenmal in der Offenbarung ist hier eine Tür erwähnt. Beim erstenmal ist dieses Bild ein Hinweis auf das Geschenk der Frohen Botschaft. Gott gibt jedem Gelegenheit, das Evangelium weiterzusagen. „Siehe, ich habe vor dir gegeben eine offene Tür." (Offb. 3, 8.) Mit der anderen Tür ist das menschliche Herz gemeint. Christus sagt: „Siehe, ich stehe vor der Tür und klopfe an." (Offb. 3, 20.) Es liegt bei uns, ob wir ihm die Tür öffnen oder nicht. Zum dritten spricht Johannes von einer offenen Tür im Himmel. Im Geist entrückt, sah er das himmlische Heiligtum geöffnet.

Eine geöffnete Tür im Himmel

Das irdische Heiligtum, einst von Mose erbaut, war nur ein unvollkommenes Abbild des himmlischen Tempels (siehe 2. Mose 25, 8. 9). Nun sah Johannes im Gesicht die Wirklichkeit, das wahre Heiligtum.

Das israelitische Heiligtum hatte zwei Abteilungen, das Heilige und das Allerheiligste. Hier – besonders über der Bundeslade im Allerheiligsten – offenbarte sich Gott in seiner Herrlichkeit. Deshalb durfte auch nur der Hohepriester jenes Allerheiligste betreten, und das nur einmal im Jahr, am großen Versöhnungstag. Dazu mußte er zuvor ein Opfer für seine Sünden bringen, um rein vor Gott zu stehen. Denn für den Sünder ist Gottes Gegenwart gleichzeitig Gericht.

Durch die offene Tür im Himmel sah nun Johannes in aufeinanderfolgenden Gesichten all die Geschehnisse, deren Ziel darin besteht, die gefallenen Menschen zu erlösen und die Sünde samt ihrem Urheber für immer zu beseitigen. Dabei richtet sich sein Blick zuerst auf den Thron Gottes (siehe auch Offb. 7, 15). „Vieltausendmal tausend" Engel (Offb. 5, 11) dienen dort, wo alle weltumspannenden Entscheidungen ihren Ausgangspunkt haben.

Die Beschreibung, die Johannes von diesem Thron und seiner Herrlichkeit gibt, entspricht dem, was schon den Propheten des Alten Testaments offenbart worden war. „Ich sah den Herrn sitzen auf seinem Thron und das ganze himmlische Heer neben ihm stehen", berichtet der Prophet Micha (1. Kön. 22, 19). In den Psalmen heißt es: „Gott sitzt auf seinem heiligen Thron." (Ps. 47, 9.)

Auffallend ist die Ähnlichkeit der Aussage des Johannes mit dem, was der Prophet Daniel wiedergibt (siehe Dan. 7, 9–14). Beide, Johannes und Daniel, haben versucht, den zu beschreiben, der den Thron im Himmel innehat. Daniel erwähnt, daß seine Kleider schneeweiß sind. Johannes vermeidet es, Gott irgendwie in menschlicher Gestalt darzustellen. Er sagt: „Auf dem Thron saß einer; und der da saß, war anzusehen gleichwie der Stein Jaspis und Sarder." (Offb. 4, 2. 3.)

Da die früheren Bezeichnungen mit den heutigen nicht mehr übereinstimmen, können wir nicht mit Sicherheit sagen, um was für Steine es sich handelt. Manche Ausleger sind der Meinung, daß der Jaspis ein Sinnbild der Heiligkeit Gottes ist, während der Sarder seine Gerechtigkeit darstellt. Jedenfalls sah Johannes in den funkelnden Strahlen dieser Edelsteine einen Hinweis auf die Herrlichkeit Gottes, so wie es schon Daniel zum Ausdruck gebracht hatte: „Von ihm ging aus ein langer feuriger Strahl." (Dan. 7, 10.)

„Und ein Regenbogen war um den Thron." Der griechische Text besagt sogar „ringsum den Thron", im Gegensatz zu dem Halbbogen, den wir sehen, wenn sich das Sonnenlicht in den Regentropfen bricht. Der Regenbogen ist ein Sinnbild der Hoffnung, die uns durch Gottes Gnade zuteil wird. Als zum erstenmal ein Regenbogen auf Erden erschien, gab ihm Gott die Bedeutung eines Bundeszeichens (siehe 1. Mose 9, 12–17). Auch der den Thron Gottes völlig umgebende Regenbogen versinnbildet zweierlei: göttliche Gnade und göttliches Gericht.

Im Hebräerbrief werden wir eingeladen, zum Thron der Gnade zu kommen, „auf daß wir Barmherzigkeit empfangen und Gnade finden" (Hebr. 4, 16).

Die vierundzwanzig Ältesten am Thron Gottes

Der Thron Gottes steht nicht in leuchtender Einsamkeit. Johannes sah vielmehr um den Thron Gottes „vierundzwanzig Throne, und auf den Thronen saßen vierundzwanzig Älteste, mit weißen Kleidern angetan, und hatten auf ihren Häuptern goldene Kronen" (Vers 4). Wer sind diese vierundzwanzig Ältesten? Sie werden zwölfmal in der Offenbarung erwähnt. Ihre weißen Kleider und goldenen Kronen sind Zeichen des Kampfes, durch den sie gegangen sind, und des Sieges, den sie errungen haben.

Diese Männer, die nun wie Könige gekrönt und in Festgewänder gekleidet vor Gott ihren Dienst versehen, sind auserwählte Vertreter der Gemeinde Gottes, die es seit Anbeginn auf dieser Erde gibt. Ihre Namen sind aufgezeichnet im Lebensbuch des Lammes. Die vierundzwanzig Ältesten verkörpern die Gemeinde des Alten und des Neuen Bundes, die den lebendigen Gott in Ewigkeit loben und anbeten wird.

Und woher kommen die vierundzwanzig Ältesten? Das Matthäusevangelium deutet eine Antwort darauf zumindest an. Als Christus durch seinen Tod und seine Auferstehung die Macht des Grabes gebrochen hatte, erbebte die Erde, „die Felsen zerrissen, und die Gräber taten sich auf, und standen auf viele Leiber der Heiligen, die da schliefen, und gingen aus den Gräbern nach seiner Auferstehung" (Matth. 27, 52. 53). E. G. White schreibt zu diesem Bericht: „Die ... bei Jesu Auferstehung aus ihren Gräbern hervorgingen, wurden auferweckt zum ewigen Leben. Sie fuhren mit dem Herrn gen Himmel als Zeichen seines Sieges über Tod und Grab."[1]

Aus alledem können wir schließen, daß Christus nach seiner Auferstehung einige seiner Erwählten als erste „Siegesbeute" mit in den Himmel nahm. Die Auferstehung der anderen Gerechten erfolgt aber erst bei der Wiederkunft Christi. Alle Verstorbenen, Gläubige wie Ungläubige, ruhen im Grabe bis zu der Stunde, „in welcher alle, die in den Gräbern sind, werden seine Stimme hören, und werden hervorgehen, die da Gutes getan haben, zur Auferstehung des Lebens, die aber Übles getan haben, zur Auferstehung des Gerichts" (Joh. 5, 28. 29).

Die vierundzwanzig Ältesten vor dem Thron im Himmel preisen Gott mit Lobgesang und Anbetung. Sie „legten ihre Kronen nieder vor dem Thron" (Offb. 4, 10); denn sie wissen, daß sie sich diese Kronen nicht verdient, sondern durch Gottes Gnade verliehen bekommen haben.

Die sieben brennenden Fackeln

Die sieben Fackeln, die Johannes sieht (Vers 5), sind die „sieben Geister Gottes", wobei die Zahl sieben die Vollkommenheit der Gaben des Geistes ausdrückt. Das ist ein treffendes Bild für das Wirken des Heiligen Geistes, dessen Ziel es ist, „daß er stärke, die mit ganzem Herzen bei ihm sind" (2. Chron. 16, 9).

Die vier himmlischen Gestalten am Thron Gottes

Vier Gestalten oder Lebewesen stehen unmittelbar um den Thron Gottes (Verse 6–9). Sie haben sechs Flügel, sind voller Augen und bringen Gott unablässig Lob und Anbetung dar.

Vier Himmelsgestalten hatte auch der Prophet Hesekiel gesehen (Hes. 1, 5ff.) und als Cherubim (Thronengel) erkannt. Sie veranschaulichen die verborgene Kraft und Herrlichkeit Gottes: „Die erste Gestalt war gleich einem Löwen, und die zweite Gestalt war gleich einem Stier, und die dritte hatte ein Antlitz wie ein Mensch, und die vierte Gestalt war gleich einem fliegenden Adler." (Offb. 4, 7.)

Bei Hesekiel wird jeder Cherub mit vier verschiedenen Gesichtern dargestellt, während der Prophet Jesaja von Thronengeln mit sechs Flügeln spricht. Er nennt sie Seraphim. In ihrem Lobpreis ruft einer dem andern zu: „Heilig, heilig, heilig ist der Herr Zebaoth." (Jes. 6, 2. 3.)

Schon vor Jahrhunderten haben Bibelausleger in diesen vier Lebewesen am Throne Gottes eine Symbolik für die Darstellung Jesu in den Evangelien gesehen. Matthäus zum Beispiel schildert das Königliche des Herrn. Im Blick auf Christus gebraucht er häufig Begriffe wie König und Königreich, symbolisiert durch den Löwen. Markus geht stärker auf den Erlöser als Diener der Menschheit ein. Dazu paßt das Symbol des Stieres. Lukas, der Arzt, zeigt die menschliche Seite Jesu, den Menschensohn. Sie wird versinnbildet durch die dritte himmlische Gestalt, die ein Antlitz wie ein Mensch trägt. Johannes schließlich hebt die Gottgleichheit Jesu hervor. Er zeigt ihn als das ewige Wort, durch das alle Dinge geschaffen sind. Dieser letzte Aspekt wird durch den fliegenden Adler veranschaulicht.

Aus all diesen Bildern geht hervor, daß die vier Gestalten himmlische Wesen sind. Sie halten sich in unmittelbarer Nähe Gottes auf. Auch im nächsten Kapitel der Offenbarung erscheinen sie am Throne Gottes.

Das Buch mit den sieben Siegeln

Johannes „sah in der rechten Hand des, der auf dem Thron saß" (Offb. 5, 1), ein Buch, das auf beiden Seiten, außen und innen, beschrieben und mit sieben Siegeln verschlossen war.

Was immer mit diesem Buch gemeint sein mag, eins ist sicher: es hat mit der Erlösung der Menschen zu tun. In dem Augenblick, da es aus der Hand Gottes genommen wurde, brauste Jubelgesang auf, in den das ganze Universum einstimmte. Die vier Gestalten und die Ältesten riefen: „Du [das Lamm] bist würdig, zu nehmen das Buch und aufzutun seine Siegel; denn du bist erwürgt und hast mit deinem Blut für Gott erkauft Menschen aus allen Geschlechtern und Sprachen und Völkern und Nationen." (Offb. 5, 9.)

Das siebenfach versiegelte Buch steht offensichtlich in Zusammenhang mit der Erlösung. Deshalb gilt es über das nachzudenken, was Johannes in dieser beeindruckenden Vision sah. Einen starken Engel hörte er fragen: „Wer ist würdig, das Buch aufzutun und seine Siegel zu brechen?" (Vers 2.)

Da keiner hervortrat, um dieses Buch zu öffnen und auch seine Siegel zu lösen, war der Apostel so erschüttert, daß er bitterlich weinte. „Niemand im Himmel noch auf Erden noch unter der Erde" (Vers 3), also weder Engel noch Menschen waren in der Lage, das Buch aufzutun. Dann aber hörte Johannes einen der Ältesten sagen: „Weine nicht! Siehe, es hat überwunden der Löwe, der da ist vom Geschlecht Juda, die Wurzel Davids, aufzutun das Buch und seine sieben Siegel." (Vers 5.)

Das zeigt die Bedeutung dieses Buches für das Erlösungswerk und die Zukunft der Gemeinde. „Das fünfte Kapitel der Offenbarung sollte sorgfältig studiert werden. Es ist von großer Bedeutung für die, die Anteil haben am Werke Gottes in diesen letzten Tagen."[2]

Es geht um das verlorengegangene Erbe

Jenes „Buch", das Johannes in der Hand Gottes sah, war eine Schriftrolle mit sieben Siegeln. Bis ins zweite nachchristliche Jahrhundert schrieb man auf Papyrus; wertvolle Schriftstücke wurden versiegelt, um sie vor mißbräuchlicher

Anwendung und vor Fälschungen zu bewahren. Nach römischem Recht mußte ein Testament mit Siegeln von sieben Zeugen versehen sein.

Bibelausleger versuchen das Geheimnis der siebenfach versiegelten Buchrolle mit dem Hinweis auf Gepflogenheiten in der griechisch-römischen Welt zu erklären. Doch das dürfte kaum den Kern der Sache treffen. Die Apostel dachten und schrieben, geprägt vom Alten Testament, und in dieser Tatsache dürfte der Schlüssel für die Erklärung des geheimnisvollen Inhalts liegen.

Paulus spricht im Epheserbrief vom Geheimnis des göttlichen Willens und meint damit den Erlösungsplan. Er wurde gefaßt, „ehe der Welt Grund gelegt war" (Eph. 1, 4); seine volle Verwirklichung aber liegt noch vor uns. Als Christus am Kreuz auf Golgatha sein Blut vergoß, bezahlte er den Preis für unsere Erlösung. Aber erst mit der Wiederkunft Christi in Kraft und Herrlichkeit und der endgültigen Austilgung der Sünde wird das Erlösungswerk abgeschlossen sein. Dann wird Satans Herrschaft auf dieser Welt und damit auch die Sünde für immer ein Ende haben, und Gott wird die Erlösten an seiner Macht teilhaben lassen. „Selig sind die Sanftmütigen", sagt Jesus, „denn sie werden das Erdreich besitzen." (Matth. 5, 5.)

Wenn auch das Erbe, das die Erlösten antreten werden, heute noch in der Zukunft liegt, fordert uns Christus auf, auszuschauen nach dieser großen Stunde des Sieges. Und um uns darauf vorzubereiten, nennt er Zeichen, die seiner Wiederkunft vorausgehen. „Wenn aber dieses anfängt zu geschehen, so sehet auf und erhebet eure Häupter, darum daß sich eure Erlösung naht." (Luk. 21, 28.)

Ebenso ermutigt Paulus die Gläubigen, zu „warten auf die selige Hoffnung und Erscheinung der Herrlichkeit des großen Gottes und unsers Heilandes Christus Jesus" (Tit. 2, 13). Der Heilige Geist, den der Gläubige empfängt, ist „das Unterpfand unsers Erbes zu unsrer Erlösung" (Eph. 1, 14). Er bürgt dafür, daß dieses Erbe vorhanden ist. Zugleich wirkt er an uns, damit wir würdige Anwärter dieser göttlichen Gabe sind. Doch ehe der Nachfolger Jesu das Erbe antreten kann, muß es der Hand des unrechtmäßigen Besitzers entrissen werden.

Das israelitische Halljahr – ein prophetischer Hinweis auf das Erlösungswerk

Im Volk Israel gab es bestimmte Verordnungen zum Schutz des Eigentums. Sie machten es unmöglich, daß Vermögen oder Grundbesitz über eine festgelegte Zeit hinaus veräußert oder verpfändet wurden. War ein Israelit gezwungen, sein Land oder sich selbst als Knecht zu verkaufen, so sollte nach mosaischem Recht der alte Besitzstand im Erlaß- oder Halljahr wiederhergestellt werden (3. Mose 25, 10. 13. 24–28. 32–34; nach 2. Mose 21, 2 sollte ein hebräischer Sklave bereits im siebenten Jahr freigelassen werden).

Gott hatte nach jeweils 49 Jahren ein solches Halljahr geboten, auch Freijahr genannt. Jedem Israeliten, der Besitz und Freiheit verloren hatte, wurde damit die Möglichkeit gegeben, neu anzufangen. Der ursprüngliche Eigentümer oder dessen Erbe brauchte nicht einmal bis zum Halljahr zu warten, wenn er das Lösegeld entrichten konnte. Beim Verkauf des Eigentums oder beim Eintritt in die Schuldknechtschaft wurde deshalb ein Vertrag in doppelter Ausfertigung verfaßt. Darin waren alle Einzelheiten genau festgehalten, damit einer vorfristigen Auslösung des Besitzes bereits vor dem Halljahr zugestimmt werden konnte. Waren die Bedingungen erfüllt, so durfte die Rückgabe des Eigentums oder die Freilassung eines Knechtes nicht verzögert werden.

„Beim Abschluß eines Kontraktes schrieb derjenige, der das Land kaufte, zwei Dokumente, von dem er eines mit seinem eigenen Siegel verschloß. Das andere zeigte er unverschlossen den Zeugen, die dann durch ihre Unterschrift den Inhalt des Dokumentes bestätigten. Diese Zeugen setzten ihre Unterschrift auch auf die Rückseite des versiegelten Vertrages.“[3]

Derartige Doppelurkunden sind bei Ausgrabungen gefunden worden. „Der Kaufvertrag wurde doppelt ausgefertigt; die obere Hälfte des Blattes wurde eingerollt, verschnürt und versiegelt, damit der Wortlaut nicht mehr geändert werden konnte, die untere Hälfte mit demselben Text wurde nur lose zusammengerollt, so daß man jederzeit in den Kaufbrief Einsicht nehmen konnte."[4]

Wer also verkauftes oder verpfändetes Eigentum besaß, mußte es den vertraglichen Abmachungen gemäß zurückgeben, sobald es gefordert und das entsprechende Lösegeld entrichtet wurde. Die Auslösung des Besitzes oder eine vorzeitige Freilassung aus der Schuldknechtschaft konnte aber nur durch einen nahen Verwandten, den „Löser" (hebräisch: goel), erfolgen. Er allein war dazu berechtigt.

Im Buch Ruth lesen wir von einem solchen Rückkauf. Boas trat als der nächste Blutsverwandte auf, um das Feld der verwitweten Naemi zurückzukaufen. Jeremia 32 berichtet ebenfalls von der Lösung verkauften oder verpfändeten Eigentums. Dort werden sogar die beiden Kaufverträge, der versiegelte und der unversiegelte, sowie auch die Zeugen erwähnt.

Loskauf durch Christus

Was hat das alles mit der Vision des Johannes in Offenbarung 5 zu tun?

Mit dem Sündenfall hatte Adam alle Rechte über diese Erde verloren. Infolge seines Ungehorsams war er zum Knecht der Sünde geworden. Das betraf nicht nur ihn, sondern alle seine Nachkommen, die gleichfalls sündigten wie er. Seither beansprucht Satan diese Welt und die Menschen als sein Eigentum. Darauf macht Jesaja aufmerksam: „Ihr seid um eurer Sünden willen verkauft." (Jes. 50, 1.) Gleichzeitig kündigt der Prophet die Lösung durch den Herrn an: „Denn so spricht der Herr: Ihr seid umsonst verkauft, ihr sollt auch ohne Geld ausgelöst werden." (Jes. 52, 3.)

Die Eigentumsurkunde wurde sorgfältig aufbewahrt, damit sie vorgelegt werden konnte, wenn der Löser, der „goel“, käme. Er würde die versiegelte Schriftrolle öffnen und das verlorene Erbe wieder in Besitz nehmen. Diese Rechtsvorgänge können uns helfen, die Bedeutung des Buches mit den sieben Siegeln nach Offenbarung 5 zu verstehen.

Die Rolle lag in der Hand des Allmächtigen. Ein starker Engel als Vertreter der himmlischen Welt hielt Ausschau nach dem Vollstrecker des Heilsplanes. „Wer ist würdig, das Buch aufzutun?“ (Offb. 5, 2.) Gespannt wartete die himmlische Welt auf Antwort. Nun verstehen wir, daß dieser Frage, die zugleich eine Aufforderung ist, große Bedeutung zukommt, hängt doch das Schicksal der ganzen Welt davon ab.

Erwartungsvolles Schweigen erfüllte den Himmel. Wer würde das Buch aus der Hand Gottes nehmen? Zunächst schien es, als ob niemand würdig wäre, die Schriftrolle zu öffnen. Johannes wußte, daß alle Verheißungen der Propheten, alle Hoffnungen des Gottesvolkes in alter Zeit, alle Botschaften der Apostel und Evangelisten vergeblich blieben, wenn niemand hervorträte, um das Buch zu nehmen und seine Siegel zu brechen. Wenn sich kein „goel“ fände, wäre das Erbe der Kinder Gottes für immer verloren.

Da trat einer der Ältesten zu ihm und tröstete ihn mit den Worten: „Weine nicht! Siehe, es hat überwunden der Löwe, der da ist vom Geschlecht Juda, die Wurzel Davids, aufzutun das Buch und seine sieben Siegel.“ (Vers 5.) Während Johannes seine Tränen trocknete, erblickte er vor dem Thron ein Lamm, das sah aus, als ob es geschlachtet wäre.

29mal wird Christus in der Offenbarung als Lamm dargestellt. Aus dem griechischen Grundtext geht hervor, daß Johannes hier nicht das im Neuen Testament übliche griechische Wort „amnos“ für Lamm gebraucht. Wenn er statt dessen das Wort „arnion“ wählte, wollte er darauf aufmerksam machen, daß Jesus Christus in der Offenbarung in einem neuen Bild gezeigt wird. Christus, das Lamm, trägt die Würgemale als Zeichen seines Opfertodes. Er ist das vollkommene Opfer für die Sünden aller Menschen.

Doch das Bild hat noch eine andere Seite. Das Lamm mit den Würgemalen wird auch als Lamm mit sieben Hörnern und sieben Augen dargestellt. Die Hörner weisen hin auf seine Allmacht, die sieben Augen auf seine Allwissenheit.

Wir stehen vor einem Paradoxon. Das Lamm, das deutlich die Spuren seines Opfers trägt, ist gleichzeitig angetan mit der Macht Gottes, in der es zuletzt seine Feinde vernichten wird. Es gibt nur wenige Bibelstellen, in denen die Macht Jesu Christi und zugleich seine Demut so deutlich gezeigt werden wie hier. Im Bild des Lammes, das Johannes schaute, sind der schmachvolle Tod und die Herrlichkeit des auferstandenen Christus vereint.

Dieses Lamm nahm das Buch aus der Hand dessen, der auf dem Thron saß. Daraufhin brauste Freudengesang durch das Universum. Die himmlischen Heerscharen priesen ihren Herrn. Vor dem Thron stand der „goel", der als Löser aufgetreten war.

Durch seine Menschwerdung ist Christus unser Bruder geworden. Damit hat er sich das Recht erworben, das nur der nächste Blutsverwandte wahrnehmen durfte. Sein Blut ist der Preis, den er für unsere Erlösung gezahlt hat. Nun ist der Rückkauf aus der Schuldherrschaft rechtskräftig und das verlorene Erbe gesichert. Mit seinem Blut hat er „für Gott erkauft Menschen aus allen Geschlechtern und Sprachen und Völkern und Nationen" (Vers 9). Das Geschick der Menschen und aller Welt liegt nun bei dem Lamm. Alles, was wir über die Zukunft wissen, wird uns geschenkt von ihm, der uns liebt und sich selbst zum Opfer für uns gegeben hat.

Die Gebete der Heiligen

Die Aufmerksamkeit des Johannes wird von einem weiteren Geschehen gefesselt. Er sieht die vierundzwanzig Ältesten, die in ihren Händen „goldene Schalen voll Räucherwerk" tragen; „das sind die Gebete der Heiligen" (Vers 8). Was sagt der Hinweis auf die Gebete der Heiligen in diesem

Zusammenhang? Wird damit zum Ausdruck gebracht, daß die Gebete der Gotteskinder aller Zeiten nun Erhörung finden?

Seit dem Sündenfall steigt aus den Herzen der Heiligen die eine Bitte empor: „Dein Reich komme!" (Matth. 6, 10.) Verfolgte Propheten, leidende Gotteskinder und Märtyrer ohne Zahl haben im Glauben nach diesem Tag ausgeschaut und um sein Kommen gebetet. Viele haben ihr Bekenntnis mit ihrem Blut besiegelt, und noch im Tode riefen sie: „Ja, komm, Herr Jesus!" Nicht eines dieser Gebete war vergebens. Alle haben den Thron Gottes erreicht.

Das neue Lied vor dem Thron

In dem Augenblick, da das Lamm das Buch nahm, stimmten die vier Lebewesen und die vierundzwanzig Ältesten in Ehrfurcht und Anbetung „ein neues Lied" an: „Das Lamm, das erwürget ist, ist würdig..." (Offb. 5, 9. 12.) Bereits in Kapitel 4, 8–12 wurde ein ähnlicher Gesang erwähnt, der den Schöpfer aller Dinge verherrlicht. Danach aber wurde das Lamm gerühmt, das die Schriftrolle mit den sieben Siegeln aus der Hand des Allmächtigen genommen hatte. Die Ältesten blieben nicht allein in diesem Lobgesang. Alle himmlischen Wesen erhoben ihre Stimmen zum Lobpreis des Lammes. Es war ein gewaltiger Chor, der bis an die Enden der Schöpfung drang: „Dem, der auf dem Thron sitzt, und dem Lamm sei Lob und Ehre und Preis und Gewalt von Ewigkeit zu Ewigkeit." (Vers 13.)

Dieses neue Lied rühmt die Gnade, die Gott uns Menschen erwiesen hat durch Jesus Christus. Die gewaltige Versammlung am Thron Gottes ist gewissermaßen eine Gewähr für die herrliche Zukunft, die Gott all denen bereitet, die ihm im Glauben folgen.

Sollten wir nicht ebenso wie der himmlische Chor unsere Stimmen zu einem Loblied erheben? Wir wollen dafür danken, daß uns in Jesus Christus eine lebendige Hoffnung geschenkt und durch das Opfer des Lammes ein himmlisches Erbe bereitet ist. Wer nicht schon heute bereit ist, Gott für das Wunder der Erlösung zu preisen, wird auch nicht einstimmen können in das neue Lied, das die Erlösten aller Zeiten vor ihrem Herrn singen werden.

Zuletzt hörte Johannes die vier Lebewesen „Amen" rufen (Vers 14). Ihr „Amen" hatte die Huldigung des Lammes eingeleitet und beschließt sie auch. Die Jahrhunderte voller Leid und Sünde nähern sich ihrem Ende. Christus, der himmlische „goel", ist in die Endphase seines Mittlerdienstes eingetreten. Wer zuerst nach dem Reiche Gottes und nach seiner Gerechtigkeit trachtet (siehe Matth. 6, 33), wer sich mit ganzer Kraft in den Dienst des Werkes Gottes stellt, darf gewiß sein, daß Gott auch zu seiner Erlösung sein Amen geben wird. Angesichts dieser Gnade ist es dem Gläubigen ein Herzensbedürfnis, so wie die vierundzwanzig Ältesten niederzufallen vor Gott und ihn anzubeten; denn er hat uns „erworben und gewonnen von allen Sünden, vom Tod und von der Gewalt des Teufels ... auf daß ich sein eigen sei" (Luther).

Die apokalyptischen Reiter 8

Offenbarung 6, 1–17; 8, 1:

Die Öffnung der ersten sechs Siegel

6 Und ich sah, daß das Lamm eines der sieben Siegel
auftat, und ich hörte eine der vier Gestalten sagen
wie mit einer Donnerstimme: Komm! 2 Und ich sah,
und siehe, ein weißes Pferd. Und der darauf saß, hatte
einen Bogen, und ihm ward gegeben eine Krone, und
er zog aus sieghaft und daß er siegte. 3 Und da es das
zweite Siegel auftat, hörte ich die zweite Gestalt sagen:
Komm! 4 Und es ging heraus ein anderes Pferd, das war
feuerrot. Und dem, der darauf saß, ward gegeben, den
Frieden zu nehmen von der Erde und daß sie sich
untereinander erwürgten, und ihm ward ein großes
Schwert gegeben. 5 Und da es das dritte Siegel auftat,
hörte ich die dritte Gestalt sagen: Komm! Und ich sah,
und siehe, ein schwarzes Pferd. Und der darauf saß,
hatte eine Waage in seiner Hand. 6 Und ich hörte eine
Stimme unter den vier Gestalten sagen: Ein Pfund
Weizen um ein Silberstück und drei Pfund Gerste um
ein Silberstück; aber Öl und Wein taste nicht an! 7 Und
da es das vierte Siegel auftat, hörte ich die Stimme der
vierten Gestalt sagen: Komm! 8 Und ich sah, und siehe,
ein fahles Pferd. Und der darauf saß, des Name hieß
Tod, und die Hölle folgte ihm nach. Und ihnen ward
Macht gegeben über den vierten Teil der Erde, zu töten
mit dem Schwert und Hunger und Tod und durch die
wilden Tiere auf Erden. 9 Und da es das fünfte Siegel
auftat, sah ich unten am Altar die Seelen derer, die

getötet waren um des Wortes und um ihres Zeugnisses
willen. 10 Und sie schrien mit großere Stimme und
sprachen: Herr, du Heiliger und Wahrhaftiger, wie
lange richtest du nicht und rächest nicht unser Blut an
denen, die auf der Erde wohnen? 11 Und ihnen wurde
gegeben einem jeglichen ein weißes Kleid, und ward
zu ihnen gesagt, daß sie ruhen müßten noch eine
kleine Zeit, bis daß vollends dazu kämen ihre Mit-
knechte und Brüder, die auch noch sollten getötet
werden gleichwie sie. 12 Und ich sah: als es das sechste
Siegel auftat, da ward ein großes Erdbeben, und die
Sonne ward finster wie ein schwarzer Sack, und der
Mond ward wie Blut, 13 und die Sterne des Himmels
fielen auf die Erde, gleichwie ein Feigenbaum seine
Feigen abwirft, wenn er von großem Wind bewegt
wird. 14 Und der Himmel entwich, wie ein Buch
zusammengerollt wird, und alle Berge und Inseln
wurden bewegt von ihrer Stätte. 15 Und die Könige der
Erde und die Großen und die Obersten und die
Reichen und die Gewaltigen und alle Knechte und alle
Freien verbargen sich in den Klüften und Felsen an den
Bergen 16 und sprachen zu den Bergen und Felsen:
Fallet über uns und verberget uns vor dem Angesichte
des, der auf dem Thron sitzt, und vor dem Zorn des
Lammes! 17 Denn es ist gekommen der große Tag
seines Zorns, und wer kann bestehen?

Das siebente Siegel

8 Und da das Lamm das siebente Siegel auftat, ward
eine Stille in dem Himmel bei einer halben Stunde.

Kaum eine symbolische Weissagung der Offenbarung hat so viele Deutungen gefunden wie die von den apokalyptischen Reitern. Bereits im dritten Jahrhundert haben sich die verfolgten Christen durch entsprechende Auslegungen trösten und ermutigen lassen. Victorinus, der 303 in der Verfolgung durch Diokletian den Märtyrertod starb, verfaßte eine vollständige Auslegung der Offenbarung. Dieser Kommentar existiert noch. Victorinus vertrat darin als erster die Auffassung, daß Wiederholungen kennzeichnend sind für den Aufbau der Offenbarung.

Dieses Prinzip wird auch heute noch von vielen Auslegern anerkannt. Danach sind die Weissagungen der Offenbarung nicht chronologisch angeordnet, sondern greifen immer wieder zurück. Sie erstrecken sich jeweils über den gleichen Zeitabschnitt bis hin zur Aufrichtung des ewigen Gottesreiches. Die sieben Siegel und die sieben Posaunen umfassen danach etwa den gleichen Zeitraum wie die sieben Gemeinden. – Natürlich gab es vieles, was Victorinus damals noch nicht wissen konnte; denn die Ereignisse, auf die die Weissagungen hindeuten, lagen noch in ferner Zukunft.

Die Erfüllung der Weissagung

Auf einen anderen Grundsatz bei der Auslegung des prophetischen Wortes hatte bereits Christus aufmerksam gemacht. Eine Weissagung kann erst dann völlig verstanden werden, wenn sie anfängt, sich zu erfüllen. Dreimal erklärte Jesus: „Und nun habe ich's euch gesagt, ehe es geschieht, auf daß ihr glaubet, wenn es nun geschehen wird." (Joh. 14, 29; vgl. Joh. 16, 4.) Biblische Weissagung hat niemals das Ziel, Fachleute zur Vorhersage künftiger Ereignisse heranzubilden. Sie will uns vielmehr demütig werden lassen vor Gott in dem Wissen, daß er allein das Ende vom Anfang her kennt.

Beim Studium der Kirchengeschichte fällt auf, daß immer dann, wenn sich eine Weissagung zu erfüllen begann, Gott auch Männer hatte, die sie in ihrer ganzen Bedeutung erkannten. Wenn Gottes Stunde auf die Erfüllung einer Prophezeiung hinwies, hatte er seine Werkzeuge, die diese Botschaft verkündigten, wenn es sein mußte unter Einsatz ihres Lebens.

Noch nicht erfüllte Weissagungen waren von jeher ein Feld ausgiebiger Spekulationen. Nur zu oft haben sich Unkundige erkühnt, ihre Meinungen als göttliche Offenbarung auszugeben, ohne daß sie mit dem Wort Gottes vertraut waren. Trafen dann ihre Voraussagen nicht ein, so war das ein willkommener Anlaß zum Spott für jene, die Gottes Wort verwarfen oder die biblische Weissagung überhaupt ablehnten.

Gerade die Weissagung der sieben Siegel, auf die wir nun eingehen, hat viele unsinnige und schwärmerische Auslegungen erfahren. Richtig verstanden aber kann sie tiefe Erkenntnis und reichen Trost vermitteln. Ihre volle Bedeutung ist nur zu erfassen, wenn Offenbarung 6 in Verbindung mit den Kapiteln 4 und 5 gesehen wird.

Welche Erkenntnis vermittelt Offenbarung 6?

Wir erinnern uns, daß sich Johannes in der vorangegangenen Vision mitten unter die Engel und Ältesten versetzt sah. Dabei wurde er Zeuge einer Art von Gerichtsverhandlung im Himmel. Auf sie hat der Prophet Daniel bereits mehr als 600 Jahre zuvor in einem Gesicht hingewiesen (vgl. Dan. 7, 9. 10). Ihm wurde gezeigt, daß Christus als der himmlische „Löser" (goel) für die Gläubigen eintritt (Dan. 7, 13). Dabei werden die Lebensberichte all derer geprüft, die jemals bekannten, die Erlösung in Christus angenommen zu haben. Die Urteilsfindung berücksichtigt sehr sorgfältig, unter welchen Umständen ein Mensch lebte.

In der Heiligen Schrift wird mehr als tausendmal auf das Gericht hingewiesen; doch nur Daniel und Johannes gehen näher darauf ein. Sie berichten, daß „Bücher" als Unterlagen für das göttliche Gericht herangezogen werden. Daniel sagt:

„Das Gericht wurde gehalten, und die Bücher wurden aufgetan." (Dan. 7, 10.) Die Offenbarung beschreibt denselben Vorgang und fügt hinzu: „Ein andres Buch ward aufgetan, welches ist das Buch des Lebens. Und die Toten wurden gerichtet nach dem, was geschrieben steht in den Büchern, nach ihren Werken." (Offb. 20, 12.)

Dieses „Buch des Lebens" enthält offenbar die Namen aller, die sich Gott ergeben haben. Jesus sagt zu seinen Jüngern: „Freuet euch aber, daß eure Namen im Himmel geschrieben sind." (Luk. 10, 20.) Paulus sagt von seinen treuen Mitarbeitern, daß ihre „Namen in dem Buch des Lebens" sind (Phil. 4, 3). Als Daniel auf eine beispiellose Zeit der Trübsal hinwies, erklärte er: „Zu jener Zeit wird dein Volk errettet werden, alle, die im Buch [des Lebens] geschrieben stehen." (Dan. 12, 1.) Nach der Offenbarung werden nur die in die Stadt Gottes einziehen, deren Namen „geschrieben sind in dem Lebensbuch des Lammes" (Offb. 21, 27).

Maleachi erwähnt ein „Gedenkbuch", das unter den Augen des Herrn geschrieben wird. Dort sind die guten Taten derer festgehalten, die „den Herrn fürchten und an seinen Namen gedenken" (Mal. 3, 16). Ihre Worte des Glaubens und ihre Taten der Liebe sind also im Himmel verzeichnet. Darauf bezieht sich auch Nehemia, wenn er sagt: „Gedenke, mein Gott . . . an mich und lösche nicht aus, was ich in Treue am Hause meines Gottes und für den Dienst in ihm getan habe!" (Neh. 13, 14.)

„Im Gedächtnisbuch Gottes wird jede gerechte Tat verewigt. Dort findet sich jede widerstandene Versuchung, jegliches überwundene Übel, jedes ausgesprochene Wort zärtlichen Mitleids gewissenhaft berichtet; jede aufopfernde Tat, jeder um Christi willen ausgestandene Schmerz oder Kummer sind dort eingetragen. Der Psalmist sagt: ‚Zähle die Wege meiner Flucht; fasse meine Tränen in deinen Krug. Ohne Zweifel, du zählst sie.'"[1]

Es ist ermutigend für uns zu wissen, daß Gott unsere Freuden und Sorgen, auch die Verhältnisse, unter denen ein Gotteskind lebt, kennt und berücksichtigen wird. „Sollte der

Richter aller Welten nicht gerecht richten?" fragte einst Abraham (1. Mose 18, 25.) Und in den Psalmen heißt es von Gott: „Er schreibt die Völker in das Verzeichnis ein: ‚In ihr [Zion] sind alle geboren.'" (Ps. 87, 6, Jerusalemer Bibel.)

Gleichsam an der Seite des Johannes wollen wir nun verfolgen, was geschieht, wenn das Lamm das Buch öffnet und die Siegel bricht. Wir können einen Blick hinter die Kulissen der Kirchengeschichte werfen und erhalten Antwort auf die Frage: Wie kann die Gemeinde Jesu Christi in dem gewaltigen Kampf zwischen Licht und Finsternis, zwischen Christus und Satan den Sieg davontragen? Die Kapitel 4 und 5 haben gezeigt, daß die entscheidenden Dinge stets von Gott her geschehen. Letztlich hat nicht die Gemeinde diesen Kampf zu bestehen, sondern Christus selbst wird den Sieg in der Gemeinde und durch die Gemeinde vollbringen. Das wird deutlich in den folgenden Weissagungen.

Die Siegel werden aufgetan

Keiner der Thronengel oder Ältesten öffnet das Buch mit den Siegeln, sondern Jesus Christus, das Lamm. Ihm hat der Vater alle Gewalt und auch das Gericht übergeben. Alle Fäden der Weltgeschichte laufen bei ihm zusammen.

Immer wenn das Lamm ein Siegel öffnet, fordert eines der vier Lebewesen vor dem Thron Gottes einen Reiter dazu auf, die Bühne der Weltgeschichte zu betreten. Mit Donnerstimme rufen die vier Gestalten nacheinander: „Komm!" (Offb. 6, 1–7.) Diese Diener vor Gottes Thron sind Botschafter des Königs aller Könige und haben seine Befehle auszuführen; denn „wenn er spricht, so geschieht's; wenn er gebietet, so steht's da" (Ps. 33, 9). Was er sich vorgenommen hat, wird er auch ans Ziel bringen.

Karl Hartenstein schreibt zusammenfassend: „Kapitel 6 ist wie ein Abriß der ganzen Kirchengeschichte in wenigen gewaltigen Bildern, in wenigen wesentlichen Zügen."[2] In ihm werden bestimmte Zeitabschnitte der Kirchengeschichte jeweils durch ein Symbol dargestellt. Wie unterschiedlich die Deutung dieser Weissagung auch sein mag, so sah doch schon die historische Auslegung im dritten Jahrhundert in diesen Symbolen den Verfall des geistlichen Lebens der Kirche.

Das erste Siegel: Ein weißes Pferd als Symbol für Reinheit und Sieg

Zuerst sah Johannes einen Reiter auf einem weißen Pferd, der hielt einen Bogen in der Faust und trug eine Krone. „Er zog aus sieghaft und daß er siegte." Damit ist der Triumph des Evangeliums im ersten christlichen Jahrhundert einzigartig versinnbildet. Das Bild von Offb. 6, 2 ist bereits vorgeprägt in einer Weissagung des Propheten Habakuk: „... als du auf deinen Rossen rittest und deine Wagen den Sieg behielten. Du zogest deinen Bogen hervor, legtest die Pfeile auf deine Sehne." (Hab. 3, 8. 9.) Auch im 64. Psalm begegnet uns dieses Bild: „Da trifft sie Gott mit dem Pfeil, plötzlich sind sie zu Boden geschlagen ... Und alle Menschen werden sich fürchten und sagen: Das hat Gott getan! und erkennen, daß es sein Werk ist." (Ps. 64, 8. 10.)

Victorinus, einer der ersten Ausleger der Offenbarung, sah im Bild des Reiters auf dem weißen Pferd den Sieg des Evangeliums über das Heidentum im ersten Jahrhundert. „Nachdem der Herr gen Himmel gefahren war, sandte er den Heiligen Geist, und unter seiner Wirksamkeit traf das Wort menschliche Herzen wie Pfeile, um den Unglauben zu überwinden ... Deshalb ist das weiße Pferd die Predigt des Wortes unter dem Heiligen Geist in der ganzen Welt."[3]

Jesus selbst hatte zu seinen Jüngern gesagt, vor seinem Kommen werde „gepredigt werden dies Evangelium vom Reich in der ganzen Welt zum Zeugnis für alle Völker" (Matth. 24, 14). Er hatte versichert, daß dem Gericht das machtvolle Wirken Gottes wie ein Siegeszug durch die ganze Welt vorausgehen werde.

Heinrich Bullinger, der Nachfolger Zwinglis, deutete in der Auslegung „Die Offenbarung Jesu Christi" das erste Siegel mit dem weißen Roß als „die glückselige Verkündigung des Wortes Gottes oder die glückhafte Predigt des Evangeliums".[4] Das Evangelium Jesu Christi ist mehr als eine verborgene stille Wahrheit. Das bezeugt schon der Psalmist: „Zieh einher für die Wahrheit in Sanftmut und Gerechtigkeit, so wird deine rechte Hand Wunder vollbringen. Scharf sind deine Pfeile, daß Völker vor dir fallen." (Ps. 45, 5. 6.) Im Hebräerbrief wird von der Schärfe des Wortes Gottes unter einem ähnlichen Bild gesprochen: „Denn das Wort Gottes ist lebendig und kräftig und schärfer denn ein zweischneidig Schwert und dringt durch, bis daß es scheidet Seele und Geist, auch Mark und Bein, und ist ein Richter der Gedanken und Sinne des Herzens." (Hebr. 4, 12.)

„Und er zog aus ... daß er siegte"

Jener Reiter auf dem weißen Pferd muß nicht erst den Sieg erkämpfen, sondern zieht schon sieghaft aus. Bibel und Kirchengeschichte bestätigen das unaufhaltsame Vordringen des Wortes Gottes. Sieghaft wirkte es bereits in den Schöpfungstagen. Sieghaft erging es an die gefallene Menschheit und kam in die Welt als das fleischgewordene Wort. Und als man meinte, dieses lebendige Wort am Kreuz zum Schweigen gebracht zu haben, rief es sieghaft aus: „Es ist vollbracht!" (Joh. 19, 30.)

Seit der Ausgießung des Heiligen Geistes zu Pfingsten reitet der Reiter auf dem weißen Pferd durch die Welt. Nichts ist je so gehaßt worden wie das Wort Gottes, kaum ist ein Buch so angefeindet wie die Bibel. Und doch ist kein anderes Buch so sieghaft in die Welt gedrungen. Heute ist es in mehr als 1600 Sprachen und Dialekte übersetzt.

Prof. Adolf Harnack weist darauf hin, wie unbegreiflich schnell sich das Evangelium ausbreitete: „Siebzig Jahre nach der Gründung der ersten heidenchristlichen Gemeinde im syrischen Antiochien schreibt Plinius über die Ausbreitung des Christentums in den stärksten Ausdrücken und sieht den Bestand der übrigen Kulte in jener Provinz bereits bedroht. 70 Jahre später zeigt uns der Osterstreit eine christliche Konföderation, die von Lyon bis Edessa reicht und in Rom ihren Mittelpunkt hat. Wieder 70 Jahre später erklärt der Kaiser Decius (249–251), er wolle in Rom lieber einen Gegenkaiser ertragen als einen christlichen Bischof. Danach dauerte es kaum 70 Jahre, da wurde das Kreuz an die römischen Feldzeichen geheftet."[5]

Gibbon schreibt in seiner Geschichte über den Verfall des römischen Imperiums: „Der Siegeszug des Christentums war nicht begrenzt auf das römische Imperium. Die neue Religion hatte bereits 100 Jahre nach dem Tode ihres göttlichen Stifters alle Teile des Erdballs erreicht. Man nimmt an, daß es in der Stadt Rom mehr als 50000 Christen gab und in Antiochien 100000. Die Zahl der Christen im gesamten Imperium wurde auf etwa 5 Millionen geschätzt."[6] So konnte Paulus sagen: „Aufs erste danke ich meinem Gott ... daß man von eurem Glauben in aller Welt spricht." (Röm. 1, 8.) Und den Kolossern schrieb er, daß das Evangelium „gepredigt ist unter aller Kreatur, die unter dem Himmel ist" (Kol. 1, 23).

Heute gibt es kaum ein Volk, in dem nicht Menschen zur „Beute" des Reiters auf dem weißen Pferd geworden sind. Wahrhaftig, er ist ausgezogen als Sieger, um von Sieg zu Sieg zu gelangen.

Im Bericht über die Predigt des Petrus zu Pfingsten heißt es: „Als sie aber das hörten, ging's ihnen durchs Herz." (Apg. 2, 37.) Nach dem Griechischen könnte man diese Worte auch so wiedergeben: „... wurden ihre Herzen durchbohrt."

Hat Gottes Wort auch dich in deinem Herzen getroffen? Oder versuchst du dich vor diesen Pfeilen hinter dem Schild deines kritischen Verstandes, deiner Trägheit oder deinem Hang zur Sünde zu verstecken? Mag jemand auch versuchen, den Pfeilen der Wahrheit und der Kraft des Evangeliums auszuweichen; entgehen kann er ihnen nicht. Wer sich von Gottes Wort nicht zu seinen Lebzeiten leiten lassen will, wird erfahren, wie ihn das Wort – einem tödlichen Pfeil vergleichbar – zuletzt im Gericht treffen wird.

Das zweite Siegel: Ein feuerrotes Pferd als Symbol für Krieg und Blutvergießen

Johannes sah ein feuerrotes Pferd hervorkommen (Verse 2–4). Der farbliche Kontrast ist bedeutsam. Das „Geheimnis des Frevels" war schon am Werk, und in der Gemeinde machte sich der Abfall bemerkbar (2. Thess. 2, 3–7). Schon waren die Worte in Erfüllung gegangen, die Paulus an die Gemeindeältesten von Ephesus gerichtet hatte: „Aus euch selbst werden aufstehen Männer, die da verkehrte Lehren reden, die Jünger an sich zu ziehen." (Apg. 20, 30.) Die Vision des zweiten Siegels zeigt – so wie das Sendschreiben an Pergamon – das Christentum in nachlassender missionarischer Tätigkeit.

Die feurige Farbe des zweiten Pferdes und die Waffen des Reiters weisen darauf hin, daß sich der Geist der Liebe und des Friedens nach dem ersten christlichen Jahrhundert aus der sichtbaren Kirche zurückzog. Statt dessen drangen Uneinigkeit, Zank, Zwietracht und Streit ein, dazu ein fanatischer Eifer, durch den sich Christen aufhetzen ließen, einander zu vernichten.

Die Kirchengeschichte des vierten und fünften Jahrhunderts liefert genügend Beweise für diese Entwicklung. „Gerade in jenen zwei Jahrhunderten gaben die Konzilien, die Ketzerverdammungen und Straßenkämpfe unter Führung von aufgehetzten Mönchen oder bestochenen Bischöfen das niederdrückende Schauspiel eines geistlichen Krieges."[7] Der Kirche ging es um politische Macht und nicht um Heilswerte.

Die Feindschaft der Christen untereinander war zuweilen heftiger als die Wut wilder Tiere. Es schien, als sei das Reich Gottes durch Zwietracht in ein Reich der Hölle verwandelt worden. Nicht nur einzelne christliche Gruppen bekämpften sich gegenseitig auf unchristliche Weise, auch die Einstellung zum Heidentum war alles andere als christlich. „Die Staatskirche hatte nicht mehr die Geduld, das Senfkorn wachsen zu lassen, da ihr die Mittel des Staates zur Verfügung standen."[8]

Die Kaiser Theodosius II. und Valentinian III. erließen Gesetze gegen Ketzer und Heiden. Als Begründung dafür gaben sie an: Wenn jene nicht mit den Mitteln der Vernunft von ihrem Irrglauben abgebracht werden können, müssen sie mit Gewalt und den Mitteln des Schreckens zurückgeführt werden. Der Standpunkt des Neuen Testaments dagegen lautet: „Die Frucht aber der Gerechtigkeit wird gesät im Frieden denen, die Frieden halten." (Jak. 3, 18.)

In dem Zeitabschnitt, dargestellt durch das feuerrote Pferd, war der Friede von der Erde genommen. An seine Stelle traten Unfriede und Streit, das Werk Satans. Wo dem Wort des ersten Reiters, dem Evangelium des Friedefürsten, nicht Raum gegeben wird, bricht wie durch eine geöffnete Schleuse die Bosheit Satans hervor.

Dem Reiter „ward gegeben, den Frieden zu nehmen", und „ihm ward ein großes Schwert gegeben" (Vers 4). Es fällt auf, daß es zweimal „ward [bzw. wurde] gegeben" heißt. Auch der Reiter auf dem roten Pferd konnte nicht aus eigenem Entschluß handeln, sondern wurde von Gott gelenkt. Das kann für die Gemeinde trostreiche Gewißheit sein.

Es ist tragisch, daß die Gemeinde, die anfangs von Reinheit des Glaubens und herzlicher Liebe geprägt war, in einem Zeitraum von wenigen Jahrhunderten durch Ehrgeiz und Machtstreben so entstellt wurde, daß ihr Zustand durch ein feuerrotes Pferd veranschaulicht werden mußte.

Das dritte Siegel:
Ein schwarzes Pferd als Symbol der Unterwerfung

Als das dritte „Komm" zu hören war, erblickte Johannes ein schwarzes Pferd (Verse 5–8). Der Gegensatz zum ersten Reiter, zur reinen, unverfälschten Botschaft Christi, wird immer deutlicher. Rasch griff der Verfall um sich. Die Gemeinde hatte ihren sittlich hohen Stand verloren. Immer weniger war sie Licht der Welt und Salz der Erde. In Reinheit und Vollmacht hatte sie begonnen, nun war sie infolge des Abfalls so tief gesunken, daß sie sich den Mächten der Finsternis auslieferte. Geschäftsgeist verdrängte die Frömmigkeit. Geistliche und sittliche Finsternis, symbolisiert durch das Schwarz des Irrtums und der Sünde, war an die Stelle der ursprünglichen Reinheit getreten. Je mehr sich die Christenheit von Christus, der Quelle, entfernte, um so weniger lebte sie von der Wahrheit, die er durch sein Wort und das Beispiel seines Lebens gegeben hat.

In den folgenden Jahrhunderten breitete sich Aberglaube im christlichen Gewand immer stärker aus, darunter die Lehre vom Fegfeuer sowie andere „fromme" Irrlehren. An die Stelle wahrer Christusnachfolge trat die Anrufung der Heiligen und die Verehrung von Reliquien und Bildern. Schließlich war Gottes Wort überwuchert von Legenden und Überlieferungen.

Rückblickend läßt sich mit einer gewissen Ironie vermerken, daß das Heidentum verschwunden war, weil es in der Kirche hatte untertauchen können. Die Christenheit hatte zwar den Sieg über das heidnische Rom davongetragen, aber in der Folge besiegte dieses das Christentum, was allergrößte Glaubensprobleme mit sich brachte.

Der Aberglaube feierte unvorstellbare Triumphe. So brachte man beispielsweise ganze Ladungen von Erde aus Palästina und anderen heiligen Stätten, um sie als wunderwirkendes Mittel gegen die Gewalt böser Geister zu Höchstpreisen zu verkaufen. Prozessionen, wie sie bei den Heiden üblich waren, um die Götter gnädig zu stimmen, fanden Eingang ins Christentum.

In jener Zeit hatte das breite Volk keine unmittelbare Berührung mit dem Wort der Bibel. Gottesdienste wurden in lateinischer Sprache gehalten. Papst Innocenz III. bezeichnete die Heilige Schrift als so tiefgründig, daß selbst Weise und Gelehrte sie nicht auszuschöpfen vermögen. Deshalb sollten Laien vom Bibellesen zurückgehalten werden, so wie Mose bei der Gesetzgebung am Sinai Mensch und Vieh vom Berg fernhalten ließ.

Schließlich verbot Gregor IX. (1227–1241) sogar den Besitz der Bibel mit Ausnahme des Psalters. Auf dem Konzil von Tarracona 1234 wurde beschlossen, daß Laien ihre Bibeln abzuliefern hätten, die dann verbrannt werden sollten. Wer sich weigerte, machte sich der Ketzerei verdächtig. Das Volk wurde mit Heiligenlegenden abgespeist, während ihm das „Lebensbrot", die biblische Wahrheit, vorenthalten wurde. Diese geistliche Hungersnot war kennzeichnend für die Kirche dieser Jahrhunderte.

Ein Pfund Weizen oder drei Pfund Gerste sollten ein Silberstück, einen römischen Denar, kosten (siehe Offb. 6, 6). Einen Scheffel oder choinix, wie die Maßbezeichnung im Griechischen hieß, sah man als die für das Leben unbedingt notwendige Tagesration an. Ein Denar entsprach etwa dem Tageslohn eines Arbeiters. In normalen Zeiten konnte man für einen Denar 8 bis 16 Pfund Weizen kaufen und die zwei- bis dreifache Menge der wesentlich billigeren Gerste. Für die Zeit der geistlichen Hungersnot war vorausgesagt, daß ein ganzer Tageslohn gerade ausreichen würde, um das Brot für den eigenen Bedarf zu kaufen. Zur Deckung der übrigen Lebensbedürfnisse blieb nichts. So wird im prophetischen Wort eine Lage geschildert, in der man sich gerade noch vor dem Verhungern schützen konnte.

In dieser geistlichen Hungersnot sollte den Menschen jedoch nicht alles entrissen werden. Öl und Wein sollten nicht angetastet werden. Etwas vom Wort und Geist Gottes blieb dem Volk erhalten. In jenen Tagen wurde die Religion gewissermaßen verkauft oder eingetauscht wie eine Ware. Kirchliche Ämter wurden für Geld angeboten, und die sie innehatten, bereicherten sich auf Kosten anderer. Echter Glaube aber kann nicht gekauft werden, weder durch Geld noch durch gute Werke. Gottes Einladung lautet: „Kommt her, kauft und eßt! Kommt her und kauft ohne Geld und umsonst Wein und Milch." (Jes. 55, 1.)

Während des durch den Reiter auf dem schwarzen Pferd dargestellten Zeitabschnittes breitete sich der Abfall vom Worte Gottes immer stärker aus.

Das vierte Siegel: Ein fahles Pferd als Symbol des Todes

Als das vierte Siegel geöffnet wurde, sah Johannes einen Reiter auf fahlem Pferd hervorkommen (Vers 7. 8).

Bemerkenswert ist die Bezeichnung „fahl", was so viel bedeutet wie gelblich-bleich, grau, ohne jede Farbe. Als sich die Kirche vom apostolischen Glauben abgewandt hatte, konnte die Sonne der Gerechtigkeit die geistliche Finsternis kaum noch durchdringen. Dieser bedrückende Zustand geistlicher Verkümmerung bis Leblosigkeit wird mit dem Wort „fahl" umschrieben, das an das Aussehen eines Leichnams erinnert.

Die eigentlich Prediger des Lebens hätten sein sollen, waren zu Mittlern des Todes geworden. Die von der Wahrheit abgewichene Christenheit hatte ihre tiefste Stufe erreicht. Unglaube, Hexenwahn, Ketzerverfolgung, Inquisition, Folter und Scheiterhaufen waren Kennzeichen des „finsteren Mittelalters", symbolisiert durch den Reiter auf dem fahlen Pferd. Die grau-gelbe Farbe des Pferdes veranschaulicht den Zustand der Kirche, der noch verheerender war als im vorangegangenen Siegel. Der Name dieses Reiters hieß Tod. Ihm folgte das Totenreich.

Zu jener Zeit schien es, als hätten die Herrscher der Kirche alle Menschlichkeit abgelegt und dafür das böswillige Wesen von Dämonen und wilden Tieren angenommen. Durch Feuer und Schwert wollte man alle ausrotten, die es wagten, offen oder heimlich Kritik an dem sittlichen Zustand der Kirche zu üben. Während jener Jahrhunderte wurden von der päpstlichen Macht die Flammen der Verfolgung entfacht. Millionen starben als Märtyrer. Ein Kirchengeschichtsschreiber sagt: „Der Mittag des Papsttums war die Mitternacht der Welt."

In dieses schmähliche Kapitel der Kirchengeschichte gehören auch die Hexenprozesse, die ungezählte Opfer forderten. Die erste beglaubigte Hexenverbrennung fand 1275 in Toulouse statt. Um die Mitte des 15. Jahrhunderts wurden diese Prozesse in Frankreich etwas eingedämmt. Da erschien 1484 die berüchtigte Hexenbulle von Papst Innocenz VIII., die Grundlage einer organisierten Hexenverfolgung in Deutschland wurde. Wenig später, 1498, wurde mit Zustimmung der Universität Köln der „Hexenhammer" herausgegeben, eines der fluchwürdigsten Bücher der Menschheit überhaupt. Die letzte Hexenverbrennung in Deutschland fand 1775 statt.

Der Hexenwahn, der im späten Mittelalter aufgekommen war, wurde oft mit dem Verdacht der Ketzerei in Zusammenhang gebracht. Ketzerei galt als Verbrechen, und Ketzer wurden als Seelenverderber angesehen, vor denen andere Kirchenglieder zu schützen waren, notfalls mit Gewalt. Wer den geringsten Anlaß zu einer Verdächtigung bot, wurde grauenhaft gefoltert und zuletzt dem Tode überantwortet.

Das Papsttum des Mittelalters setzte alles ein, um die Welt durch Gewissenszwang zu beherrschen. Was Alexander, Cäsar und andere vergeblich versucht hatten, wollte diese politisch-religiöse Macht durchsetzen. Auf diese vom Papsttum ausgelösten Verfolgungen wird in den Weissagungen der Heiligen Schrift mehrfach hingewiesen (Dan. 7, 21. 25; Matth. 24, 21. 22; Offb. 13, 7; 17, 6).

Doch Gottes Wort wurde nicht ausgelöscht, sondern selbst in schwerster Zeit bezeugt. Die in der Offenbarung genannten „beiden Zeugen", nach Auffassung nicht weniger Ausleger das Alte und das Neue Testament, waren zwar „angetan mit Trauerkleidern", aber sie weissagten dennoch (Offb. 11, 1–3). Gott hat nicht vergessen, was die Gläubigen in dieser Zeit zu leiden hatten. Sie werden einst in seinem Reich besondere Ehren empfangen (Offb. 7, 13–17; 20, 4). Keine Bosheit und Gewalttat bleibt dem Lamm verborgen. Und am Ende muß selbst das Böse mitwirken auf das eine Ziel hin: den Sieg des Lammes und der Liebe Gottes.

Das fünfte Siegel: Die Seelen unten am Altar

Als sich das fünfte Siegel auftat, sah Johannes die Seelen der Märtyrer, die um ihres Glaubens willen gestorben waren (Verse 9–11). Beim Öffnen des ersten Siegels hatte der Apostel erkennen können, wie das weiße Pferd auszog zum Siegeslauf des Evangeliums durch die Welt. Nun wird ihm gezeigt, daß die Gemeinde eine Kreuzgemeinde ist.

Jesus hatte seine Jünger nicht im Zweifel gelassen über das Märtyrertum und die Leiden, die sie auf sich nehmen müßten: „Alsdann werden sie euch überantworten in Trübsal und werden euch töten. Und ihr werdet gehaßt werden um meines Namens willen von allen Völkern." (Matth. 24, 9.) Er machte darauf aufmerksam, daß viele sogar meinen würden, Gott einen Dienst zu erweisen, wenn sie die Christen töteten (Joh. 16, 2). Im fünften Siegel hörte Johannes Stimmen „unten am Altar", die nach Gerechtigkeit schrien.

In der Stiftshütte gab es zwei Altäre, den Rauchopferaltar, der vor dem Vorhang zum Allerheiligsten stand, und den Brandopferaltar im Vorhof. Die Opfertiere wurden im Vorhof außerhalb des Heiligtums geschlachtet und ihr Blut am Fuß des Brandopferaltars hingegossen.

Dieses Bild aus dem Opferdienst am Heiligtum macht deutlich, was Johannes gezeigt werden sollte. Nachfolger Jesu, die das Lebenswort durch ihr Zeugnis und ihren Wandel weitergaben, mußten zu allen Zeiten den Haß der Welt, Verfolgung und Tod erleiden. Dennoch blieben viele in ihrem Zeugendienst treu bis ans Ende. Das Blut dieser Märtyrer wurde wie eine Opfergabe für Gott vergossen. Auch bei Paulus finden wir diese Vorstellung: „Ich werde schon geopfert, und die Zeit meines Abscheidens ist vorhanden." (2. Tim. 4, 6.)

In der Vision erschienen die Getöteten als Lebende, die mit lauter Stimme rufen. Es war kein Schrei des Entsetzens und der Qual, auch kein Schrei nach Rache für erlittenes Unrecht; es war der Sehnsuchtsschrei nach dem Sieg der göttlichen Gerechtigkeit über alle Ungerechtigkeit, ein Ruf nach Vollendung des Reiches Christi, für das sie gelitten haben. „Herr, du Heiliger und Wahrhaftiger, wie lange richtest du nicht ...?"

Ein treffenderes Bild hätte für die Zeit der Reformation nicht gewählt werden können. Die Christenheit war gerufen, zur „Bibel und der Bibel allein" als Grundlage des Glaubens zurückzukehren. Und die Gläubigen flehten zu Gott, daß er geistliche Vollmacht schenken möge. So wie sich einst die Stimme des Blutes von Abel zu Gott erhob (1. Mose 4, 10), so war nun ein gewaltiger Ruf zur Rechtfertigung derer zu hören, die als Märtyrer ihr Leben gelassen hatten.

Dr. A. Clarke, ein bedeutender methodistischer Bibelausleger, sagt dazu: „Der Apostel sah in einem symbolischen Gesicht einen Altar, unter welchem die Seelen derer, die wegen des Wortes Gottes hingewürgt waren, die den Märtyrertod für ihre Anhänglichkeit an das Evangelium erlitten hatten, so dargestellt waren, als wären sie erst kürzlich dem Götzendienst und dem Aberglauben zum Opfer gefallen. Der Altar ist auf der Erde, nicht im Himmel ... Die Seelen unter dem Altar werden dargestellt wie Opfertiere, die eben erst geschlachtet worden sind und nun am Fuß desselben ihr Blut vergossen haben."[9]

Neben dem Hingeopfertwerden gibt es auch ein unblutiges Martyrium. Es wird von all denen erduldet, die um Jesu willen leiden, den Anfechtungen Satans Widerstand leisten und die gewissermaßen „mit Christus gekreuzigt" worden sind (siehe Gal. 2, 19 u. a.). Ihr Zeugnis ist nicht geringer zu bewerten. Als Jesus von der Zeit der großen Trübsal sprach, sagte er: „Und wenn diese Tage nicht würden verkürzt, so würde kein Mensch selig; aber um der Auserwählten willen werden die Tage verkürzt." (Matth. 24, 22.)

Die Reformation brach tatsächlich den Bann der mittelalterlichen Finsternis. Johannes sah, wie den treuen Zeugen Christi ein weißes Kleid gegeben wurde. Es ist das Kleid der Gerechtigkeit, die vor Gott gilt und erworben ist durch das Blut des Lammes. Mögen diese treuen Bekenner auch als Teufelsgenossen und Ketzer geschmäht worden sein; Jesus bekennt sich zu ihnen. In Offenbarung 7, 13. 14 wird ebenfalls erwähnt, daß jene Menschen weiße Kleider empfangen, „die gekommen sind aus der großen Trübsal". Es ist eine „große Schar, welche niemand zählen konnte" (Offb. 7, 9).

Sogar innerhalb des Protestantismus wurden Gläubige wegen ihres Bekenntnisses verketzert und mußten ihr Leben lassen. Anfang Oktober 1531 hatte der Kurfürst Johann von Sachsen einige Wiedertäufer verhaften lassen. Daraufhin fragte er bei den Wittenberger Theologen an, wie er mit ihnen verfahren solle. Melanchthon bezeichnete sie als Gotteslästerer, die von der weltlichen Polizei hinzurichten seien. Luther, dem dieses Gutachten vorgelegt wurde, unterschrieb: „placet mihi Martino Luthero" („Es gefällt mir", Martin Luther).

1553 ließ Calvin den spanischen Arzt Michael Servet, der in einigen Lehren nicht mit ihm übereinstimmte, gefangensetzen und öffentlich verbrennen. Einflußreiche Männer der Reformation, unter ihnen auch Melanchthon, gaben ihre Zustimmung zu diesem Urteil. Am 27. Oktober 1903, dem 350. Jahrestages des Todes von Servet, wurde in Genf an der Stätte, wo er verbrannt worden war, ein Sühnedenkmal errichtet.

Aber denen „unten am Altar" wurde gesagt, „daß sie ruhen müßten noch eine kleine Zeit, bis daß vollends dazu kämen ihre Mitknechte und Brüder, die auch noch sollten getötet werden gleichwie sie" (Offb. 6, 11).

Jesu Nachfolger, die Anfechtung und Verfolgung ausgesetzt sind, sollen wissen, daß sie nicht unbegrenzt lange zu warten haben, bis der Heilsratschluß Gottes erfüllt ist und seine Gerechtigkeit das letzte Wort spricht. Das fünfte Siegel macht auf die erschütternden Ereignisse aufmerksam, die vom vierten Jahrhundert an in der Christenheit unter Mißbrauch des Namens Jesu begangen wurden. Zugleich enthält es eine trostvolle Botschaft. Auch wenn es den Anschein hat, als wäre es sinnlos, um Christi willen zu leiden oder zu sterben, so gilt doch, daß jeder, der sein Leben für die Wahrheit hingibt, ein Gott wohlgefälliges Opfer darbringt.

Das sechste Siegel: Zeichen der Nähe der Wiederkunft Jesu

Johannes sieht, wie das Lamm das sechste Siegel auftut (Verse 12–17). Offensichtlich stoßen wir hier auf den Übergang von der bildlichen zur wörtlichen Ausdrucksweise. Bereits im Alten Testament begegnen uns Weissagungen, die auf bedeutsame Zeichen an Sonne, Mond und Sternen hinweisen. Wir denken an Joel 3, 3. 4: „Ich will Wunderzeichen geben am Himmel und auf Erden: Blut, Feuer und Rauchdampf. Die Sonne soll in Finsternis und der Mond in Blut verwandelt werden, ehe denn der große und schreckliche Tag des Herrn kommt."

Jesus selbst machte auf Naturereignisse aufmerksam, die vor seinem Kommen eintreten werden: „Und es werden Zeichen geschehen an Sonne und Mond und Sternen, und auf Erden wird den Leuten bange sein, und sie werden zagen, denn das Meer und die Wasserwogen werden brausen, und die Menschen werden verschmachten vor Furcht und vor Warten der Dinge, die kommen sollen über die ganze Erde; denn auch der Himmel Kräfte werden ins Wanken kommen. Und alsdann werden sie sehen des Menschen Sohn kommen in einer Wolke mit großer Kraft und Herrlichkeit." (Luk. 21, 25–27.)

Diese Zeichen weisen hin auf die Nähe des Kommens Christi. Wir sollen uns herausreißen lassen aus aller Gleichgültigkeit, um vorbereitet zu sein auf den Tag des Herrn.

Ein großes Erdbeben

In der Zeit, die durch das sechste Siegel dargestellt ist, kam es zu einer großen Erschütterung der Erde. Eines der ausgedehntesten Erdbeben zu Beginn der Neuzeit ereignete sich am 1. November 1755, bekannt als Erdbeben zu Lissabon, weil der größte Teil der Stadt durch drei Erdstöße in ein einziges Trümmerfeld verwandelt wurde. Zwischen 60 000 und 90 000 Menschen kamen dabei ums Leben. „Die große Flutwelle riß noch in Cadiz 500 Menschen, an der westafrikanischen Küste mehrere Karawanen ins Meer. Die Erdstöße waren bis Marokko, Südfrankreich und Mitteleuropa stark zu verspüren. Die Gesamtfläche der Erschütterung hatte einen Umfang von 2,5 Millionen Quadratkilometer."[10]

Erdbeben mahnen uns generell, an die baldige Wiederkunft Jesu zu denken. Die Statistik der Erdbebenforschung zeigt, daß sich die Erde nicht mehr beruhigt; es ist vielmehr eine Zunahme der Erschütterungen festzustellen. Seit 1755 haben sich Erdbeben mit weit verheerenderen Ausmaßen ereignet. Vielleicht fallen uns hier Worte der Bibel ein: „Die Erde wird taumeln wie ein Trunkener und wird hin und her geworfen wie eine schwankende Hütte; denn ihre Missetat drückt sie, daß sie fallen muß und nicht wieder aufstehen kann." (Jes. 24, 20.)

Verfinsterung der Sonne – der Mond wie Blut

Der in der Weissagung des sechsten Siegels angegebenen Reihenfolge entsprechend, geschahen nach dem Erdbeben von Lissabon weitere Zeichen an Sonne, Mond und Sternen, gleichfalls Hinweise auf das bevorstehende Kommen Jesu.

„Der finstere Tag" am 19. Mai 1780 kann als die geheimnisvollste Erscheinung unter diesen Naturereignissen angesehen werden. Am 19. Mai 1780 dehnte sich eine merkwürdige Finsternis über ganz Neu-England aus. Im Nachschlagewerk von Webster aus dem Jahre 1883 findet sich darüber folgende Bemerkung: „Die Verdunklung fing am Vormittag um zehn Uhr an und dauerte bis Mitte der folgenden Nacht, doch unterschiedlich in Grad und Dauer an verschiedenen Orten. Die wahre Ursache dieser merkwürdigen Erscheinungen ist unbekannt."[11] „So war z. B. der 19. Mai 1780 ... ein ganz merkwürdiger dunkler Tag ... Es konnte keine Sonnenfinsternis sein, weil dazumal der Mond beinahe voll war, auch lag die Ursache nicht an einem bewölkten Himmel, denn das Firmament war so klar, daß man die Sterne leuchten sah. Dennoch trat von neun Uhr morgens bis zur gewöhnlichen Stunde des Sonnenunterganges eine solche Dunkelheit ein, daß die Arbeit eingestellt und Licht in den Häusern angezündet werden mußte ... obgleich die Sonne während der ganzen Zeit sichtbar war."[12]

Der Astronom Herschel erklärte: „Der finstere Tag war eine jener wundervollen Naturerscheinungen, von welchen mit Interesse gelesen wird, die aber keine Philosophie erklären kann."[13]

„Die Dunkelheit am folgenden Abend war die dichteste, welche je beobachtet war, seitdem des Allmächtigen Wille das Licht ins Dasein gerufen. Ich konnte mich zur Zeit des Gedankens nicht erwehren, daß, wenn alle lichtspendenden Körper des Universums in undurchdringliche Finsternis eingehüllt oder gänzlich verschwunden gewesen wären, die Verfinsterung doch nicht hätte vollständiger sein können. Ein Blatt weißes Papier, das man in einer gewissen Entfernung vor das Auge hielt, war so wenig sichtbar wie ein Stück schwärzesten Samtes."[14]

Dr. Samuel Stearns schrieb in der Zeitschrift „Independent Chronicle" vom 22. Juni 1780: „Daß die Verdunklung nicht durch eine Sonnen- oder Mondfinsternis verursacht worden war, steht durch die verschiedenen Stellungen der Planeten unseres Systems zu jener Zeit fest, denn während des ganzen Tages war der Mond über 150 Grad von der Sonne entfernt."

In der folgenden Nacht erschien der Mond blutrot – die Ursache dafür ist nie ergründet worden, obwohl es an Untersuchungen nicht gefehlt hat.

Der Sternenfall von 1833

„... und die Sterne des Himmels fielen auf die Erde." (Offb. 6, 13.) Am Morgen des 13. November 1833 zeigte sich eine bemerkenswerte Naturerscheinung. An Umfang und Großartigkeit übertraf dieser gewaltige Meteorregen wahrscheinlich alles bisher Berichtete. „Seit der ersten Niederlassung in diesem Land ist kaum eine Himmelserscheinung von den Zuschauern mit solcher Bewunderung und Freude, von anderen aber mit solchem Staunen und Erschrecken beobachtet worden."[15]

Die in dieser Nacht beobachteten Sternschnuppen wurden auf 500000 geschätzt. Der ganze Himmel schien in einem Feuerregen zu stehen. Der dunkle Tag und der Sternenfall waren eindrucksvolle Ereignisse, deutliche Zeichen der Zeit für die damals lebende Generation.

Auffallend ist die Reihenfolge, in der die Ereignisse des sechsten Siegels genannt werden und auch eintrafen: das große Erdbeben 1755, die Verfinsterung der Sonne 1780 und der Sternenfall 1833. In gleicher Reihenfolge war es Johannes Jahrhunderte zuvor im sechsten Siegel gezeigt worden. Durch Zeichen an Sonne, Mond und Sternen wird das Kommen unseres Herrn Jesus Christus angekündigt.

Vielleicht werden sich diese Zeichen noch einmal eindrucksvoll und in größerem Umfang wiederholen, wenn die Kräfte des Himmels unmittelbar vor der Wiederkunft Christi bewegt werden. Jesus möchte, daß alle, die sein Kommen sehnsüchtig erwarten, durch diese Zeichen von Hoffnung erfüllt werden und sich auf seinen Tag rüsten. „Wenn aber dieses anfängt zu geschehen, so sehet auf und erhebet eure Häupter, darum daß sich eure Erlösung naht." (Luk. 21, 28.)

„Und der Himmel entwich, wie ein Buch zusammengerollt wird." (Vers 14.) Damit wird unser Blick in die Zukunft gerichtet über das bereits erfüllte Wort Gottes hinaus. Wir schauen Ereignissen entgegen, die noch vor uns liegen, aber deshalb nicht weniger gewiß sind. Bei Jesu zweitem Kommen werden unvorstellbare Kräfte in Bewegung geraten. Sogar Berge und Inseln werden verschwinden (Offb. 6, 14; 16, 18–20). Wer Jesu Gnade verächtlich zurückgewiesen hat, wird dann versuchen, in Klüften und Felsen Schutz zu finden, und rufen: „Es ist gekommen der große Tag seines Zorns, und wer kann bestehen?" (Offb. 6, 17.)

Mit dem sechsten Siegel bricht dieser Tag des Zorns Gottes und des Lammes an. Keiner wird vor Gott bestehen, der nicht von der Barmherzigkeit und Gnade des Lammes gedeckt ist; denn „in keinem andern ist das Heil“ (Apg. 4, 12). Vor dem Zorn des Lammes gibt es dann keinen Schutz, rettet keine Flucht, hilft auch kein noch so ernstes Gebet um Rettung. Die Gnadenzeit ist dann endgültig vorbei, die Geduld des Lammes zu Ende; Gottes Zorn trifft die Heilsverächter in vollem Ausmaß. So wie die Erlösung, die das Lamm am Kreuz für die sündige Menschheit vollbracht hat, unwiderruflich ist, so auch der Zorn, der alle treffen wird, die diese Erlösung verachtet haben.

„Schrecklich ist's, in die Hände des lebendigen Gottes zu fallen.“ (Hebr. 10, 31.) Bedeutsame Zeichen, die das sechste Siegel erwähnt, haben sich bereits erfüllt. Das Kommen Jesu steht nahe bevor. Entscheidend bleibt die Frage: Wer kann bestehen? Als der Herr von den Zeichen seines Kommens sprach, sagte er: „Himmel und Erde werden vergehen, aber meine Worte werden nicht vergehen.“ (Matth. 24, 35.)

Das siebente Siegel: Die Stille im Himmel

Das siebente Siegel (Offb. 8, 1) folgt in der Berichterstattung der Offenbarung nicht unmittelbar auf das sechste. Zwischen beiden ist eine Vision eingefügt (Offb. 7), die Antwort gibt auf die Frage: „Wer kann bestehen?“ (Offb. 6, 17.)

Während das sechste Siegel ein Hinweis auf Gottes Handeln an der Erde ist, dem Planeten, der sich durch den Sündenfall von ihm gelöst hat, führt das siebente Siegel über diese Erdenzeit hinaus in die göttliche Vollendung. Das wird angedeutet durch das halbstündige Schweigen im Himmel. Wenn Jesus wiederkommt, wird er begleitet werden von Engeln, die „seine Auserwählten von den vier Winden, von einem Ende des Himmels bis zum andern“, sammeln (Matth. 24, 31).

Dann werden Gerechte und Ungerechte voneinander geschieden. Nachfolger Jesu, die Zeugen seiner Wiederkunft sind, werden in einem Augenblick verwandelt werden (1. Kor. 15, 51. 52) und mit denen, die durch Christus vom Tode auferweckt sind, „hingerückt werden in den Wolken, dem Herrn entgegen in die Luft, und werden so bei dem Herrn sein allezeit“ (1. Thess. 4, 17). Das ist „das gerechte Volk, das den Glauben bewahrt“ (Jes. 26, 2), es sind die Erlösten aller Zeiten. Wer wird zu ihnen gehören?

Diese entscheidende Frage steht vor uns beim Studium der sieben Siegel der Offenbarung. Die Antwort darauf kann keiner für den anderen geben.

Die Versiegelten und die unzählbare Schar

9

Offenbarung 7:

Die Versiegelten

7 Und danach sah ich vier Engel stehen an den vier
Ecken der Erde, die hielten die vier Winde der
Erde, auf daß kein Wind über die Erde bliese noch über
das Meer noch über irgendeinen Baum. 2 Und ich sah
einen andern Engel aufsteigen vom Aufgang der Sonne,
der hatte das Siegel des lebendigen Gottes und rief mit
großer Stimme zu den vier Engeln, welchen gegeben
war, Schaden zu tun der Erde und dem Meer, 3 und er
sprach: Tut nicht Schaden der Erde noch dem Meer
noch den Bäumen, bis daß wir versiegeln die Knechte
unsres Gottes an ihren Stirnen. 4 Und ich hörte die Zahl
derer, die versiegelt wurden: hundertvierundvierzig-
tausend, die versiegelt waren von allen Geschlechtern
Israels: 5 von dem Geschlechte Juda zwölftausend
versiegelt, von dem Geschlechte Ruben zwölftausend,
von dem Geschlechte Gad zwölftausend, 6 von dem
Geschlechte Asser zwölftausend, von dem Ge-
schlechte Naphthali zwölftausend, von dem Ge-
schlechte Manasse zwölftausend, 7 von dem Ge-
schlechte Simeon zwölftausend, von dem Geschlechte
Levi zwölftausend, von dem Geschlechte Isaschar
zwölftausend, 8 von dem Geschlechte Sebulon zwölf-
tausend, von dem Geschlechte Joseph zwölftausend,
von dem Geschlechte Benjamin zwölftausend versie-
gelt.

Die Überwinder

9 *Danach sah ich, und siehe, eine große Schar, welche
niemand zählen konnte, aus allen Nationen und
Stämmen und Völkern und Sprachen, vor dem Thron
stehend und vor dem Lamm, angetan mit weißen
Kleidern und Palmen in ihren Händen;* 10 *die riefen mit
großer Stimme und sprachen: Das Heil ist bei dem, der
auf dem Thron sitzt, unserm Gott und dem Lamm!*
11 *Und alle Engel standen um den Thron und um die
Ältesten und um die vier Gestalten und fielen vor dem
Thron auf ihr Angesicht und beteten Gott an* 12 *und
sprachen: Amen. Lob und Ehre und Weisheit und Dank
und Preis und Kraft und Stärke sei unserm Gott von
Ewigkeit zu Ewigkeit! Amen.* 13 *Und es hob der Ältesten
einer an und sprach zu mir: Wer sind diese, mit den
weißen Kleidern angetan, und woher sind sie gekom-
men?* 14 *Und ich sprach zu ihm: Herr, du weißt es. Und
er sprach zu mir: Diese sind's, die gekommen sind aus
der großen Trübsal und haben ihre Kleider gewaschen
und haben ihre Kleider hell gemacht im Blut des
Lammes.* 15 *Darum sind sie vor dem Thron Gottes und
dienen ihm Tag und Nacht in seinem Tempel; und der
auf dem Thron sitzt, wird über ihnen wohnen.* 16 *Sie
wird nicht mehr hungern noch dürsten; es wird auch
nicht auf sie fallen die Sonne oder irgendeine Hitze;*
17 *denn das Lamm mitten auf dem Thron wird sie
weiden und leiten zu den lebendigen Wasserbrunnen,
und Gott wird abwischen alle Tränen von ihren Augen.*

Die ersten sechs Siegel gewähren einen Einblick in die einzelnen Phasen des großen Kampfes, durch den Gottes Gerechtigkeit vor dem Universum offenbart wird. Noch vor der Eröffnung des siebenten Siegels aber mußte eine Frage beantwortet werden. Johannes waren die schrecklichen

Ereignisse vor dem zweiten Kommen Jesu gezeigt worden, doch er hatte keine Antwort erhalten auf die Frage: Wer kann bestehen? Deshalb wird noch vor Eröffnung des siebenten Siegels eine Weissagung eingeschoben, in der Johannes die Gemeinde der Erlösten sieht, zunächst auf Erden, danach im Himmel.

Das siebente Kapitel der Offenbarung zeigt, wie die Gemeinde geführt und „hindurchgetragen" wird bis zu ihrem Sieg. Wir fragen uns: Warum ist das siebente Kapitel, das von der Versiegelung berichtet, zwischen die Ereignisse des sechsten und siebenten Siegels eingefügt?

Die Vision in Offenbarung 7 nennt Ereignisse, die zwischen den Versen 13 und 14 des sechsten Kapitels, also unmittelbar vor der Wiederkunft des Herrn, eintreten werden. Dabei handelt es sich um Vorgänge, die bereits im Verlauf des sechsten Siegels beginnen. Angesichts der überwältigenden Geschehnisse im sechsten Siegel könnte man annehmen, daß keiner dem Zorn Gottes entrinnen werde. Da gewährt Jesus einen Durchblick, einen hilfreichen Trost: es wird eine stattliche Schar sein, die gerettet wird. Es sind die Gerechten, die sich auf die Begegnung mit ihrem Herrn vorbereitet haben. Jesu Erlösungswerk, das – von der Welt kaum wahrgenommen – in Bethlehem begann, wird zur Vollendung geführt. Voller Vertrauen schaut die gerettete Gemeinde die himmlische Herrlichkeit. Von der göttlichen Liebe überwältigt, rufen die Gläubigen: „Das ist der Herr, auf den wir hofften; laßt uns jubeln und fröhlich sein über sein Heil." (Jes. 25, 9.)

Johannes sieht im himmlischen Thronsaal die Schar der Überwinder vor dem Lamm. Nun erfüllt sich, was Paulus einst den Philippern über Christus und sein Erlösungswerk schrieb: „Darum hat ihn auch Gott erhöht und hat ihm den Namen gegeben, der über alle Namen ist, daß . . . alle Zungen bekennen sollen, daß Jesus Christus der Herr sei, zur Ehre Gottes, des Vaters." (Phil. 2, 9–11.)

Wer in dem schrecklichen Geschehen der letzten Zeit bestehen will und von Gott gewürdigt wird, Zeuge der

Erscheinung unsers Herrn zu sein, bedarf einer besonderen Vorbereitung.

„Und danach sah ich ..."

Von Kapitel 4, 1 an war der Blick des Johannes in den Himmel gerichtet. Nun schaut er wieder zur Erde, wo die Gemeinde Jesu lebt. Sie wird zwar in dieser letzten Zeit von Trübsal heimgesucht, erfährt aber auch die unsagbare Liebe Christi.

Johannes erkennt zwei Gruppen von Erlösten: die Hundertvierundvierzigtausend (Offb. 7, 4–8) und eine unzählbar große Schar (Verse 9. 10). Zuvor aber wird er auf einen bedeutsamen Vorgang in der unsichtbaren Welt aufmerksam gemacht:

Mitten im Toben des Weltgeschehens halten „vier Engel ... an den vier Ecken der Erde ... die vier Winde der Erde" (Vers 1). Diese Engel sind Werkzeuge des Allmächtigen, die dem Treiben des Bösen Einhalt gebieten, bis Gottes Werk an den Herzen der Gläubigen abgeschlossen ist. Gott weiß, daß wir niemals aus eigener Kraft in der Trübsal der letzten Zeit standhaft bleiben könnten. Deshalb macht er uns fest. Ehe die Zeit des Schreckens anbricht, werden die Getreuen Gottes versiegelt.

Die vier Winde veranschaulichen zerstörerische Kräfte, die in der Auseinandersetzung zwischen Christus und Satan ein Chaos der Vernichtung entfesseln wollen. Den vier starken Engeln wird befohlen, diese Winde zu halten. Erst wenn Gottes Volk versiegelt ist, wird dem Treiben Satans freier Lauf gelassen. Dann wird seine Bosheit vor aller Welt offenbar werden. Es wird sich zeigen, daß das Maß der Sünden übervoll ist.

„Satan wird dann die Bewohner der Erde in eine letzte große Trübsal stürzen. Wenn die Engel Gottes aufhören, die grimmigen Stürme menschlicher Leidenschaften im Zaum zu halten, werden alle Mächte des Streites in ein Verderben hineingezogen werden, das viel schrecklicher ist als jenes, das einst über das alte Jerusalem hereinbrach."[1]

Obwohl sich fast die ganze Welt von Gott abgewandt haben wird, werden dennoch Getreue da sein, denen der Herr sein Siegel aufdrückt zum Zeichen dafür, daß sie zu ihm gehören und unter seinem Schutz stehen. Der Engel, der vom Aufgang der Sonne aufsteigt, „hatte das Siegel des lebendigen Gottes" (Vers 2). Sein Werk wird, der aufgehenden Sonne gleich, zunehmen an Kraft und Herrlichkeit und in Vollmacht abgeschlossen werden. „Und die Erde ward erleuchtet von seinem Glanz." (Offb. 18, 1.)

Welche Bedeutung hat die Versiegelung?

„Die Versiegelung mit dem Siegel oder Zeichen Gottes ist gleichbedeutend mit der Erklärung, daß die, die versiegelt werden, Gott gehören und sich von denen unterscheiden, die ihm nicht gehören. Zugleich wird ihnen sein Schutz gegen alle Macht des Bösen zugesichert."[2] Paulus sagt: „Der feste Grund Gottes besteht und hat dieses Siegel: Der Herr kennt die Seinen." (2. Tim. 2, 19.)

Gott baut ein geistliches Haus. Es ist errichtet aus lebendigen Steinen, seinen Getreuen. Jeder Stein trägt das Siegel des Eigentümers. „Und bauet auch ihr euch als lebendige Steine zum geistlichen Hause." (1. Petr. 2, 5.) Im alten Babylon war in die Ziegelsteine vielfach der Name des Erbauers – König Nebukadnezar etwa – geprägt. So ist im übertragenen Sinne auch den Erlösten der Name ihres Eigentümers eingeprägt.

Die Not der großen Trübsal veranlaßt Gott zu außergewöhnlichem Eingreifen. Er stellt sich selbst vor seine Knechte. Wer sie antastet, tastet ihn an. „Die Versiegelung gewährleistet die Sicherheit eines jeden Versiegelten, wenn das Gericht des Jüngsten Tages über die Nationen gehen wird."[3] Gott vertraut ihnen, und sie vertrauen Gott. Unangetastet gehen sie durch die Gerichte der Endzeit.

„Ein Siegel wird gebraucht, um Verfügungen oder Gesetze, die ein einzelner oder ein Staat erläßt, gültig oder verbindlich zu machen. Die Heilige Schrift kennt dafür viele Beispiele. In 1. Könige 21, 8 lesen wir: ‚Und sie [Isebel] schrieb Briefe unter Ahabs Namen und versiegelte sie mit seinem Siegel.' Hinter diesen Briefen stand nun die Autorität Ahabs. In Esther 3, 12 heißt es: ‚... im Namen des Königs Ahasveros und mit des Königs Ring gesiegelt', und in Esther 8, 8: ‚... siegelt's mit des Königs Ring. Denn ein Schreiben, das in des Königs Namen geschrieben und mit des Königs Ring gesiegelt war, durfte niemand widerrufen'."[4]

Die orientalischen Könige trugen Siegelringe. Alle mit ihrem Siegel versehenen Dokumente waren rechtskräftig. Als Joseph zum ersten Mann im Staate und zu Pharaos Stellvertreter ernannt worden war, erhielt er zum Zeichen der ihm übertragenen Vollmacht den Siegelring Pharaos (1. Mose 41, 42). Auch König Ahasveros ließ mit seinem Siegel seine Briefe rechtskräftig machen (Esth. 3, 10; 8, 2). Der Stein, mit dem man die Löwengrube verschloß, in die Daniel geworfen worden war, wurde ebenfalls versiegelt (Dan. 6, 18).

Siegel bezeugten auch die Herkunft oder den Eigentümer von Wertstücken. Kaufleute siegelten ihre Güter, um deutlich zu machen, daß sie ihnen gehörten. Neuerlassene Gesetze erhielten erst durch das Siegel des Herrschers Rechtskraft im Lande.

In seinem Brief an die Gemeinde Ephesus versicherte der Apostel Paulus den Gläubigen, daß der Heilige Geist, mit dem sie „versiegelt" waren, das „Unterpfand" (Eph. 1, 13. 14) oder die Anzahlung für den Reichtum der Erlösung ist. Nachfolger Christi werden sich dem Wirken des Heiligen Geistes nicht leichtfertig verschließen; denn er ist es, „mit dem ihr versiegelt seid auf den Tag der Erlösung" (Eph. 4, 30).

Allein durch die Kraft Christi können wir der Sünde widerstehen. Dazu gehört, daß wir uns Gottes Gesetz in Herz und Sinn schreiben lassen. Von Christus heißt es in Psalm 40, 9 vorausweisend: „Dein Gesetz hab ich in meinem Herzen." Und eine der Verheißungen des neues Bundes sagt

segnete der Herr den Sabbattag und heiligte ihn." (2. Mose 20, 8–11.)

Allein in diesem Gebot wird Gott als Schöpfer bezeichnet. Um so auffallender ist, daß dieses Gebot in der Christenheit so wenig Beachtung findet. Satan hat zu allen Zeiten versucht, Menschen von der Anbetung des Schöpfers abzuwenden; und es ist ihm tatsächlich gelungen, Millionen dahin zu bringen, daß sie nicht mehr an den Schöpfungsbericht der Bibel glauben. Die Folge ist, daß Gott weder als Schöpfer noch als Erlöser anerkannt wird.

Doch nur die Kraft des Schöpfers kann uns erlösen. Er wurde Mensch und hat uns erkauft durch sein Blut. Nun will er in uns ein reines Herz schaffen und uns einen neuen Geist geben. Nur so können wir Bürger seines Reiches werden.

Die Wiedergeburt des einzelnen ist genauso ein Schöpfungswerk wie die Erschaffung der Welt am Anfang. Deshalb ergeht in Gottes letzter Botschaft die Aufforderung an die Menschheit: „Betet den an, der gemacht hat Himmel und Erde und Meer und die Wasserbrunnen!" (Offb. 14, 7.) Wer diesen Ruf beachtet und Gottes Gebote befolgt, in dessen Herz wird Gott sein Gesetz schreiben. Und dieses Gesetz ist Ausdruck seines Wesens und enthält seinen Namen, sein Siegel.

Folgende Ausführungen wollen das noch verdeutlichen. „Die Israeliten brachten ein Zeichen von Blut über ihren Türen an, um zu bekunden, daß sie Gottes Eigentum sind. Gottes Kinder werden in der letzten Zeit gleichfalls ein von Gott vorgesehenes Zeichen aufweisen. Ihr Lebenswandel wird mit Gottes Gesetz übereinstimmen. Dieses Zeichen wird sie – so wie einst das Zeichen an den Türen der hebräischen Wohnstätten – vor dem allgemeinen Verderben bewahren."[5]

Die Versiegelung „wird nicht durch ein sichtbares Siegel oder Zeichen vollzogen. Sie geschieht vielmehr durch ein festes Gegründetsein in der Wahrheit und wirkt sowohl verstandesmäßig wie auch geistlich, so daß sie (die Versiegelten) durch nichts herausgerissen werden können."[6]

„Das Siegel des lebendigen Gottes werden nur jene erhalten, die in ihrem Wesen Christus ähnlich geworden sind."[7] Wenn Christus wiederkommt, wird er ein gläubiges, gehorsames Volk vorfinden, das auf sein Erscheinen wartet. Nach dem Wort der Offenbarung werden diese „Knechte" Gottes gesammelt „aus allen Nationen und Stämmen und Völkern und Sprachen" (Vers 9). Sie tragen ein entscheidendes Kennzeichen: „Hier ist Geduld der Heiligen! Hier sind, die da halten die Gebote Gottes und den Glauben an Jesus!" (Offb. 14, 12.) Dieser Glaube wird erfahren in der Gegenwart Christi im Alltag. Wer eine Umwandlung durch das Evangelium erfahren hat, wird durch den Glauben leben und in Jesu Macht siegreich sein.

Die Versiegelten

Nach Aussage der Offenbarung sind die Erlösten des Herrn eine so große Schar, daß sie niemand zählen kann. Neben diesen siegreichen Heiligen aller Zeiten werden noch andere erwähnt: die Hundertvierundvierzigtausend. Die eine Gruppe ist also gezählt, die andere kann nicht gezählt werden. Von den Hundertvierundvierzigtausend wird gesagt, daß sie aus den Menschen Gott und dem Lamm zu „Erstlingen" erkauft sind und dem Lamm nachfolgen, wo immer es hingeht (Offb. 14, 4).

Der Zahl 144 000 liegt ein symbolischer Sinn zugrunde. Zwölf ist die Zahl des Reiches Gottes. Das alte Israel hatte zwölf Stämme. Zwölf Steine wurden aus dem Jordan gesammelt, aus denen das Volk nach der Durchquerung des Stromes einen Altar errichtete. Der Brustschild des Hohenpriesters war mit zwölf Steinen besetzt. Das Neue Testament kennt zwölf Apostel. Die Mauer des himmlischen Jerusalem hat zwölf Tore mit den Namen der Stämme Israels und Grundsteine, auf denen die Namen der zwölf Apostel verzeichnet sind. Die Stadt hat einen Umfang von 12 000 Feld Wegs.[8] 144 000 ist die Quadratzahl von 12, multipliziert mit 1000. Diese Zahl ist nicht buchstäblich aufzufassen, hat auch keine einschränkende Bedeutung, sondern ist Ausdruck der Vollkommenheit.

Aus dem Zusammenhang geht hervor, daß es sich um eine symbolische Zahl handelt. Die Hundertvierundvierzigtausend sind jene Gläubigen, die durch die letzte große Trübsal gehen, ausgelöst durch das „Wehen der vier Winde". Hiernach handelt es sich um die Gläubigen der Endzeit, die selbst angesichts des Todes Gott treu bleiben und Zeugen des Kommens Jesu sein werden. Der christliche Glaube wird also nicht untergehen, und daß er in manchen Ländern heute noch besteht, ist ein Wunder.

In Offenbarung 14, 1ff. wird die Schar der Hundertvierundvierzigtausend noch einmal erwähnt, wie sie auf dem Berge Zion vor dem Lamm steht. Das soll der Gemeinde die glaubensstärkende Gewißheit geben, daß keiner der Versiegelten von Gott vergessen wird oder verlorengeht. Als Versiegelte mit dem „Siegel des lebendigen Gottes" (Vers 2) sind die Hundertvierundvierzigtausend unantastbar. Mag Satan noch so sehr gegen sie wüten, er kann das Siegel nicht brechen, mit dem der Allmächtige die Seinen in seinen Schutz genommen hat. Niemand kann sie aus der Hand Jesu reißen, auch „die Pforten der Hölle sollen sie nicht überwältigen" (Matth. 16, 18).

„Fürchte dich nicht, denn ich habe dich erlöst; ich habe dich bei deinem Namen gerufen; du bist mein! Wenn du durch Wasser gehst, will ich bei dir sein, daß dich die Ströme nicht ersäufen sollen; und wenn du ins Feuer gehst, sollst du nicht brennen, und die Flamme soll dich nicht versengen. Denn ich bin der Herr, dein Gott, der Heilige Israels, dein Heiland." (Jes. 43, 1–3.) Wie Gott einst im Alten Bund den Weg für sein Volk durch den Jordan ins Gelobte Land bahnte, so führt das Lamm die Gemeinde durch die letzte Trübsal ins himmlische Kanaan. Wer das Siegel des lebendigen Gottes trägt, braucht sich nicht zu fürchten und muß nicht sorgen, wie er Satan widerstehen kann. Christus wird seine Gemeinde hindurchbringen.

Wer sind die Versiegelten?

Israel heißt nach 1. Mose 32, 29 „Gotteskämpfer" bzw. „Er kämpft mit Gott". Der Herr gab diesen Namen dem Erzvater Jakob nach dessen Kampf am Pniel. Paulus zeigt im Neuen Testament, daß die Gemeinde das wahre Israel Gottes ist. Die Vorrechte, die einst das alttestamentliche Bundesvolk als Nation besaß, sind auf die neutestamentliche Gemeinde übergegangen: „Nicht das ist ein Jude, der auswendig ein Jude ist, auch ist nicht das eine Beschneidung, die auswendig am Fleisch geschieht; sondern das ist ein Jude, der's inwendig verborgen ist, und die Beschneidung des Herzens ist eine Beschneidung, die im Geist und nicht im Buchstaben geschieht." (Röm. 2, 28. 29.) „Nicht alle sind Israeliten, die von Israel stammen; auch nicht alle, die Abrahams Nachkommen sind, sind darum auch Kinder. Sondern nur, was von Isaak stammt, soll dein Geschlecht heißen." (Röm. 9, 6. 7.)

Wer Christus angehört, zählt zu den Kindern Abrahams und ist damit Erbe der Verheißung (Gal. 3, 29). „Obwohl in diesem Abschnitt das Bild von den zwölf Stämmen Israels gebraucht wird, bezieht es sich doch auf die Gemeinde Gottes, die das neue Israel verkörpert, das Israel Gottes." „Die 12mal 12 000 aus allen Stämmen des alten Israel sind ein Bild für die Gesamtheit des Gottesvolkes des neuen Bundes."[10]

„Der Christenheit um die erste Jahrhundertwende herum, der ja zunächst die Offenbarung gegeben wurde, war es selbstverständliche Gewißheit, daß unter ‚Israel' immer das Gottesvolk gemeint ist, und zwar nicht ‚nach dem Fleisch', sondern ‚nach dem Geist', das die Kinder Gottes aus Heiden und Juden in gleicher Weise umfaßt ... Das geschichtliche Volk Israel bestand schon seit Jahrhunderten nicht mehr als Zwölf-Stämme-Volk."[11]

Die Aufzählung der zwölf Stämme mit je 12 000 Versiegelten kann also schon deshalb nur symbolhaften Charakter tragen, weil zur Zeit des Johannes das Zwölf-Stämme-Volk geschichtlich nicht mehr existierte. Die Reihenfolge der Aufzählung entspricht auch nicht der israelitischen Tradition. Zwei Abweichungen fallen auf: Juda steht an erster Stelle und nimmt damit den Platz Rubens ein, des ältesten Sohnes von Jakob. Diese veränderte Reihenfolge wurde sicher gewählt, weil der Messias aus dem Stamme Juda kam: „Es wird das Zepter von Juda nicht weichen ..." (1. Mose 49, 10.)

Der Stamm Dan fehlt völlig. Im Segen Jakobs über seine Söhne wird Dans Wesen so charakterisiert: „Dan wird Richter sein in seinem Volk wie nur irgend ein Stamm in Israel. Dan wird eine Schlange werden auf dem Wege und eine Otter auf dem Steige und das Pferd in die Fersen beißen, daß sein Reiter zurückfalle." (1. Mose 49, 16. 17.) Götzendienst kam in Israel häufig in den Stämmen Ephraim und Dan auf. Aber Abgötterei, Stolz und Richtgeist haben im Reich Gottes keinen Platz. Das mag der Grund dafür sein, daß Dan in der Aufzählung fehlt. Anstelle von Ephraim wird dessen Vater Joseph genannt, und für Dan ist Manasse aufgeführt, obwohl er bereits in Joseph einbezogen ist.

Es gibt viele Meinungen darüber, woher die Heiligen der letzten Zeit kommen, die Johannes als die Hundertvierundvierzigtausend sieht. Wichtiger als die Antwort auf diese Frage ist allerdings die Überlegung, wer zu dieser Schar gehören darf. Das Siegel Gottes erhalten nur jene, die durch Christus die Sünde überwunden haben (Offb. 7, 2–4). Sie sind Sieger über das Tier und sein Bild (Offb. 15, 2) und stehen mit dem Lamm auf dem Berge Zion; sie singen ein „neues Lied", das außer ihnen niemand lernen kann; in ihrem Munde ist kein Falsch; sie sind unsträflich; sie „folgen dem Lamme nach, wo es hingeht" und „sind erkauft aus den Menschen zu Erstlingen Gott und dem Lamm" (Offb. 14, 1–5).

„Es ist nicht Gottes Wille, daß wir uns über Fragen streiten, die uns geistlich nicht helfen, wie zum Beispiel: Wie setzen sich die Hundertvierundvierzigtausend zusammen? Wer zu den Erwählten Gottes gehört, wird es ohne Frage in kurzer Zeit selbst wissen."[12]

Die große unzählbare Schar

Mit den einleitenden Worten von Vers 9: „Danach sah ich" richtet sich der Blick des Johannes wieder zum Tempel im Himmel (Vers 15). Nachdem er Zeuge der Versiegelung der Hundertvierundvierzigtausend auf Erden gewesen war, sah er nun „eine große Schar, welche niemand zählen konnte". Es sind die siegreichen Heiligen aller Zeitalter.

In Bethlehem waren es nur wenige, die an der Freude über die Menschwerdung des Gottessohnes teilhaben konnten. Nun sind es unzählbar viele, die Jesus als ihren Heiland angenommen haben, sich von ihm aus der Sünde retten ließen und dem Lamm nachfolgten. Aus den unscheinbaren, verachteten Gemeinden auf dieser Welt, aus den zwei und drei Gläubigen, die sich da und dort im Namen Jesu versammelten, ist die triumphierende Gemeinde der Erlösten geworden.

Gottes Verheißung an Abraham ist erfüllt: „Sieh gen Himmel und zähle die Sterne; kannst du sie zählen? ... So zahlreich sollen deine Nachkommen sein!" (1. Mose 15, 5.) Als Sieger stehen sie vor Gott und dem Lamm, angetan mit dem Gewand der Gerechtigkeit Christi. In ihren Händen tragen sie Palmen als Zeichen des Sieges. Ähnlich wie die Hundertvierundvierzigtausend haben sie den Weg ins Reich Gottes durch viel Trübsal gehen müssen.

Der christliche Glaube verspricht nicht, daß Jesu Nachfolger vor Trübsal bewahrt bleiben, er schenkt aber die Gewißheit, daß in Christus alles Leid ertragen und zuletzt überwunden werden kann. Nicht aufgrund der erlittenen Trübsale stehen die Erlösten vor Gottes Thron. Das ewige Leben kann man sich nicht verdienen, auch nicht durch den Märtyrertod.

Als Johannes diese große Schar sah, fragte er einen der vierundzwanzig Ältesten, woher diese Erlösten gekommen seien. Und der Älteste eröffnet ihm das Geheimnis ihres Triumphes: Sie „haben ihre Kleider gewaschen und haben ihre Kleider hell gemacht im Blut des Lammes" (Vers 14).

Welch eine tröstliche Botschaft! Einst waren auch ihre Kleider beschmutzt durch die Sünde. Doch im Glauben haben sie das Opfer Jesu angenommen und ihre Kleider in seinem Blute gewaschen. Dadurch ist ihnen die Gerechtigkeit zuteil geworden, die vor Gott gilt. Als Begnadigte und Gerechtfertigte dürfen sie nun vor Gottes Thron stehen.

Gott vergibt uns nicht nur unsere Sünden, sondern verheißt uns auch die Erneuerung zu einem geheiligten Leben. Das geschieht durch das Blut des Lammes. Im Neuen Testament ist das Blut Christi nicht nur Sinnbild seines Opfertodes, sondern auch seines Lebens. Leben und Sterben Jesu sind nicht voneinander zu trennen; sie gehören zusammen. „Denn wenn wir mit Gott versöhnt sind durch den Tod seines Sohnes, als wir noch Feinde waren, um wieviel mehr werden wir selig werden durch sein Leben, nachdem wir nun versöhnt sind!" (Röm. 5, 10.) Sein Blut schließt alles ein, was zu unserer Erlösung geschehen ist, auch seinen Dienst als Hoherpriester.

Dieser Dienst wird abgeschlossen, kurz bevor Christus wiederkommt. „Wenn er das Heiligtum verläßt, liegt Finsternis über den Bewohnern der Erde. In jener schrecklichen Zeit müssen die Gerechten ohne einen Vermittler vor einem heiligen Gott leben. Die Macht, die bis dahin die Gottlosen zurückhielt, ist beseitigt, und Satan herrscht uneingeschränkt über die völlig Unbußfertigen. Gottes Langmut ist zu Ende. Die Welt hat seine Gnade verworfen, seine Liebe verachtet und sein Gesetz mit Füßen getreten. Die Gottlosen haben die Grenzen ihrer Gnadenzeit überschritten. Der Geist Gottes, dem sie hartnäckig widerstanden, ist ihnen schließlich entzogen worden. Von der göttlichen Gnade nicht mehr beschirmt, sind sie schutzlos dem Bösen ausgeliefert."[13]

Die Erlösten vor Gottes Thron

Die Erlösten schauen den von Angesicht zu Angesicht, der um ihrer Erlösung willen den Himmel verließ und das Opfer am Kreuz brachte. Nun dienen sie ihm „Tag und Nacht in seinem Tempel“ (Offb. 7, 15).

Freude liegt nicht nur im Empfangen, sondern vielmehr im Geben, nicht zuerst im Genießen, sondern im Dienen. Als die Weisen aus dem Morgenland nach Bethlehem kamen, um den neugeborenen Heiland zu sehen, brachten sie Gold, Weihrauch und Myrrhe, das Beste, was sie hatten. Die Erlösten im Himmel drängt es, die Liebe Gottes durch ihren Dienst zu erwidern.

Sollten wir nicht auch schon hier und jetzt Christus und seiner Gemeinde mit freudigem Herzen dienen, so wie es Paulus von sich und seinen Mitarbeitern bekannte: „Die Liebe Christi dringet uns“ (2. Kor. 5, 14)?

Sie wird nicht mehr hungern noch dürsten

Von den Erlösten wird gesagt, daß sie „aus der großen Trübsal“ gekommen sind (Vers 14). Diese schwere Zeit der Prüfung ist zu Ende. Die Verheißung in Vers 16 besagt, daß Hunger und Durst gestillt sein werden. Noch mehr: Es ist erfüllt, was Jesus zuvor verkündigt hat: „Selig sind, die da hungert und dürstet nach der Gerechtigkeit; denn sie sollen satt werden.“ (Matth. 5, 6.) „Wer aber von dem Wasser trinken wird, das ich ihm gebe, den wird ewiglich nicht dürsten, sondern das Wasser, das ich ihm geben werde, das wird in ihm ein Brunnen des Wassers werden, das in das ewige Leben quillt.“ (Joh. 4, 14.)

In Jesus Christus wird aller Hunger der Welt gestillt. Er gibt dem menschlichen Leben Sinn und Ziel. Wenn auch die Gemeinde nur eine kleine Minderheit ist, dient sie ihrem Gott dennoch vertrauensvoll. Er kennt den gläubigen Überrest, der in der bevorstehenden Bewährung fest zu ihm und seiner Wahrheit stehen wird.

„Unter den Bewohnern der Erde, zerstreut in allen Ländern, gibt es jene, die ihre Knie nicht vor Baal gebeugt haben. Gleich den Sternen am Himmel ... lassen diese

Getreuen ihr Licht weiterleuchten, wenn Finsternis das Erdreich und Dunkel die Völker bedeckt... Je dunkler die Nacht, desto heller werden sie leuchten. Welch müßiges Unterfangen wäre es gewesen, hätte Elia die Getreuen in Israel zählen wollen, als Gottes Gerichte das abtrünnige Volk heimsuchten. Er vermochte nur einen einzigen auf der Seite des Herrn zu finden. Als er aber behauptete: ,Ich bin allein übriggeblieben, und sie trachten danach, daß sie mir das Leben nehmen', da überraschte ihn der Herr mit der Mitteilung: ,Ich will übriglassen siebentausend in Israel, alle Knie, die sich nicht gebeugt haben vor Baal.'"[14]

Elia war damals tief bekümmert über den geistlichen Zustand seines Volkes. Er glaubte, als einziger übriggeblieben zu sein, der Gott diente. Aber der Herr zeigte ihm, daß es vieltausendmal besser stand, als er dachte. Gott hat seine Kinder überall auf der Welt, innerhalb und außerhalb der Kirchen. Seine Botschaft, die auf die Versiegelung vorbereitet, wird in alle Lande getragen, um jene zu sammeln, die sich voller Vertrauen zu ihm wenden. Einst werden sie vor Gottes Thron stehen. Und „das Lamm mitten auf dem Thron wird sie weiden und leiten zu den lebendigen Wasserbrunnen, und Gott wird abwischen alle Tränen von ihren Augen" (Offb. 7, 17).

Die Vorfreude auf diesen Tag dürfen Nachfolger Jesu schon heute in ihrem Herzen tragen und in ihre Umwelt ausstrahlen. Jeder von uns kann zu dieser unzählbaren Schar gehören. Die Einladung reicht so weit, wie die Welt sich ausdehnt. „Und der Geist und die Braut sprechen: Komm! Und wer es hört, der spreche: Komm! Und wen dürstet, der komme; und wer da will, der nehme das Wasser des Lebens umsonst." (Offb. 22, 17.)

10

Sieben Posaunen künden Gottes Gericht an

Offenbarung 8, 2–13; 9, 1–21; 11, 15–19:

8 2 *Und ich sah die sieben Engel, die da stehen vor*
Gott, und ihnen wurden sieben Posaunen gege-
ben. 3 *Und ein andrer Engel kam und trat an den Altar*
und hatte ein goldenes Räuchergefäß, und ihm ward
viel Räucherwerk gegeben, daß er es gäbe zum Gebet
aller Heiligen auf den goldenen Altar vor dem Thron.
4 *Und der Rauch des Räucherwerks stieg auf mit dem*
Gebet der Heiligen von der Hand des Engels vor Gott.
5 *Und der Engel nahm das Räuchergefäß und füllte es*
mit Feuer vom Altar und schüttete es auf die Erde. Und
da geschahen Donner und Stimmen und Blitze und
Erdbeben.

Die ersten sechs Posaunen

6 *Und die sieben Engel mit den sieben Posaunen hatten*
sich gerüstet und hoben an. 7 *Und der erste Engel*
posaunte; und es ward ein Hagel und Feuer, mit Blut
gemengt, und fiel auf die Erde; und der dritte Teil der
Erde verbrannte, und der dritte Teil der Bäume ver-
brannte, und alles grüne Gras verbrannte. 8 *Und der*
zweite Engel posaunte; und es fuhr wie ein großer Berg
mit Feuer brennend ins Meer, und der dritte Teil des
Meeres ward Blut, 9 *und der dritte Teil der lebendigen*
Kreaturen im Meer starb, und der dritte Teil der Schiffe
ging zugrunde. 10 *Und der dritte Engel posaunte; und*
es fiel ein großer Stern vom Himmel, der brannte wie

*eine Fackel und fiel auf den dritten Teil der Wasser-
ströme und über die Wasserbrunnen. 11 Und der Name
des Sterns heißt Wermut. Und der dritte Teil der
Wasser ward Wermut, und viele Menschen starben
von den Wassern, denn sie waren bitter geworden.
12 Und der vierte Engel posaunte; und es ward
geschlagen der dritte Teil der Sonne und der dritte Teil
des Mondes und der dritte Teil der Sterne, daß ihr
dritter Teil verfinstert war und den dritten Teil des Tages
das Licht nicht schien und in der Nacht desgleichen.
13 Und ich sah und hörte einen Adler fliegen durch des
Himmels Mitte und sagen mit großer Stimme: Weh,
weh, weh denen, die auf Erden wohnen, um der
andern Posaunen willen der drei Engel, die nun ihre
Stimme erheben sollen!*

9 *Und der fünfte Engel posaunte; und ich sah einen
Stern, gefallen vom Himmel auf die Erde; und ihm
ward der Schlüssel zum Brunnen des Abgrunds gege-
ben. 2 Und er tat den Brunnen des Abgrunds auf, und es
ging auf ein Rauch aus dem Brunnen wie der Rauch
eines großen Ofens, und es ward verfinstert die Sonne
und die Luft von dem Rauch des Brunnens. 3 Und aus
dem Rauch kamen Heuschrecken auf die Erde, und
ihnen ward Macht gegeben, wie die Skorpione auf
Erden Macht haben. 4 Und es ward ihnen gesagt, daß
sie nicht sollten Schaden tun dem Gras auf Erden noch
allem Grünen noch einem Baum, sondern allein den
Menschen, die nicht haben das Siegel Gottes an ihren
Stirnen. 5 Und es ward ihnen gegeben, daß sie die
Menschen nicht töteten, sondern sie quälten fünf
Monate lang; und ihre Qual war wie eine Qual vom
Skorpion, wenn er einen Menschen sticht. 6 Und in
jenen Tagen werden die Menschen den Tod suchen
und nicht finden, werden begehren zu sterben, und der
Tod wird von ihnen fliehen. 7 Und die Heuschrecken*

*sind gleich den Rossen, die zum Kriege gerüstet sind,
und auf ihrem Haupt ist's wie Kronen, dem Golde
gleich, und ihr Antlitz gleich der Menschen Antlitz;
8 und hatten Haare wie Weiberhaare, und ihre Zähne
waren wie die der Löwen, 9 und hatten Panzer wie
eiserne Panzer, und das Rasseln ihrer Flügel war wie
das Rasseln der Wagen vieler Rosse, die in den Krieg
laufen, 10 und hatten Schwänze gleich den Skorpio-
nen, und Stacheln; und in ihren Schwänzen war ihre
Macht, Schaden zu tun den Menschen fünf Monate
lang, 11 und hatten über sich einen König, den Engel
des Abgrunds, des Name heißt auf hebräisch Abaddon,
und auf griechisch hat er den Namen Apollyon. 12 Das
erste Wehe ist dahin; siehe, nach ihm kommen noch
zwei Wehe. 13 Und der sechste Engel posaunte; und
ich hörte eine Stimme aus den vier Ecken des goldenen
Altars vor Gott, 14 die sprach zu dem sechsten Engel,
der die Posaune hatte: Löse die vier Engel, die
gebunden sind an dem großen Wasserstrom Euphrat.
15 Und es wurden die vier Engel los, die bereit waren
auf die Stunde und auf den Tag und auf den Monat und
auf das Jahr, daß sie töteten den dritten Teil der
Menschen. 16 Und die Zahl des reitenden Volkes war
vieltausendmal tausend; ich hörte ihre Zahl. 17 Und so
sah ich im Gesicht: die Rosse und die darauf saßen,
daß sie hatten feurige und blaue und schwefelgelbe
Panzer; und die Häupter der Rosse waren wie die
Häupter der Löwen, und aus ihren Mäulern ging Feuer
und Rauch und Schwefel. 18 Von diesen drei Plagen
ward getötet der dritte Teil der Menschen, von dem
Feuer und Rauch und Schwefel, der aus ihren Mäulern
ging. 19 Denn die Macht der Rosse war in ihrem Maul
und in ihren Schwänzen; und ihre Schwänze waren
den Schlangen gleich und hatten Häupter, und mit
denselben taten sie Schaden. 20 Und die übrigen Leute,
die nicht getötet wurden von diesen Plagen, taten doch
nicht Buße für die Werke ihrer Hände, daß sie nicht*

mehr anbeteten die bösen Geister und die goldenen, silbernen, ehernen, steinernen und hölzernen Götzen, welche weder sehen noch hören noch wandeln können, 21 und taten auch nicht Buße für ihre Morde, Zauberei, Unzucht und Dieberei.

Die siebente Posaune

11 *15 Und der siebente Engel posaunte; und es erhoben sich große Stimmen im Himmel, die sprachen: Es sind die Reiche der Welt unsers Herrn und seines Christus geworden, und er wird regieren von Ewigkeit zu Ewigkeit. 16 Und die vierundzwanzig Ältesten, die vor Gott auf ihren Thronen saßen, fielen auf ihr Angesicht und beteten Gott an 17 und sprachen: Wir danken dir, Herr, allmächtiger Gott, der du bist und der du warst, daß du hast an dich genommen deine große Macht und herrschest! 18 Die Völker sind zornig geworden; da ist gekommen dein Zorn und die Zeit, zu richten die Toten und zu geben den Lohn deinen Knechten, den Propheten, und den Heiligen und denen, die deinen Namen fürchten, den Kleinen und den Großen, und zu verderben, die die Erde verderbt haben. 19 Und der Tempel Gottes im Himmel ward aufgetan, und die Lade seines Bundes ward in seinem Tempel gesehen; und es geschahen Blitze und Stimmen und Donner und Erdbeben und ein großer Hagel.*

Der dritten Folge von Gesichten, den sieben Posaunen, geht im Himmel eine ungewöhnliche Stille voraus (Offb. 8, 1). Es ist eine Ruhe vor dem Sturm. Doch noch ehe die Vision von den sieben Posaunen eröffnet wird, bekommt Johannes etwas Bedeutsames gezeigt. Ein Engel mit einem goldenen Räuchergefäß geht zum Altar, so wie es einst im alten Bund der Hohepriester tat, wenn er als Vertreter der betenden Gemeinde vor den Räucheraltar trat.

Was hat dieser Engel mit Räucherwerk am Altar zu bedeuten? Die Antwort ergibt sich aus dem alttestamentlichen Priesterdienst. Zweimal täglich brachten die Priester am Heiligtum ein Räucheropfer dar. Einer von ihnen nahm Feuer vom Altar und verbrannte damit den Inhalt des Räuchergefäßes. Wenn die Wolke des Räucherwerks aufstieg, war das für das Volk eine Aufforderung zum Gebet.

An einem Tag im Jahr, dem großen Versöhnungstag, wurde dieser Dienst allerdings vom Hohenpriester verrichtet. Während die Gemeinde in ernstem Gebet vor dem Heiligtum wartete, füllte er das goldene Räuchergefäß und trat damit in die Stiftshütte. Einige Augenblicke blieb er im Allerheiligsten vor der Bundeslade stehen, in der die Zehn Gebote lagen. Dann sprengte er siebenmal mit dem Finger etwas vom Blut des Opfertieres gegen den Gnadenthron, das heißt den Raum zwischen den beiden sich beugenden Cherubim, wo sich Gottes Herrlichkeit offenbarte.

Über die Bedeutung dieses Tages hatte Mose dem Volk Israel gesagt: „Denn an diesem Tage geschieht eure Entsühnung, daß ihr gereinigt werdet; von allen euren Sünden werdet ihr gereinigt vor dem Herrn." (3. Mose 16, 30.) Der Versöhnungstag war für Israel ein Tag des Gerichts, an dem symbolisch alle vor Gott bereuten Sünden entfernt wurden. Der Versöhnungsdienst an diesem Tage schloß damit, daß der Hohepriester auf einen zweiten Bock, der nicht getötet wurde (der erste Bock wurde als Opfertier geschlachtet), alle Übertretungen Israels legte. Dieser Bock für Asasel wurde in die Wüste geführt, wo er umkam. Damit galt alle Sünde als für immer vom Volk entfernt.

Bibelausleger weisen hin auf die Ähnlichkeit, die die Beschreibung des Johannes in Offenbarung 8, 2–5 mit dem Dienst an der Stiftshütte hat. Der Opferdienst am Heiligtum war ja nur das Abbild des Dienstes, den Jesus, unser wahrer Hoherpriester, im himmlischen Heiligtum versieht.

Die demütige Gesinnung, in der die Kinder Israel ihre Sünden bekannten, ist ein Vorbild für Gottes Volk heute. Wenn schon der Versöhnungstag für das alttestamentliche

Bundesvolk so bedeutsam war, wieviel mehr ist es dann der Dienst, der an dem wahrhaftigen Versöhnungstag (Untersuchungsgericht) im himmlischen Heiligtum geschieht! Solange im alten Bund der Hohepriester sein Mittleramt versah, bestand für jeden die Möglichkeit, mit Gott versöhnt zu werden. Trat er aber aus dem Heiligtum heraus, dann war es zu spät für ein Sündenbekenntnis. Wer sich weigerte, seine Schuld einzugestehen, sollte aus der Gemeinde ausgeschlossen werden.

Der Versöhnungsdienst im alttestamentlichen Heiligtum veranschaulicht das Wirken Christi für uns im himmlischen Heiligtum. Wir dürfen dankbar sein, daß wir einen Hohenpriester haben, der mitleiden kann mit unserer Schwachheit. Täglich können wir im Gebet zu ihm kommen. Was die Gebete der Gläubigen bewirken, wurde Johannes in der Vision von dem Engel mit dem goldenen Räuchergefäß gezeigt.

Räucherwerk und die Gebete der Heiligen

„Ihm ward viel Räucherwerk gegeben, daß er es gäbe zum Gebet aller Heiligen auf den goldenen Altar vor dem Thron." (Offb. 8, 3.) Wie ist diese geheimnisvolle priesterliche Handlung des Engels im himmlischen Heiligtum zu deuten? Zunächst werden wir dadurch zum Beten aufgefordert. Wir erhalten die Zusicherung, daß alle Gebete aufsteigen zum Altar, daß sie das Vaterherz Gottes erreichen. Als Jesus seine Jünger beten lehrte und sie über die Macht des Gebets unterrichtete, ermutigte er sie, den allmächtigen Gott „Vater" zu nennen. „Darum sollt ihr also beten: Unser Vater in dem Himmel." (Matth. 6, 9.)

Mit dem Gebet hat uns Gott eine wunderbare Möglichkeit eingeräumt. Woraus aber bestehen unsere Gebete meistens? Sind sie nur eine Sammlung persönlicher Bitten und ichhafter Wünsche? Wenn wir Gott im Gebet mit „Vater" anreden dürfen, so ist darin die Aufforderung enthalten, mit ihm zu sprechen wie ein Kind. Und ein Kind wendet sich nicht nur an seinen Vater, wenn es Wünsche hat.

Alle Gläubigen kennen Anfechtungen im Gebetsleben. Dann scheint es, als sei unser Beten nur frommes Selbstgespräch, das lediglich bis zur Zimmerdecke aufsteigt und nicht durchdringt bis ins obere Heiligtum. Oft sieht es so aus, als ob – trotz unserer Gebete – die Macht der Bosheit überhandnimmt und Satan immer größere Triumphe feiert. Auf diese Gebetsnot gibt Jesus eine Antwort in der Offenbarung: Jeder Seufzer, jedes Stammeln und jedes armselige Flehen dringt in das Allerheiligste des Himmels bis hin zu Gott.

Dabei versehen Engel ihre Aufgabe, sind sie doch „dienstbare Geister, ausgesandt zum Dienst um derer willen, die das Heil ererben sollen" (Hebr. 1, 14). Die Bibel kennt viele Beispiele, wo Engel die Gläubigen in ihrem Beten unterstützten und ihnen halfen.

Der Prophet Daniel rang 21 Tage lang im Gebet mit Gott, bis ihm ein Engel erschien und sagte: „Fürchte dich nicht, Daniel; denn von dem ersten Tage an, als du von Herzen begehrtest zu verstehen und anfingst, dich zu demütigen vor deinem Gott, wurden deine Worte erhört." (Dan. 10, 12.) Wir denken ferner an den Gebetskampf Jesu im Garten Gethsemane. Seine Jünger schliefen. Sie hatten ihn allein gelassen, obwohl er sie gebeten hatte, mit ihm zu wachen. Da kam ein Engel und stärkte ihn.

Offenbarung 8, 3 enthält eine weitere tröstliche Zusage. Dem Engel „ward viel Räucherwerk gegeben, daß er es gäbe *zum* Gebet aller Heiligen". Dieses Räucherwerk stammt also nicht von dem Engel, sondern wurde ihm gegeben.

Unser Beten ist immer selbstsüchtig und kurzsichtig, viel zu unheilig, als daß es wohlgefällig sein könnte vor Gott. Wir dürfen aber wissen, daß zu unserem armseligen Beten die Fürbitte unseres himmlischen Hohenpriesters hinzukommt. Deshalb fordert Jesus im Neuen Testament wiederholt dazu auf, in *seinem* Namen zu beten. Ohne seine Mitwirkung könnten unsere Gebete nicht vor Gottes Thron gelangen. Wenn wir aber in Jesu Namen beten, liegt göttliche Verheißung darauf. „Und was ihr bitten werdet in meinem Namen, das will ich tun." (Joh. 14, 13.)

Als der Engel das Räucherwerk mit Feuer vom Altar füllte und auf die Erde schüttete, „geschahen Donner und Stimmen und Blitze und Erdbeben" (Vers 5). Johannes sollte sehen, welche Wirkungen vom Gebet der Heiligen auf das Weltgeschehen ausgehen.

Als Israel einst gegen die Amalekiter zu Felde zog, wurde durch Moses anhaltendes Beten der Verlauf des Kampfes so gelenkt, daß Gott den Sieg geben konnte (2. Mose 17, 8–13). Petrus war von Herodes gefangengenommen, lag im Kerker und sollte getötet werden. Da betete die Gemeinde „ohne Aufhören für ihn zu Gott" (Apg. 12, 5). Das war das einzige, was sie für ihn tun konnte. Und sie durfte erleben, wie Petrus aus der Hand des Herodes befreit wurde.

In welcher Situation wir uns auch befinden: *eine* Tür kann nie versperrt werden, die Tür des Gebets. „Und der Rauch des Räucherwerks stieg auf mit dem Gebet der Heiligen von der Hand des Engels vor Gott." (Vers 4.) Es handelt sich dabei nicht um Gebete schlechthin, sondern um die Gebete geheiligter Menschen.

Es gibt „ein Kapitel, das das irdische Gottesvolk gleich fünfmal ‚Heilige' nennt. Es handelt sich um das Herzstück des Danielbuches, Kapitel 7 ... Wer sind diese Heiligen? Selbstverständlich Israel; aber sofort ist einzuschränken: das treue, wahre, im Unterschied zum abtrünnigen Israel. Diesem treuen Israel ist das Reich bestimmt. Aber vorher muß es entsetzliche Leiden durchmachen; für eine kleine Zeit unterliegt es sogar dem satanischen Gegner. Dann aber schafft Gott Israel Recht und regiert mit ihm für alle Zeiten. Wenn die Offenbarung die Zeugen Jesu in deutlicher sprachlicher Anlehnung an Daniel 7 immer wieder die ‚Heiligen' nennt, erklärt sie also die wahrhafte christliche Gemeinde zum wahren Israel der Endzeit." [1]

Diese Heiligen sind die Getreuen Gottes, die sich nicht selbst in den Mittelpunkt stellen, sondern deren Flehen auf den Grundton des Gebets Jesu gestimmt ist: „Dein Reich komme. Dein Name werde geheiligt... Dein Wille geschehe." (Matth. 6, 9. 10.) Solches Beten ist eine Macht, die nicht ohne Wirkung bleibt im Geschehen dieser Welt. Darum erhielt Johannes diese Vision, noch ehe sich die sieben Engel mit den Posaunen rüsteten.

Auslegung der sieben Posaunen

Die sieben Posaunen bilden einen besonders fesselnden Teil der Weissagung in der Offenbarung, deuten sie doch an, wie sich Bewegungen im Völkerleben auf die Gemeinde und ihr Zeugnis für Christus auswirken. Wie die anderen Weissagungen haben sie ihren Höhepunkt in der Wiederkunft Christi. Mit der siebenten Posaune wird die Geschichte der in Sünde gefallenen Welt zum Abschluß gebracht. „Und der siebente Engel posaunte; und es erhoben sich große Stimmen im Himmel, die sprachen: Es sind die Reiche der Welt unsers Herrn und seines Christus geworden, und er wird regieren von Ewigkeit zu Ewigkeit." (Offb. 11, 15.)

Es gibt verschiedene Deutungen für die Ereignisse, die jeweils dem Blasen der Posaunen folgen. Einige Ausleger sind der Meinung, daß die Geschehnisse der sieben Posaunen erst am Ende der Gnadenzeit eintreten, wenn der Versöhnungsdienst Christi beendet ist – also unmittelbar vor dem Kommen des Herrn. Die Strafgerichte, die im Bild der sieben Posaunen über die Erde gehen, verlaufen nach ihrer Ansicht parallel zu den sieben Plagen der Endzeit (Offb. 16). Vertreter dieser Auslegung stützen sich auf gewisse Ähnlichkeiten, die zwischen den sieben Posaunen und den sieben Plagen zu erkennen sind.

Andere sind der Auffassung, daß die sieben Posaunen nicht chronologisch, sondern symbolisch zu verstehen sind als Antwort auf die Gebete der verfolgten Gemeinde. Es handelt sich dabei um eine Zusicherung Gottes, alles in seinen Händen zu halten, auch wenn die Gemeinde durch Kriege, Seuchen, Hungersnöte und Verfolgung gehen muß. Gott ist

Richter und wird die Ungerechten zuletzt ihrer verdienten Strafe zuführen.

Unsere Auslegung geht davon aus, daß die sieben Posaunen weithin den gleichen Zeitabstand umfassen, der durch die sieben Gemeinden und die sieben Siegel abgesteckt ist. Dabei liegt das Schwergewicht der Posaunengesichte auf politischen und kriegerischen Ereignissen, die der jeweiligen Epoche ihr Gepräge gaben.

Vom dritten Jahrhundert an haben sich viele Kommentatoren mit den sieben Posaunen beschäftigt, unter ihnen Männer aus verschiedenen Ländern und Konfessionen. Einer der ersten war Victorinus, der – wie bereits erwähnt – gegen Ende des dritten Jahrhunderts einen vollständigen Offenbarungskommentar schrieb. Schon er weist darauf hin, daß die sieben Posaunen – so wie die sieben Gemeinden und die sieben Siegel – das christliche Zeitalter umfassen. Das Verständnis für diese Prophezeiungen wuchs in dem Maße, wie die in der Weissagung angekündigten Ereignisse eintrafen.

So deutete man bereits im achten Jahrhundert die Macht, die durch die fünfte Posaune dargestellt ist, auf die Sarazenen, wie damals die Araber allgemein genannt wurden. Mit anderen Bibelauslegern des Mittelalters war Joachim von Fiore (gest. 1202) der Meinung, daß die sieben Posaunen das gesamte christliche Zeitalter umspannen. Er glaubte, daß sich die fünfte Posaune in seinen Tagen erfüllte. Der Schweizer Reformator Heinrich Bullinger (gest. 1577) bezeichnete in einer von ihm herausgegebenen Bibelauslegung die Türken als die Macht, von der die sechste Posaune spricht. Vor ihm hatte schon Dr. Martin Luther diese Posaune auf die Türken gedeutet. Thomas Goodwin, Direktor des Magdalen College in Oxford, war wahrscheinlich der erste, der den Beginn der sechsten Posaune mit dem Jahr 1453, dem Fall Konstantinopels, ansetzte. Bis zur Mitte des 19. Jahrhunderts, dem Aufkommen der Adventbewegung, hatten Bibelausleger der Vor- und Nachreformationszeit die sieben Posaunen ähnlich gedeutet.

Welche Bedeutung haben die Posaunen?

In der prophetischen Sprache des Alten und des Neuen Testaments sind Posaunen ein Symbol für Gottes Eingreifen in die Geschichte. Als sich Gott am Berge Sinai dem Volk Israel offenbarte, war der Ton einer starken Posaune zu hören (2. Mose 19, 16. 19). Posaunensignale riefen sie Kinder Israel zum Aufbruch (4. Mose 10, 1–10). Auch die großen israelitischen Feste wurden durch Posaunenschall eingeleitet. Wenn Israel in den Krieg ziehen mußte, rüstete man sich beim Ton der Posaune. „Wie ist mir so weh!" klagte der Prophet Jeremia. „Mein Herz pocht mir im Leibe ... denn ich höre der Posaune Hall, den Lärm der Feldschlacht." (Jer. 4, 19.)

Die Propheten des Alten Testaments erwähnen Posaunen häufig in Verbindung mit dem Tag des Herrn, dem Tag des Gerichts (Joel 2, 1; Zeph. 1, 15. 16). Jesus spricht von Engeln mit hellen Posaunen, die am Tag seiner Wiederkunft die Auserwählten sammeln (Matth. 24, 31). Und Paulus weist darauf hin, daß bei der Wiederkunft Christi die Posaune Gottes ertönen wird (1. Thess. 4, 16).

Zusammenfassend kann gesagt werden: Gott läßt durch Posaunenschall vor Gefahren warnen. Posaunen rufen zum Kampf. Immer steht der Posaunenton in Zusammenhang mit wichtigen Ereignissen – für die einen Warnsignal, für die anderen Ankündigung drohenden Untergangs.

Nachdem Johannes gesehen hatte, wie die Gebete der Heiligen zu Gott emporsteigen, wurde ihm gezeigt, daß sich sieben Engel mit Posaunen rüsteten. Ihnen war die Durchführung der Gerichte Gottes übertragen. Die Geschehnisse während des Blasens der Posaunen verdeutlichen also, daß Macht und Herrlichkeit des Reiches Gottes zuletzt offenbar werden. Um das Kommen dieses Reiches beteten die Heiligen aller Zeiten.

Zur Zeit des Johannes stand Rom auf der Höhe seiner Macht und herrschte mit brutaler Gewalt. Doch seltsamerweise gab es Christen, die für den Fortbestand dieses Reiches beteten. Aus dem Buche Daniel und den Briefen des Paulus mochten sie erkannt haben, daß der Antichrist auftreten werde, wenn das römische Imperium zusammenbricht. Innerlich aber war Rom bereits so morsch, daß es unmöglich länger bestehen konnte.

Es liegt eine Tragik darin, daß die Christenheit im Römischen Reich bereits im vierten Jahrhundert kaum noch in der Lage war, dem allgemeinen Niedergang entgegenzutreten. Durch den um sich greifenden Abfall hatte die Kirche die Kraft verloren, „Salz der Erde" zu sein. Nun mußte sie an sich selbst den Gerichtsernst der Worte Jesu erfahren: „Wenn nun das Salz kraftlos wird, womit soll man's salzen? Es ist zu nichts hinfort nütze, denn daß man es hinausschütte und lasse es die Leute zertreten." (Matth. 5, 13.) So wie es beim Volk Israel geschah, so sah sich Gott genötigt, sein Volk auch im neuen Bund zu strafen. Er ließ es zu, daß Heiden zur Zuchtrute wurden für jene, die das Volk des neuen Bundes sein sollten. Die Gerichte über das Römische Reich trafen auch die Kirche. Hat sie dadurch zur Umkehr gefunden?

Den Zusammenbruch und die Aufteilung des Römischen Reiches hatte schon Daniel in prophetischen Bildern vorhergesagt (Dan. 2, 40–42; 7, 7. 8). Die Ereignisse der ersten vier Posaunen führten in den Wirren der Völkerwanderung diesen Untergang Roms herbei. Gleichzeitig trafen Gottes Gerichte die abgefallene Christenheit des Weströmischen Reiches. Durch die Geschehnisse der fünften und sechsten Posaune (Offb. 9) sollte Ostrom untergehen, denn auch die morgenländliche Christenheit war gerichtsreif geworden. Die siebente Posaune (Offb. 11, 15–19) schließlich zeigt, daß zuletzt alle Reiche der Welt ihr Ende finden und von dem ewigen Friedensreich Christi abgelöst werden.

Die erste Posaune wird geblasen

Johannes sah, wie beim Blasen der ersten Posaune (Offb. 8, 7) „Hagel und Feuer, mit Blut gemengt", auf die Erde fielen und ein Drittel der Bäume sowie alle Rasenflächen zerschlugen. Es geht dabei nicht buchstäblich um Bäume und Gras, sondern um Gottesgerichte über einzelne und ganze Völker.

So kündigt die erste Posaune das erste große Strafgericht an, daß über das Weströmische Reich hereinbrach. Die Westgoten hatten sich unter dem Druck der Hunnenstürme aus dem Inneren Asiens auf der Balkanhalbinsel, etwa dem heutigen Bulgarien, niedergelassen. Nach dem Tode des römischen Kaisers Theodosius im Jahre 395 rüstete sich das Heer der Westgoten unter Alarich. Plündernd durchzog dieser Germanenstamm die Balkanhalbinsel, überquerte die Donau, kam wie ein Hagelsturm über die Alpen und wandte sich nach Italien. So hatte es die Weissagung beschrieben. Im Jahre 410 fiel Rom in die Hand der Westgoten. Die Weltstadt wurde ein Raub der Kriegsscharen Alarichs.

Die ersten Posaunenstöße, die das Römische Reich in seinen Grundfesten erschütterten, waren in der Weissagung durch „Hagel und Feuer, mit Blut gemengt", dargestellt. Damit ist eindrucksvoll das furchtbare Gemetzel umschrieben, das der Eroberung Roms folgte. Sechs Tage lang plünderten die Westgoten Kirchen und Paläste, nahmen Gold, Silber und wertvolle Kunstschätze mit.

Nachdem die Stadt ausgeraubt war, zog Alarich weiter nach Süden. Er wollte Sizilien und Nordafrika erobern. Noch während er eine Flotte ausrüstete, starb er im Alter von 34 Jahren. Die Überlieferung erzählt, daß er im Flußbett des Busento bestattet wurde, damit sein Grab jedem Zugriff entzogen bliebe.

Die zweite Posaune

Als die zweite Posaune (Offb. 8, 8. 9) ertönte, sah Johannes, daß etwas „wie ein großer, feuerglühender Berg ins Meer geworfen" wurde (Jerusalemer Bibel). Auch dabei ist an eine politische Macht zu denken, nämlich an die Vandalen.

Wie die Goten waren auch sie von den Hunnen verdrängt worden. Zuerst verwüsteten sie über Jahre die römische Provinz Gallien, danach suchten sie Spanien heim. Später zogen sie über die Meerenge von Gibraltar, um Nordafrika zu erobern. Geiserich, ihr ehrgeiziger Führer, kannte keine Grenzen. Sein Ziel war es, Rom einzunehmen. Im Jahre 455 fuhr er mit einer mächtigen Flotte den Tiber hinauf, plünderte die Stadt und machte Tausende ihrer Bewohner zu Gefangenen, darunter auch die Kaiserin mit ihren beiden Töchtern.

Nach dieser schweren Niederlage baute Rom gemeinsam mit Konstantinopel eine neue Flotte für den Kampf gegen die Vandalen. Sie bestand aus über tausend Schiffen und war damit viel größer als die des Feindes.

Die Römer waren sich ihres Sieges sicher; doch die Vandalen ließen sich dadurch nicht einschüchtern. Sie beluden zahlreiche kleinere Schiffe mit Zündstoff und segelten im Schutze der Nacht in die Nähe der feindlichen Flotte. Die mit Zündstoff beladenen Boote, die von großen Schiffen ins Schlepptau genommen worden waren, wurden gelöst und in Brand gesteckt.

Als sich die Besatzungen der römischen Schiffe von Feuer umgeben sahen, entstand eine furchtbare Panik. In jener Nacht zerstörten die Vandalen mehr als 1100 Schiffe. Sie hatten einen gewaltigen Sieg errungen.

Die Vandalen waren wirklich eine Zuchtrute Gottes! In einem Buch klagte ein Priester um 400 n. Chr. über die Unbußfertigkeit der Menschen. „Welches Gericht Gott über uns durch die Goten und Vandalen hält, beweist die Geschichte. Jene nehmen täglich zu, wir ab. Jene erheben sich, wir werden gedemütigt. Jene blühen auf, wir verwelken, denn gerecht ist der Herr und gerecht ist sein Gericht.“[2]

Die dritte Posaune

Johannes sah eine großen Stern vom Himmel fallen, der wie eine Fackel brannte. Er hieß Wermut, weil er Bitterkeit und Tod verbreitete, wo er aufschlug. Damit ist die Wirkung der dritten Posaune beschrieben (Offb. 8, 10. 11).

Dieser Stern kann auf Attila, den Anführer der Hunnen, gedeutet werden. Um 450 brach er von Ungarn auf, zog mit einem Heer von 700 000 Mann brandschatzend durch halb Europa und setzte über den Rhein. Zwar griff er Rom selbst nicht an, aber das Römische Reich und die gesamte abendländische Christenheit geriet durch ihn in Gefahr. Attila war ein furchtloser und gefürchteter Heerführer. Jeder seiner berittenen Krieger führte drei weitere Pferde mit sich. Schon ihr erster Überfall auf die Grenzgebiete des Römischen Reiches hatte Furcht und Schrecken vor den Hunnen ausgelöst. Sie brachten weite Gebiete Europas in ihre Macht und stießen schließlich bis nach Italien vor.

Attila wurde die „Gottesgeißel" genannt. Einem lodernden Feuerbrand vergleichbar, fiel dieser kühne Heerführer ins Land ein und brüstete sich damit, daß kein Gras mehr wachse, wo die Hufe seiner Pferde darüberhin gebraust seien. Grauenvoll waren die Verheerungen, die seine Reiterscharen anrichteten. Er zwang Rom, ihm einen hohen Tribut zu zahlen. Zwar starb Attila 453 überraschend im besten Mannesalter; aber überall, wo der große Stern niedergefallen war, hatte er „Wermut" gebracht, Leid und Bitterkeit.

Über den Tod Attilas sagte Leopold von Ranke, einer der bedeutendsten Geschichtsschreiber: „Die Welt atmete auf, wie so oft beim Verschwinden eines Gestirns, von welchem man Unglück erwartete. Man möchte sagen: es gibt auch an dem politisch-nationalen Horizont Kometen im Sinne der Fabel."[3]

Das mächtige Gefüge des Römischen Reiches war mehrfach erschüttert worden und stand vor dem Zusammenbruch. Aber noch größeres Unheil sollte kommen. Die Offenbarung erklärte nicht, warum diese Verwüstungen zugelassen wurden. Doch was der Prophet nach der sechsten Posaune feststellen mußte, traf auch auf die vorangegangenen zu: „Und die übrigen Leute, die nicht getötet wurden von diesen Plagen, taten doch nicht Buße für die Werke ihrer Hände . . .

und taten auch nicht Buße für ihre Morde, Zauberei, Unzucht und Dieberei." (Offb. 9, 20. 21.) Man sollte annehmen, daß sich die Überlebenden das Schicksal der andern hätten zur Warnung dienen lassen. Aber das war nicht der Fall. Sie verharrten in ihrem sündigen Lebenswandel.

Die vierte Posaune wird geblasen

Ein letzter Angriff vernichtete das Weströmische Reich völlig. Nachdem der vierte Engel posaunt hatte (Offb. 8, 12), sah Johannes, daß Sonne, Mond und Sterne geschlagen wurden.

Nach der Eroberung Roms durch die Vandalen wechselten innerhalb von 21 Jahren acht Kaiser den Thron. Der letzte römische Herrscher war ein fünfzehnjähriger Junge mit Namen Romulus Augustulus. Im Jahre 476 erklärte Odoaker, der Heerführer des germanischen Söldnerheeres, Romulus für abgesetzt. Der Senat beugte sich dieser Entscheidung.

So kläglich endete das Römische Reich, das über eintausend Jahre bestanden hatte. Die „Sonne" des Kaiserreiches war geschlagen; sie hatte ihren Schein verloren. Der „Mond" und die „Sterne", die Konsuln und der Senat, hielten sich noch, aber ehe ein halbes Jahrhundert verstrichen war, waren auch sie „verfinstert". Der Untergang Roms war die Ernte dessen, was es gesät hatte. Hunnen wie Germanen waren Zuchtruten Gottes. Nachdem sie auf Gottes Geheiß ihr Werk ausgerichtet hatten, legten sich die Wogen der Völkerwanderung. Nun sollte eine andere Nacht hereinbrechen: das „finstere Mittelalter".

Das Oströmische Reich war von den Kriegszügen weniger in Mitleidenschaft gezogen worden als das Weströmische. Aber all diese Gottesgerichte hatten die Christenheit nicht zur Buße geführt; im Gegenteil, der Abfall vom Evangelium griff auch im Oströmischen Reich um sich, vielleicht sogar noch gefährlicher. Christen sahen den christlich gewordenen Kaiser als heilig und göttlich an. Der Bischof Athanasius ging so weit, dem Kaiser das Recht zuzubilligen, die Verweigerung der geforderten Ehrerbietung mit dem Tode zu bestrafen. So mußte Gott weitere Heimsuchungen über die Christenheit zulassen.

Johannes hörte, wie nach der vierten Posaune mit lauter Stimme ein dreifaches Wehe gerufen wurde. Damit wurden die letzten drei Posaunen angekündigt.

Die fünfte Posaune wird geblasen

Mit dem Blasen der fünften Posaune (Offb. 9, 1–12) ergeht der erste der drei Weherufe, die mit den Posaunengesichten verbunden sind. Johannes sah, wie der „Brunnen des Abgrunds" geöffnet wurde. Der Rauch, der aus diesem Brunnen aufstieg, verdunkelte die Sonne, und mächtige Heuschreckenschwärme kamen hervor.

Im Alten Testament sind Heuschrecken ein Symbol der Vernichtung. Sie fressen Bäume und Sträucher kahl, vernichten das Getreide und lassen sich nicht aufhalten, wenn sie einmal in Bewegung geraten sind. Johannes erkannte in den Heuschreckenschwärmen riesige Reiterheere, die wie eine Kriegsmaschinerie zur Zerstörung gerüstet waren.

Gott hatte die abgefallene Christenheit des Abendlandes durch den Einfall der Germanen und Hunnen strafen müssen. Die morgenländische Christenheit aber war genauso gerichtsreif. In langen dogmatischen Kämpfen hatte sie ihre Kraft fast völlig verbraucht. Mit der um sich greifenden Heiligen- und Bilderverehrung war das Heidentum in die Kirche Ostroms eingedrungen, so daß sie kaum noch missionarisch wirken konnte.

Was versinnbildet die fünfte Posaune?

Die Weissagungen der fünften Posaune fanden ihre Erfüllung im Islam. Wie ein Rauch stieg seine Lehre auf, breitete sich aus und verdunkelte die Sonne Jesus Christus und das Licht des Evangeliums. Der vom Himmel gefallene Stern, dem der Schlüssel zum „Brunnen des Abgrunds" gegeben wurde, ist ein Bild auf den Propheten Mohammed, den Stifter des Islam. Diese Religion ist eine Mischung aus arabischem Heidentum, aus Judentum und christlichem Glauben. Zu Juden- und Christentum hatte Mohammed allerdings keine unmittelbaren Beziehungen; er stützte sich nur auf oberflächliche Informationen.

In seiner Heimat hatte Mohammed zunächst keinen Anklang gefunden. Nur wenige hatten sich ihm angeschlossen. Deshalb verließ er 622 mit einigen Getreuen Mekka und begab sich nach Medina. Dieser Auszug ist die berühmte „Hedschra", das „Lossagen" von Mekka, mit der die Moslems ihre Zeitrechnung beginnen. Mohammed gewann die Einwohner Medinas sehr schnell für seine Lehre; zugleich wurde er das politische Oberhaupt dieser Stadt. Damit entstand eine regelrechte Theokratie. In Medina erhielt der Islam die ihm eigene Prägung. 630 gelang es Mohammed und seinen Gefolgsleuten, als Sieger in Mekka einzuziehen.

In biblischer Sicht ist der Islam schon deshalb eine Irrlehre, weil er keine Erlösung von Sünden und keinen Erlöser kennt. Zwar ist Jesus auch in dieser Religion bekannt, aber nicht als der Sohn Gottes von Ewigkeit her, sondern nur als ein bedeutender Prophet. Der sündlose Gottessohn wird in der Lehre des Islam niedriger als Mohammed eingeordnet.

Nach Gottes Vorsehung wurden die Moslems zur Zuchtrute für die abtrünnig gewordene Christenheit des Oströmischen Reiches. Mit fanatischem Eifer breiteten sie ihre Lehre aus, wüteten aber nicht ganz so verheerend wie Germanen und Hunnen, die Westrom den Todesstoß versetzt hatten.

Das war bereits in der Vision der fünften Posaune angedeutet worden. Den Heuschrecken wurde gesagt, „daß sie nicht sollten Schaden tun dem Gras auf Erden noch allem Grünen noch einem Baum" (Offb. 9, 4). Das entsprach durchaus dem Geist des Koran. Abu Bekr, der Onkel und Feldherr Mohammeds, der nach dessen Tod Führer der

Moslems wurde, befahl seinen Kriegern: „Leute, ich habe euch zehn Dinge zu empfehlen, welche ihr genau beachten müßt: Täuschet niemanden und stehlt nicht, handelt nicht treulos und verstümmelt niemanden, tötet weder Kinder noch Greise noch Weiber. Beraubt die Palme nicht ihrer Rinde noch verbrennt sie; schlagt nicht die Fruchtbäume ab und zerstört nicht die Saatfelder, tötet nicht Schafe noch Ochsen noch Kamele, außer für euren Lebensunterhalt. Ihr werdet Geschorene finden, schlagt ihnen mit dem Säbel auf die Tonsur; ihr werdet auch Leute in Zellen (d. h. Einsiedler) finden – laßt sie in Ruhe, damit sie in der Erfüllung ihrer Gelübde fortfahren."[4]

So schonend dieser Befehl im großen und ganzen klingen mag, besagt er doch, daß die an ihrer Tonsur erkennbaren Mönche rücksichtslos getötet werden sollten. Bilderverehrende Mönche sah der Islam als verstockte Götzendiener an. Darum ließ er nicht nur alle Götzen- und Heiligenbilder vernichten, sondern auch deren Verehrer.

Die Weissagung der fünften Posaune erwähnt, daß verschont bleiben sollte, wer das Siegel Gottes an seiner Stirn trägt (Vers 4). Damit sind die Anbeter des wahren Gottes gemeint. In den langen dogmatischen Streitigkeiten des fünften und sechsten Jahrhunderts hatten sich Gemeinden in Syrien, Mesopotamien, Armenien und Abessinien von der Griechischen Kirche gelöst. Sie blieben weitgehend frei von Zeremonien, Aberglauben, Bilder- und Heiligenkult. Teilweise hielten sie noch jahrhundertelang am biblischen Sabbat fest, unter ihnen die christliche Kirche Abessiniens. Anderthalb Jahrhunderte hatte die orthodoxe Kirche diese Gemeinden verfolgt; der Islam dagegen gewährte ihnen anfangs eine gewisse Freiheit.

Gottes Zuchtrute für die Christenheit

Unter dem Bild der Heuschrecken waren Johannes die gewaltigen Reiterscharen der Araber gezeigt worden (Offb.

9, 3). Daß es sich nicht buchstäblich um Heuschrecken handelt, wird deutlich durch die Ausdrücke „wie", „gleich" usw. und kann auch aus der grammatischen Form abgeleitet werden. Abgesehen von Götzenanbetern und Bilderverehrern sollten die Moslems niemanden töten, sondern quälen, und zwar „fünf Monate" lang.

Eine Heuschreckenplage von dieser Dauer war besonders gefürchtet, weil sie sich dann über den ganzen Sommer erstreckte. Der erste Angriff des Islam sollte nach dem prophetischen Wort „fünf Monate" (Vers 5) währen. Der Maßstab für die prophetische Zeitrechnung der Heiligen Schrift lautet: „. . . je ein Tag für ein Jahr". (Siehe Hes. 4, 5. 6.) Folglich sind fünf Monate als eine prophetische Zeit von 150 Jahren zu verstehen. Das wird von der Geschichte bestätigt.

Die Anerkennung Mohammeds begann mit seinem Auszug aus Mekka im Jahre 622. Von da an reichen 150 Jahre bis 772, dem Jahr der Gründung des Kalifats von Bagdad. In diesen 150 Jahren schien es, als sollte der Islam die ganze Welt erobern.

Für die Kirche Ostroms war der Islam buchstäblich eine Katastrophe. Das Oströmische Reich wurde von den Mohammedanern überrannt. In Asien und Afrika bedeutete der Islam das Ende des Christentums. Wenn sich auch hier und da Reste von Gemeinden hielten, ist es doch eine Tatsache, daß die morgenländische Kirche dem Islam schließlich völlig unterlag.

Die fünf Monate prophetischer Zeit werden in der Weissagung der fünften Posaune noch einmal erwähnt (Vers 10). Einige Ausleger sehen darin eine nochmalige prophetische Zeitangabe, deren Beginn mit der Schlacht bei Bapheum 1299 anzusetzen sei. Am Ende dieser fünf prophetischen Monate erhielt der Kaiser von Byzanz auf seinen Antrag im Jahre 1449 von Sultan Murat II. die Erlaubnis, den Thron zu besteigen. Das Oströmische Kaiserreich hatte damit seine Unabhängkeit an den Sultan verloren.

Syrien, Ägypten und Nordafrika, Gebiete mit einst blühenden christlichen Gemeinden, wurden von Mohammedanern überschwemmt. Das Christentum, das allen Völkern das Heil bringen sollte, fiel dem Ansturm des Islams widerstandslos zum Opfer. Auch die morgenländische Christenheit, die Gottes Wort leichtfertig preisgegeben hatte, mußte erleben, was Jesus als Gericht angekündigt hatte: „Das Salz ist ein gutes Ding; wenn aber das Salz kraftlos wird, womit wird man's würzen? Es ist weder auf das Land noch in den Mist nütze, sondern man wird's wegwerfen." (Luk. 14, 34. 35.) Und wenn Jesus mahnt: „Wer Ohren hat, der höre!" (Matth. 13, 9), will er damit sagen, daß wir das gleiche zu erwarten haben, wenn wir als Christen nicht Salz der Erde sind und aufhören, uns durch unser Leben und Zeugnis dem sittlichen Niedergang entgegenzustellen.

Die sechste Posaune ertönt

Als die Posaune des sechsten Engels erschallte (Offb. 9, 13–21), hörte Johannes eine Stimme von dem goldenen Altar, dem Räucheraltar, von wo (nach Offb. 8, 4) die Gebete der Heiligen emporsteigen. Durch ein weiteres Gottesgericht sollte den bedrängten Heiligen Hilfe zuteil werden. Vier Engel, im Bilde an dem großen Strom Euphrat gebunden, sollten gelöst werden.

Die Araber hatten den Islam während der Ereignisse der fünften Posaune in drei Erdteile getragen. Bagdad hatte sich zum Zentrum der islamischen Welt entwickelt. Dann aber kam die Ausbreitung der Lehre Mohammeds ins Stocken. Erst 200 Jahre später sollte sie durch die Türken wieder in Fluß kommen.

Die Christenheit nützte die ihr von Gott geschenkte Atempause nicht, sondern versäumte es, sich auf ihre Sendung zu besinnen. Deshalb brach ein noch schrecklicheres Gericht über sie herein. Den Heuschrecken der fünften Posaune war es gestattet, die Menschen zu quälen, doch sie durften sie nicht töten. Nun kamen gewaltige Reiterscharen, die „den dritten Teil der Menschen" vernichteten (Offb. 9, 15).

Mit dem Ertönen der sechsten Posaune wurden die vier Engel gelöst, „die gebunden sind an dem großen Wasserstrom Euphrat“ (Offb. 9, 14). Äußerer Anlaß dazu waren die nach Westen vordringenden Mongolenstämme. Erneut brach die mohammedanische Welt auf, diesmal unter Führung der osmanischen Türken, um die Christenheit heimzusuchen. Die vier Engel wurden los, und die für lange Zeit an das Gebiet des Euphrat gebundene Macht des Islams trat nun wie ein Fluß über seine Ufer und schwoll an zu einer gewaltigen Flut, die ganz Europa zu überschwemmen drohte. Unaufhaltsam drangen die Türken vor. Im Mai 1453 wurde Konstantinopel erobert. Bald darauf waren weite Teile Europas und ganz Nordafrika in der Hand der Moslems. 1529 standen die Türken vor Wien. Erst nach ihrer Niederlage bei der zweiten Belagerung Wiens im Jahre 1683 wich die türkische Flut langsam zurück.

In der Weissagung der sechsten Posaune heißt es: „Es wurden die vier Engel los, die bereit waren auf die Stunde und den Tag und auf den Monat und auf das Jahr.“ (Offb. 9, 15.) Verschiedene Ausleger haben diese Worte als eine prophetische Zeitangabe verstanden, die 391 Jahre umfaßt. Rechnet man diese Zeitspanne vom Ende der fünften Posaune an, dem Jahre 1449, so kommt man ins Jahr 1840. In diesem Jahr stellt sich das türkische Reich unter den Schutz der Großmächte England, Österreich, Preußen und Rußland. Damit hatte es seine Unabhängigkeit verloren. Fortan sprach man vom „kranken Mann am Bosporus“.

Werden die 391 Jahre aber vom Fall Konstantinopels 1453 an gerechnet, dem endgültigen Zusammenbruch des Oströmischen und der Aufrichtung des Osmanischen Reiches, dann reicht diese Zeitspanne genau bis ins Jahr 1844.

Vom sprachlichen Verständnis des Griechischen her sind die Worte „Stunde“, „Tag“, „Monat“, „Jahr“ jedoch kaum als kombinierte prophetische Zeitangabe aufzufassen, sondern schlicht als Hinweis auf einen festgesetzten Zeitpunkt. Das wird dadurch unterstrichen, daß vor dem Wort Stunde weder ein Zahlwort noch der unbestimmte Artikel steht und die folgenden Worte „Tag“, „Monat“ und „Jahr“ einen gemeinsamen Artikel haben. Die naheliegende Deutung besagt vielmehr, daß Gott dieser Macht des Verderbens Raum gab, damit sie zu dem von ihm vorgesehenen Zeitpunkt ihr Werk ausrichtete.

Der Siegeszug der Türken war vor allem auf ihre Waffentechnik und die Verwendung des damals erfundenen Schießpulvers zurückzuführen. So können „Feuer und Rauch und Schwefel“ (Offb. 9, 17. 18) auf die Schußwaffen der Türken gedeutet werden, die damals erstmalig benutzt wurden.

Über ein Jahrtausend zuvor hatte Johannes die riesigen Reiterscharen in der Vision gesehen. Dabei wurde ihm gezeigt, daß „von diesen drei Plagen ward getötet der dritte Teil der Menschen“ (Offb. 9, 18). Durch die Anwendung von Feuerwaffen und infolge der Grausamkeit den Besiegten gegenüber wurden während der sechsten Posaune Millionen von Menschen getötet. Man sollte erwarten, daß sich die verschont Gebliebenen das entsetzliche Geschick der andern zur Warnung hätten dienen lassen; doch das war nicht der Fall.

„Und die übrigen Leute, die nicht getötet wurden von diesen Plagen, taten doch nicht Buße für die Werke ihrer Hände ... und taten auch nicht Buße für ihre Morde, Zauberei, Unzucht und Dieberei.“ (Offb. 9, 20. 21.) Sie trieben weiterhin Abgötterei, verehrten Bilder und hielten an ihrem sündigen Lebenswandel fest. Luther erkannte, daß Gott die Türken als Zuchtrute für die Christenheit benutzte: „Also ist der Türk auch unser Schulmeister und muß uns stäupen und lehren Gott fürchten und beten, sonst verfaulen wir ganz in Sünden und aller Sicherheit.“[5]

„Der Türke ist das Volk des Zorns Gottes. Er ist eine greuliche Plage. Er ist fürwahr ein groß Unglück, Gottes Staupe und Rute.“[6]

„Die übrigen Leute ... taten doch nicht Buße.“ Muß das nicht auch heute gesagt werden? Die christliche Theologie hat in unseren Tagen durch angeblich wissenschaftliche Forschungen dem Unglauben selbst das Handwerkszeug über Jesu Nachfolger: „Ich will geben mein Gesetz in ihren Sinn, und in ihr Herz will ich es schreiben." (Hebr. 8, 10.) Das geschieht durch den Heiligen Geist. Er „gibt Zeugnis unserm Geist, daß wir Gottes Kinder sind" (Röm. 8, 16). Gottes Kinder dürfen also bereits vor der Stunde der großen Versuchung wissen, wem sie angehören und wer sie durchbringen wird. Durch den Heiligen Geist ist ihnen die Gewißheit geworden: „So will ich doch deiner nicht vergessen. Siehe, in die Hände habe ich dich gezeichnet." (Jes. 49, 15. 16.)

Merkmale eines Siegels

So wie in früheren Zeiten das Siegel auf einem Gegenstand den Eigentümer nachwies, so wird also durch das Siegel Gottes auf seinen Kindern bestätigt, daß er sie als sein Eigentum anerkannt hat. In der Regel gehört in das Siegel eines Herrschers dreierlei: Name, Amt und Regierungsgebiet. Diese Kennzeichen trägt auch das Gesetz Gottes, in dem Namen, Amt und Herrschaftsbereich seines Urhebers angegeben sind.

In fünf von den Zehn Geboten wird nur der Name Gottes erwähnt; das vierte aber, das zur Heiligung des Sabbats auffordert, weist die drei wesentlichen Bestandteile eines offiziellen Siegels auf. Es spricht vom „Herrn, deinem Gott" (Name), dem Schöpfer (Amt), „der Himmel und Erde" (Herrschaftsbereich) gemacht hat. Als Schöpfer steht er über seinen Geschöpfen und kann deshalb im vierten Gebot fordern: „Gedenke des Sabbattages, daß du ihn heiligest. Sechs Tage sollst du arbeiten und alle deine Werke tun. Aber am siebenten Tage ist der Sabbat des Herrn, deines Gottes. Da sollst du keine Arbeit tun, auch nicht dein Sohn, deine Tochter, dein Knecht, deine Magd, dein Vieh, auch nicht dein Fremdling, der in deiner Stadt lebt. Denn in sechs Tagen hat der Herr Himmel und Erde gemacht und das Meer und alles, was darinnen ist, und ruhte am siebenten Tage. Darum geliefert, anstatt den Weg zu dem allein wahren Gott und dem von ihm gesandten Jesus Christus zu weisen (Joh. 17, 3). Je mehr die Christenheit den Glauben an Jesus preisgibt und sich über Gottes Gebote hinwegsetzt, desto reifer wird sie für den Zorn Gottes, der als drittes Wehe zu der von Gott vorgesehenen Zeit ausgegossen wird, so wie auch die beiden ersten Wehe eingetroffen sind.

„Das zweite Wehe ist dahin; siehe, das dritte Wehe kommt schnell." (Offb. 11, 14.) Dies erklärte nach dem Ertönen der sechsten Posaune eine Stimme im Himmel. Zwischen dem Ende der sechsten und dem Beginn der siebenten Posaune sollte eine Bewegung von Gott ausgelöst werden, die den Auftrag erhielt, das ewige Evangelium in die ganze Welt zu tragen. Darauf geht Offenbarung 10 ein.

Die siebente Posaune ertönt

Mit der siebenten Posaune (Offb. 11, 15–19) wird das Geheimnis Gottes vollendet. Diese Ankündigung löst bei den Engeln im Himmel große Freude aus. Johannes hört, wie sich mächtiger Jubel im Himmel erhebt: „Es sind die Reiche der Welt unsers Herrn und seines Christus geworden, und er wird regieren von Ewigkeit zu Ewigkeit." (Vers 15.) Die vierundzwanzig Ältesten als Vertreter der gläubigen Gemeinde fallen bei diesem Ruf anbetend auf ihr Angesicht. Sie preisen Gott: „Wir danken dir, Herr, allmächtiger Gott, der du bist und der du warst, daß du hast an dich genommen deine große Macht und herrschest!" (Vers 17.)

Infolge der Sünde auf dieser Welt war von der Macht Gottes oft wenig oder gar nichts zu spüren. Auch Gläubigen ist das nicht selten zur Anfechtung geworden. Asaph, der Psalmdichter, bekannte im Hinblick auf das freche Treiben der Gottlosen freimütig: „So sann ich nach, ob ich's begreifen könnte, aber es war mir zu schwer." (Ps. 73, 16.) Der Prophet Jesaja flehte angesichts der himmelschreienden Bosheit der Menschen zu Gott: „Ach daß du den Himmel zerrissest und führest herab, daß die Berge vor dir zerflössen, wie Feuer Reisig entzündet... daß dein Name kund würde unter deinen Feinden und die Völker vor dir zittern müßten." (Jes. 63, 19–64, 1.)

Jahrtausendelang hat Gott seine Allmacht zurückgehalten, damit im Himmel und auf Erden das wahre Wesen des Bösen, das sich immer zu tarnen versucht, offenbar würde. Wenn das geschehen ist und sich die ganze Bosheit Satans gezeigt hat, wird Gott – und zwar in den Tagen der siebenten Posaune – eingreifen und seine „große Macht" vor dem Weltall erweisen.

Patriarchen und Propheten, Apostel und gläubige Menschen aller Zeiten haben angesichts der Sünde auf dieser Welt sehnsüchtig ausgeschaut nach dem Kommen des Herrn. Nun kann der Tag nicht mehr weit sein; denn nach Abschluß der sechsten Posaune oder dem zweiten Wehe wird die siebente Posaune beziehungsweise das dritte Wehe schnell kommen (Vers 14). Damit ist die Zeit angebrochen, „zu richten die Toten und zu geben den Lohn deinen Knechten, den Propheten, und den Heiligen und denen, die deinen Namen fürchten". Für jene aber, die Gottes Gnade verachtet und Jesus Christus verworfen haben, wird es ein Tag des Gerichts sein wie auch für alle, „die die Erde verderbt haben" (Vers 18) und noch verderben, wie es nach der Zeitform des griechischen Verbs wiedergegeben werden müßte.

In unserem Jahrhundert ist es dem Menschen gelungen, eine Macht zu entfalten, die früher unvorstellbar gewesen wäre. Geheimnisse und Kräfte der Natur wurden erschlossen. Doch anstatt diese Ergebnisse der Forschung und Erfindung friedlichen Zwecken nutzbar zu machen, werden sie mißbraucht, um immer furchtbarere Waffen herzustellen. Zwar gab es auch früher Kriege, doch dabei handelte es sich meist um Kämpfe zwischen einzelnen Reichen. Die Menschheit des 20. Jahrhunderts aber mußte zwei Weltkriege über sich ergehen lassen.

Heute besteht die akute Gefahr, daß in einem künftigen Krieg alle gegen alle kämpfen. Die Völker „sind zornig geworden"; dennoch verhallen die vielen mahnenden Stimmen unbeachtet. Angesichts dessen, daß die Erde durch moderne Vernichtungswaffen völlig zugrunde gerichtet werden kann, verstehen wir die Worte Jesu: „Die Menschen werden verschmachten vor Furcht und vor Warten der Dinge, die kommen sollen über die ganze Erde." (Luk. 21, 26.)

Trotz dieser Dämonie des Bösen wird er eingreifen, wenn der Zorn der Völker zur Siedehitze steigt. „Unser Gott kommt und schweiget nicht. Fressendes Feuer geht vor ihm her und um ihn her ein mächtiges Wetter. Er ruft Himmel und Erde zu, daß er sein Volk richten wolle." (Ps. 50, 3. 4.)

Beim Erschallen der siebenten Posaune sah Johannes, daß der „Tempel Gottes im Himmel" aufgetan wurde (Vers 19). Dabei fiel sein Blick auf die „Lade seines [Gottes] Bundes". In alttestamentlicher Zeit stand sie in der Stiftshütte, die ein „Gegenbild des wahrhaftigen Heiligtums" im Himmel war (Hebr. 9, 24). Dort im Allerheiligsten führte allein der Hohepriester einmal im Jahr – am großen Versöhnungstag – den von Gott gebotenen Dienst für das Volk Israel aus (3. Mose 16).

Johannes wurde durch diese Vision auf den abschließenden Versöhnungsdienst Christi im himmlischen Heiligtum hingewiesen, der offensichtlich beim Ertönen der siebenten Posaune aufgenommen werden sollte. Aus anderen Schriftstellen, hauptsächlich Dan. 8, 14 und Offb. 14, 6–12, ist zu erkennen, daß 1844 die abschließende Phase des Mittlerdienstes unseres Heilandes begann. Deshalb setzten Siebenten-Tags-Adventisten auch für dieses Jahr den Beginn der siebenten Posaune an.

In der Stiftshütte wurden die Tafeln des Zeugnisses, die Zehn Gebote, in der Lade des Bundes aufbewahrt. So hatte es Gott dem Mose geboten: „Du sollst in die Lade das Gesetz legen, daß ich dir geben werde." (2. Mose 25, 16; vgl. 5. Mose 10, 1. 2.) Die Bundeslade verdankte also ihren Namen der Tatsache, daß dort die Gesetzestafeln verwahrt wurden. Wenn Johannes zur Zeit der siebenten Posaune die

Bundeslade im Tempel sah, sollte ihm damit gezeigt werden, daß Gottes Gebote unverändert gültig sind. So war es bereits in Psalm 89, 35 gesagt worden: „Ich will meinen Bund nicht entheiligen und nicht ändern, was aus meinem Munde gegangen ist." Weil sich Gott nicht ändert, gibt es auch keine Veränderung seines Gesetzes. „Bis daß Himmel und Erde vergehe, wird nicht vergehen der kleinste Buchstabe noch ein Tüpfelchen vom Gesetz, bis daß es alles geschehe." (Matth. 5, 18.)

Nach Jesu Worten bleiben die Zehn Gebote Richtschnur des Denkens und Handelns all derer, die ihm im Geist und in der Wahrheit dienen. An diesem Sittengesetz Gottes dürfen keine Abstriche vorgenommen werden, auch wenn sich die Gepflogenheiten im menschlichen Zusammenleben ändern. Gottes Gebote sind und bleiben Grundlage eines wahrhaft glücklichen Lebens und werden der Maßstab sein im göttlichen Gericht.

Vor einigen Jahren berichteten die Zeitungen, daß ein Passagierflugzeug bald nach dem Start in Tokio buchstäblich in der Luft zerbrach und abstürzte. Was war die Ursache? Bei prächtiger Sicht hatte der Flugkapitän seinen Passagieren einen Blick auf den berühmten Fudschijama, 90 km westlich von Tokio, gewähren wollen. Er wich von dem vorgeschriebenen Kurs etwas ab und ging auf Sichtkurs. Bei klarem Wetter schien es kein Risiko zu sein, zumal auch kein anderes Flugzeug den Kurs kreuzte. Über dem Berg jedoch kam die Maschine plötzlich in heimtückische Fallwinde, wurde hin- und hergerissen und brach auseinander. Besatzung und Passagiere fanden den Tod, weil der Kapitän vom vorgeschriebenen Kurs abgewichen war.

Beim Vergleich des Geschehens in unseren Tagen mit den Weissagungen der siebenten Posaune wird uns bewußt, wo wir stehen. Wir sind auf der letzten Wegstrecke, nahe dem Ziel. Zeichen der Zeit künden den Triumph Christi an. Das Werk der Evangeliumsverkündigung wird bald vollendet sein. Der Tag ist nicht fern, da die letzte Predigt gehalten und die letzte Einladung Jesu weitergegeben ist. Dann wird auch für die ewig Zögernden und Unentschlossenen die letzte Gelegenheit einer Erlösung unwiderruflich vorbei sein. Noch aber haben wir einen fürbittenden Hohenpriester im Himmel. Deshalb wollen wir mit Freudigkeit zum Thron der Gnade treten, „auf daß wir Barmherzigkeit empfangen und Gnade finden auf die Zeit, wenn uns Hilfe not sein wird" (Hebr. 4, 16).

Der Engel mit dem offenen Büchlein

11

Offenbarung 10:

Johannes empfängt ein Büchlein

10 *Und ich sah einen andern starken Engel vom
Himmel herabkommen; der war mit einer Wolke
bekleidet und hatte den Regenbogen auf seinem Haupt
und ein Antlitz wie die Sonne und Füße wie Feuersäu-
len.* 2 *Und er hatte in seiner Hand ein Büchlein, das war
aufgetan. Und er setzte seinen rechten Fuß auf das
Meer und den linken auf die Erde,* 3 *und er
schrie mit großer Stimme, wie ein Löwe brüllt. Und da
er schrie, erhoben sieben Donner ihre Stimmen.* 4 *Und
da die sieben Donner geredet hatten, wollte ich
schreiben. Da hörte ich eine Stimme vom Himmel
sagen zu mir: Halte versiegelt, was die sieben Donner
geredet haben, und schreibe es nicht!* 5 *Und der Engel,
den ich stehen sah auf dem Meer und auf der Erde, hob
seine rechte Hand auf gen Himmel* 6 *und schwur bei
dem, der da lebt von Ewigkeit zu Ewigkeit, der den
Himmel geschaffen hat und was darinnen ist, und die
Erde und was darinnen ist, und das Meer und was
darinnen ist, daß hinfort keine Zeit mehr sein soll,*
7 *sondern in den Tagen der Stimme des siebenten
Engels, wenn er posaunen wird, dann ist vollendet das
Geheimnis Gottes, wie er verkündigt hat seinen
Knechten, den Propheten.* 8 *Und die Stimme, die ich
vom Himmel gehört hatte, redete abermals mit mir und*

sprach: Gehe hin, nimm das offene Büchlein von der
Hand des Engels, der auf dem Meer und auf der Erde
steht! 9 Und ich ging hin zu dem Engel und sprach zu
ihm: Gib mir das Büchlein! Und er sprach zu mir:
Nimm hin und verschling's! und es wird dich im Bauch
grimmen; aber in deinem Munde wird's süß sein wie
Honig. 10 Und ich nahm das Büchlein von der Hand
des Engels und verschlang's, und es war süß in meinem
Munde wie Honig; und da ich's gegessen hatte,
grimmte mich's im Bauch. 11 Und es ward zu mir
gesagt: Du mußt abermals weissagen von Völkern und
Nationen und Sprachen und vielen Königen.

„Sie taten nicht Buße." Das war die beklagenswerte Feststellung am Ende der Weissagung der sechsten Posaune. Alle Gottesgerichte, die während der sechs Posaunen über die Christenheit hereingebrochen waren, hatten keine echte Umkehr bewirkt. Durch den Propheten Jeremia hatte Gott einst dem Volk Israel sagen müssen: „Ihr habt nie hören wollen und eure Ohren mir nicht zugekehrt und mir nicht gehorcht." (Jer. 25, 4.) Christus, der sich selbst zum Opfer für die Erlösung der Welt gegeben hat, weiß besser als wir, was auf dem Spiele steht, wenn wir seinen Ruf zur Umkehr nicht beachten; deshalb gibt er uns trotz unseres Ungehorsams nicht gleich auf.

Nachdem Johannes die Gerichte der sechs Posaunen geschaut hatte, fesselte ihn ein neues Geschehen. Die Ereignisse, von denen das 10. Kapitel spricht, sind zwischen die sechste und siebente Posaune einzuordnen. Nachdem der siebente Engel seine Posaune hat erschallen lassen, werden „die Reiche der Welt unsers Herrn und seines Christus" geworden sein (Offb. 11, 15). Zuvor aber muß das Versiegelungswerk abgeschlossen sein, von dem Offenbarung 7, 1–3 berichtet. Die Ausführungen in Offenbarung

10, 1–11, 14 sind also eine nähere Erläuterung der Ereignisse, die in Verbindung mit der siebenten Posaune eintreten werden.

Der starke Engel

Johannes sah, wie ein starker Engel, angetan mit göttlicher Kraft und Vollmacht, aus der oberen Welt hervortrat, um neue Geheimnisse Gottes kundzutun.

Sechsmal wird in der Offenbarung eine vom Himmel gesandte Botschaft im Bild eines Engels dargestellt. Doch der starke Engel, den Johannes nun schaute, war herrlicher als alle anderen. Sein Antlitz war anzuschauen „wie die Sonne" (Offb. 10, 1). Im weiteren deckt sich die Beschreibung mit der in Offenbarung 1, 13–16. Dort handelt es sich um Christus, der als Herr mitten in seiner Gemeinde steht. Man kann davon ausgehen, daß auch mit diesem starken Engel Christus dargestellt wird; heißt es doch im Bericht von der Verklärung Jesu, daß auch „sein Angesicht leuchtete wie die Sonne" (Matth. 17, 2). „Indem er seinen rechten Fuß auf das Meer und den linken auf die Erde setzte, wurde sein Werk gezeigt in den abschließenden Geschehnissen des großen Kampfes mit Satan. Diese Stellung weist hin auf seine Macht und Autorität über die ganze Welt."[1]

Dieser Engel, den Johannes auf dem Meer und auf dem Land stehen sah, hatte eine Botschaft von weltweiter Bedeutung. Seine Stimme glich dem Brüllen eines Löwen; seine Botschaft ist das Wort Gottes, das von seinen Hörern uneingeschränkten Glauben fordert.

Der Regenbogen und die Wolke

Johannes sah den Engel „mit einer Wolke bekleidet". In der Heiligen Schrift ist die Wolke häufig das Zeichen der Gegenwart Gottes unter den Menschen. So erschien Gott dem Volk Israel bei der Gesetzgebung am Sinai in der Wolke, und während der Wüstenwanderung zog er in der Wolkensäule voran. Bei der Einweihung des Tempels erfüllte eine Wolke das Heiligtum. Als Jesus verklärt wurde, umschattete ihn eine Wolke, aus der die Jünger die Stimme des Vaters vernahmen: „Dies ist mein lieber Sohn... den sollt ihr hören!" (Matth. 17, 5.) Im Bericht von der Himmelfahrt Jesu heißt es, da „ward er aufgehoben zusehends, und eine Wolke nahm ihn auf vor ihren Augen weg" (Apg. 1, 9). Wenn Christus wiederkommt, werden ihn die Menschen sehen „in den Wolken des Himmels mit großer Kraft und Herrlichkeit" (Matth. 24, 30).

Auf seinem Haupt hatte der starke Engel den Regenbogen, das Zeichen des göttlichen Gnadenbundes. Seine Füße waren „wie Feuersäulen". So hatte ihn Johannes bereits im ersten Gesicht gesehen (Offb. 1, 15). „Und er setzte seinen rechten Fuß auf das Meer und den linken auf die Erde." (Offb. 10, 2.) In diesem prophetischen Bild wird das Aufkommen einer weltweiten Bewegung angekündigt, die die letzte Botschaft der göttlichen Gnade, das ewige Evangelium, über die ganze Erde tragen soll.

Hinfort keine Zeit mehr

Als die Jünger den Herrn nach dem Zeitpunkt seiner Wiederkunft fragten, antwortete er: „Von dem Tage aber und von der Stunde weiß niemand, auch die Engel nicht im Himmel, auch nicht der Sohn, sondern allein der Vater." (Matth. 24, 36.) Was Johannes in den Visionen bis dahin geschaut hatte, ließ ihn erkennen, daß nun in Gottes Heilsplan die Zeit erfüllt sei. Mit einem Schwur bestätigt der Engel die göttliche Zusage, daß „in den Tagen der Stimme des siebenten Engels" (Vers 7) das Geheimnis Gottes vollendet wird. Die Geschichte der Sünde geht zu Ende, Gottes Erlösungswerk wird abgeschlossen, so „daß hinfort keine Zeit mehr sein soll" (Vers 6).

Was bedeutet das? Das Aufhören der Zeit und der Einbruch der Ewigkeit kann damit nicht gemeint sein; denn der folgende Vers spricht von den „Tagen der Stimme des siebenten Engels", und in Kapitel 11, 15–19 werden außerdem weitere Ereignisse der siebenten Posaune genannt. Die Worte des Engels können auch nicht das Aufhören der Gnadenzeit bedeuten. Sie geht erst zu Ende, wenn Christus seinen Dienst als Hoherpriester beendet.

Den feierlichen Hinweis, daß hinfort keine Zeit mehr sein werde, deutet Ellen G. White weder auf das Ende der Weltgeschichte noch auf den Abschluß der Gnadenzeit, sondern „auf das Ende der prophetischen Zeit, die der Wiederkunft Jesu, unsers Herrn, vorausgeht".[2] Keine prophetische Zeitweissagung reicht über den Zeitpunkt der beginnenden Verkündigung dieser Botschaft hinaus. Damit ist zugleich der Hinweis gegeben, daß sich über die 2300 Jahrtage von Daniel 8, 14, die bis zum Jahre 1844 reichten, keine Zeitweissagung erstrecken wird.

Dennoch soll es „Tage ... des siebenten Engels" geben, nämlich die sich anschließenden Tage der Endzeit. Der Weissagung gemäß soll dann das Geheimnis Gottes vollendet werden (Offb. 10, 7). Das Geheimnis Gottes ist der Erlösungsplan, der durch die Verkündigung des ewigen Evangeliums (Offb. 14, 6) beschlossen wird. Damit ist angedeutet, daß für die Verkündigung der Botschaft des Engels eine bestimmte Zeitspanne vorgesehen ist.

Das offene Büchlein

Johannes sah, daß der Engel in seiner rechten Hand ein Büchlein hielt (Vers 2). Ausdrücklich wird hervorgehoben, daß es geöffnet war. Welche Bedeutung mag es haben? Möglicherweise war dieses Büchlein bis zu jenem Zeitpunkt verschlossen. Die Formulierung „Büchlein" läßt darauf schließen, daß es sich nicht um die gesamte Bibel, sondern nur um einen Teil aus dem Buch der Bücher handelt.

In seiner unerforschlichen Weisheit hat Gott den Erlösungsplan bereits vor unserer Weltzeit gelegt. In der Hingabe seines Sohnes wurde dann vollbracht, was mit der Wiederkunft Christi vollendet werden wird.

Es fällt auf, daß Johannes in der Offenbarung vom 10. Kapitel an häufig gedanklich und in wörtlichen Anführungen Bezug nimmt auf den Propheten Daniel. „Die Bücher Daniel und Offenbarung gehören zusammen. Das eine ist die Prophezeiung, das andere die Offenbarung. Das eine ist ein versiegeltes Buch, das andere ein geöffnetes Buch."[3] Daher liegt die Vermutung nahe, daß es sich um das Buch dieses Propheten handelt. Von keinem andern Bibelbuch wird erwähnt, daß es versiegelt werden sollte. Daniel aber wurde seinerzeit aufgefordert: „Verbirg diese Worte, und versiegle dies Buch bis auf die letzte Zeit." (Dan. 12, 4.)

Wenn es bis auf die letzte Zeit versiegelt bleiben sollte, muß die Schrift des Propheten zur Zeit des Endes geöffnet werden. Wohl hatte man sich auch schon früher mit dem Buch Daniel beschäftigt; es fehlte aber stets am rechten Verständnis. Auch der Prophet selbst hatte Prophezeiungen, die er von Gott empfing, nicht begreifen können. Es war ihm aber gesagt worden, daß in der letzten Zeit viele dieses Buch „durchforschen und große Erkenntnis finden" würden (Dan. 12, 4).

„Es war ihm nicht vergönnt, alles zu verstehen, was Gott ihm über seine Absichten offenbart hatte. ‚Verbirg diese Worte und versiegle dies Buch', wurde ihm hinsichtlich seiner prophetischen Schriften befohlen. Sie sollten ‚bis auf die letzte Zeit' versiegelt werden. Und wiederum forderte der Engel den treuen Boten des Herrn auf: ‚Gehe hin, Daniel; denn es ist verborgen und versiegelt bis auf die letzte Zeit . . . Gehe hin, bis das Ende kommt, und ruhe, bis du auferstehst zu deinem Erbteil am Ende der Tage!'

Während wir uns dem Ende der Weltgeschichte nähern, beanspruchen die von Daniel überlieferten Weissagungen unsere volle Aufmerksamkeit, da sie sich gerade auf die Zeit beziehen, in der wir leben. Mit ihnen sollten die Lehren des letzten Buches der neutestamentlichen Schriften verknüpft werden. Satan hat viele zu dem Glauben verleitet, die prophetischen Teile in den Schriften Daniels und des Sehers Johannes seien unverständlich. Doch die Verheißung sagt deutlich, daß das Studium dieser Prophezeiungen von außergewöhnlichem Segen begleitet sein werde. ‚Die Verständigen werden's verstehen.' Das wurde über die Gesichte Daniels vorausgesagt, die in den letzten Tagen entsiegelt werden sollten."[4]

Daniel hatte die Frage gehört: „Wann sollen denn diese großen Wunder geschehen?" Der Engel, der darauf antwortete, sprach von der „Zerstreuung" (sachlich richtiger „Zerschmetterung") des heiligen Volkes, die „eine Zeit und zwei Zeiten und eine halbe Zeit währen sollte" (Dan. 12, 7). Der Prophet selbst sagte dazu: „Ich hörte es, aber ich verstand's nicht." (Vers 8.) Er konnte es auch nicht verstehen, weil zuvor bestimmte Ereignisse geschehen mußten. Ihm wurde aber versichert, daß zur letzten Zeit viele „gereinigt, geläutert und geprüft werden", und er erhielt die Zusage: „Aber die Verständigen werden's verstehen." (Dan. 12, 9. 10.)

Die Bedeutung der 70 Wochen aus Daniel 9

Als Jesus mit seinem Öffentlichkeitsdienst begann, sagte er: „Die Zeit ist erfüllt, und das Reich Gottes ist herbeigekommen." (Mark. 1, 15.) Damit bezog er sich mit großer Wahrscheinlichkeit auf die Weissagung Daniels über die siebzig (Jahr-)Wochen (Dan. 9, 24–27).

Die Erfüllung dieser Prophezeiung bestätigt, daß Jesus tatsächlich der verheißene Messias bzw. der (von Gott) Gesalbte war. In der Mitte der 70. Woche sollte er der Weissagung gemäß „ausgerottet" werden. „Er schließt mit vielen einen festen Bund eine Woche lang [= sieben Jahre], und in der Mitte der Woche [= nach dreieinhalb Jahren] macht er den Schlacht- und Speiseopfern ein Ende." (Dan. 9, 27, Jerusalemer Bibel.) Mit dem Tode Christi fand der

Opferdienst des Alten Testaments, der ein Hinweis auf das Erlösungswerk war, sein Ende.

Ausgangspunkt der Weissagung über die siebzig Wochen sollte der Befehl sein, daß Jerusalem wieder erbaut werde (Dan. 9, 25). Dieser Befehl des persischen Großkönigs Artaxerxes (im Alten Testament Arthahsastha) wurde 457 v. Chr. erlassen (Esra 7, 11–26). Das Datum ist geschichtlich verbürgt. 69 dieser prophetischen Wochen – das sind 483 Jahre – führen bis in die Zeit, da der Messias auftreten sollte. Da der Befehl zum Wiederaufbau Jerusalems 457 v. Chr. ergangen war, reichen jene 483 Jahre bis in das Jahr 27 n. Chr. In diesem Jahre wurde Christus getauft, und damit begann seine öffentliche Verkündigung. Mit Recht konnte Jesus seine Zeitgenossen ermahnen: „Die Zeit ist erfüllt, und das Reich Gottes ist herbeigekommen. Tut Buße und glaubt an das Evangelium!" (Mark., 1, 15.)

Genau dreieinhalb Jahre später, im Jahre 31, „in der Mitte der Woche" (Dan. 9, 27), wurde Jesus gekreuzigt. Aber noch verblieben dreieinhalb Jahre von der 70. prophetischen Woche. Was geschah in dieser Zeit?

Zunächst predigte die apostolische Gemeinde ohne stärkere Behinderung das Evangelium von Jesus Christus. Im Jahre 34 fand Stephanus als erster Märtyrer der christlichen Gemeinde den Tod. Damals brach eine harte Verfolgung über die Gemeinde Jerusalem herein, so daß ihre Glieder zerstreut wurden. Doch überall, wohin sie kamen, verkündigten sie das Evangelium. So gelangte die Frohe Botschaft auch zu den Heiden. Um das Jahr 34 bekehrte sich Saulus von Tarsus, bis dahin einer der hartnäckigsten Widersacher der Gemeinde, und wurde zum bedeutendsten Missionar in der griechisch-römischen Welt.

Überall fand das Evangelium aufnahmebereite Hörer. Die Bewohner Samariens bekehrten sich, der Kämmerer der Kandake, der Königin in Äthiopien, auch der römische Hauptmann Kornelius aus Cäsarea und seine Familie schlossen sich der Gemeinde an. Das Evangelium fand Eingang in die Heidenwelt.

Diese deutliche Erfüllung der Prophezeiung der 70 Jahrwochen zeigt, daß Jesus der geweissagte Messias war. Nachdem das jüdische Volk Jesus als Messias verworfen hatte, wandten sich die Apostel zu den Heiden. Bis zum heutigen Tage ist die Weissagung Daniels über die 70 Jahrwochen für jüdische Schriftgelehrte wie für manche Theologen ein Ärgernis und ein Stein des Anstoßes.

Durch Jesu Opfertod und die Entstehung der neutestamentlichen Gemeinde zu der lange zuvor angekündigten Zeit wurde nicht nur Daniels Weissagung von den 70 Wochen erfüllt, sondern auch das Gesicht über die 2300 Tage entsiegelt (Dan. 8, 14; 9, 24). Dabei sind die 70 prophetischen Wochen oder 490 Jahre der Schlüssel zum Verständnis des Gesichts über die 2300 Tage. Beide Weissagungen, die von den 70 Jahrwochen oder 490 Jahren wie auch die von den 2300 Tagen bzw. Jahren, haben offenbar den gleichen Ausgangspunkt. Sie beginnen im siebenten Jahr des Königs Artaxerxes, also 457 v. Chr. So verstanden sind die 490 Jahre der erste Teil der Zeitweissagung von den 2300 Jahren. Zieht man von den 2300 Jahren 490 ab, so bleiben 1810 Jahre. Werden zum Jahre 34, dem Endpunkt der 490 Jahre, die verbliebenen 1810 hinzugerechnet, so kommt man in das Jahr 1844.

Was geschah damals? In diesem Jahr begann Jesus Christus, unser Hoherpriester und Erlöser, die abschließende Phase seines Versöhnungsdienstes im himmlischen Heiligtum. Zwar gehen fast alle Schreiber der Bibel auf das göttliche Gericht ein, doch nur Daniel nennt den Zeitpunkt des Gerichtsgeschehens, das 1844 im Himmel begann.

Die entsiegelte Weissagung

Gegen Ende des 18. Jahrhunderts begannen Gläubige an vielen Orten im Buche Daniel zu forschen und gewannen die Gewißheit, daß die Endzeit gekommen sei. Bestärkt wurden sie in dieser Überzeugung dadurch, daß die Vorherrschaft

Roms zu Ende ging. Deutliches Zeichen für diese Tatsache war, daß der Papst im Jahre 1798 von dem französischen General Berthier gefangengenommen wurde.

Die umwälzenden Geschehnisse am Ende des 18. und zu Beginn des 19. Jahrhunderts festigten in ihnen den Glauben an die unmittelbar bevorstehende Wiederkunft Jesu. So führte das Studium des Buches Daniel dazu, sich erneut auf die in Vergessenheit geratene Wiederkunft Jesu zu besinnen. Tausende begannen die Botschaft vom Kommen des Herrn zu bezeugen. Abgesehen von der Reformation war diese Erweckung die bedeutendste seit der urchristlichen Zeit, im wesentlichen ausgelöst durch das Studium der Bücher Daniel und Offenbarung.

Die Predigt vom Ende der Welt

Gestützt auf die Weissagung von den 2300 Tagen, begannen um 1840 Prediger in Europa, Amerika und anderen Erdteilen, die sichtbare Wiederkunft Jesu zu verkündigen, die sie für das Jahr 1844 erwarteten. Unter ihnen waren Geistliche verschiedener Konfessionen. Diese Verkündigung ließ in weiten Teilen der Christenheit frohe Erwartung aufbrechen. Begierig wurde die Botschaft „verschlungen". Die Gläubigen teilten in diesen Jahren die Erfahrung Jeremias: „Dein Wort ward meine Speise, sooft ich's empfing, und dein Wort ist meines Herzens Freude und Trost; denn ich bin ja nach deinem Namen genannt, Herr, Gott Zebaoth." (Jer. 15, 16.) Die Worte des Engels, der mit der erhobenen Rechten geschworen hatte, daß hinfort keine Zeit mehr sein soll, bestärkten sie in ihrem unermüdlichen Wirken. Die prophetische Zeit hatte tatsächlich ihr Ende gefunden.

Es gab Ausleger der Weissagung von den 2300 Tagen, welche die Prophezeiung in dem Sinn deuteten, daß Christus 1844 wiederkomme, um Gericht zu halten. So verstand zum Beispiel der amerikanische Farmer und Baptistenprediger William Miller diese Weissagung. Aus den Worten jenes

Engels in Offenbarung 10 aber mußte man zwangsläufig schließen, daß die Zeit für die Welt abgelaufen sei. Offenbar wollte er die Mitteilung machen, daß die *prophetische* Zeit mit dem Ablauf der Weissagung der 2300 Tage im Jahr 1844 zu Ende gehe. Seither gibt es keine prophetisch festgelegte Zeit mehr. Keine Zeitweissagung der Bibel geht über das Jahr 1844 hinaus.

Süß wie Honig...

Zweimal wurde Johannes in der Vision aufgefordert, das Büchlein aus der Hand des starken Engels zu nehmen – es wurde ihm nicht überreicht. Als Johannes den Engel bat, ihm das Büchlein zu geben, erhielt er die Antwort: „Nimm hin und verschling's!" (Offb. 10, 9.) Göttliche Offenbarungen werden dem Menschen niemals aufgezwungen. Wer nicht bereit ist, sie aus der Hand Jesu Christi entgegenzunehmen, für den bleiben sie bedeutungslos. Nicht auf unser Wissen über Christus kommt es an, sondern ob wir ihn aufnehmen als den, der uns Macht gibt, „Gottes Kinder zu werden".

In der Erfahrung, die Johannes mit dem Büchlein machte, spiegelt sich das Erleben der Gläubigen jener Erweckungsbewegung in den vierziger Jahren des vergangenen Jahrhunderts wider. So wie einst der Prophet Hesekiel aufgefordert wurde, eine ihm angebotene Schriftrolle zu essen (Hes. 3, 1–3), nahmen sie die Botschaft von der baldigen Wiederkunft Jesu freudig in sich auf. Das Wort schmeckte ihnen süß wie Honig, dann aber kam die Enttäuschung. Als die von ihnen erwartete Zeit heranrückte und Christus nicht erschien, gerieten sie in eine tiefe Krise.

Durch eine ähnliche Erfahrung waren auch Jesu Jünger beim Tode ihres Herrn gegangen. Alles hatten sie aufgegeben in der festen Überzeugung, daß er der verheißene Messias war. Als sie am Abend jenes furchtbaren Tages den Leichnam ihres geliebten Herrn vom Kreuz nahmen, trugen sie mit ihm auch ihre Hoffnungen zu Grabe.

Doch die Aufgabe, mit der sie Jesus betraut hatte, war noch nicht erfüllt, ja kaum in Angriff genommen. Erst nach der großen Enttäuschung begann das eigentliche Werk der Apostel. Am späten Nachmittag des Auferstehungstages, als zwei Jünger von Jerusalem nach Emmaus gingen, begegnete ihnen ein Unbekannter. Es war Jesus. Er „fing an bei Mose und allen Propheten und legte ihnen in der ganzen Schrift aus, was darin von ihm gesagt war" (Luk. 24, 27). Und am selben Abend erschien er im ganzen Jüngerkreis. Zum anderen Mal „öffnete er ihnen das Verständnis, daß sie die Schrift verstanden" (Luk. 24, 45). So sollte auch die Enttäuschung von 1844 zu einem großen Segen werden.

Die Männer und Frauen der Erweckungsbewegung des vergangenen Jahrhunderts hatten zwar die prophetische Zeitrechnung richtig verstanden, sich aber getäuscht in dem zu erwartenden Ereignis. Denen, die Gottes Wort nicht verwarfen, diente nun das „verschlungene Büchlein" zur Stärkung. Gottes Geist leitete sie beim weiteren Erforschen der Weissagung, „auf welche Zeit und Ereignisse der in ihnen wirkende Geist Christi hinweise" (1. Petr. 1, 11, Albrecht). Es wurde ihnen zur unumstößlichen Gewißheit, daß sie eine wichtige Botschaft zu verkündigen hatten. Wenn auch viele ihren Glauben aufgaben und sich vom Wort abwandten, so wurden doch andere durch die Enttäuschung zu ernsterem Forschen in der Heiligen Schrift veranlaßt.

„Du mußt abermals weissagen"

Der Ruf, der vor 1844 in die verschiedenen Kirchen gedrungen war, hatte viele angesprochen, obgleich es noch nicht die abschließende Botschaft Gottes war. Die nun mit ganzem Ernst in der Schrift suchten, empfingen neues Licht. Durch das Studium des Wortes Gottes wurde ihnen eine Erkenntnis zuteil, an die sie bis dahin noch nicht gedacht hatten. Nun verstanden sie die einzigartigen Zusammenhänge in Gottes Heilsplan. Das unverkürzte Evangelium sollte überall in der Welt Menschen vorbereiten auf den Tag des Herrn. Deshalb erging der Befehl an Johannes: „Du mußt abermals weissagen!“ (Offb. 10, 11.) Er war eine prophetische Aufforderung an die Gemeinde, sich nach der großen Enttäuschung an die ganze Welt zu wenden. Die Adventgläubigen hatten keinen Grund zu resignieren. Die Kunde vom wiederkommenden Herrn, vom Gericht und von Gottes ewigem Reich sollte in alle Länder getragen werden.

Das Geheimnis Gottes muß vollendet werden

Das Geheimnis Gottes ist das Evangelium von Jesus Christus. Es ist verkörpert in der Person Jesu und in seinem Werk. Paulus nennt es das „Geheimnis seines Willens“ (Eph. 1, 9), und in 1. Timotheus 3, 16 sagt er: „Und kündlich groß ist das gottselige Geheimnis: ER ist offenbart im Fleisch . . .“

Ziel der Evangeliumsverkündigung ist es, ein Volk zu sammeln „für seinen Namen“ (Apg. 15, 14). Dieses Volk wird aus allen Nationen kommen. In den letzten Tagen dieser Weltzeit wird es fest zum Herrn stehen. Dann erst „ist vollendet das Geheimnis Gottes, wie er verkündigt hat seinen Knechten, den Propheten“ (Offb. 10, 7).

Die letzte Gnadenbotschaft enthält die Fülle der göttlichen Wahrheit, die von den Erweckungsbewegungen aller Zeitalter verkündigt wurde. Sie zeigt Gottes Plan für eine wahre Ökumene aller Kirchen. Wo Menschen bereit sind, seinen Willen zu tun und seinem Wort zu gehorchen, werden sie geeint durch das ewige Evangelium, in dessen Mittelpunkt der gekreuzigte, auferstandene und heute im Himmel als Fürsprecher für uns wirkende Herr steht, der bald wiederkommen wird.

12

Das Messen des Tempels und die beiden Zeugen

Offenbarung 11, 1–14:

Die beiden Zeugen

11 *Und es ward mir ein Rohr gegeben, einem
Meßstab gleich, und er sprach: Stehe auf und
miß den Tempel Gottes und den Altar und die darinnen
anbeten.* 2 *Aber den Vorhof außerhalb des Tempels laß
weg und miß ihn nicht, denn er ist den Heiden
gegeben; und die heilige Stadt werden sie zertreten
zweiundvierzig Monate.* 3 *Und ich will meinen zwei
Zeugen geben, daß sie sollen weissagen zwölfhundert-
sechzig Tage, angetan mit Trauerkleidern.* 4 *Das sind
die zwei Ölbäume und die zwei Leuchter, die vor dem
Herrn der Erde stehen.* 5 *Und wenn ihnen jemand will
Schaden tun, so geht Feuer aus ihrem Munde und
verzehrt ihre Feinde; und wenn ihnen jemand will
Schaden tun, der muß so getötet werden.* 6 *Diese
haben Macht, den Himmel zu verschließen, daß es
nicht regne in den Tagen der Weissagung, und haben
Macht über die Wasser, sie zu wandeln in Blut, und zu
schlagen die Erde mit allerlei Plage, sooft sie wollen.*
7 *Und wenn sie ihr Zeugnis geendet haben, so wird das
Tier, das aus dem Abgrund aufsteigt, mit ihnen Krieg
führen und wird sie überwinden und wird sie töten.*
8 *Und ihre Leichname werden liegen auf der Gasse der
großen Stadt, die da geistlich heißt: Sodom und
Ägypten, wo auch ihr Herr gekreuzigt ist.* 9 *Und es*

werden etliche aus den Völkern und Geschlechtern und Sprachen und Nationen ihre Leichname sehen drei Tage und einen halben und werden ihre Leichname
nicht lassen ins Grab legen. 10 *Und die auf Erden wohnen, freuen sich über sie und sind guter Dinge und werden einander Geschenke senden; denn diese zwei*
Propheten quälten, die auf Erden wohnten. 11 *Und*
nach drei Tagen und einem halben fuhr in sie der Geist des Lebens von Gott, und sie traten auf ihre Füße; und
eine große Furcht fiel auf alle, die sie sahen. 12 *Und sie*
hörten eine große Stimme vom Himmel zu ihnen sagen: Steiget herauf! Und sie stiegen auf in den Himmel in einer Wolke, und es sahen sie ihre Feinde.
13 *Und zu derselben Stunde ward ein großes Erdbeben, und der zehnte Teil der Stadt fiel, und wurden getötet in dem Erdbeben siebentausend Menschen, und die andern erschraken und gaben Ehre dem Gott des*
Himmels. 14 *Das zweite Wehe ist dahin; siehe, das*
dritte Wehe kommt schnell.

Nachdem der Prophet in Offenbarung 10 die Aufforderung erhalten hatte, das Büchlein aus der Hand des Engels zu nehmen, war ihm gesagt worden: „Du mußt abermals weissagen." (Vers 11.) Die nun folgenden Weissagungen im elften Kapitel der Offenbarung schließen inhaltlich unmittelbar an die des zehnten Kapitels an. Zum richtigen Verständnis sei daran erinnert, daß Offenbarung 10, 1 bis 11, 15 als Einschub zwischen der sechsten und siebenten Posaune anzusehen ist. Auch zwischen dem sechsten und siebenten Siegel war eine Vision – die von der Versiegelung – eingeschoben.

Als Vorspiel zu den „Posaunen"-Gesichten war Johannes gezeigt worden, wie die Gebete der Heiligen ins himmlische Heiligtum emporsteigen. Nun wurde er zu Beginn des elften

Kapitels in einer Vision erneut ins himmlische Heiligtum entrückt. Ein Meßstab wurde ihm übergeben, und er erhielt den Auftrag, den Tempel Gottes, den Altar und die dort Anbetenden zu messen. Das Geschehen erinnert an eine Vision Hesekiels (Hes. 40, 3 ff.), der das neue Jerusalem messen sollte.

Gottes Heiligtum und Gottes Gesetz

„Miß den Tempel Gottes und die Anbetenden!" (Offb. 11, 1.) Was hat diese seltsame Aufforderung zu bedeuten? Offensichtlich konnte sich das, was Johannes sah, nicht auf den Tempel in Jerusalem beziehen, denn als die Offenbarung um das Jahr 90 geschrieben wurde, lag der Tempel in Jerusalem schon seit zwanzig Jahren in Trümmern. Jesu Ankündigung, daß nicht ein Stein auf dem andern bleiben würde, hatte sich buchstäblich erfüllt. An einen Wiederaufbau des Tempels war nicht zu denken. Folglich müssen diese Worte als prophetische Aufforderung verstanden werden.

Nach Offenbarung 10, 11 erhielt Johannes den Auftrag, abermals zu weissagen. Es gab für die Tage nach dem Ende der prophetischen Zeit (siehe Offb. 10, 6. 7) eine göttliche Botschaft zu verkündigen, die offenbar das himmlische Heiligtum und den hohenpriesterlichen Dienst Jesu betonen sollte. So wurde das Verständnis für den Mittlerdienst Christi im Himmel geweckt, und man gewann Klarheit über die Aufgabe und Stellung unseres großen Hohenpriesters.

Das Messen der Anbeter kann aber auch als Hinweis auf das Untersuchungsgericht im himmlischen Heiligtum gedeutet werden (Hebr. 8, 1. 2; Offb. 14, 6. 7), das der Wiederkunft Jesu vorausgeht. Was ist aber unter dem Maßstab zu verstehen? Unveränderlicher Maßstab Gottes sind die Zehn Gebote, die sich in der „Lade seines Bundes" befanden, welche Johannes gesehen hatte (Offb. 11, 19).

Einst wurden die Gesetzestafeln im Allerheiligsten der Stiftshütte aufbewahrt. Diese Gebote auf steinernen Tafeln aber reichen nicht aus für Gottes Volk. Der Herr hat verheißen: „Ich will geben mein Gesetz in ihren Sinn, und in ihr Herz will ich es schreiben und will ihr Gott sein, und sie sollen mein Volk sein." (Hebr. 8, 10.)

Eine formale Befolgung der Zehn Gebote genügt nicht. Deshalb zeigte Jesus, wie umfassend die göttlichen Gebote sind. Mit seinem Leben gab er ein Beispiel echten Gehorsams. So soll auch Gottes letzte Botschaft, das ewige Evangelium, das nach Offenbarung 14 in der Zeit zwischen der sechsten und siebenten Posaune verkündigt wird, Maßstab für Lehre und Leben der Anbeter Christi sein. Dadurch soll ihnen zugleich Sinn und Bedeutung des Mittlerwerkes Christi im Himmel offenbar werden. Und tatsächlich wurde in der Mitte des 19. Jahrhunderts die Aufmerksamkeit der Gläubigen auf Jesus, den Hohenpriester im Himmel, gelenkt, der „ein Diener [ist] am Heiligtum und an der wahren Stiftshütte, welche Gott aufgerichtet hat und kein Mensch" (Hebr. 8, 2).

Bedeutende Ereignisse zu Beginn des 19. Jahrhunderts hatten den Anstoß gegeben, sich eingehend mit dem Wort Gottes und den darin enthaltenen Weissagungen zu beschäftigen. Dabei erkannten die Gläubigen, wie entscheidend der Dienst Christi für sie war. In freudiger Gewißheit bekannten sie: „Wir haben einen solchen Hohenpriester, der da sitzt zu der Rechten des Thrones der Majestät im Himmel." (Hebr. 8, 1.)

„Aber den Vorhof außerhalb des Tempels laß weg und miß ihn nicht" (Offb. 11, 2), wird Johannes aufgefordert. Schon in der Stiftshütte und später im Tempel zu Jerusalem wurden die Opfer auf dem Brandopferaltar im Vorhof dargebracht. Das Heiligtum im Himmel aber hat keinen Vorhof. Durch Jesu Opfertod auf Golgatha wurde die Erde sinnbildlich zum Vorhof.

Johannes wurde also aufgefordert, bei seinem Messen den Vorhof wegzulassen: „Miß ihn nicht, denn er ist den Heiden gegeben." (Vers 2.) Unter den „Heiden" sind jene zu verstehen, die sinnbildlich „im Vorhof" leben und „die heilige Stadt ... zertreten". Mit der „heiligen Stadt" ist in der Bibel meist Jerusalem gemeint. Doch hier wie auch an anderen neutestamentlichen Stellen (siehe Gal. 4, 26) steht Jerusalem als Symbol für die Gemeinde Jesu. 42 Monate prophetischer Zeit, also 1260 Jahre, sollte sie gleichsam „zertreten" werden.

Was Christus erleiden mußte, sollte auch seinen Nachfolgern widerfahren. Darauf hatte Jesus seine Jünger hingewiesen: „Siehe, ich sende euch wie Schafe mitten unter die Wölfe ... Ihr müsset gehaßt werden von jedermann um meines Namens willen ... Fürchtet euch nicht vor denen, die den Leib töten und die Seele nicht können töten." (Matth. 10, 16. 22. 28.) „Solches habe ich zu euch geredet, damit ihr nicht Ärgernis nehmt. Sie werden euch in den Bann tun. Ja, es kommt die Stunde, daß wer euch tötet, wird meinen, er tue Gott einen Dienst damit." (Joh. 16, 1. 2.)

Das mußten die aufrichtigen Bekenner Christi besonders während der 1260 Jahre päpstlicher Vorherrschaft erfahren, als sie Inquisition, Scheiterhaufen, Galeerenstrafen und Verfolgungen ausgesetzt waren. Die Erfüllung des dritten und vierten Siegels sowie die Posaunengerichte machen deutlich, was unter dem Zertreten der heiligen Stadt zu verstehen ist.

Die beiden Zeugen weissagen in Trauerkleidern

Während dieser Zeit konnten die in Offb. 11, 3ff. vorgestellten „zwei Zeugen" Gottes nur in „Trauerkleidern" weissagen. Gottes Wort war während der 1260 Jahre weitgehend durch Legenden und kirchliche Überlieferungen verdrängt worden. Anstatt die Gerechtigkeit durch den Glauben an Jesus Christus zu verkündigen, pochte die Kirche weithin auf Werkgerechtigkeit. Durch Wallfahrten, Ablaß, Reliquienverehrung und andere „fromme Werke" wollte man sich einen gnädigen Gott schaffen.

Doch selbst in dieser geistlichen Finsternis war Gottes Wort nicht völlig ausgelöscht. Auch in schwerster Unterdrükkung hatte Gott seine Zeugen. Und wenn sie sinnbildlich nur in Trauerkleidern auftreten konnten, weissagten sie doch die ganze Zeit hindurch, nämlich 1260 Jahre. Die Zeitspanne, die für das Zertreten der heiligen Stadt angegeben worden war, wird auch für das Weissagen der zwei Zeugen genannt. Die Trübsal der Gemeinde steht ebenso unter göttlicher Kontrolle wie die Zeit des Wirkens der beiden Zeugen.

Auf die Frage, wer die beiden Zeugen denn seien, erhielt Johannes die Erklärung: „Das sind die zwei Ölbäume und die zwei Leuchter, die vor dem Herrn der Erde stehen." (Offb. 11, 4.) Damit wird an ein Bild aus dem Buch des Propheten Sacharja angeknüpft (Sach. 4, 3. 11–14), das Johannes nicht unbekannt war.

Die „zwei Ölbäume" standen zur „rechten und linken Seite" des goldenen Leuchters. Aus ihnen tropfte ständig Öl in die Schalen von sieben Lampen. Die beiden Ölbäume und die beiden Leuchter, die Johannes statt des einen Leuchters bei Sacharja sieht, versinnbilden das einheitliche Zeugnis des Wortes Gottes.

Zwar wird uns Gottes Wort in menschlicher Sprache vermittelt, aber es ist vom Geiste Gottes inspiriert. „Von dem heiligen Geist getrieben haben Menschen im Namen Gottes geredet." (2. Petr. 1, 21.) Schon David bekannte: „Dein Wort ist meines Fußes Leuchte und ein Licht auf meinem Wege." (Ps. 119, 105.) Es ist „ein Licht, das da scheint an einem dunkeln Ort" (2. Petr. 1, 19). Und Jesus sagte von der Heiligen Schrift: „Sie ist es, die von mir zeuget." (Joh. 5, 39.)

Die beiden Zeugen sind somit ein Bild für das uns durch Offenbarung gegebene Wort Gottes. Sie „stellen die Schriften des Alten und Neuen Testaments dar. Beide sind wichtige Zeugnisse für den Ursprung und die Fortdauer des Gesetzes Gottes. Beide sind gleichfalls Zeugen für den Heilsplan. Die Vorbilder, die Opfer und die Weissagungen des Alten Testaments weisen auf den kommenden Erlöser hin. Die Evangelien und die Briefe des Neuen Testaments berichten von einem Heiland, der genauso gekommen ist, wie es die Vorbilder und die Weissagungen vorhergesagt hatten...

Als die Bibel von kirchlichen und weltlichen Behörden verbannt und ihr Zeugnis verfälscht wurde und man allerlei Versuche unternahm, die Menschen und Dämonen nur ersinnen konnten, um die Gemüter des Volkes von ihr abzulenken; als die, welche es wagten, ihre heiligen Wahrheiten zu verkündigen, gehetzt, verraten, gequält, in Gefängniszellen begraben, um ihres Glaubens willen getötet oder in die Festen der Berge zu fliehen gezwungen wurden – da weissagten die Zeugen in Säcken." [1]

Selbst in den dunkelsten Tagen hatte Gott treue Bekenner, die sein Wort über alles liebten und ihm die Ehre gaben. Sie hörten nicht auf, die Wahrheit zu verkündigen.

Die Vollmacht der beiden Zeugen

Johannes wurde zugesichert: „Und wenn ihnen jemand will Schaden tun, so geht Feuer aus ihrem Munde." (Offb. 11, 5.) Gottes Wort kann man anderen auf die Dauer nicht ungestraft vorenthalten. Wird es auch mit Füßen getreten, so kann es doch nicht ausgerottet werden, weil Gott über sein Wort wacht. Am Ende der Offenbarung steht eine ernste Mahnung, an der wir nicht vorübergehen sollten. „Ich bezeuge allen, die da hören die Worte der Weissagung in diesem Buch: Wenn jemand etwas dazusetzt, so wird Gott zusetzen auf ihn die Plagen, die in diesem Buch geschrieben stehen. Und wenn jemand etwas davontut von den Worten des Buchs dieser Weissagung, so wird Gott abtun seinen Anteil vom Baum des Lebens und von der heiligen Stadt, davon in diesem Buch geschrieben steht." (Offb. 22, 18. 19.)

Auch wenn es keine logische Erklärung dafür gibt, ist die Bibel doch mehr als nur bedrucktes Papier. Sie ist Gottes Wort; in ihr wohnt göttliche Kraft. Das mußten auch Herrscher erfahren, die ihre ganze Macht aufboten, um Gott und seinem Wort zu trotzen. Zuletzt blieb ihnen nichts anderes übrig, als sich dem göttlichen Wort zu beugen. Daran erinnert Offenbarung 11, 6.

„Wer ist der Herr, daß ich ihm gehorchen müsse?“ höhnte einst Pharao und wollte Israel nicht aus der Knechtschaft freigeben (2. Mose 5, 2). Mit Schrecken mußte er dann erleben, daß durch das Gerichtswort Gottes das Wasser des Nil in Blut verwandelt wurde (2. Mose 7, 19 ff.). Der jüdische König Ahasja hatte einst einen Hauptmann mit fünfzig Leuten ausgesandt, um Elia festzunehmen (2. Kön. 1, 10). Elia aber ließ sich dadurch nicht hindern, dem König das Gerichtsurteil Gottes zu verkünden. Und ungeachtet der Drohungen des Königs Ahab und seiner Frau Isebel hatte Elia zuvor durch das in göttlicher Vollmacht gegebene Wort den Himmel verschlossen, so daß es dreieinhalb Jahre in Israel nicht regnete.

Diese Macht des göttlichen Wortes wird sich bei der Ausgießung der sieben Plagen noch einmal zeigen. Zwar war die Kraft des Wortes nicht immer so eindeutig zu erkennen, doch es wäre töricht, wollte man sie deshalb in Frage stellen. Gott geht es nicht zuerst darum, die Macht seines Wortes vor der Welt offenbar zu machen; er gebraucht „seine Zeugen“ vor allem, um Menschen zur Buße zu rufen und seinem Reich den Weg zu bereiten.

Die beiden Zeugen werden getötet

Johannes war gezeigt worden, daß die beiden Zeugen 1260 Jahre lang in Trauergewändern weissagen sollten. Dieser Zeitabschnitt, der bekanntlich 538 begann, endete 1798: „Und wenn sie ihr Zeugnis geendet haben“, sollte eine Macht, dargestellt als „das Tier, das aus dem Abgrund aufsteigt“, mit ihnen in Streit geraten und sie überwinden, so daß „ihre Leichname ... auf der Gasse der großen Stadt“ liegen (Offb. 11, 7. 8).

Wo würde das geschehen? Die große Stadt, in deren Gassen die Zeugen erschlagen werden sollten, wird symbolisch mit „Sodom“ und „Ägypten“ bezeichnet. Sodom ist Inbegriff einer vom Laster beherrschten Stadt; Ägypten steht für Götzendienst und Unterdrückung des alten Israel. Die Bibel nennt nicht den eigentlichen Namen der Stadt, doch durch diese Kennzeichnung ist ihr Wesen beschrieben. In dieser „großen Stadt" sollte ähnliches geschehen wie einst in Sodom und Ägypten.

Von allen in der biblischen Geschichte dargestellten Nationen hat keine die Existenz Gottes so dreist geleugnet und sich so seinen Geboten widersetzt wie Ägypten. Die sittliche Verderbtheit Sodoms und ihre Zügellosigkeit sollten das auffallende Kennzeichen der „großen Stadt" sein. „Nach den Angaben des Propheten sollte sich kurz vor dem Jahre 1798 eine Macht satanischen Ursprungs und Charakters wider die Bibel erheben. Und in dem Lande, in dem das Zeugnis der beiden Zeugen Gottes auf diese Weise zum Schweigen gebracht werden sollte, würde sich die Gottesleugnung Pharaos und die Unzucht Sodoms offenbaren."[2]

Durch den Einfluß Roms waren in Frankreich wie in keinem anderen Land Europas schwere Verfolgungen über die Bekenner des Evangeliums hereingebrochen. Das schwärzeste Verbrechen geschah in der Bartholomäusnacht 1572, als es zu einem grausamen Gemetzel kam. Zahllose Anhänger der Reformation wurden in Frankreich unter schrecklichen Qualen hingerichtet. Die Hugenotten hatte man für vogelfrei erklärt, hatte Kopfpreise auf sie ausgesetzt und wie wilde Tiere von Ort zu Ort gehetzt. In der Person seiner Nachfolger wurde Christus in Frankreich noch einmal gekreuzigt. So erfüllte sich die Weissagung des Johannes: „... wo auch ihr Herr gekreuzigt ist." (Vers 8.)

Während der Revolution am Ende des 18. Jahrhunderts gelangten in Frankreich Kräfte zur Macht, die in noch nie dagewesener Weise den Kampf gegen Gott und sein heiliges Wort aufnahmen. Wie war es dazu gekommen?

Unter der Herrschaft der römischen Kirche hatte das Volk, das in bitterer Armut lebte, zusehen müssen, wie der Adel in Habgier und Verschwendungssucht die Bauern und Handwerker unbarmherzig ausspreßte. In vielen Provinzen besaßen allein die Adligen das Land, die Bauern waren lediglich

Pächter und von der Gnade der Gutsbesitzer abhängig. Sie wurden gezwungen, den maßlosen Forderungen der Besitzenden nachzukommen. So fristeten die Landarbeiter ein erbärmliches Dasein. Die Gerichtshöfe traten das Recht mit Füßen, Bestechungen waren an der Tagesordnung. Der Hof aber erging sich in Üppigkeit und Ausschweifung.

All das geschah mit Billigung der römischen Kirche, deren Kardinäle die Politik des französischen Hofes unterstützten. So lag es auf der Hand, daß der Tag kommen mußte, an dem das Volk die Geistlichkeit mitverantwortlich machte für sein elendes Leben. Darüber hinaus hatte die Kirche ein völlig entstelltes Bild vom Wesen Gottes vermittelt. Das führte schließlich dazu, daß man die Kirche nur noch als Pfaffentrug ansah.

Rom hatte die Forderung nach unbedingtem Gehorsam gegenüber Kirche und König stets mit der Bibel begründet. So war es nicht verwunderlich, daß die Unterdrückten mit der Kirche auch die Bibel verwarfen, die sie in der Regel gar nicht kannten, ja, daß sie auch von Gott nichts mehr wissen wollten. Erbittert über den schamlosen Betrug Roms, verwarf das Volk alles, was mit Gott, seinem Wort und Gottesdienst irgendwie zusammenhing. Man frohlockte, endlich die lästigen Forderungen der Religion abgeschüttelt zu haben. Das löste bei vielen ein Gefühl der Erleichterung aus: „Endlich sind wir frei von allen altmodischen Komplexen, Skrupeln und Gewissensfesseln, vor aller Furcht und Gespaltenheit des Wesens, frei von der Zwangsvorstellung eines Richters, frei von der verklagenden Botschaft an unser Gewissen, frei, wir selbst zu sein und uns selbst zu leben."[3]

„Und die auf Erden wohnen, freuen sich über sie und sind guter Dinge . . .; denn diese zwei Propheten quälten, die auf Erden wohnten." (Offb. 11, 10.) Die mahnende Stimme der beiden Zeugen Gottes war zum Schweigen gebracht worden, das Wort Gottes lag erschlagen auf den Straßen. Die Kirche hatte in der Französischen Revolution geerntet, was sie gesät hatte. Christus aber und sein Wort sollten dennoch unbesiegbar bleiben.

Die beiden Zeugen wurden wieder lebendig

Der Prophet erklärte, daß nach dreieinhalb (prophetischen) Tagen – das sind dreieinhalb Jahre – die Zeugen wieder Leben erhielten und auf ihre Füße traten. Große Furcht sollte nach seinen Worten auf alle fallen, die das sehen würden (Vers 11). Am 26. November 1793 war durch Erlaß der Nationalversammlung in Paris die Religion offiziell abgeschafft worden. Vielfach waren Bücher, deren Inhalt man als „abergläubisch" bezeichnete – Gebetsbücher und Bibeln – verbrannt worden.

Doch nur dreieinhalb Jahre blieben die beiden Zeugen tot. Dann „fuhr in sie der Geist des Lebens von Gott". Am 17. Juni 1797 wurden von der Nationalversammlung die Beschränkungen der Religion wieder aufgehoben und volle Religionsfreiheit gewährt. In der Prophezeiung wird zu den beiden Zeugen gesagt: „Steiget herauf! Und sie stiegen auf in den Himmel in einer Wolke, und es sahen sie ihre Feinde." (Offb. 11, 12.)

Jesu Jünger waren einst Zeugen des Auferstandenen und seiner Himmelfahrt gewesen. Das hatte ihren Glauben gestärkt. Als Augenzeugen konnten sie fortan bestätigen, daß sich alles erfüllt hatte, was Jesus über seinen Tod und seine Auferstehung gesagt hatte: „Des Menschen Sohn wird überantwortet werden den Hohenpriestern und Schriftgelehrten, und sie werden ihn verdammen zum Tode und überantworten den Heiden. Die werden ihn verspotten und verspeien und geißeln und töten, und nach drei Tagen wird er auferstehen." (Mark. 10, 33. 34.)

Nun mußten selbst jene, die Gottes Wort hatten austilgen wollen, Zeuge davon sein, daß es unbesiegbar ist. Als man angenommen hatte, mit der Bibel fertig zu sein, begann die große Stunde der Bibelgesellschaften, die zu Beginn des 19. Jahrhunderts in Europa und Nordamerika gegründet wurden. Diese Bibelgesellschaften schufen die Voraussetzungen dafür, daß die Bibel in hohen Auflagen in fast allen Sprachen der Welt gedruckt werden konnte. Heute ist es möglich, das

Wort Gottes in mehr als 1600 Sprachen zu lesen. Die Heilige Schrift ist das Buch, das die größte Auflage hat und fast überall auf der Welt zu finden ist.

Noch weitere Ereignisse sollten dazu führen, daß man das Zeugnis der Schrift, die „beiden Zeugen", wieder achten lernte. Durch die napoleonischen Kriege wurde das alte Staatensystem Europas in seinen Grundfesten erschüttert. Ein Staat nach dem andern ergab sich den Heeren Napoleons. Die atheistische Gesinnung der Französischen Revolution schien immer neue Triumphe zu feiern, da nichts dem Gewaltherrscher widerstehen zu können schien, bis schließlich seinem Siegeszug vor den Toren Moskaus 1812 ein Ende gemacht wurde.

Mit neuer Kraft erhoben sich Glaube und Frömmigkeit zu Beginn des 19. Jahrhunderts. Viele Faktoren hatten dazu beigetragen – auch die Französische Revolution, in der etliche ein Gottesgericht an der vom Evangelium abgefallenen Christenheit sahen. Ein heilsamer Schreck ergriff die ernsten Gläubigen aller Bekenntnisse. Innerhalb und außerhalb der großen Kirchen bildeten sich Glaubensgemeinschaften, die sich auf die Grundlagen des christlichen Glaubens besannen. Man fing wieder an, mit Ernst Christ zu sein. Überalterte Formen und soziale Abstufungen verloren ihre Bedeutung. Der Verlust der weltlichen Macht des Papsttums trug ebenfalls dazu bei, dem Wort Gottes den Weg ins Volk zu bahnen. Durch die Entwicklung der Buchdruckerkunst erhielt die Verbreitung der Bibel gewaltigen Auftrieb.

Das dritte „Wehe" wird angekündigt

„Das zweite Wehe ist dahin." (Offb. 11, 14.)

Mit diesen Worten wird die prophetische Kette der sieben Posaunen wieder aufgenommen. Alles Dazwischenliegende gehört in den Abschnitt der sechsten Posaune. Gottes Geist hatte aufrichtige Christen dazu bewogen, inmitten der Umwälzungen zu Beginn des 19. Jahrhunderts das Wort der

Wahrheit zu verkündigen. Überall wurden Menschen veranlaßt, sich auf die Bibel als einzig sichere Grundlage des Glaubens zu besinnen. Damit wurden alle, die im „Tempel Gottes anbeteten", von denen geschieden, deren Christsein sinbildlich nur „im Vorhof" blieb, die nur an der äußeren Zugehörigkeit zur Kirche festhielten, denen es aber an einer lebendigen Gemeinschaft mit Christus fehlte.

Die Lade Gottes im Tempel

Nachdem Johannes das Wirken der beiden Zeugen Gottes verfolgt hatte, hörte er den siebenten Engel posaunen (Offb. 11, 15). Er blickte in die Zukunft und sah, wie die Strafgerichte Gottes zum Abschluß kommen und der „Tag des Herrn" (Jes. 2, 12 u. a.; Gerichtstag Gottes, Endgericht) anbricht. Die Stimmen großer Engelscharen waren zu hören: „Es sind die Reiche der Welt unsers Herrn und seines Christus geworden, und er wird regieren von Ewigkeit zu Ewigkeit." (Offb. 11, 15.) Wenn Christus in seiner Herrlichkeit erscheinen wird, werden Unzählige in den Jubelruf einstimmen: „Siehe, das ist unser Gott, auf den wir hofften, daß er uns helfe. Das ist der Herr, auf den wir hofften; laßt uns jubeln und fröhlich sein über sein Heil." (Jes. 25, 9.)

Das 11. Kapitel schließt dann damit, daß Johannes noch ein Blick in das himmlische Heiligtum gewährt wird. Welche Bedeutung hat dabei der Hinweis auf die Lade des Bundes im Tempel?

Wir sollen an den Bund Gottes mit seinem Volk erinnert werden. Einst war er mit Israel geschlossen worden; dann wurde er durch Jesus Christus erweitert auf alle Menschen, die ihn liebhaben, an ihn glauben und seinen Willen tun. Zugleich wird die Zusicherung gegeben, daß der Herr an seinen Bund gedenken wird. Er hält sein Versprechen und wird wiederkommen. Durch den Blick auf die Bundeslade soll auch deutlich werden, daß Gott an seinen ewigen Ordnungen nie etwas geändert hat und ändern wird.

Ferner werden wir darauf aufmerksam gemacht, daß beim Erschallen der siebenten Posaune ein bedeutsames Geschehen im Himmel anhebt. Darauf wies im jüdischen Festzyklus der große Versöhnungstag hin. Nun ist der wahre Versöhnungstag gekommen, auch himmlisches Untersuchungsgericht genannt. Damit wird Gottes Gerichtshandeln eingeleitet, durch das zuletzt alle Sünde ausgelöscht werden wird. Heute dürfen wir mit unserer Schuld und unseren Bitten noch zu Gott kommen. Keiner kann uns daran hindern: „Darum lasset uns hinzutreten zu dem Thron der Gnade, auf daß wir Barmherzigkeit empfangen und Gnade finden auf die Zeit, wenn uns Hilfe not sein wird." (Hebr. 4, 16.)

13

Die Gemeinde in der Auseinandersetzung zwischen Christus und Satan

Offenbarung 12:

Das Weib und der Drache

12 *Und es erschien ein großes Zeichen am Himmel:*
ein Weib, mit der Sonne bekleidet, und der
Mond unter ihren Füßen und auf ihrem Haupt eine
Krone von zwölf Sternen. 2 *Und sie war schwanger und*
schrie in Kindesnöten und hatte große Qual bei der
Geburt. 3 *Und es erschien ein anderes Zeichen am*
Himmel, und siehe, ein großer, roter Drache, der hatte
sieben Häupter und zehn Hörner und auf seinen
Häuptern sieben Kronen, 4 *und sein Schwanz fegte den*
dritten Teil der Sterne des Himmels hinweg und warf
sie auf die Erde. Und der Drache trat vor das Weib, die
gebären sollte, auf daß, wenn sie geboren hätte, er ihr
Kind fräße. 5 *Und sie gebar einen Sohn, ein Knäblein,*
der alle Völker sollte weiden mit eisernem Stabe. Und
ihr Kind ward entrückt zu Gott und seinem Thron.
6 *Und das Weib entfloh in die Wüste, wo sie einen Ort*
hat, bereitet von Gott, daß sie daselbst ernährt würde
zwölfhundertsechzig Tage. 7 *Und es erhob sich ein*
Streit im Himmel: Michael und seine Engel stritten
wider den Drachen. Und der Drache stritt und seine
Engel 8 *und siegten nicht, auch ward ihre Stätte nicht*
mehr gefunden im Himmel. 9 *Und es ward gestürzt der*

große Drache, die alte Schlange, die da heißt Teufel
und Satan, der die ganze Welt verführt. Er ward
geworfen auf die Erde, und seine Engel wurden mit ihm
dahin geworfen. 10 Und ich hörte eine große Stimme,
die sprach im Himmel: Nun ist das Heil und die Kraft
und das Reich unsers Gottes geworden und die Macht
seines Christus, weil der Verkläger unserer Brüder
verworfen ist, der sie verklagte Tag und Nacht vor
unserm Gott. 11 Und sie haben ihn überwunden durch
des Lammes Blut und durch das Wort ihres Zeugnisses
und haben ihr Leben nicht geliebt bis an den Tod.
12 Darum freuet euch, ihr Himmel und die darinnen
wohnen! Weh aber der Erde und dem Meer! denn der
Teufel kommt zu euch hinab und hat einen großen
Zorn und weiß, daß er wenig Zeit hat. 13 Und da der
Drache sah, daß er geworfen war auf die Erde,
verfolgte er das Weib, die das Knäblein geboren hatte.
14 Und es wurden dem Weibe gegeben die zwei Flügel
des großen Adlers, daß sie in die Wüste flöge an ihren
Ort, wo sie ernährt würde eine Zeit und zwei Zeiten
und eine halbe Zeit fern von dem Angesicht der
Schlange. 15 Und die Schlange schoß aus ihrem
Rachen nach dem Weibe ein Wasser wie einen Strom,
daß er sie ersäufe. 16 Aber die Erde half dem Weibe und
tat ihren Mund auf und verschlang den Strom, den der
Drache aus seinem Rachen schoß. 17 Und der Drache
ward zornig über das Weib und ging hin, zu streiten
wider die übrigen von ihrem Geschlecht, die da Gottes
Gebote halten und haben das Zeugnis Jesu. 18 Und er
trat an den Strand des Meeres.

Mit Kapitel 12 beginnt ein entscheidender Abschnitt in der Offenbarung. Inhaltlich zählen die Kapitel 12 bis 14 zu den aufschlußreichsten, da sie die Erfahrungen und den Weg der

Gemeinde Christi in der Endzeit skizzieren. Der Sieg der Gemeinde, die Vernichtung Satans mit seinen Heerscharen und die Aufrichtung des Reiches Gottes stehen fortan im Vordergrund der Visionen. Dabei treten von Kapitel 12 an völlig neue Gestalten auf, die bisher nicht oder nur andeutungsweise erwähnt wurden. Die Frage nach dem Ursprung des Bösen wird aufgegriffen, und zugleich wird erklärt, weshalb den Nachfolgern Jesu in dieser Welt immer wieder Feindschaft und Haß begegnen. Das prophetische Wort leuchtet gleichsam hinter die Kulissen des Weltgeschehens und zeigt, welcher Werkzeuge sich Satan im Kampf gegen die Gemeinde bedient.

In den bisherigen Gesichten des Johannes – sie machen etwa die Hälfte aller in der Offenbarung aus – war eine gewisse Reihenfolge und Steigerung zu erkennen. Doch was Johannes im 12. Kapitel sah, trägt einen anderen Charakter. Es zeigt in geraffter Schau den Kampf Gottes gegen die Macht des Bösen von den Anfängen an bis zu seiner Zuspitzung in der Endzeit. Dabei wird angeknüpft an die Weissagung, die der Herr dem ersten Menschenpaar gab, als es um seiner Sünde willen aus dem Paradies vertrieben werden mußte (1. Mose 3, 15). Das Böse sollte nicht ewig bleiben, sondern einmal für immer vernichtet werden.

Die Frau, mit der Sonne bekleidet

„Und es erschien ein großes Zeichen am Himmel: ein Weib, mit der Sonne bekleidet . . ." (Offb. 12, 1.)

Was Johannes schaute, nannte er ein „Zeichen". Dieses Wort kommt hier zum erstenmal in der Offenbarung vor. Es deutet an, daß es sich um eine nicht alltägliche Erscheinung handelt. Vergangene Ereignisse werden dadurch enthüllt und künftige erläutert.

Wer ist unter dieser Frau zu verstehen? In den Prophezeiungen der Heiligen Schrift wird der Begriff „Weib" als Symbol für die Gemeinde gebraucht. Schon im Alten Testament wurde Gottes Volk wiederholt unter diesem Bild dargestellt. Fast alle Ausleger der Offenbarung sind sich darin einig, daß mit der in Kapitel 12 gezeichneten Frau die Gemeinde des Alten und Neuen Bundes gemeint ist. Wenn die Heilige Schrift die Gemeinde Gottes auf Erden als das „Weib" bezeichnet, so sagt sie damit, daß die Gemeinde stets nur einen Herrn hat, dem sie gehört. Von ihm empfängt sie alles; ihm schenkt sie auch ihr volles Vertrauen.

Einige katholische Ausleger haben dieses Sinnbild auf Maria gedeutet. Das entspricht jedoch nicht dem Sinn des Textes, wie selbst der katholische Herder-Kommentar zugeben muß. Das Bild des Weibes, wie es in der Offenbarung gezeichnet ist, trifft nicht auf Maria zu. Sie wird auch in den Evangelien immer nur als schlichte Frau und Mutter dargestellt. Das letzte Mal berichtet Apostelgeschichte 1, 14 von ihr.

Gemeinde Jesu Christi dagegen gab es zu allen Zeiten. Das alttestamentliche Bundesvolk wurde „Gemeinde in der Wüste" genannt (Apg. 7, 38). Die Bibel kennt nur *ein* Volk, das sich Gott erwählt hat, *einen* Weinberg, *eine* Braut, *ein* neues Jerusalem.

Johannes sah das Weib mit der Sonne bekleidet. Die Gemeinde Jesu Christi war zu allen Zeiten mit der Sonne der Gerechtigkeit bekleidet. Christus selbst ist das Licht der Welt (Joh. 8, 12; 9, 5), und alle, die in diesem Lichte leben und ihr Tun am Worte Gottes ausrichten, werden „Kinder des Lichts" genannt (Luk. 16, 8).

Der Prophet erkannte bei der Frau, daß sich „der Mond unter ihren Füßen" befand. Wie der Mond kein eigenes Licht hat, sondern das der Sonne widerspiegelt, so hat auch die Gemeinde kein Licht aus sich selbst. Sie ist aber berufen, die Herrlichkeit Christi widerzustrahlen. Wenn die Gemeinde dargestellt wird als die Frau mit dem Mond unter ihren Füßen, dürfte damit gesagt sein, daß sie sich auf das gründet, was im Gesetz des Mose, in den Propheten und Psalmen geschrieben steht. In dem alttestamentlichen Heiligtumsdienst, der ein Schatten der „zukünftigen Güter" war (Hebr.

10, 1), sieht sie einen Hinweis auf das Erlösungswerk Christi. Das ewige Evangelium von der Gnade Gottes ist eine Botschaft für alle Zeitalter.

Ferner trägt die Frau „eine Krone von zwölf Sternen". Die Krone (wörtlich „Siegeskranz") ist ein Zeichen königlicher Würde. Petrus bezeichnete die Gemeinde als das „königliche Priestertum" (1. Petr. 2, 9). Die Zahl zwölf ist Inbegriff der Fülle. Zwölf Stämme gab es im alten Bund, zwölf Apostel in der neutestamentlichen Gemeinde. Die Mauern des neuen Jerusalem stehen auf zwölf Grundsteinen, und zwölf Tore führen in die Stadt.

Wer wird unter dem Bild des Drachens dargestellt?

Parallel mit der Geschichte der Gemeinde läuft die dunkle Geschichte Satans, jener verführerischen Macht, die den Gläubigen auf Schritt und Tritt widersteht. Man kann keinen klaren Blick für die Geschichte der Gemeinde auf Erden gewinnen, wenn man die Augen vor dem Treiben des Drachens verschließt. Deshalb sah Johannes, ehe ihm weiteres offenbart wurde, noch ein anderes Zeichen am Himmel. Es muß wie das vorangegangene symbolisch verstanden werden.

Wer ist der Drache? Vers 9 gibt die Deutung. Der große Drache ist „die alte Schlange, die da heißt Teufel und Satan". Daran besteht nach Aussage des Johannes kein Zweifel. In seiner großen List hat Satan versucht, die Menschen nicht allein dahin zu bringen, daß sie die Existenz Gottes leugnen, sondern auch dazu, zu behaupten, es gäbe keinen Teufel. Satans Existenz aber ist nicht weniger wirklich als die boshafter Menschen.

Woher kommt Satan? Gott, der Ursprung und Inbegriff alles Guten, hat nie ein böses Wesen geschaffen. Er hat all seinen Geschöpfen im Himmel und auf Erden die Freiheit verliehen, sich für das Gute oder das Böse zu entscheiden. In dieser Willensfreiheit liegt ein Stück der Ebenbildlichkeit

Gottes, die dem Menschen verliehen wurde. Wo aber die Gabe der Willensfreiheit mißbraucht wird, kann sie zur Gefahr werden. Es ist wie mit dem Feuer. Ohne Feuer wären viele Arbeitsvorgänge einfach nicht möglich. Wo es aber seine Schranken durchbricht, wird es zu einer zerstörerischen Macht.

Der Drache ist Sinnbild für den Feind Gottes. Die Heilige Schrift bezeichnet ihn auch als „Fürst dieser Welt" (Joh. 12, 31 u. a.) oder Macht der Finsternis. Die alte Schlange hat ihren Haß schon im Paradies den Menschen entgegengeschleudert. Satan will die ganze Welt verführen. Er ist der Erzfeind Christi und seiner Gemeinde. Johannes sah, wie der Schwanz des Drachens den dritten Teil der Sterne des Himmels hinwegfegte. Darunter sind Engel zu verstehen, die sich der Empörung Satans im Himmel anschlossen und auf die Erde geworfen wurden.

Einst war Satan einer der geachtetsten Engel am Thron Gottes. Auf unerklärliche Weise erwachte in ihm der Gedanke, sich gegen die Herrschaft Gottes aufzulehnen. Es genügte ihm nicht, ein auserwählter Diener des Höchsten zu sein. Und so wurde er durch seinen Hochmut der erbittertste Gegner Gottes. Sein Stolz brachte nicht nur ihn zu Fall, sondern zog einen großen Teil der Engel mit in den Abgrund.

Johannes sah, daß der Drache sieben Häupter und zehn Hörner hatte und auf seinen Häuptern sieben Kronen. Die Häupter sind ein Hinweis auf die Machtorgane, durch die Satan im Laufe der Zeiten seine Ziele zu erreichen suchte. Als er Jesus versprach, ihm alle Reiche dieser Welt und ihre Herrlichkeit zu geben, wenn er vor ihm niederfiele und ihn anbetete, war das keine leere Anmaßung. Jesus selbst nannte ihn „Fürst dieser Welt" (Joh. 12, 31; 14, 30; 16, 11).

Satans Anschlag auf das Kind

„Und der Drache trat vor das Weib, die gebären sollte, auf daß, wenn sie geboren hätte, er ihr Kind fräße." (Offb. 12, 4.)

In diesen knappen Worten ist der höllische Plan Satans zusammengefaßt. Da Satan nicht verhindern konnte, daß der verheißene Erlöser auf die Erde kam, wollte er Jesus Christus als „Mensch" vernichten.

Nachdrücklich wird betont, daß das Kind des Weibes ein Sohn ist, „der alle Völker sollte weiden mit eisernem Stabe" (Vers 5). Damit bezog sich Johannes offensichtlich auf Psalm 2, in dem von dem ersehnten Messias und Herrn gesprochen wird.

Unmittelbar nach Jesu Geburt wollte Satan durch den Kindermord zu Bethlehem den Sohn Gottes umbringen. Er versuchte es fort und fort, bis es ihm anscheinend am Kreuz gelungen war. Nur ein Ziel kannte er: daß er das „Kind fräße", also Christus vernichtete.

Nachdem es am Kreuz so ausgesehen hatte, als habe Satan gesiegt, griff Gott ein durch die Auferstehung und Himmelfahrt seines Sohnes: „Und ihr Kind ward entrückt zu Gott und seinem Thron." (Vers 5.) Christus fuhr auf gen Himmel um unserer Rechtfertigung willen. Als König der Gerechtigkeit und Hoherpriester dient er vor dem Thron der Gnade (Hebr. 4, 14; 8, 1). Wer in Christus gerechtfertigt ist, kann von niemandem mehr vor Gott beschuldigt werden, und wer geborgen ist in seiner Macht, wird niemals getrennt von der Liebe Gottes, die sich in Jesus offenbart.

Satans Haß trifft die Gemeinde

Was geschah aber mit dem Weib nach der Entrückung ihres Jungen? Sie wurde *nicht* mit dem Kinde aufgenommen zu Gott; das wird erst bei Christi Wiederkunft geschehen. Die Gemeinde hat noch eine Aufgabe auf dieser Erde. Johannes sah sie nicht als machtvoll herrschende Kirche, sondern als Weib, das sich in der Wüste bergen wollte. Der Haß des Drachens, der das Kind nicht hatte verschlingen können, richtete sich nun gegen die Gemeinde Jesu auf Erden. Sie wollte er vernichten. In diesem Kampf schienen die Kräfte sehr ungleich verteilt. Was sollte die hilflose Frau gegen den Drachen ausrichten? Mußte sie ihm nicht zum Opfer fallen?

„Und das Weib entfloh in die Wüste, wo sie einen Ort hat, bereitet von Gott, daß sie daselbst ernährt würde zwölfhundertsechzig Tage." (Offb. 12, 6.) Gott wachte über seiner Gemeinde. Er ernährte sie durch göttliche Kraft in der Wüste und machte zu der von ihm bestimmten Zeit ihrer Trübsal ein Ende. So ist das Weib ein Symbol der wahren Gemeinde, die zwar verfolgt, aber trotz aller Dämonie des Bösen bewahrt wird. Ihr Herr im Himmel vergißt sie nicht. Daran darf sie sich halten, selbst wenn Satan noch so gewaltig droht.

Ein Streit im Himmel

„Und es erhob sich ein Streit im Himmel . . ." (Offb. 12, 7.) In gerafften Bildern schaute Johannes den Kampf zwischen Christus und Satan von den Anfängen bis zum Sieg Christi am Kreuz und der Ausstoßung Satans aus dem Himmel. Zugleich wurde ihm gezeigt, wie die Gemeinde auf Erden bis zur Wiederkunft ihres Herrn eine verfolgte und um ihren Glauben kämpfende Gemeinde sein wird.

Dieser kurze Überblick bildet die Voraussetzung für das Verständnis der folgenden Ereignisse in dem Kampf, der schließlich zur Vernichtung Satans und des Bösen führt.

Wer ist Michael?

An der Spitze der himmlischen Heerscharen trat Michael dem Satan und seinem Gefolge entgegen. Nur Christus, der Sohn Gottes, kann diesen Namen tragen. Michael bedeutet: „Wer ist wie Gott?" Als Erzengel – so wird Michael in Judas 9 bezeichnet – ist er nicht nur höchster Engel unter seinesgleichen (siehe Dan. 12, 1), sondern Herrscher aller himmlischen Heerscharen. Wenn Christus wiederkommt, wird die Stimme des Erzengels erschallen, und die verstorbenen

Gerechten werden auferweckt. Nach Johannes 5, 25–29 ist es die Stimme Christi, die die Toten aus den Gräbern rufen wird.

Christus also ist Michael, der Engelfürst, der mit seinen Heerscharen gegen Satan und sein Gefolge kämpfte. Von diesem Kampf berichtet kein menschliches Geschichtswerk, da er in der für uns unsichtbaren Welt stattfand. Michael und seine Engel stritten gegen den Drachen und seine Engel. Ein Teil der Engelwelt hatte sich auf die Seite Satans gestellt. Von ihnen heißt es in 2. Petrus 2, 4: „Denn Gott hat selbst die Engel, die gesündigt haben, nicht verschont, sondern hat sie ... hinabgestoßen." Satan und seine Engel mußten den Platz räumen, den sie im Himmel innehatten.

Es war eine verhängnisvolle Stunde, als sich Adam und Eva zur Sünde und damit zum Ungehorsam gegen Gott verleiten ließen. Seither ist die Erde das Schlachtfeld im Kampf zwischen Christus und Satan und wird von Blut und Tränen überflutet. Kein Mord geschieht, der nicht auf Satan zurückzuführen wäre, es gibt kein Leid, keinen Schmerz und Tod, die er nicht verursacht hätte. Aller Streit, alle Friedlosigkeit und alle Rachegedanken, die im menschlichen Herzen wohnen, haben ihren Ursprung in Satan.

Nachfolger Jesu haben dem Bösen Tag und Nacht zu widerstehen. Und wenn es Satan gelungen ist, ein Drittel der Engel zu verführen, obwohl diese in der Gegenwart Gottes lebten, wenn sich Adam und Eva durch seine List betören ließen, dann sollten wir uns erst recht vor aller Selbstsicherheit hüten. Paulus erinnert daran mit den Worten: „Wir haben nicht mit Fleisch und Blut zu kämpfen, sondern mit Mächtigen und Gewaltigen, nämlich mit den Herren der Welt, die in dieser Finsternis herrschen, mit den bösen Geistern unter dem Himmel." (Eph. 6, 12.)

Bis zu seinem endgültigen Sturz war es Satan erlaubt, Menschen vor Gott zu verklagen. Dabei machte er mit einem gewissen Recht seine Ansprüche auf die Menschen geltend, die ihm durch die Sünde hörig geworden waren. Stets ist er darauf aus, Menschen zum Ungehorsam zu verleiten, und wenn sie gesündigt haben, verklagt er sie vor Gott. Darin zeigt sich seine heimtückische Bosheit. Unsere Schuld gibt Satan die Handhabe, als unser Verkläger aufzutreten. Gerade angesichts dessen durfte Johannes etwas Beglückendes schauen. Er sah, was Jesus mit seinem Sieg am Kreuz von Golgatha für uns errungen hat.

Der Verkläger der Brüder ist verworfen und überwunden

Der Kampf zwischen Christus und Satan erreichte seinen Höhepunkt, als Gottes Sohn ans Kreuz geschlagen wurde. Der ganze Himmel verfolgte „den heftiger werdenden Kampf zwischen Licht und Finsternis, und als Christus mit dem Tode ringend, am Kreuz ausrief: ‚Es ist vollbracht!‘, hallte Triumphgeschrei durch alle Welten und selbst durch den Himmel. Der große Streit, der so lange in dieser Welt getobt hatte, war nun entschieden. Christus blieb Sieger. Sein Tod beantwortete die Frage, ob Vater und Sohn den Menschen so sehr liebten, um Selbstverleugnung und Opfergeist zu üben. Satan war als Lügner und Mörder entlarvt. Nun war erwiesen, daß er dieselbe Gesinnung, in der er die seiner Macht unterworfenen Menschenkinder beherrschte, auch im Himmel offenbart hätte, sofern ihm auch Macht über die himmlischen Wesen erteilt worden wäre. Wie mit einer Stimme pries das Weltall Gottes Herrschaft.“ [1]

Dem Augenschein nach war der Tod des Gottessohnes ein Sieg Satans, in Wirklichkeit aber seine größte Niederlage. Satan wurde endgültig aus dem Himmel verstoßen. „Er ward geworfen auf die Erde.“ (Offb. 12, 9.) Wer sich auf das versöhnende Blut Christi stützt, darf nun sagen: „Es kommt der Fürst der Welt. Er hat keine Macht über mich.“ (Joh. 14, 30.) Der Verkläger der Brüder kann fortan keinen Anspruch geltend machen auf jene, die durch Christi Blut Vergebung ihrer Sünden empfingen und mit Gott versöhnt sind. Seit Christi Tod und Auferstehung hat Satan keinen Zugang mehr zum Himmel. Er ist ein gerichteter Feind und hat keine Macht über Menschen, die sich zu Jesus Christus bekennen. Obwohl Satan das Erlösungswerk auf Erden nicht hindern konnte, gab er sich nicht geschlagen, sondern verfolgte die Gemeinde auch weiterhin. Das wird so bleiben, bis ihn der Herr für immer austilgen wird. So wird prophetisch das Ende dieser Entwicklung durch den Jubelruf zum Ausdruck gebracht: „Nun ist das Heil und die Kraft und das Reich unsers Gottes geworden und seines Christus." (Offb. 12, 10.)

Johannes hörte diesen Jubelruf als laute Stimme vom Himmel, die auch die Ursache für den Sieg über Satan verkündete: „Sie haben ihn überwunden durch des Lammes Blut und das Wort ihres Zeugnisses." (Offb. 12, 11.) Es wird nicht gesagt, von wem dieser Jubelruf ausging, aber es ist anzunehmen, daß einer der Ältesten vor dem Thron des Lammes gesprochen hat, da vom „Verkläger unserer Brüder" die Rede ist. Die vierundzwanzig Ältesten sind die erste Frucht des Sieges Christi. Sie haben die Macht Satans auf Erden selbst zu spüren bekommen. Nun jubeln sie, weil der arglistige Verkläger endgültig aus dem Himmel verstoßen ist.

Der Sieg Christi kann auch unser Sieg sein. Wer im Glauben das Opfer annimmt, das Christus für ihn gebracht hat, wird gereinigt von Sünde und Schuld. Und wer in der Gemeinschaft mit Christus bleibt, kann nicht mehr angeklagt werden. „Sie haben ihn überwunden durch des Lammes Blut und durch das Wort ihres Zeugnisses."

Sind wir bereit, ein Bekenntnis unseres Glaubens an Christus und sein Evangelium abzulegen? Jesus versichert: „Wer nun mich bekennet vor den Menschen, den will ich auch bekennen vor meinem himmlischen Vater." (Matth. 10, 32.)

„Weh aber der Erde!"

„Darum freuet euch, ihr Himmel und die darinnen wohnen!" (Vers 12.) So hatte es Johannes jubeln gehört. Trotz aller Freude über den Sieg geht der Kampf auf Erden weiter. Noch ist Satan nicht vernichtet, noch kann er Unheil anrichten. Dem Herrn der Gemeinde konnte er nichts anhaben, nun richtet sich sein Zorn gegen die Glieder der Gemeinde. Jede Minute kauft er aus, weil er weiß, daß er wenig Zeit hat. Deshalb ergeht die Mahnung: „Weh aber der Erde . . . denn der Teufel kommt zu euch hinab und hat einen großen Zorn und weiß, daß er wenig Zeit hat." (Offb. 12, 12.)

Sind wir uns bewußt, daß auch unsere Lebenszeit begrenzt ist? Wie schnell kann der Tod über uns kommen! Dennoch vergeuden wir häufig unsere Zeit. Leichtfertig lassen wir die besten Gelegenheiten vorübergehen, die uns zu unserm Heil geboten werden. Dabei übersehen wir, daß sich der Mensch nur dann zu Christus bekennen kann, wenn Christus ihn ruft – und nicht, wenn es ihm angenehm erscheint. Die Entscheidung für oder gegen Christus reicht bis in die Ewigkeit.

Wir stehen in der letzten Phase des Kampfes zwischen Christus und Satan. Wie zu aller Zeit darf die Gemeinde der Durchhilfe Gottes gewiß sein. Während der vierzigjährigen Wüstenwanderung hat Gott sein Volk wunderbar versorgt. Er leitete es durch die Feuer- und Wolkensäule bis nach Kanaan. So wird der Herr auch seine Gemeinde bewahren, selbst wenn sie hart bedrängt werden sollte. Seine Verheißungen werden sich an ihr sichtbar erfüllen, und die Pforten der Hölle werden sie nicht überwältigen (Matth. 16, 18).

Wer in Gemeinschaft mit Jesus bleibt, braucht den Drachen nicht zu fürchten. Über seinem Leben steht Gottes Zusage: „Fürchte dich nicht, denn ich habe dich erlöst; ich habe dich bei deinem Namen gerufen; du bist mein! Wenn du durch Wasser gehst, will ich bei dir sein, daß dich die Ströme nicht ersäufen sollen; und wenn du ins Feuer gehst, sollst du nicht brennen." (Jes. 43, 1. 2.) Christus ermutigt uns: „Fürchte dich nicht, du kleine Herde! Denn es ist eures Vaters Wohlgefallen, euch das Reich zu geben." (Luk. 12, 32.)

Durch den Tod Christi kam es also zum endgültigen Sturz Satans und seiner Engel auf die Erde. Die Verse 10 bis 12 sind offenbar ein Einschub im Bericht des Johannes. Sie erklären den Bewohnern von Himmel und Erde, weshalb Satan ausgeworfen wurde. Vers 13 knüpft an Vers 9 an, wo über Satans Sturz auf die Erde berichtet wird. Die Erklärung, die vermutlich einer der Ältesten im Himmel abgab, enthält einen Hinweis auf Tatsachen, die in Zusammenhang mit Christi Opfertod stehen.

Nach Vers 10 ist Satan, der immer wieder als Verkläger vor Gott auftrat, endgültig verworfen. Das kann sich jedoch nicht auf seinen Sturz am Anfang beziehen, als er und seine Engel ihre Stellung im Himmel aufgeben mußten. Der Sieg über den „Verkläger der Brüder" ist durch das Blut des Lammes errungen worden (Vers 11). Aus alledem geht hervor, daß der endgültige Sturz Satans durchs Jesu Opfertod bewirkt wurde.

Dazu macht E. G. White in ihrem Buch „Das Leben Jesu" bemerkenswerte Aussagen: „Satan erkannte, daß ihm seine Maske abgerissen war. Seine Handlungsweise wurde vor den nicht gefallenen Engeln und vor dem ganzen Himmel offenbar. Er hatte sich selbst als Mörder zu erkennen gegeben. Indem er das Blut des Sohnes Gottes vergoß, begab er sich aller Sympathien der himmlischen Wesen. Fortan war sein Wirken beschränkt... Das letzte Band der Zuneigung zwischen der himmlischen Welt und Satan war zerrissen. Dennoch wurde Satan damals nicht vernichtet... Die auf dem Spiel stehenden Grundsätze mußten erst völlig offenbart werden, und um der Menschen willen mußte Satans Existenz (noch) erhalten bleiben. Menschen wie Engel mußten den großen Gegensatz zwischen dem Fürsten des Lichts und dem Fürsten der Finsternis erkennen und sich entscheiden, wem sie dienen wollten." [2]

Satans Kampf gegen die Gemeinde

Nachdem Johannes auf die Auseinandersetzung im Himmel, den Kampf zwischen Christus und Satan, zurückgeblendet hatte, wandte er sich wieder der Gemeinde auf Erden zu.

Wie würde es ihr ergehen? Satan konnte den Sohn Gottes nach seiner Auferstehung und Himmelfahrt nicht mehr unmittelbar angreifen. Deshalb war die junge christliche Gemeinde, versinnbildet durch das Weib, fortan das Ziel seiner Angriffe. Darauf hatte Christus seine Jünger im voraus hingewiesen. Satans Haß richtet sich gegen alle aufrichtigen Bekenner Christi, die an Gottes Geboten und dem Glauben an Jesus festhalten. Wiederholt waren sie schweren Verfolgungen ausgesetzt.

Dabei bediente sich Satan zuerst des römischen Kaiserreiches, das gewaltsam gegen die Gemeinde vorging. Doch bald wurde dieses Werkzeug stumpf. Aus der armen, bedrängten Gemeinde war nach den ersten drei Jahrhunderten eine reiche, angesehene Kirche geworden, die für heidnisches Gedankengut weit offen stand. Ihr ging es nicht mehr in erster Linie darum, Christus zu gefallen, sondern in dieser Welt zu Macht und Ansehen zu gelangen. So blieb es nicht aus, daß es innerhalb der christlichen Kirche zu einem rasch um sich greifenden Abfall kam. Das Symbol des reinen Weibes, das Johannes am Anfang des 12. Kapitels gesehen hatte, konnte nicht mehr auf die Christenheit schlechthin angewandt werden.

Doch Gott hatte zu allen Zeiten treue Bekenner, wenn auch in der Minderheit und oft im Verborgenen. Diese Nachfolger ihres Herrn mußten nun Haß und Verfolgung seitens der herrschenden Kirche über sich ergehen lassen. Flucht war oft der einzige Ausweg für sie.

Aber Gott vergaß die Seinen nicht. Er hielt seine bewahrende Hand über sie. In der Wüste hatte er einen Platz für sie ausersehen, wo er sie „fern von dem Angesicht der Schlange" (Vers 14) bewahrte. Dabei deutet das Wort „Wüste" hin auf einen vorübergehenden Bergungsort, aber auch auf die generelle Heimatlosigkeit der Kinder Gottes auf Erden.

In diesem Zusammenhang macht Johannes eine Zeitangabe, die auch im Buche Daniel zu finden ist: eine Zeit und zwei Zeiten und eine halbe Zeit (Vers 14). Dreieinhalb Zeiten sind dreieinhalb Jahre, 42 Monate oder 1260 Tage. Darunter sind keinesfalls gewöhnliche 24-Stunden-Tage zu verstehen, füllt doch diese prophetische Zeit nahezu die ganze Spanne zwischen der Himmelfahrt Jesu (Vers 5) und der Zeit der Endgemeinde (Vers 17) aus.

Die dreieinhalb Zeiten „beziehen sich ... auf die neutestamentlich verstandene Endzeit, nämlich auf die Zeit zwischen dem ersten und zweiten Kommen des Herrn."[3] So schreibt Adolf Pohl in seiner Offenbarungsauslegung. 1260 Jahre lang mußte sich die Gemeinde demnach vor den Angriffen des Feindes verbergen. Siebenmal wird diese Zeitspanne in Daniel und in der Offenbarung erwähnt (Dan. 7, 25; 12, 7; Offb. 11, 2. 3; 12, 6. 14; 13, 5). Sie begann mit dem Erlaß Kaiser Justinians im Jahre 538, durch den der Kirche die Möglichkeit eröffnet wurde, das Erbe des römischen Imperiums zu übernehmen. 1798 endete die päpstliche Vorherrschaft mit der Besetzung des Kirchenstaates.

Während dieser Zeit hatten sich die Nachfolger Jesu in entlegenen Gebirgstälern, Höhlen und einsamen Wäldern verborgen gehalten. Das ist in der Weissagung angedeutet in dem Satz: „Aber die Erde half dem Weibe." (Offb. 12, 16.)

Zwar hatten im „finsteren Mittelalter" viele treue Zeugen ihr Leben lassen müssen, aber dem „Drachen" war es nicht gelungen, das „Weib" zu überwinden. Immer wieder wurden der Gemeinde „Flügel" gegeben, „daß sie in die Wüste flöge ... wo sie ernährt würde ... fern von dem Angesicht der Schlange" (Offb. 12, 14). Nicht zuletzt wurde durch die Entdeckung Amerikas der Gemeinde fühlbare Hilfe zuteil. Bildhaft wird angedeutet, wie die um ihres Glaubens willen Verfolgten in die „neue Welt" auswichen. Zu Tausenden wanderten sie nach Nordamerika aus und fanden dort eine neue Heimat. So tat die Erde „ihren Mund auf und verschlang den Strom, den der Drache aus seinem Rachen schoß".

Wieder bestätigte sich die Verheißung, die Jesus seiner Gemeinde gegeben hatte: „Und die Pforten der Hölle sollen sie nicht überwältigen." (Matth. 16, 18.)

Da alle Anschläge, die Satan durch eine unduldsame Kirche gegen die Bekenner Jesu richtete, sie nicht auslöschen konnten, griff er die Gemeinde mit anderen Mitteln an. Er versuchte ihr die Grundlage ihres Glaubens zu entreißen. Durch anmaßende Bibelkritik erweckte er Zweifel an der Glaubwürdigkeit des Wortes Gottes. Die Aufklärung unterstützte diese Gedanken. Durch die archäologischen Forschungsergebnisse des 19. und 20. Jahrhunderts aber konnte die Exaktheit vieler historischer Angaben der Bibel bestätigt werden. „Dein Wort ist die Wahrheit." (Joh. 17, 17.) Diese Überzeugung der Gläubigen wurde bestätigt.

Wer sind die „Übrigen"?

„Seit Beginn des großen Streites im Himmel ist es Satans Plan, Gottes Gesetz umzustoßen. Um dieses Ziel zu erreichen, hat er sich gegen den Schöpfer empört; und obgleich er deshalb aus dem Himmel verstoßen wurde, hat er denselben Kampf auf Erden fortgesetzt... Der letzte große Kampf zwischen Wahrheit und Irrtum ist das entscheidende Ringen in dem langanhaltenden Streit über Gottes Gesetz."[4]

Satans härtester Kampf richtet sich am Ende gegen die „übrigen von ihrem Geschlecht" (Vers 17). Wer ist damit gemeint? Zu allen Zeiten hatte Gott Nachfolger, die bereit waren, ihr Leben für ihn einzusetzen. Die Bibel nennt sie „die Übrigen" und versteht darunter jene, die selbst in schwersten Zeiten unbeirrt auf der Seite Gottes stehen.

In der letzten Auseinandersetzung zwischen Gott und Satan wird es ebenfalls Übrige geben, die für Wahrheit und Gerechtigkeit eintreten. Diese „Übrigen", die Johannes am Ende des 12. Kapitels erstmals erwähnt, sind an zwei Merkmalen zu erkennen: „... die da Gottes Gebote halten und haben das Zeugnis Jesu." (Offb. 12, 17). Sie bezeugen durch Wort und Leben, daß sie die Zehn Gebote, so wie sie Gott gegeben hat, als verbindlich anerkennen.

Außerdem haben sie das „Zeugnis Jesu". Andere Übersetzungen lauten: „... am Zeugnis Jesu festhalten." Offenbarung 19, 10 gibt dazu die Erklärung: Das Zeugnis Jesu ist der „Geist der Weissagung“ oder „Geist der Prophetie“. Die Übrigen der letzten Zeit sind also nicht nur am Gehorsam gegenüber Gottes Geboten zu erkennen, sondern auch daran, daß diese Geistesgabe unter ihnen wirksam geworden ist. Sie sind aufgeschlossen für das prophetische Wirken Gottes und lassen sich leiten vom Geist der Weissagung, den Jesus der Gemeinde verheißen hat.

Durch sein Wort und die Kraft des Heiligen Geistes bereitet Gott die Übrigen auf die letzte Auseinandersetzung mit Satan vor, damit sie „an dem bösen Tage Widerstand tun und alles wohl ausrichten und das Feld behalten“ können (Eph. 6, 13). Zugleich läßt er von ihnen seine Gnadenbotschaft der Welt verkündigen und dem „Menschen der Sünde“ (siehe 2. Thess. 2, 3) die Maske vom Gesicht reißen.

Gott hat seine Getreuen überall auf der Welt. Sie werden heute von ihm gerufen, um als seine Werkzeuge das ewige Evangelium allen Nationen, Sprachen, Völkern und Geschlechtern zu bringen. Darauf wies E. G. White hin:

„Unter den Bewohnern der Erde, zerstreut in allen Ländern, gibt es jene, die ihre Knie nicht vor Baal gebeugt haben. Gleich den Sternen am Himmel, die nur des Nachts scheinen, lassen diese Getreuen ihr Licht weiter leuchten, wenn Finsternis das Erdreich und Dunkel die Völker bedeckt... In allen dunkeln Gegenden der Erde hat Gott einen Sternenhimmel von Auserwählten bereit, die inmitten der Finsternis erstrahlen. Sie werden einer abtrünnigen Welt die umwandelnde Macht des Gehorsams gegenüber seinem Gesetz offenbaren.“[5]

In Offenbarung 12 ist uns etwas gezeigt von dem Geheimnis der Gemeinde. Das schenkt uns die Gewißheit des Sieges Christi über Satan und schärft uns das Auge für den Weg, den die Gemeinde bis zum Tage der Wiederkunft des Herrn zu gehen hat. Zugleich werden wir ermahnt, uns an den von Jesus genannten Kennzeichen selbst zu prüfen: Wie steht es mit der Beachtung der Gebote Gottes bei uns? Wie ist es um das Zeugnis Jesu in unserem Leben bestellt? Wird unser Christsein im Alltag davon geprägt?

14

Die Gemeinde der Übrigen im Kampf mit Antichrist und falschem Propheten

Offenbarung 13:

Der Antichrist und sein Prophet

13 *Und ich sah ein Tier aus dem Meer steigen, das
hatte zehn Hörner und sieben Häupter und auf
seinen Hörnern zehn Kronen und auf seinen Häuptern
lästerliche Namen.* 2 *Und das Tier, das ich sah, war
gleich einem Panther und seine Füße wie Bärenfüße
und sein Rachen wie eines Löwen Rachen. Und der
Drache gab ihm seine Kraft und seinen Thron und
große Macht.* 3 *Und ich sah seiner Häupter eines, als
wäre es tödlich wund, und seine tödliche Wunde ward
heil. Und die ganze Erde verwunderte sich des Tieres,*
4 *und sie beteten den Drachen an, weil er dem Tier die
Macht gab, und beteten das Tier an und sprachen: Wer
ist dem Tier gleich, und wer kann wider es streiten?*
5 *Und es ward ihm gegeben ein Maul, zu reden große
Dinge und Lästerungen, und ward ihm gegeben, daß es
mit ihm währte zweiundvierzig Monate lang.* 6 *Und es
tat sein Maul auf zur Lästerung gegen Gott, zu lästern
seinen Namen und sein Haus und die im Himmel
wohnen.* 7 *Und ihm ward gegeben, zu streiten wider
die Heiligen und sie zu überwinden; und ihm ward
gegeben Macht über alle Geschlechter und Völker und
Sprachen und Nationen.* 8 *Und alle, die auf Erden*

wohnen, beten es an, deren Namen nicht geschrieben
sind von Anfang der Welt in dem Lebensbuch des
Lammes, das erwürgt ist. 9 Hat jemand Ohren, der
höre! 10 Wenn jemand andre in das Gefängnis führt,
der wird selber in das Gefängnis gehen; wenn jemand
mit dem Schwert tötet, der muß mit dem Schwert
getötet werden. Hier ist Geduld und Glaube der
Heiligen! 11 Und ich sah ein zweites Tier aufsteigen
von der Erde, das hatte zwei Hörner gleichwie ein
Lamm und redete wie ein Drache. 12 Und es übt alle
Macht des ersten Tieres vor ihm, und es macht, daß die
Erde und die darauf wohnen, anbeten das erste Tier,
dessen tödliche Wunde heil geworden war. 13 Und es
tut große Zeichen, daß es auch macht Feuer vom
Himmel fallen auf die Erde vor den Menschen; 14 und
verführt, die auf Erden wohnen, durch die Zeichen, die
ihm gegeben sind, zu tun vor dem Tier; und sagt
denen, die auf Erden wohnen, daß sie ein Bild machen
sollen dem Tier, das die Wunde vom Schwert hatte und
lebendig geworden war. 15 Und es ward ihm gegeben,
daß es dem Bilde des Tieres Geist gab, damit des Tieres
Bild redete und machte, daß alle, welche nicht des
Tieres Bild anbeteten, getötet würden. 16 Und es
macht, daß sie allesamt, die Kleinen und Großen, die
Reichen und Armen, die Freien und Knechte, sich ein
Malzeichen geben an ihre rechte Hand oder an ihre
Stirn, 17 daß niemand kaufen oder verkaufen kann, er
habe denn das Malzeichen, nämlich den Namen des
Tieres oder die Zahl seines Namens. 18 Hier ist
Weisheit! Wer Verstand hat, der überlege die Zahl des
Tieres; denn es ist eines Menschen Zahl, und seine
Zahl ist sechshundertsechsundsechzig.

Die Verkündigung des Evangeliums geschieht nicht ohne Kampf, der Bau des Reiches Gottes vollzieht sich nicht ohne Irrtum und Abfall von Gottes Wahrheit. Den Ältesten zu Ephesus legte der Apostel Paulus ans Herz: „So habt nun acht auf euch selbst und auf die ganze Herde, unter welche euch der heilige Geist gesetzt hat zu Bischöfen, zu weiden die Gemeinde Gottes, welche er durch sein eigen Blut erworben hat." Und dann wies er warnend darauf hin: „Auch aus euch selbst werden aufstehen Männer, die da verkehrte Lehren reden, die Jünger an sich zu ziehen". (Apg. 20, 28. 30.) Noch deutlicher wurde Paulus im zweiten Brief an die Gemeinde zu Thessalonich. Im Blick auf die Wiederkunft Jesu schrieb er den Gläubigen: „Er kommt nicht, es denn, daß zuvor der Abfall komme und offenbart werde der Mensch der Sünde, der Sohn des Verderbens, der da ist der Widersacher und sich überhebt über alles, was Gott oder Gottesdienst heißt, so daß er sich setzt in den Tempel Gottes und vorgibt, er sei Gott." (2. Thess. 2, 3. 4.)

Zunächst hatte Satan das römische Kaiserreich als Werkzeug im Kampf gegen die Gemeinde benutzt. Doch dann sah Kaiser Konstantin die Sinnlosigkeit dieser grausamen Verfolgungen ein. Im Toleranzedikt von Mailand billigte er den Christen die gleichen Rechte zu wie den Heiden. Innerhalb weniger Jahrzehnte wurde aus der armen, verfolgten Gemeinde eine reiche, angesehene Kirche, die der Versuchung nicht widerstehen konnte, sich die Macht des Staates zunutze zu machen.

Die Kirche des Mittelalters hatte schließlich so viel Ansehen und Einfluß in der Welt gewonnen, daß sie bei weitem nicht mehr der prophetischen Kennzeichnung entsprach, die Johannes zu Beginn des 12. Kapitels gegeben worden war.

Mit den meist unbekehrten Menschen, die in die Kirche hineinströmten, nahm sie deren heidnisches Gedankengut auf und verweltlichte mehr und mehr. Gott hatte diese gefährliche Entwicklung vorausgesehen. Eine Gemeinde, der es mehr darum ging, Anerkennung in der Welt zu erlangen, als ihrem Herrn zu gehorchen, die allzu bereitwillig Abstriche an der biblischen Wahrheit vornahm und darauf bedacht war, die Massen für sich zu gewinnen, mußte zwangsläufig ein Werkzeug in den Händen Satans werden. So leuchtet das prophetische Wort im 13. Kapitel der Offenbarung hinter die Kulissen einer äußerlich glanzvollen Kirche und zeigt, wie sie sich von Satan mißbrauchen ließ. Schließlich geschah das Unfaßbare: in den wahren Nachfolgern Christi sahen die Kirchenführer unbequeme Menschen, die sie mit der Gewalt des Schwertes verfolgen ließen. Diesen Getreuen aber sollten die Augen geöffnet werden, damit sie Satans List erkennen und zugleich erfahren könnten, wer die treibende Kraft im Hintergrund war. Die Gemeinde sollte ermutigt werden, feste Tritte zu tun und nicht vom rechten Weg abzuweichen.

Das Tier mit den zehn Hörnern und sieben Häuptern

Im 13. Kapitel wurde dem Apostel Johannes Einblick gewährt in eine entscheidende Phase des Kampfes, den Satan gegen „die Übrigen" führt, wie die Getreuen Jesu auch genannt werden. Allein durch das prophetische Wort ist es der Gemeinde möglich, Entwicklungen zu erkennen, auf die sie vorbereitet sein muß, wenn sie nicht ahnungslos davon überrollt werden soll.

Johannes schaute auf das ruhelose Meer. Plötzlich sah er aus den Wassern ein scheußliches Tier emporsteigen (Offb. 13, 1 ff.). Wie schon erwähnt, ist das Meer in der Sprache der Propheten ein Sinnbild für die Völker der Erde. Dieses Tier wird mit Worten beschrieben, die dem Buch Daniel (Kapitel 7) entnommen sind. Daniel hatte in einer prophetischen Schau nacheinander vier Tiere gesehen, die vier einander ablösende Weltreiche verkörperten. Zuerst sah er einen Löwen (Babylon), dann einen Bären (Medo-Persien), danach einen Leoparden (Griechenland) und zuletzt das zehnhörnige Untier, das das römische Kaiserreich darstellte.

Das Tier, das Johannes nun aus dem Meer aufsteigen sah, vereinte in sich Merkmale aller vier Tiere aus dem Buche Daniel. Aus der weiteren Beschreibung geht hervor, daß dieses siebenköpfige und zehnhörnige Tier eine Macht versinnbildet, die sowohl religiöse wie auch staatliche Gewalt ausübt. Zugleich trägt es deutliche Kennzeichen des Antichristen, von dem auch an anderen Stellen des Neuen Testaments geweissagt wird. Auffallend ist, daß Daniel wie auch Johannes zehn Hörner nennen, die ein Hinweis auf den Zerfall Roms in verschiedene Teilreiche sind.

Kennzeichen des Meertieres

Vers 2 sagt zunächst: „Der Drache gab ihm seine Kraft und seinen Thron und große Macht." Aus Offenbarung 12 geht hervor, daß unter dem Bild des Drachens unter anderem auch das heidnische Rom zu verstehen ist, jene Macht, die das Jesuskind nach seiner Geburt vernichten wollte. Unter dem Ansturm der Germanen zerbrach dieses römische Weltreich in mehrere Teilreiche, aus deren Mitte eine religiös-politische Macht emporwuchs. Im Jahre 330 verlegte Kaiser Konstantin seinen Regierungssitz vom Tiber an den Bosporus. Damit überließ er die ehemalige Hauptstadt des Reiches dem Bischof von Rom.

Durch die Verlegung der Residenz nach Byzanz (Konstantinopel) waren wesentliche Voraussetzungen dafür gegeben, daß das päpstliche Rom entstehen, wachsen und immer größere Macht entfalten konnte. Adolf von Harnack schreibt darüber: „. . . so erhob sich die römische Kirche an die Stelle des römischen Weltreiches. In ihr lebt dieses Reich tatsächlich fort. Es ist nicht untergegangen, sondern hat sich nur verwandelt."[1]

Diese Entwicklung war dem Propheten Daniel an dem „kleinen Horn" gezeigt worden, das inmitten von zehn anderen Hörnern aus dem drachenähnlichen Ungeheuer hervorwuchs. Auffallend ist, daß das Meertier und das kleine

Horn in Daniel 7 die gleichen Merkmale aufweisen. Von dem kleinen Horn heißt es dort: Es hatte „ein Maul, das redete große Dinge" (Dan. 7, 8). Und zu Johannes wurde von dem Tier aus dem Meer gesagt: „Es ward ihm gegeben ein Maul, zu reden große Dinge und Lästerungen." (Offb. 13, 5.)

Daniel hatte gesehen, daß das kleine Horn, diese antichristliche Macht, „gegen die Heiligen" kämpfte, „und es behielt den Sieg über sie" (Dan. 7, 21). Und von dem Meertier wurde in ähnlicher Weise geweissagt: „Ihm ward gegeben, zu streiten wider die Heiligen und sie zu überwinden." (Offb. 13, 7.)

Das kleine Horn wuchs hervor aus dem römischen Reich, nachdem dieses auseinandergebrochen war. Das Tier aus dem Meer, dessen zehn Hörner ebenfalls auf die Teilung Roms hindeuten, erhielt vom Drachen seine Kraft, seinen Thron und große Macht.

Bemerkenswert ist, daß für das kleine Horn wie für das Meertier die gleiche prophetische Zeitspanne genannt wird, in der sie sich anmaßen, die Getreuen Gottes zu verfolgen. „Sie werden in seine Hand gegeben werden eine Zeit und zwei Zeiten und eine halbe Zeit." (Dan. 7, 25.) „. . . und ward ihm gegeben, daß es mit ihm währte zweiundvierzig Monate lang" (Offb. 13, 5). Mit dreieinhalb Zeiten sind dreieinhalb Jahre gemeint; sie ergeben umgerechnet 1260 Tage oder 42 Monate.

Auf diese Zeitangaben wurde bereits in Offenbarung 11 und 12 eingegangen. Sie umfassen die Jahrhunderte der Verfolgung, als sogenannte christliche Staaten willfährige Werkzeuge in der Hand der mittelalterlichen Kirche waren. Wer nicht bereit war, sich der Macht der römischen Kirche zu beugen, setzte sein Leben aufs Spiel. Die 1260 prophetischen Tage sind eine von Gott bestimmte Zeitperiode, die (nach Hesekiel 4, 6) als 1260 Jahre zu verstehen sind. Anfang und Ende dieser Spanne hat Gott festgesetzt. Diese 1260 Jahre begannen, als Vigilius im Jahre 538 durch Staatsgewalt als Papst eingesetzt wurde und sich die Ostgoten von Rom zurückziehen mußten.

Das verwundete und geheilte Haupt

Am Ende der 1260 Jahre sollte eines der Häupter des Meertieres eine tödliche Wunde erhalten: „Und ich sah seiner Häupter eines, als wäre es tödlich wund." (Offb. 13, 3.) Wie erfüllte sich diese Weissagung? Im Jahre 1798 besetzte die französische Revolutionsarmee Rom und forderte von Papst Pius VI. die Anerkennung der „bürgerlichen Konstitution". Dazu aber war der Papst nicht bereit. So nahm ihn General Berthier gefangen und brachte ihn nach Frankreich, wo er im August 1799 starb.

Das Papsttum hatte – so schien es – einen tödlichen Schlag erhalten. Die antichristliche Macht, dargestellt unter dem Meertier, sollte aber keine vorübergehende Erscheinung sein. Nach 2. Thess. 2, 8 bleibt sie bestehen bis zu Jesu Wiederkunft, obgleich sie sich äußerlich wandelt.

Während Johannes das Meertier weiter beobachtet, stellte er erstaunt fest: „Und seine tödliche Wunde ward heil." (Offb. 13, 3.) Zunächst hatte es so ausgesehen, als wäre dem Papsttum ein solch schwerer Schlag versetzt worden, daß es keine Genesung mehr gäbe.

Doch bald darauf wurde ein neuer Papst gewählt, Pius VII. Er verzichtete im Kondordat von 1801 mit Napoleon auf die während der Französischen Revolution verlorengegangenen Kirchengüter und mußte fortan gewisse staatliche Eingriffe bei der Einsetzung der Geistlichkeit hinnehmen. 1861 mußte allerdings nochmals ein Papst fliehen, als Rom Hauptstadt des vereinigten Italien wurde.

Schließlich verlor das Papsttum durch die Gründung des italienischen Königreichs seinen Kirchenstaat. Doch rasch gewann es wieder an Macht und Ansehen. 1870 kamen 500 Bischöfe aus aller Welt zum Vatikanischen Konzil nach Rom. Dabei setzte Papst Pius IX. das von ihm schon lange angestrebte Unfehlbarkeitsdogma durch. Für alle Angehörigen der römisch-katholischen Kirche wurde damit zur verbindlichen Glaubenslehre, was der Papst ex cathedra, das heißt als Lehrer der Kirche verkündet.

Das Heilen der tödlichen Wunde bedeutet, daß die Papstkirche wieder zu Einfluß und Macht gelangen sollte. Was ihr an politischer Macht jedoch fehlte, sollte nach dem prophetischen Wort fortan durch eine andere Macht (das lammähnliche Tier) ausgeglichen werden.

1929 wurde schließlich durch den Lateranvertrag mit der italienischen Regierung unter Mussolini der Vatikanstaat wiederhergestellt. Das Papsttum war wieder eine religiös-politische Macht auf Erden, deren Einfluß ständig wuchs, besonders nach dem zweiten Weltkrieg durch die Unterstützung der Vereinigten Staaten von Amerika. „Und seine tödliche Wunde ward heil. Und die ganze Erde verwunderte sich des Tieres, und sie beteten den Drachen an, weil er dem Tier die Macht gab, und beteten das Tier an.“ (Offb. 13, 3. 4.) Die angekündigte Heilung der tödlichen Wunde ist nicht mehr eine Sache der Zukunft, sondern bereits Vergangenheit bzw. Gegenwart.

Bibelausleger über das Meertier

Fast alle Kirchenväter hatten die Ansicht vertreten, daß mit dem prophetischen Bild des Meertieres der Antichrist gemeint sei, der nach dem Zusammenbruch des römischen Reiches auftreten sollte. Zunächst hatte man von der Wirksamkeit des geweissagten Antichristen noch recht unklare Vorstellungen. Joachim von Fiore (um 1200) meinte, daß unter dem biblisch geweissagten Antichristen eine Person zu verstehen sei, die den apostolischen Stuhl einnehmen und als oberster Priester weltweit herrschen würde. Bereits in einer waldensischen Abhandlung Ende des 12. Jahrhunderts wurde die Papstkirche als Antichrist bezeichnet.

Viele Ausleger im Mittelalter vertraten die gleiche Überzeugung. Luther sagte in den Schmalkaldischen Artikeln: „Dieser Punkt zeigt unwiderleglich, daß der Papst der rechte Endchrist oder Widerchrist ist, der sich über oder gegen Christus gesetzt und erhöht hat. Denn er will die Christen nicht selig werden lassen ohne seine Vollmacht, obwohl diese doch nichts ist, da sie von Gott weder angeordnet noch geboten, d. h. so recht eigentlich sich über Gott und wider Gott setzen, wie St. Paulus (2. Thess. 2, 4) sagt."

Mit der Reformation wurde es allgemein protestantische Auffassung, daß das Papsttum der Antichrist sei. Diese Deutung gehörte zu den Kennzeichen protestantischer Auslegung vom 16. bis 19. Jahrhundert.

Wenn auch der Antichrist zuerst als historische Einzelpersönlichkeit gedeutet wurde, so erkannte man doch bald, daß die biblische Weissagung nicht von einer bestimmten Person, sondern von einer geistigen Macht spricht, die bis zur Wiederkunft Christi wirksam sein wird. Paulus bezeichnet den „Antichrist" als „Mensch der Sünde", „Sohn des Verderbens" und „Widersacher", der „sich überhebt über alles, was Gott oder Gottesdienst heißt" (2. Thess. 2, 3. 4).

Der Begriff „Antichrist" wurde auf das Papsttum bezogen, jedoch nie auf eine bestimmte Person, sondern auf die Lehren und die Institution, die im Widerspruch zum Wort der Bibel stehen.

Lästerungen gegen Gott — worin zeigt sie sich?

Lästerung besteht nicht nur in der Verhöhnung Gottes, sondern auch im heuchlerischen Gebrauch oder Mißbrauch seines Namens. Johannes sah, daß dem Meertier gegeben ward „ein Maul, zu reden große Dinge und Lästerungen" (Offb. 13, 5). Das erfüllte sich zum Beispiel in der Anmaßung des Papstes, sich Namen zuzulegen, die nur der Gottheit zukommen, etwa „Heiliger Vater" oder „Stellvertreter des Sohnes Gottes". Hatte Jesus nicht gesagt: „Ihr sollte niemand euren Vater heißen auf Erden, denn *einer* ist euer Vater, der im Himmel ist" (Matth. 23, 9)? Sollte nicht der Heilige Geist nach der Himmelfahrt Jesu als „Anwalt" oder „Stellvertreter" (wie neuere Übersetzungen den Begriff „Tröster" wiedergeben) wirken (Joh. 16, 7)?

„Der Papst ist von so großer Würde und so erhöht, daß er kein bloßer Mensch ist, sondern so, als wäre er Gott, der Stellvertreter Gottes... Der Papst ist mit einer dreifachen Krone gekrönt als König des Himmels, der Erde und der unteren Regionen."[2]

Solche Aussagen sind – soweit bekannt – von den Inhabern des päpstlichen Stuhles nie als lästerlich zurückgewiesen worden, auch wenn Papst Paul VI. die Tiara 1964 symbolisch abgelegt hat. Pius IX. soll sogar selbst die Bedeutung der Tiara, der dreifachen Papstkrone, wie folgt erklärt haben: „Der erste Reif bedeutet: Ich bin der Herr über den Himmel; der zweite: Ich bin der Herr über die Erde; der dritte: Ich bin der Herr über das Totenreich." Die Krönungsformel des Papstes lautete: „Empfange die dreifache Krone der Tiara und wisse, daß du bist der Vater der Fürsten und Könige, der Lenker des Erdkreises, hienieden der Stellvertreter Jesu Christi."[3]

Johannes sagt weiter, daß diese antichristliche Macht nicht nur Lästerungen gegen Gott ausspricht, sondern auch gegen „sein Haus und die im Himmel wohnen" (Vers 6). Im griechischen Text des Neues Testaments wird für „Haus" ein Wort gebraucht, mit dem die Stiftshütte bezeichnet wurde, das irdische Schattenbild des himmlischen Heiligtums. Durch die Einführung des Meßopfers wurde die Aufmerksamkeit vom himmlischen Heiligtum und dem Versöhnungsdienst, den Christus dort versieht, abgezogen. Den Heiligen und der Maria als „Mutter Gottes" wurden durch die Verehrung Eigenschaften und Funktionen zuerkannt, die nach biblischem Zeugnis allein Jesus Christus innehat.

Alle beten das Tier an

Anbetung ist das zentrale Thema der Offenbarung. Immer wird der Mensch dabei vor zwei Möglichkeiten gestellt: entweder er betet das Tier an oder das Lamm. Anscheinend gelang es dem Antichristen durch seine bezaubernde

Macht, die ganze Welt zu betören: „Und alle die auf Erden wohnen, beten es [das Tier] an." (Offb. 13, 8.) Nur eine Minderheit, die Getreuen Jesu, weigert sich, das Tier anzubeten. Das sind die, deren Namen im „Lebensbuch des Lammes, das erwürget ist" (Offb. 13, 8), verzeichnet sind – im Gegensatz zu der Menge der anderen Zeitgenossen. Ihr Festhalten am Wort Gottes und die Anbetung des Lammes sind die Voraussetzungen für ihre nüchterne Haltung. Weder durch List noch Zwang lassen sie sich dazu drängen, das Tier anzubeten.

Eine Mahnung Jesu, die häufig mißachtet wird

Johannes schließt die Beschreibung mit einer ernsten Mahnung ab: „Hat jemand Ohren, der höre! Wenn jemand andere in das Gefängnis führt, der wird selber in das Gefängnis gehen; wenn jemand mit dem Schwert tötet, der muß mit dem Schwert getötet werden." (Offb. 13, 9. 10.)

Im Laufe der Kirchengeschichte haben Christen, wenn sie verfolgt wurden, nicht immer der Versuchung widerstehen können, mit weltlichen Mitteln zurückzuschlagen. So verständlich solche Reaktionen auch sein mögen, sie finden nicht die Billigung des Herrn der Gemeinde. Bei der Gefangennahme Jesu zog Petrus das Schwert, um seinen Herrn zu verteidigen. Doch Jesus forderte ihn auf: „Stecke dein Schwert an seinen Ort! Denn wer das Schwert nimmt, der soll durchs Schwert umkommen." (Matth. 26, 52.)

Die Frohe Botschaft darf nie mit Mitteln der Gewalt verbreitet oder verteidigt werden. Noch heute gilt, daß man das Recht nicht verfechten kann, indem man Unrecht tut. Das Christentum hört auf, Christentum zu sein, wenn es zur Gewaltanwendung greift. Das Schwert ist eine Waffe der Verteidigung für den Staat, niemals aber für die Gemeinde Jesu.

„Hier ist Geduld und Gaube der Heiligen!" (Offb. 13, 10.) Mit diesem Wort, das gleichsam in der Mitte der Offenbarung steht, werden Widerstandskraft und Glaubensfestigkeit der aufrichtigen Nachfolger Jesu gepriesen. „Hier ist", das heißt: hier helfen allein Geduld und Glaube. Geduld bedeutet: Darunterbleiben, Ausharren auch in Verfolgung; es heißt Ertragen von Verleumdung, Haß und Leid. Glauben ist ein Festhalten am Sieg Christi, auch unter Belastungen. Wenn Zeiten kommen, in denen es so aussieht, als triumphiere Satan, gilt es um so fester auf Jesus zu blicken.

Die Zahl des Tieres

Am Ende des 13. Kapitels wurde Johannes die Zahl 666 als besonderes Kennzeichen für den Namen des Tieres genannt. Dazu erhielt er folgenden Hinweis: „Wer Verstand hat, der überlege die Zahl des Tieres; denn es ist eines Menschen Zahl." (Offb. 13, 18.) Die Zahl 666 sollte ihm also helfen, das Wesen des Tieres zu verstehen.

In diesem Zusammenhang muß daran erinnert werden, daß man früher keine Ziffern kannte, sondern Zahlen durch Buchstaben des Alphabets wiedergab. Sowohl im Lateinischen wie im Griechischen als auch im Hebräischen haben bestimmte Buchstaben einen Zahlenwert. Unser arabisches Zahlensystem wurde erst um 1000 im Abendland eingeführt. Sieben Buchstaben des Lateinischen dienen uns noch heute als sogenannte römische Ziffern.

Ein reizvolles Beispiel für die Verwendung von Buchstaben als Zahlenwert findet sich an einer Wand in Pompeji. Dort steht geschrieben: „Ich liebe das Mädchen, deren Zahl 545 lautet." Damit war die Geliebte eindeutig identifiziert.

„Weisheit" ist vonnöten – nicht Spitzfindigkeit –, um die Zahl des Tieres zu berechnen, wie es wörtlich heißt. Johannes gibt zwei wichtige Anhaltspunkte zum Verständnis. Es handelt sich um die Zahl eines Menschen; ein Tiername kommt also nicht in Betracht. Und die Zahl ist 666.

Irenäus, der den Apostel Johannes noch persönlich kannte, sagte zu seiner Zeit: „Doch wir wollen uns weder in Gefahr begeben noch den Anschein erwecken, als ob wir über den Namen des Antichristen etwas Bestimmtes wüßten."

Wir wissen, daß im alten Babylon die Priester des Sonnenkultes Amulette trugen. Auf der Vorderseite waren Sonne und Mond dargestellt, auf der Rückseite Zahlen quadratisch angeordnet, so daß ihre Summe, gleichgültig von welcher Seite man sie zusammenzählte, die Zahl 666 ergab.

Das von König Nebukadnezar aufgerichtete Standbild war 60 Ellen hoch und sechs Ellen breit (siehe Dan. 3, 1). Mehrfach wird in den biblischen Berichten über das alte Babel die Zahl sechs erwähnt. Sie erscheint häufig in der Bibel, um das Wesen und Tun des Menschen zu charakterisieren. Nun fällt auf, daß das moderne Babylon, unter dessen Bild die Offenbarung die antichristliche Macht darstellt, ebenfalls mit der Zahl 666 gekennzeichnet wird. Es gibt eine ganze Anzahl von Namen, auf die diese Zahl zutrifft.

Das Wesen der antichristlichen Macht, die Johannes skizziert, kommt wohl am deutlichsten zum Ausdruck in dem Titel, den sich Päpste hin und wieder beigelegt haben oder mit dem sie sich nennen ließen: Vicarius filii dei, d. h. Stellvertreter des Sohnes Gottes. Wenn man die lateinischen Zahlenwerte dieses Titels addiert, kommt man auch auf die Zahl 666.

Durch das prophetische Wort ergeht an alle, die Gott von Herzen dienen wollen, die Aufforderung: „Gehet aus von ihr [von Babylon], mein Volk!" (Offb. 18, 4.) Die diesem Ruf folgen, werden am gläsernen Meer stehen und in den Jubelgesang einstimmen; weil sie „den Sieg behalten hatten über das Tier und sein Bild und über die Zahl seinen Namens" (Offb. 15, 2). Ihr Sieg über die Sünde ist errungen in einem weitaus bedeutsameren Namen, dem Namen Jesus Christus, denn „in keinem andern ist das Heil, ist auch kein andrer Name unter dem Himmel den Menschen gegeben, darin wir sollen selig werden" (Apg. 4, 12). „Darum hat ihn auch Gott erhöht und hat ihm den Namen gegeben, der über alle Namen ist, daß in dem Namen Jesu sich beugen sollen aller derer Knie, die im Himmel und auf Erden und unter der Erde sind." (Phil. 2, 9. 10.)

Vom Evangelium der Liebe zum Geist der Intoleranz

Wenn das Verhalten der Menschen untereinander nicht mehr von der Liebe bestimmt wird, ist es nur noch ein Schritt zur Anwendung von Gewalt. Als die urchristliche Gemeinde ihre erste Liebe aufgab, verlor sie auch den Blick für ihre Sendung. Anstatt missionarisch tätig zu sein mit dem Ziel, die Frohe Botschaft allen Menschen zu bringen, wurde die Kirche zu einer Institution, die Einfluß auf die Nationen auszuüben suchte. Je mehr heidnisches Gedankengut sie in sich aufnahm, um so intoleranter wurde sie. Anstatt die Wiederkunft Jesu in Kraft und Herrlichkeit zu erwarten, trachtete sie danach, eine sogenannte geistliche Herrschaft über die Völker in einem Königreich Gottes auf Erden auszuüben. Dieses Konzept der Kirche war eine völlige Umkehrung des apostolischen Auftrags. All das wurde Johannes gezeigt in dem prophetischen Bild von dem Tier, das aus dem Meer stieg. Und die Geschichte bestätigt, daß das Erbe des Römischen Reiches von der religiös-politischen Macht des Papsttums angetreten wurde.

Ein anderes Tier steigt von der Erde auf

Als Johannes noch nachdachte über das, was ihm gezeigt worden war, sah er ein anderes Tier aufsteigen, diesmal nicht aus dem Meer, sondern von der Erde (Offb. 13, 11 ff.). Wie ein Baum heranwächst, so trat diese neue Macht in das prophetische Blickfeld, und zwar zu der Zeit, als das zehnhörnige Tier seine tödliche Wunde erhalten hatte.

Das erste Tier in Offenbarung 13 war, wie wir sahen, aus dem Meer emporgestiegen, das andere wuchs aus der Erde hervor. Dies kann jedoch nicht plötzlich vor sich gegangen sein; denn das Wort, das Johannes hier benutzt, wird im Neuen Testament meistens gebraucht, um den Wachstumsprozeß von Pflanzen zu beschreiben (siehe Matth. 13, 7). Diese Macht sollte sich also nicht – wie das erste Tier – aus dem Völkermeer erheben, sondern sollte offenbar allmählich aus einem spärlich bevölkerten Gebiet emporwachsen.

Johannes nennt diese Macht „ein anderes Tier" (Offb. 13, 11). So wird es von der Jerusalemer Bibel und vielen anderen Übersetzungen richtig wiedergegeben. Die Übersetzung „ein zweites Tier" (rev. Lutherübersetzung und andere) ist teilweise unzutreffend; denn dieses „andere" Tier versinnbildet eine andere Macht, nicht die durch das Meertier dargestellte. Folglich kann das „andere Tier" nicht das erste Tier sein, auch nicht eine andere Erscheinungsform des ersten Tieres oder ein Teil desselben.

Die bisher in der Prophetie gezeigten Mächte waren als Raubtiere dargestellt worden, diese Macht dagegen wird zunächst mit dem sanftesten Tier verglichen. Auf den ersten Blick scheint es sogar Christus, dem Lamm Gottes, ähnlich zu sein.

In seiner Auslegung über Offenbarung 14 hatte John Wesley, der Begründer des Methodismus, 1754 über jenes zweihörnige Tier folgendes geschrieben: „Es ist noch nicht gekommen, obgleich es nicht mehr weit weg sein kann, denn es soll am Ablauf der 42 Monate des ersten Tieres auftreten."[4]

Offenbarung 14, 9 und 11 deuten darauf hin, daß diese Macht kurz vor der Wiederkunft Jesu wirksam werden wird, und zwar dann, wenn die Drei-Engel-Botschaften in aller Welt verkündigt werden.

Es gibt keine Macht – soviel sei schon hier gesagt –, die der gegebenen Kennzeichnung so entspricht wie die Vereinigten Staaten von Nordamerika, die aus einer relativ geschichtslosen Vergangenheit auf einem fast unbewohnten Kontinent entstanden sind. Erst gegen Ende des 18. Jahrhunderts, als die Französische Revolution ausbrach und das Papsttum die tödliche Wunde empfing, begann Amerika an Bedeutung zu gewinnen.

E. G. White faßte das wie folgt zusammen: „Aber das Tier mit den lammähnlichen Hörnern sah der Prophet ‚aufsteigen aus der Erde'. Statt andere Mächte zu stürzen, um deren Stelle einzunehmen, mußte die so dargestellte Nation auf bis dahin weitgehend unbewohntem Gebiet auftreten und sich allmählich und friedlich zur Großmacht entwickeln. Das konnte demnach nicht unter den zusammengedrängt lebenden und miteinander ringenden Völkern der Alten Welt, jenem unruhigen Meer der ‚Völker und Scharen und Heiden und Sprachen', geschehen: es mußte auf dem westlichen Teil der Erde zu suchen sein ... Die Anwendung des Sinnbildes bedarf keiner Erörterung. Nur eine Nation entspricht den Angaben der Weissagung, die unverkennbar auf die Vereinigten Staaten von Amerika weist."[5]

„Zwei Hörner gleichwie ein Lamm"

In der biblischen Prophetie werden politische Mächte durch Hörner symbolisiert. Die zehn Hörner des Meertieres versinnbilden den Zerfall des alten Rom und die Entstehung der Germanenreiche zur Zeit der Völkerwanderung. Das Tier, das Johannes nun schaute, hatte aber nur zwei Hörner, und zwar „gleichwie ein Lamm", so unschuldig sah es aus. Im Gegensatz zum ersten Tier waren diese Hörner auch nicht gekrönt. Dies legt den Gedanken nahe, daß nicht eine monarchische Macht gemeint ist. Das zweihörnige Tier tritt auch nicht im Bereich des ersten Tieres mit den Zehn Hörnern auf.

Dieses „andere" Tier versinnbildet eine Macht, die ihrem Bekenntnis nach protestantisch oder zumindest nicht katholisch sein wollte. Bekanntlich sahen die Begründer der Vereinigten Staaten in der politischen und religiösen Freiheit die entscheidende Grundlage für ihr neues Staatswesen. Sie wollten „ein Land ohne einen König und eine Kirche ohne einen Papst". Diese Ideale fanden ihren Niederschlag in der Verfassung des Landes.

„Die lammähnlichen Hörner kennzeichnen Jugend, Unschuld und Milde und stellen treffend den Charakter der Vereinigten Staaten dar zu der Zeit, die dem Propheten als Zeit ihres Aufstiegs gezeigt worden war: 1798. Unter den verbannten Christen, die zuerst nach Amerika geflohen waren und eine Zufluchtsstätte vor der Unterdrückung durch ihren Landesherrn und die priesterliche Unduldsamkeit gesucht hatten, waren viele entschlossen, eine Regierung auf der breiten Grundlage bürgerlicher und religiöser Freiheit zu errichten. Ihre Auffassung legten sie in der Unabhängigkeitserklärung nieder, welche die große Wahrheit enthielt, daß ‚alle Menschen gleich geboren und mit den unveränderlichen Rechten des Lebens, der Freiheit und des Strebens nach Glück begabt seien'."[6]

„...und redete wie ein Drache"

Aus dem prophetischen Bild „Hörner gleichwie ein Lamm" kann man schlußfolgern, daß diese Macht christliches Gepräge trägt. Doch dann deutet die Weissagung hin auf eine erschreckende Wandlung: „Die Hörner gleich denen eines Lammes und die Drachenstimme des Sinnbildes weisen auf einen grellen Widerspruch zwischen dem Bekenntnis und der Handlungsweise der so beschriebenen Nation hin."[7]

Sich vorzustellen, daß in dem freiheitsliebenden Amerika der Geist religiöser Unduldsamkeit aufkommen könnte, schien zunächst völlig abwegig. Gottes Wort aber erklärt, daß diese Macht mit Drachenstimme reden wird. Sie „übt alle Macht des ersten Tieres vor ihm, und ... macht, daß die Erde und die darauf wohnen, anbeten das erste Tier, dessen tödliche Wunde heil geworden war" (Vers 12).

Damit wird zweierlei vorausgesagt: Das zunächst freiheitsliebende Amerika würde im Laufe der Zeit ebenso unduldsam werden wie einst die Staaten Europas unter der Vormundschaft Roms. Darüber hinaus würde es der römisch-katholischen Kirche nach der Heilung der tödlichen Wunde helfen, wieder zu Weltgeltung zu gelangen. Wiederholt wird im griechischen Text von diesem Tier – dieser Macht – gesagt: „... und es macht;" „... und es tut." (Verse 12. 13. 16.)

Voraussetzung für diese Entwicklung war, daß die katholische Kirche in den Vereinigten Staaten von Amerika einen gewissen Einfluß gewann. „Als General Washington 1775 das Kommando über die Unabhängigkeitsarmee übernahm, gab es in Nordamerika eine einzige katholische Kirchengemeinde."[8]

Beharrlich arbeitete der Vatikan daran, die katholische Kirche in den Vereinigten Staaten zu stärken. Leo XIII. forderte 1885 in einem Hirtenbrief die Katholiken Nordamerikas auf: „Alle Katholiken müssen sich als tätige Elemente in dem täglichen politischen Leben der Länder, in denen sie leben, fühlbar machen. Sie sollten sich mit aller Macht bemühen, daß die Verfassungen jener Staaten nach den Grundsätzen der wahren Kirche umgewandelt werden ... Erweisen sich die Katholiken als träge, so werden die Zügel der Gewalt leicht von Personen ergriffen, deren Gesinnung wenig Aussicht auf die Wohlfahrt (der Kirche) lassen. Darum haben die Katholiken guten Grund, in das politische Leben einzugreifen, um das lebendige Blut katholischer Weisheit und Tugend in das ganze System der Staaten einzuführen. Alle Katholiken, die den Anspruch auf den stolzen Namen erheben, müssen für dieses Endziel wirken und arbeiten, bis jeder Staat nach dem von uns beschriebenen Vorbild umgewandelt ist."[9]

Anfangs war die katholische Kirche in Nordamerika eine kleine Minderheit. Ihr gehörten meist die ärmeren Bevölkerungsgruppen unter den Einwanderern an. Heute stehen ungefähr 50 Millionen Katholiken (etwa ein Viertel der Gesamtbevölkerung) als stärkster religiöser Block den annähernd 250 verschiedenen protestantischen Kirchen gegenüber. Wenn auch die Linien des prophetischen Wortes noch nicht bis zum Ende ausgezogen sind, so lassen sich doch Entwicklungen erkennen, die unsere Aufmerksamkeit wecken sollten. Welche Voraussagen werden über die Aktivitäten des zweihörnigen Tieres in der Endzeit gegeben?

Es übt alle Macht des ersten Tieres aus

Es wird das erste Tier (Vers 1) nachahmen und sich in Fragen des Gewissens und des göttlichen Gesetzes einmischen. All seine Bemühungen richtet es darauf, die angeschlagene Macht des Tieres wiederherzustellen, so „daß die Erde und die darauf wohnen, anbeten das erste Tier" (Vers 12). Durch die Aktivitäten des zweihörnigen Tieres werden Einfluß und Macht des Papsttums in der Welt gestärkt. Als erster Beweis dafür kann das Auftreten des Papstes vor den Vereinten Nationen am 4. Oktober 1965 gewertet werden, das ohne die tatkräftige Unterstützung der Vereinigten Staaten nicht zustande gekommen wäre.

Die unter dem zweihörnigen Tier dargestelle Macht wird Wunder und Zeichen tun, um die Menschen zu beeindrukken. Ziel dieser Bestrebungen ist es, etwas der päpstlichen Macht Entsprechendes zu schaffen, das heißt: dem Tier ein Bild zu machen.

Für viele Menschen sind Wunder von jeher der stärkste Beweis göttlichen Wirkens. Wenn sie von irgendwelchen Wundertaten hören, lassen sie sich fast blindlings davon betören, ja sind sogar zur Anbetung bereit, ohne zu prüfen, ob göttliche Kraft dahintersteht. Jesus bemerkte dazu: „Es werden viele zu mir sagen an jenem Tage: Herr, Herr, haben wir nicht in deinem Namen geweissagt? Haben wir nicht in deinem Namen böse Geister ausgetrieben? Haben wir nicht in deinem Namen viele Taten getan? Dann werde ich ihnen bekennen: Ich haben euch nie gekannt; weichet von mir, ihr Übeltäter!" (Matth. 7, 22. 23.)

Der Apostel Paulus sagt von der antichristlichen Macht der Endzeit: „Der Frevler wird auftreten in der Macht des Satans mit allerlei lügenhaften Kräften und Zeichen und Wundern und mit allerlei Verführung zur Ungerechtigkeit bei denen, die verloren werden, weil sie die Liebe zur Wahrheit nicht angenommen haben zu ihrer Rettung." (2. Thess. 2, 9. 10.) Hierbei geht es nicht um Taschenspielerkünste oder Zauberei, sondern um wirkliche Wunder, mit denen Lügen bekräftigt werden. Nach den Worten Jesu und der Apostel sind derartige Wunder satanischen Ursprungs.

Eine bedeutsame Rolle in der weltweiten Täuschung der Endzeit wird der Spiritismus in seinen verschiedenen Formen spielen. Der moderne Spiritismus entstand in der Mitte des 19. Jahrhunderts in Nordamerika. Von dort breitete er sich rasch aus und fand in wenigen Jahrzehnten Millionen von Anhängern in der ganzen Welt, die sich heimlich oder öffentlich dazu bekennen.

Des Tieres Bild

Das zweihörnige Tier wirkt dann auf die Menschen ein, „daß sie ein Bild machen sollen dem Tier, das die Wunde vom Schwert hatte und lebendig geworden war" (Offb. 13, 14). Was haben wir unter diesem Bild zu verstehen?

Ein Bild ist niemals das Original, aber es ist in Aussehen oder Wirkung dem Original sehr ähnlich. Was ist nun mit dem Bild des Tieres gemeint?

„Um daher zu erfahren, was das Bild ist und wie es gestaltet werden soll, müssen wir die Merkmale des ‚Tieres' selbst, des Papsttums, betrachten. Als die Kirche am Anfang dadurch verderbt wurde, daß sie von der Einfachheit des Evangeliums abwich und heidnische Gebräuche und Gewohnheiten annahm, verlor sie den Geist und die Kraft Gottes. Um die Gewissen der Menschen zu beherrschen, suchte sie den Beistand der Staatsgewalt. Die Folge war das Papsttum, eine Kirchenmacht, welche die Staatsmacht beherrschte und sie zur Förderung ihrer eigenen Absichten, vornehmlich zur Bestrafung der Ketzerei, einsetzte . . .

Wenn sich die führenden Kirchen der Vereinigten Staaten in den Lehrpunkten, die sie gemeinsam haben, vereinigen und den Staat beeinflussen, daß er ihre Verordnungen durchsetze und ihre Satzungen unterstütze, wird das protestantische Amerika ein Bild von der römischen Priesterherrschaft errichtet haben, und die Verhängung von Strafen über Andersgläubige wird die unausbleibliche Folge sein."[10]

Das „Bild des Tieres" deutet auf eine Institution, ähnlich der römisch-katholischen Kirche. Sie muß weltumspannenden Charakter haben, sich eng mit staatlicher Macht verbinden und eine gewisse Vereinigung von Kirche und Staat anstreben. Wie sich die Weissagung des Johannes erfüllen wird, kann heute nur vermutet werden. Vielleicht werden es „christliche" Staatsmänner aus verschiedenen kirchlichen Lagern eines Tages für notwendig erachten, gegenüber einer aufkommenden Gefahr von außen eine festgeschmiedete Einheit der heute in viele Konfessionen zersplitterten Christenheit zu schaffen, die dazu dienen soll, die Absichten des Papsttums weitgehend zu unterstützen. Durch solch eine geistige Einheit mit Rom würde die protestantische Welt zum „Bild des Tieres" werden.

Zwang und Intoleranz

Schließlich setzt das zweihörnige Tier mit äußerstem Zwang durch, daß alle, „die Kleinen und Großen, die Reichen und Armen, die Freien und Knechte, sich ein Malzeichen geben an ihre rechte Hand oder an ihre Stirn" (Vers 16). Wer sich nicht fügen will, muß mit wirtschaftlichem Boykott rechnen. Wer nicht bereit ist, das Malzeichen zu tragen, muß darauf gefaßt sein, für vogelfrei erklärt zu werden. Wer sich weigert, das „Bild des Tieres" anzubeten, wird mit dem Tode bedroht.

Heute läßt sich darüber noch nichts Bestimmtes sagen. Es wäre müßig, sich in Spekulationen zu ergehen. Doch Jesus ermahnt uns, auf die Worte der Weissagung zu achten: „Nun habe ich's euch gesagt, ehe es geschieht, auf daß ihr glaubet, wenn es nun geschehen wird." (Joh. 14, 29.)

Und was ist unter dem Malzeichen zu verstehen? Das Malzeichen des Tieres muß ein Zeichen sein, das im Gegensatz zum Siegel Gottes steht. Wenn das Tier als Sinnbild für eine Wirklichkeit aufzufassen ist, muß es sich mit dem Malzeichen ähnlich verhalten. So wie die Gläubigen, die das Siegel des lebendigen Gottes tragen, Gottes Wesen widerspiegeln (Offb. 14, 1), identifizieren sich die anderen in ihren Gedanken und Worten mit dem Tier. Das Malzeichen muß im Bereich jener Lehren zu finden sein, die von der Kirche im Laufe der Jahrhunderte als christliche Wahrheit verkündigt wurden, aber nicht im Wort Gottes begründet sind. Uriah Smith schrieb darüber in seinem Kommentar „Gedanken über die Offenbarung": „Unter dem Malzeichen des Tieres wird daher ein falscher Sabbat verstanden, der im Gegensatz zum Sabbat des Herrn, der, wie wir in Kapitel 7, 1–3 gezeigt haben, das Siegel des lebendigen Gottes ist, eingesetzt wurde."[11]

Die Sonntagsfeier ist nicht auf die Bibel, sondern wie mancher andere kirchliche Brauch auf das Heidentum zurückzuführen. Sie hatte sich in der Kirche des zweiten Jahrhunderts neben dem biblischen Sabbat eingebürgert. Dahinter stand unter anderem die Absicht, sich von den Juden klar zu unterscheiden. Im Jahre 321 wurde die Sonntagsfeier von Kaiser Konstantin gesetzlich angeordnet.

Die katholische Kirche sieht in der Sonntagsheiligung einen Beweis für die ihr von Gott übertragene Autorität. Kardinal Faulhaber sagte 1950 in einem Fastenhirtenbrief: „Die Kirche hat im Namen dessen, der über den Sabbat Herr ist, und kraft ihrer Vollmacht, zu binden und zu lösen, den Sabbat des alten Bundes, den letzten Tag der Woche, als Tag des Herrn aufgelöst und an die Stelle des Sabbats den ersten Tag der Woche, den Sonntag, den Tag der Auferstehung Christi von den Toten, festgelegt."[12]

Keine Kirche hat jedoch von Jesus oder den Aposteln eine derartige Vollmacht erhalten.

Hinsichtlich des Malzeichens sollten wir uns aber vor einem Mißverständnis hüten. Die Annahme des Malzeichens und die Anbetung des Tieres werden nach Aussage des prophetischen Wortes erst durch das zweihörnige Tier erzwungen werden. Die Botschaft des dritten Engels, von der wir in Offenbarung 14 hören werden, ist eine Warnung Gottes, die auf diese künftige Gefahr aufmerksam macht. Die Feier des Sonntags wird also erst dann zum Malzeichen des Tieres, wenn sie – prophetisch gesehen – durch das zweihörnige Tier unter Mißachtung des von Gott eingesetzten Ruhetages, des Sabbats, erzwungen wird. Es wäre unbiblisch und ein falscher Schluß aus der Prophetie, wollte man heute schon Menschen bezichtigen, daß sie das Malzeichen des Tieres tragen.

Wer wird bestehen?

Angesichts der Machtmittel, mit denen das zweihörnige Tier die Anbetung des ersten Tieres und des Bildes durchzusetzen sucht, kann mit Recht die Frage gestellt werden: Gibt Gott seine Getreuen dadurch nicht dem Untergang preis?

Unmittelbar nachdem im 13. Kapitel der Offenbarung die vereinten antichristlichen Kräfte gezeigt worden sind, wird unser Blick auf eine große Schar gelenkt, die trotz aller Dämonie des Bösen den Sieg durch Christus davongetragen hat. Von diesen Überwindern wird in Offenbarung 15, 2 gesagt: Sie haben „den Sieg behalten ... über das Tier und sein Bild und über die Zahl seines Namens". Wohl „macht" das Tier, daß alle sich ein Malzeichen geben und jene getötet werden, die das Tier anbeten. Gottes Kinder aber werden gerade dann die Erfahrung machen, die vor ihnen schon viele Gläubigen in Trübsalszeiten machen durften: „Wer unter dem Schirm des Höchsten sitzt und unter dem Schatten des Allmächtigen bleibt, der spricht zu dem Herrn: Meine Zuversicht und meine Burg, mein Gott, auf den ich hoffe ... Denn der Herr ist deine Zuversicht, der Höchste ist deine Zuflucht. Es wird dir kein Übel begegnen, und keine Plage wird sich deinem Hause nahen." (Psalm 91, 1. 2. 9. 10.)

Dann erfüllen sich die Worte Daniels: „Aber zu jener Zeit wird dein Volk errettet werden, alle, die im Buch geschrieben stehen." (Dan. 12, 1.) Es wäre müßig, uns darum zu sorgen, wie den drohenden Gefahren zu begegnen sei. Wir sollten vielmehr mit Ernst darauf bedacht sein, in Christus zu bleiben, in dem wir Vergebung unserer Sünden haben.

Gottes letzte Botschaft an die Menschheit

15

Offenbarung 14:

Das Lamm und die Seinen

14 *Und ich sah, und siehe, das Lamm stand auf dem*
Berg Zion und mit ihm hundertvierundvierzig-
tausend, die hatten seinen Namen und den Namen
seines Vaters geschrieben an ihrer Stirn. 2 *Und ich*
hörte eine Stimme vom Himmel wie eines großen
Wassers und wie eine Stimme eines großen Donners:
Und die Stimme, die ich hörte, war wie von Harfen-
spielern, die auf ihren Harfen spielen, 3 *und sie sangen*
ein neues Lied vor dem Thron und vor den vier
Gestalten und den Ältesten; und niemand konnte das
Lied lernen außer den hundertvierundvierzigtausend,
die erkauft sind von der Erde. 4 *Diese sind's, die sich*
mit Frauen nicht befleckt haben, denn sie sind jung-
fräulich, und folgen dem Lamme nach, wo es hingeht.
Diese sind erkauft aus den Menschen zu Erstlingen
Gott und dem Lamm, 5 *und in ihrem Munde ist kein*
Falsch gefunden; sie sind unsträflich. 6 *Und ich sah*
einen andern Engel fliegen mitten durch den Himmel,
der hatte ein ewiges Evangelium zu verkündigen
denen, die auf Erden wohnen, und allen Nationen und
Geschlechtern und Sprachen und Völkern 7 *und sprach*
mit großer Stimme: Fürchtet Gott und gebet ihm die
Ehre; denn die Stunde seines Gerichts ist gekommen!
Und betet den an, der gemacht hat Himmel und Erde

und Meer und die Wasserbrunnen! 8 *Und ein zweiter*
Engel folgte nach, der sprach: Sie ist gefallen, sie ist
gefallen, Babylon, die große Stadt; denn sie hat mit
dem Zorneswein ihrer Unzucht getränkt alle Völker.
9 *Und ein dritter Engel folgte ihnen nach und sprach mit*
großer Stimme: So jemand das Tier anbetet und sein
Bild und nimmt das Malzeichen an seine Stirn oder an
seine Hand, 10 *der soll von dem Wein des Zornes*
Gottes trinken, der unvermischt eingeschenkt ist in
seines Zornes Kelch, und wird gequält werden mit
Feuer und Schwefel vor den heiligen Engeln und vor
dem Lamm. 11 *Und der Rauch ihrer Qual wird*
aufsteigen von Ewigkeit zu Ewigkeit; und sie haben
keine Ruhe Tag und Nacht, die das Tier anbeten und
sein Bild, und wer das Malzeichen seines Namens
annimmt. 12 *Hier ist Geduld der Heiligen! Hier sind,*
die da halten die Gebote Gottes und den Glauben an
Jesus! 13 *Und ich hörte eine Stimme vom Himmel zu*
mir sagen: Schreibe: Selig sind die Toten, die in dem
Herrn sterben von nun an. Ja, der Geist spricht, daß sie
ruhen von ihrer Arbeit; denn ihre Werke folgen ihnen
nach.

Beginn des Gerichts

14 *Und ich sah, und siehe, eine weiße Wolke. Und auf*
der Wolke saß einer, der gleich war eines Menschen
Sohn; der hatte eine goldene Krone auf seinem Haupt
und in seiner Hand eine scharfe Sichel. 15 *Und ein*
andrer Engel kam aus dem Tempel und rief mit großer
Stimme zu dem, der auf der Wolke saß: Schlag an mit
deiner Sichel und ernte; denn die Zeit zu ernten ist
gekommen, denn die Ernte der Erde ist reif geworden!
16 *Und der auf der Wolke saß, schlug an mit seiner*
Sichel an die Erde, und die Erde ward geerntet. 17 *Und*
ein andrer Engel kam aus dem Tempel im Himmel, der
hatte auch ein scharfes Winzermesser. 18 *Und ein*
andrer Engel kam vom Altar, der hatte Macht über das

Feuer und rief mit großer Stimme zu dem, der das scharfe Messer hatte, und sprach: Schlag an mit deinem scharfen Winzermesser und schneide die Trauben am Weinstock der Erde, denn seine Beeren sind reif!
19 *Und der Engel schlug an mit seinem Winzermesser an die Erde und schnitt die Trauben der Erde und warf sie in die große Kelter des Zornes Gottes.*
20 *Und die Kelter ward draußen vor der Stadt getreten, und das Blut von der Kelter ging bis an die Zäume der Pferde tausendsechshundert Feld Wegs weit.*

Die Bedeutung des 14. Kapitels der Offenbarung, in dessen Mittelpunkt die Botschaften der drei Engel stehen, kann nur in Verbindung mit den Kapiteln 12 und 13 richtig erfaßt werden. In diesen Kapiteln wird der erbitterte Kampf Satans und seiner Werkzeuge gegen die Getreuen Gottes, die Gemeinde der Übrigen, skizziert. In der letzten großen Auseinandersetzung zwischen Licht und Finsternis wird die Macht, die vorgibt, Hüterin der Freiheit zu sein, Gewissenszwang ausüben und Menschen zur Anbetung des Tieres und seines Bildes nötigen.

Als Johannes die Angriffe der gottfeindlichen Kräfte in mehreren Visionen schaute, mag sich ihm die bange Frage aufgedrängt haben: Wie kann die Gemeinde, eine kleine Minderheit, angesichts dieser feindlichen Machtkonzentration überleben? So beängstigend das war, was Johannes in den vorangegangenen Kapiteln gesehen hatte, so ermutigend ist, was im 14. Kapitel geschrieben steht.

Die siegreiche Schar mit dem Lamm auf dem Berge Zion

„Und ich sah, und siehe, das Lamm . . ." (Offb. 14, 1.) Der Blick des Johannes fiel zuerst auf das Lamm. Es stand, umgeben von einer Schar von hundertvierundvierzigtausend Erlösten, auf dem Berge Zion. Damit wurde Johannes bestätigt, daß trotz allem satanischen Haß sich vollendet, was in Kapitel 7 angekündigt worden war: die Versiegelung der Hundertvierundvierzigtausend mit dem Siegel des lebendigen Gottes. In Kapitel 7 hatte Johannes sie noch auf der Erde gesehen, umgeben von ihren Widersachern; nun aber sind sie mit Christus, der sie hindurchgebracht hat, auf dem Berg Zion. Immer wieder war Johannes auf das Lamm hingewiesen worden, in dem sich unsere Erlösung und Hoffnung gründet.

Die hundertvierundvierzigtausend Israeliten aus Offenbarung 7 und 14 sind nicht etwa „fotografische Bilder" der zu Christus bekehrten Juden auf einem Berg des Mittleren Ostens. So wie das Lamm ein Sinnbild für Christus ist, so stehen die Hundertvierundvierzigtausend als Symbol für die Gemeinde der Übrigen in der letzten Prüfungszeit.

In ihnen erfüllen sich alle alttestamentlichen Voraussagen über den getreuen Überrest. Der Name des Vaters und des Sohnes an ihren Stirnen weist darauf hin, daß sie sein Eigentum sind. Dieses Zeichen ist ihnen weder durch Gewalt noch durch Drohung aufgenötigt worden. In freier Entscheidung haben sie sich auf die Seite des Lammes gestellt, während die große Mehrheit der Bewohner dieser Erde das Tier anbetete. Da alles, was Johannes zu Beginn des 14. Kapitels sah, in alttestamentlichen Bildern und Begriffen ausgedrückt wird, ist es müßig zu fragen, ob die Zahl 144 000 buchstäblich zu verstehen ist. Es geht vielmehr darum, welche Bedeutung die „Hundertvierundvierzigtausend" aus den zwölf Stämmen Israels haben. Sie sind die Fülle der Übrigen aus allen Nationen, die – getragen von Christi Gnade – durch die letzte harte Prüfungszeit hindurchgekommen sind und nun vor dem Lamm als Sieger stehen.

In diesem Zusammenhang entsteht für uns die Frage: Ist das Lamm, Jesus Christus, Mittelpunkt unseres Lebens, unseres Denkens, Wollens und Handelns? Ist Jesus das Ziel unserer Sehnsucht, Liebe und Anbetung?

„Sie sangen ein neues Lied"

Als Johannes noch ganz gebannt auf diese siegreiche Schar blickte, hörte er einzigartige Töne vom Himmel. Sie glichen dem Brausen von Meereswogen und klangen zugleich wie Harfenmusik. Schließlich vereinten sie sich zu dem gewaltigen Jubelgesang der Hundertvierundvierzigtausend. Ihr Lied, das neue Lied, das sie vor dem Thron Gottes singen (Offb. 14, 2. 3), ist nicht nur Ausdruck ihres Sieges, sondern auch ihrer Erfahrung. Nur wer durch die Trübsal der letzten Zeit geht und bewahrt bleibt in den sieben letzten Plagen, wer festhält an Gottes Wahrheit, wenn alle Welt blindlings dem Tier nachläuft, kann in diesen Gesang einstimmen. Gelernt wird dieses einzigartige Loblied in einem Leben der Erfahrung in der Nachfolge Jesu; ganz gewiß preist es den Tod Christi auf Golgatha und ist ein Dank für Erlösung, Bewahrung und Errettung.

Wenn Gemeinschaft mit Jesus Christus unser Leben bestimmt, drängt es uns schon heute, seine großen Taten im Lied zu rühmen. Einst waren auch die Sänger aus den Hundertvierundvierzigtausend, wie alle anderen Menschen, gefesselt an das Joch der Sünde und verkauft an den Fürsten dieser Welt. Sie besaßen noch kein Bürgerrecht im Himmel und keine Gotteskindschaft. Durch Christus aber sind sie „erkauft aus den Menschen zu Erstlingen Gott und dem Lamm" (Vers 4). Sie wurden zu Überwindern, die ihrem Gott selbst in härtester Anfechtung die Treue hielten. Ihre Glaubenshaltung wird gekennzeichnet durch Bilder aus der Sprache der Prophetie, die zwar nicht wörtlich anzuwenden sind, aber tiefe Bedeutung haben.

Mit Frauen nicht befleckt

Mit dem Hinweis, daß „diese ... sich mit Frauen nicht befleckt haben" (Vers 4), wird der vorbildliche Wandel der Hundertvierundvierzigtausend betont, keinesfalls aber Ehelosigkeit als Zeichen besonderer Frömmigkeit herausgestellt. Die Ehe wurde von Gott im Paradies vor dem Sündenfall gestiftet und von ihm geheiligt. Immer wieder diente sie zur Veranschaulichung der innigen Beziehung zwischen Gott und seinem Volk bzw. Christus und seiner Gemeinde.

Von daher ist in der biblischen Prophetie die Frau ein Sinnbild für die Gemeinde. Paulus schrieb einst an die Korinther: „Ich habe euch verlobt einem einzigen Manne, daß ich Christus eine reine Jungfrau zuführte." (2. Kor. 11, 2.) In Offenbarung 17, 5 ist im Gegensatz dazu von einer unzüchtigen Frau und deren Töchtern die Rede, die das gleiche unzüchtige Wesen aufweisen. Sie wird „das große Babylon, die Mutter der Hurerei" genannt. Götzendienst, Treulosigkeit gegenüber Gott und Abfall vom wahren Glauben wurden bereits im Alten Testament als „Ehebruch" bezeichnet. Diesem zu allen Zeiten gültigen prophetischen Bild kommt während des allgemein um sich greifenden religiösen Abfalls unmittelbar vor der Wiederkunft Christi besondere Bedeutung zu.

Von den Hundertvierundvierzigtausend aber wird gesagt, daß sie sich nicht haben verführen lassen, sondern den reinen Glauben bewahrten, unbefleckt von unbiblischen Lehren: „Sie sind jungfräulich." (Vers 4.) Im Griechischen steht hier ein Wort, das auf Mann und Frau anwendbar ist und auch mit „keusch" oder „rein" übersetzt werden kann. Kurz gesagt: Sie führten ein Leben in Reinheit, Gehorsam, Hingabe und Wahrheit, ein Leben der Heiligung, ohne Zugeständnisse zu machen. Damit ist keinesfalls gesagt, daß sie frei von Sünden sind. Weil sie aber von Herzen auf das Kommen ihres Herrn warteten, war es ihr sehnlichster Wunsch, daß sie „ihm gleich sein" würden. Und jeder, der von dieser Hoffnung erfüllt ist, „der reinigt sich, gleichwie er auch rein ist" (1. Joh. 3, 2. 3).

Die Hundertvierundvierzigtausend wurden also nicht nur von Christus bewahrt, sondern haben sich auch selbst bewahrt, so wie es Jakobus sagt: „Ein reiner und unbefleckter Gottesdienst vor Gott, dem Vater, ist: ... sich selbst von der

Welt unbefleckt halten." (1, 27.) Ihre Liebe gehört ungeteilt ihrem Herrn.

Jesus selbst hat im Gleichnis die Gemeinde, die auf seine Wiederkunft wartet, mit Jungfrauen versinnbildet (Matth. 25, 1–13). Die „Lampen" in ihren Händen versinnbilden das Wort Gottes, das den Gläubigen ein Licht auf ihrem Wege ist (Ps. 119, 105). Es reicht aber nicht aus, die Lampe nur in der Hand zu halten. Wir brauchen vor allem Öl, damit die Lampe brennt. Das wird uns in der Erfahrung eines Lebens mit Christus zuteil, das unter der Führung des Heiligen Geistes steht.

Zu Erstlingen Gott und dem Lamm erkauft

Der Hinweis darauf, daß sie „Erstlinge" (Vers 4) sind, will andeuten, daß die Gesamtzahl der Heiligen noch viel größer ist. Unzählbar muß sie uns vorkommen, wenn schon einhundertvierundvierzigtausend „Erstlinge" an der Seite des Lammes stehen. Damit wird der Blick auf die große bevorstehende Ernte gelenkt, die durch Christi Erlösungswerk eingebracht wird.

In Israel war es Brauch, die erste Gabe dem Priester zu bringen, ehe man die gesamte Ernte einholte (siehe 3. Mose 23, 10ff.). So bringt auch Gottes Sohn aus allen Menschen, die der himmlischen Ernte entgegenreifen, die Schar der Hundertvierundvierzigtausend als Erstlingsgabe zum Vater.

Paulus erinnert daran, daß uns aus Christi Erlösungswerk eine heilige Verpflichtung erwächst. „Denn ihr seid teuer erkauft; darum so preiset Gott an eurem Leibe." (1. Kor. 6, 20.) Und Johannes schrieb in seinem Brief, daß wir dem Herrn gleich sein werden, wenn er erscheinen wird (1. Joh. 3, 2). Ihm gleich zu sein, ist das höchste Ziel, das durch Christus in uns verwirklicht werden soll. Durch die Kraft des Heiligen Geistes wird heute schon im Leben seiner Nachfolger die Macht der Sünde gebrochen. Beim zweiten Kommen Christi aber wird der Gläubige in der Auferstehung oder

Verwandlung frei werden vom „Leib der Sünde" (Röm. 6, 6). Als Nachfolger Jesu sollten wir deshalb nie außer acht lassen, daß wir „teuer erkauft" sind.

Keine Falschheit in ihrem Munde

Johannes sagt ferner, daß sie „unsträflich" sind. Diese Eigenschaft erweist sich gerade auch darin, daß „in ihrem Munde . . . kein Falsch gefunden" werden kann (Vers 5). Das hier gebrauchte Wort für „unsträflich" hatte besondere Bedeutung für den Opferdienst, bezeichnete es doch Tiere ohne Fehl und Tadel, die zum Opfer geeignet waren.

In Zephanja 3, 13 sagt der Herr von den Übrigen: „Diese Übriggebliebenen in Israel werden nichts Böses tun noch Lüge reden, und man wird in ihrem Munde keine betrügerische Zunge finden." Jakobus erwähnt im Neuen Testament: „Wir machen ja alle viele Fehler. Wer sich aber zum Beispiel beim Reden niemals versähe, der wäre ein vollkommener Mann." (Jak. 3, 2, Bruns.)

Wenn es auf unsere Gerechtigkeit, unsere Wahrhaftigkeit, unsere Redlichkeit ankäme, könnte keiner von uns zu dieser Erstlingsschar zählen. Wodurch aber wird es möglich, „heilig und unsträflich" vor Gott zu stehen? Allein durch die Gerechtigkeit, die der Gläubige in Jesus Christus empfängt. „Nicht das Bewußtsein unserer Heiligung, sondern die Rechtfertigung durch den Glauben ist Grund und Gewißheit unserer Errettung. Wir brauchen uns keine Sorgen darüber zu machen, was Christus und Gott von uns denken. Wichtig ist, was Gott über Christus, unseren Stellvertreter, denkt. Wir sind in dem geliebten Sohn angenommen."[1]

Sie folgen dem Lamm

Die Hundertvierundvierzigtausend haben sich von Christus herausrufen lassen aus allen Nationen, Sprachen und

Völkern und „folgen dem Lamme nach, wo es hingeht" (Vers 4). Das Lamm ging gehorsam ans Kreuz, um für die Welt zu sterben. Das Kreuz ist nicht nur ein Symbol, sondern eine Wirklichkeit für den Christen. Noch heute gelten die Worte Jesu: „Will mir jemand nachfolgen, der verleugne sich selbst und nehme sein Kreuz auf sich und folge mir." (Matth. 16, 24.) Zur Schar des Lammes kann also nur gehören, wer sich bewußt für Christus entschieden hat. Christ ist, wer Christus nachfolgt. Das ist die einfachste und treffendste Erklärung des Christseins. Dabei kommt es entscheidend darauf an, im Alltag ein Leben des Gehorsams und des Glaubens zu führen, und zwar mit Konsequenz und ohne jeden Vorbehalt.

Die Hundertvierundvierzigtausend, die Johannes mit dem Lamm auf dem Berge Zion sah, haben selbst in schwersten satanischen Anfechtungen mit der Nachfolge Ernst gemacht. Nun wird ihnen die höchste Ehre zuteil, die Gott gewähren kann. Keiner von denen, die das göttliche Siegel empfangen haben, wird verlorengehen.

Worin besteht das Geheimnis ihres Sieges, da ihnen Satan doch mit seiner ganzen dämonischen Macht entgegentrat? Antwort darauf geben die Botschaften der drei Engel, von denen in den Versen 6 bis 12 die Rede ist. Danach schaute Johannes als nächstes Ereignis die Wiederkunft Christi, verbunden mit dem Gericht (Verse 14–20). Der Zusammenhang, in den die Botschaft der drei Engel in der Offenbarung eingefügt ist, verleiht ihr außergewöhnliche Wichtigkeit. Um so auffallender, ja geradezu befremdend ist es, wie oberflächlich manche Bibelausleger über diesen wichtigen Abschnitt hinweggehen und wie wenig sie dazu zu sagen haben.

Der Engel mit dem ewigen Evangelium

Johannes sah nacheinander drei Engel mitten durch den Himmel fliegen. Sie verkündigten eine Botschaft, die überall auf Erden zu hören ist und durch die alle Menschen in die

Nachfolge Jesu gerufen werden. Dieses ewige Evangelium ist Gottes letztes Angebot an die Menschheit (Vers 6).

Was ist mit dem Wort „ewig“ gemeint? Einmal, daß das Evangelium von Ewigkeit her besteht. Es enthält den Erlösungsplan, der vor Grundlegung der Welt gefaßt wurde (Eph. 1, 4), in dem Gott seine ewige Absicht mit den Menschen und seinen Rettungswillen beschlossen hat. Das „ewige Evangelium“ ist keine neue Lehre, sondern Grundlage der Hoffnung, die schon den ersten Menschen unmittelbar nach dem Sündenfall gegeben wurde (1. Mose 3, 15), an die sich Abraham hielt (Gal. 3, 8), und die von den Propheten vielfältig bezeugt wurde (Hebr. 1, 1).

Das einstige Gottesvolk hatte dieses Evangelium mehr und mehr preisgegeben, weil es eigene Messiasvorstellungen hegte. Zwar warteten die Juden mit brennendem Herzen auf einen Befreier von der römischen Fremdherrschaft, aber sie waren so verblendet, daß sie nicht erkannten, was sie wirklich brauchten: einen Heiland, der „sein Volk ... von ihren Sünden“ erretten würde (Matth. 1, 21). Deshalb hatten sie keinen Raum für den von Gott gesandten Erlöser und kein Ohr für das „ewige Evangelium“ aus dem Munde Jesu.

Aber auch die christliche Kirche hat das Evangelium veruntreut, als sie menschliche Lehren dem geoffenbarten Wort Gottes überordnete. An die Stelle der frohen Botschaft von der Gerechtigkeit durch den Glauben an Jesus Christus wurden kirchliche Anordnungen gesetzt. Da gab es Gebote und Verbote, da galt es „fromme Werke“ zu tun, wenn man sich als „guter Christ“ erweisen wollte.

Die Reformation brachte nur eine teilweise Erneuerung. Zwar versuchten die Reformatoren, die Gläubigen zu dem ewigen Evangelium zurückzuführen; aber bedauerlicherweise schenkten sie bestimmten biblischen Lehren, die Jesus und die Apostel verkündigt hatten, nicht die erforderliche Aufmerksamkeit. Anstatt um eine Vertiefung der „Erkenntnis Christi“ zu ringen, verfiel man in der Folgezeit weitgehend einer „toten Orthodoxie“. Man stritt sich um die „reine Lehre“ und verlor dabei Christus aus den Augen. Auch den Glauben an die göttliche Inspiration der Bibel gab man weithin auf, erkannte nicht mehr das rechte Verhältnis von Gesetz und Evangelium und hatte kein Verständnis für den hohepriesterlichen Versöhnungsdienst und die Wiederkunft Christi.

Die drei Engelsbotschaften aus Offenbarung 14, 6–12 sollen deshalb zur Vollendung der Reformation in der Christenheit führen. Menschen in aller Welt sollen das „ewige Evangelium" kennenlernen, so wie es von Christus gegeben wurde, und zu geistlicher Erweckung und Erneuerung finden. Durch die drei Engelsbotschaften möchte Christus die Gemeinde auf Gefahren hinweisen, denen sie in der Zeit vor seiner Wiederkunft besonders ausgesetzt sein wird. Mit der Verkündigung dieser Botschaft wird der Welt eine letzte Gelegenheit gegeben, Christus als Erlöser anzunehmen. Für alle, die diesem Ruf folgen, ist es eine frohe Botschaft.

Jesus Christus beauftragte seine Nachfolger damit, das Evangelium zu verkündigen (Matth. 28, 19. 20). Folglich ist der Engel, den Johannes schaute, ein Symbol für die Gemeinde, die das „ewige Evangelium" in der Zeit vor Jesu Wiederkunft ausbreitet und sich an alle Nationen, Sprachen und Geschlechter wendet. So wird ein Volk zugerüstet, das bereit ist, dem Herrn zu begegnen.

Mit der Verkündigung der Drei-Engel-Botschaft erfüllt sich das Wort Jesu in Matth. 24,14: „Es wird gepredigt werden dies Evangelium vom Reich in der ganzen Welt zum Zeugnis für alle Völker, und dann wird das Ende kommen."

Die Botschaft des ersten Engels

Mit lauter Stimme rief der Engel: „Fürchtet Gott und gebet ihm die Ehre, denn die Stunde seines Gerichts ist gekommen! Und betet den an, der gemacht hat Himmel und Erde und Meer und die Wasserbrunnen!" (Offb. 14, 7.)

Die Botschaft des ersten Engels fordert dazu auf, das Heil in Christus zu ergreifen. Viele haben noch keine klare

Entscheidung getroffen; sie möchten sich nicht festlegen. Doch an Christus kann man sich nicht als Unbeteiligter vorbeidrücken; früher oder später muß man Stellung beziehen. Keiner kann neutral bleiben. „Wer nicht mit mir ist, der ist wider mich", warnte Jesus (Matth. 12, 30). Schon der Prophet Joel wies darauf hin, daß sich die Menschheit vor der Wiederkunft Christi zu entscheiden hat. „Es werden Scharen über Scharen von Menschen sein im Tal der Entscheidung; denn des Herrn Tag ist nahe im Tal der Entscheidung." (Joel 4, 14.)[2] Millionen werden Gottes letzte Botschaft hören und die rettende Hand Christi ergreifen, nachdem sie sich für ihn entschieden haben. Die Botschaft des ersten Engels fordert auf: Fürchtet Gott! Gebet ihm die Ehre! Betet ihn an!

Fürchtet Gott und gebet ihm die Ehre!

Von jeher war der Mensch bestrebt, unabhängig zu sein von Gott. Er ist stolz auf das, was er aus sich gemacht hat, und möchte sich selbst dienen. In der Botschaft des ersten Engels aber geht es darum, Gott zu fürchten, das heißt, ihn und sein Wort ernst zu nehmen. Dies bedeutet, wieder zu lernen, sich ganz auf Gott zu verlassen und auf das, was er zu unserer Errettung getan hat. Dafür sollen wir ihm und seinem Sohn die Ehre geben. Der Ruf „Fürchtet Gott" fordert dazu auf, endgültig Schluß zu machen mit allem eigenen Bemühen, durch „frommes Tun" Anerkennung vor Gott zu finden.

Statt dessen werden wir ermutigt, der Gerechtigkeit Christi zu vertrauen. Das ist der einzige Weg zum „Frieden mit Gott". Nur so können wir uns rühmen „der Hoffnung der zukünftigen Herrlichkeit, die Gott geben wird" (Röm. 5, 1. 2). „Was ist Rechtfertigung durch den Glauben? Es ist das Werk Gottes, den Ruhm des Menschen in den Staub zu legen und für den Menschen das zu tun, was dieser aus eigener Kraft nicht tun kann. Wenn Menschen ihre eigene Nichtigkeit einsehen, so sind sie vorbereitet, mit der Gerechtigkeit Christi bekleidet zu werden."[3]

Durch das Opfer Christi am Kreuz wird nicht nur unsere Versöhnung mit Gott ermöglicht; es schafft auch für jeden, der Gottes Angebot annimmt, die Voraussetzung, ein geheiligtes Leben mit Christus zu führen. „Die Gerechtigkeit, durch die wir gerechtfertigt werden, ist zugerechnet. Die Gerechtigkeit, durch die wir geheiligt werden, ist verliehen. Die erste ist unser Titel für den Himmel, die letztere bedeutet unsere Eignung für den Himmel.“ [4]

Zugerechnete Gerechtigkeit, durch die ein Mensch von Schuld losgesprochen wird, ist somit die Voraussetzung für verliehene Gerechtigkeit, die die Lebensführung heiligt und uns für den Himmel geeignet macht.

Die Rechtfertigung, die ein Mensch erfährt, wenn er Jesus Christus im Glauben als seinen Heiland annimmt, kann mit dem Wurzelwerk eines Baumes verglichen werden. Es ist unsichtbar. Aber ein Baum, der eine gesunde Wurzel hat, trägt sichtbar Laub und Früchte. So zeigt sich auch in einem Leben mit Christus die Frucht des Heiligen Geistes. Das ist das Kennzeichen echter Heiligung, die aus der Rechtfertigung durch Christus erwächst. Ohne den Geist Christi, der das Gewissen weckt, können wir nicht einmal Buße tun. Christus ist der Ursprung jeder guten Regung.

Was bleibt dann übrig, dessen wir uns vor Gott rühmen könnten? Jesus zeigt im Gleichnis von den beiden Anbetern im Tempel (Luk. 18, 9ff.), wie töricht es ist, wenn Menschen vor Gott auf ihr frommes Tun pochen. Und Paulus erklärt: „Aus Gnade seid ihr gerettet worden durch den Glauben, und das nicht aus euch: Gottes Gabe ist es, nicht aus den Werken, auf daß sich nicht jemand rühme.“ (Eph. 2, 8. 9.) „Wer sich rühmt, der rühme sich des Herrn!“ (1. Kor. 1, 31.)

Wer sich dessen bewußt ist, daß er alles, was er als Nachfolger Jesu sein darf, der göttlichen Gnade verdankt, wird auch darauf bedacht sein, allein „Gott die Ehre“ zu geben. So verstehen wir, daß die beiden Aufforderungen in der ersten Engelsbotschaft: „Fürchtet Gott und gebet ihm die Ehre“ unlösbar miteinander verknüpft sind, ja einander bedingen.

Betet ihn an!

Auch die dritte Aufforderung: „Betet . . . an", hängt eng mit den beiden vorangehenden zusammen. Wer durch Jesus Christus gerechtfertigt ist, den drängt es zur Anbetung Gottes. Häufig ergeht in der Heiligen Schrift die Aufforderung zur Anbetung, aber in keinem Buch der Bibel wird so viel von Anbetung gesprochen wie in der Offenbarung. Anbetung ist mehr als demütiges Beugen der Knie vor dem allmächtigen Gott; es ist der tiefste und stärkste Ausdruck der Ehrerbietung, die Antwort des begnadigten und gerechtfertigten Menschen auf die Liebe Gottes. Solche Anbetung schließt die Anerkennung Gottes als Schöpfer mit ein.

Doch noch immer neigen Menschen dazu, „dem Geschöpf statt dem Schöpfer" (Röm. 1, 25) Ehre darzubringen. Selbst in der Christenheit ist die Überzeugung von der Existenz eines persönlichen Gottes, der Himmel und Erde geschaffen hat, immer mehr verlorengegangen. Angesichts der im 19. Jahrhundert aufgekommenen Entwicklungstheorie ist der Ruf zur Anbetung des Schöpfers auch in der Christenheit aktuell. Und wer ihn aus wahrhaft dankbarem Herzen anbetet, wird auch das Zeichen seiner Schöpfermacht anerkennen wollen.

Dieses Zeichen ist der Sabbat. Es ist bemerkenswert, daß das vierte Gebot als einziges und umfangreichstes der Zehn Gebote auf Gott als den Schöpfer hinweist: „In sechs Tagen hat der Herr Himmel und Erde gemacht . . . und ruhte am siebenten Tage. Darum segnete der Herr den Sabbattag und heiligte ihn." (2. Mose 20, 11.)

„Der Sabbat ist darum als Gedächtnistag der Schöpfung wichtig, weil er immer den wahren Grund vor Augen führt, warum die Anbetung Gott gebührt: weil Gott der Schöpfer ist und wir seine Geschöpfe sind . . . Um diese Wahrheit den Menschen stets vor Augen zu halten, setzte Gott in Eden den Sabbat ein; und solange der Anspruch fortbesteht, daß wir ihn anbeten sollen, weil er unser Schöpfer ist, so lange wird auch der Sabbat das Zeichen und Gedächtnis sein . . . Daraus ergibt sich, daß die Botschaft, die den Menschen gebietet, Gott anzubeten und seine Gebote zu halten, sie besonders auffordert, das vierte Gebot zu befolgen."[5]

Die Stunde seines Gerichts

Die drei Aufforderungen aus der Botschaft des ersten Engels, die uns in ein Vertrauensverhältnis zu Gott führen wollen, waren zwar immer bedeutsam, aber nie so dringlich wie in einer Zeit, wo wesentliche Elemente des „ewigen Evangeliums" in der Christenheit preisgegeben wurden und Gottes Heilsplan seiner Vollendung entgegengeht. Die Begründung, die der Engel dafür gibt, lautet: „Denn die Stunde seines Gerichts ist gekommen!" (Vers 7.)

In fast allen biblischen Büchern wird auf das Gericht hingewiesen. Über tausendmal wird es in der Heiligen Schrift erwähnt, und in Hebräer 9, 27 werden wir sogar ermahnt, das Gericht ernster zu nehmen als den Tod. Nun heißt es aber in dieser Botschaft: „Die *Stunde* seines Gerichts ist gekommen" – während sonst in der Heiligen Schrift vom *Tag* des Gerichts gesprochen wird (siehe Apg. 17, 31 u. a.). Eine Antwort darauf ist, daß das Gericht verschiedene Phasen hat. Aber stets tritt Jesus als Richter auf.

Zunächst geschieht Gericht immer dann, wenn Menschen den Herrn Jesus und seine rettende Botschaft abweisen. „Wer nicht [an Christus] glaubt, der ist schon gerichtet", sagt Jesus (Joh. 3, 18).

Daniel macht auf ein Gericht aufmerksam, das unmittelbar vor der Wiederkunft Christi vor Gott im Himmel und in Gegenwart unzähliger Engel gehalten wird (Dan. 7, 9. 10). Da tritt der Menschensohn, Jesus Christus, für die „Heiligen des Höchsten" (siehe Dan. 7, 27) vor Gott ein. Während dieses Geschehens, das wir Untersuchungsgericht nennen, ist der Antichrist auf Erden noch aktiv. Vor den Engeln im Himmel aber wird in der ersten Phase des göttlichen Gerichts der Weizen vom Unkraut getrennt.

Dieses Untersuchungsgericht beginnt, wenn Jesus den zweiten Teil seines hohepriesterlichen Dienstes im Himmel aufnimmt, und findet seinen Abschluß, wenn der Herr sein Mittlerwerk im Himmel beendet hat und auf diese Erde zurückkehrt. Dann werden die durch Christus Gerechtfertigten in das Reich Gottes eingehen.

In den darauffolgenden tausend Jahren läßt Gott nach Offenbarung 20, 1ff. in einer eindrucksvollen Gerichtsverhandlung vor allen Heiligen offenbar werden, warum die Verächter nicht gerettet werden konnten. Dabei wird sich zeigen, daß Gott in seiner Gnade an jedem Menschen getan hat, was zu dessen Heil nötig war. Niemand wird Gott mangelnder Liebe bezichtigen können.

Nach jenen tausend Jahren folgt die Vollstreckung des Urteils. Angesichts der Gerechtigkeit Gottes werden sich am Ende alle Knie beugen und alle Zungen bekennen, daß Christus der Herr ist (siehe Phil. 2, 9–11). Allerdings kann dann dieses Bekenntnis keinem Menschen mehr zum Heil gereichen. Die Zeit, sich für Christus zu entscheiden, ist endgültig vorbei. Wer nicht im Buch des Lebens geschrieben steht, den erwartet das Feuer des göttlichen Gerichts. Die „Stunde des Gerichts" ist also ein Teil von dem großen „Tag des Gerichts".

Wenn in der Botschaft des ersten Engels verkündigt wird, daß die „Stunde seines Gerichts" gekommen ist, muß auch erkennbar sein, wann diese Stunde anbricht. In den Prophezeiungen Daniels (Dan. 8 und 9) macht Gott den Beginn dieser Stunde offenbar. Mit dem Ablauf der 2300 Abende und Morgen (Dan. 8, 14), die als eine Zeitperiode von 2300 Jahren zu verstehen sind, sollte diese Stunde anbrechen; und das war – wie schon erläutert – im Jahre 1844.

Jede Münze hat bekanntlich zwei Seiten. Es wäre nur die halbe Wahrheit, wenn wir vom Gericht Gottes redeten, ohne die Gerechtigkeit durch den Glauben an Jesus Christus zu verkündigen. Wohl haben alle gesündigt, alle stehen unter dem Verdammungsurteil der Sünde, aber dennoch besteht Hoffnung für jeden. Und diese Hoffnung ist Jesus Christus.

Durch ihn haben wir Vergebung der Sünde und werden in die Familie Gottes aufgenommen. Das aber geschieht nur durch den Glauben an das Opfer, das Christus durch sein Leben und Sterben für uns gebracht hat. Die Botschaft von der Rechtfertigung durch den Glauben kommt nirgends so klar zum Ausdruck wie in der Botschaft vom Gericht Gottes. Beide gehören untrennbar zusammen.

Die Botschaft des zweiten Engels

Nachdem der erste Engel seine Botschaft ausgerichtet hatte, hörte Johannes, wie ein zweiter Engel rief: „Sie ist gefallen, sie ist gefallen, Babylon, die große Stadt." (Offb. 14, 8.)

Erstmals begegnet uns hier das Wort Babylon, das in der Offenbarung insgesamt sechsmal vorkommt. Was ist darunter zu verstehen? Es kann sich nicht um das geschichtliche Babylon handeln; denn das war zur Zeit des Johannes bereits untergegangen. Zwar wurde von den frühen Christen „Babylon" offenbar als Deckname für Rom gebraucht (siehe 1. Petr. 5, 13), doch auch das heidnische Rom kann niemals das Babylon der Offenbarung sein. Erstens reicht dieses Babylon nach Offenbarung 17 und 18 bis in die letzte Zeit, zum andern wird nach Offenbarung 17, 5 vom Geheimnis dieses Namens gesprochen. Das läßt auf eine Bedeutung im übertragenen Sinn schließen. Unterstrichen wird diese Annahme auch noch dadurch, daß in Offenbarung 17 das „große Babylon" als Hure dargestellt wird im Gegensatz zu dem Weib in Offenbarung 12, das Sinnbild für die Gemeinde Jesu Christi ist.

Was bedeutet es aber, daß der Engel den Fall Babylons ankündigt? In 1. Mose 11 stoßen wir erstmals auf den Namen Babel, dessen griechische Form Babylon lautet. In der Landschaft Sinear, der Euphratebene, fanden sich nach dem biblischen Bericht Menschen zusammen, um eine Stadt zu bauen. Nachdem die Sintflut als Gericht über die Erde gegangen war, hatte Gott verheißen, daß nie mehr eine Wasserflut die Welt vernichten werde (siehe 1. Mose 9, 15). Aber die Erbauer der Stadt Babel glaubten der Zusage Gottes nicht. Sie bauten einen hohen Turm, um sich vor einer möglichen neuen Flut zu schützen.

Dieser Turmbau zu Babel wurde zum Symbol dafür, sich die Zukunft aus eigener Kraft sichern zu wollen. In 1. Mose 11, 4 heißt es darüber hinaus, daß sich die Erbauer „einen Namen machen“ wollten. Schließlich griff Gott ein und verwirrte ihre Sprache, so daß sie ihr Vorhaben nicht vollenden konnten. Seither heißt diese Stätte Babel oder Babylon, was soviel wie Verwirrung bedeutet. Der Turm, der ein bleibendes Denkmal ihres Stolzes sein sollte, wurde zum Zeichen der Empörung gegen Gott, zu einem Symbol für das anmaßende Streben, Erlösung aus sich selbst zu erlangen.

Damit ist Babylon Typos all jener geworden, die Gerechtigkeit durch Werke schaffen wollen, und steht im krassen Gegensatz zu der Gerechtigkeit aus dem Glauben. „Babylon bedeutet Verwirrung. Dieser Name wird in der Heiligen Schrift angewandt, um die verschiedenen Formen einer falschen oder abgefallenen Religion zu bezeichnen.“[6]

„Der Begriff Babylon ist nicht geographisch, sondern symbolhaft zu verstehen. Unter diesen Begriff gehört... auch die... Kirche, die das Evangelium nicht mehr lauter und rein verkündigt.“[7] Jede Kirche, die aus eigener Kraft das Reich Gottes auf Erden aufrichten will, trägt babylonisches Gepräge.

„Die Auffassung, daß der Mensch sich durch seine eigenen Werke erlösen könne, war die Grundlage jeder heidnischen Religion; auch in Israel hatte dieser Grundsatz, von Satan eingepflanzt, Boden gewonnen. Wo immer man ihn befolgt, berauben die Menschen sich selbst jeder Schutzwehr gegen die Sünde.“[8] So ist Babylon das Symbol des Abfalls innerhalb der Christenheit, ein Sinnbild für Verwirrung, Werkgerechtigkeit und menschliche Selbstverherrlichung.

Nebukadnezar, der Gründer des neubabylonischen Weltreiches, ein stolzer Mann, der sich seiner Macht rühmte, hatte sich eine glanzvolle Hauptstadt erbauen lassen. Eines Tages schaute er, wie in Daniel 4, 26. 27 zu lesen ist, von seiner königlichen Burg herab auf die Riesenstadt und sprach selbstherrlich: „Das ist das große Babel, das ich erbaut habe zur Königsstadt durch meine große Macht zu Ehren meiner Herrlichkeit." Gott blieb ihm die Antwort auf seine Überheblichkeit nicht schuldig.

In dieses stolze Babylon führte Nebukadnezar die Israeliten in Gefangenschaft und wollte sie nicht mehr freilassen. Wer sollte seiner Macht auch trotzen? – Aber Gott kündigte durch seine Propheten den Fall Babylons an. Eine Zeitlang hatte er das Treiben dieser Macht geduldet, doch dann folgte sein Gericht.

Und wodurch fiel das uneinnehmbar scheinende Babylon? Die Perser unter Cyrus belagerten die Stadt. Unbemerkt von den Wachen auf den Mauern, leiteten sie den Euphrat um. Durch diese List konnten die Perser während der Nacht durch das ausgetrocknete Flußbett in die Stadt eindringen. So fiel das große Babylon, damit Juda, das Volk Gottes, befreit werden konnte.

Die Botschaft des zweiten Engels ist eine Ankündigung des Gerichts, das über Babylon ergehen wird. Einzelheiten werden in den Kapiteln 17 und 18 erwähnt. Wir aber werden durch die zweite Engelsbotschaft ermahnt, herauszugehen aus Babel und lebendige Glaubenserfahrungen mit Christus zu suchen. Das ist der einzige Weg, um nicht in den babylonischen Strudel der Endzeit hineingerissen zu werden.

Seit 1844 wird die Botschaft des zweiten Engels verkündigt: „Babylon ist gefallen!" Das ist das göttliche Urteil über eine Christenheit, die allzu bereit ist, sich der Welt anzupassen, und die den entscheidenden Aussagen des Wortes Gottes gleichgültig bis anmaßend gegenübersteht.

„Doch der Abfall hat seinen Höhepunkt noch nicht erreicht. Die Heilige Schrift sagt uns, daß vor der Wiederkunft des Herrn Satan wirken wird ‚mit allerlei lügenhaftigen Kräften und Zeichen und Wundern und mit allerlei Verführung zur Ungerechtigkeit', und die, welche ‚die Liebe zur

Wahrheit nicht haben angenommen, auf daß sie selig würden', werden kräftige Irrtümer empfangen, ‚daß sie glauben der Lüge'. Nicht eher als bis dieser Zustand eingetreten und die Vereinigung der Kirche mit der Welt über die ganze Christenheit hergestellt ist, wird der Fall Babylons vollständig sein. Die Veränderung schreitet voran, aber die vollkommene Erfüllung von Offenbarung 14, 8 ist noch zukünftig."[9]

Babylonisches Wesen ist heute überall in Kirchen und Gemeinschaften zu finden. Was äußerlich einmal fallen wird, das fällt lange zuvor innerlich. Schon deshalb haben wir uns zu fragen: Wie stehen wir zu Jesus Christus? Begnügen wir uns mit dem „Schein eines gottesfürchtigen Wesens" (2. Tim. 3, 5), dem alle Kraft mangelt? Versuchen wir etwa Gott *und* dem Mammon zu dienen? Bilden wir uns etwas ein auf unsere Frömmigkeit? Die Endzeitgemeinde Laodicea wurde gewarnt: „Du sprichst: Ich bin reich und habe gar satt und bedarf nichts! und weißt nicht, daß du bist elend und jämmerlich, arm, blind und bloß." (Offb. 3, 17.)

So werden in der zweiten Engelsbotschaft die Getreuen Jesu, die Übrigen, den Kirchen gegenübergestellt, die vom Evangelium der Bibel abgewichen sind. Weil Babylon in Gottes Augen abgefallen ist, ruft der Herr alle Aufrichtigen dazu auf, sich innerlich und äußerlich von Babylon zu trennen: „Gehet aus von ihr, mein Volk, daß ihr nicht teilhaftig werdet ihrer Sünden!" (Offb. 18, 4.) Und auch Paulus mahnt uns unter Benutzung alttestamentlicher Bezugsstellen (Jes. 52, 11; Jer. 31, 9): „Darum ‚gehet aus von ihnen und sondert euch ab', spricht der Herr, . . . ‚so will ich euch annehmen.'" (2. Kor. 6, 17.)

Die Botschaft des dritten Engels

„So jemand das Tier anbetet und sein Bild und nimmt das Malzeichen an seine Stirn oder an seine Hand, der soll von dem Wein des Zornes Gottes trinken . . ." (Offb. 14, 9. 10.)

Das ist die schwerwiegendste Botschaft. Mit beispielloser Kompromißlosigkeit wird hier der Forderung zur Anbetung des Tieres und seines Bildes entgegengetreten. Während sich das Verderben im Sturmschritt naht, warnt Gott in seiner Barmherzigkeit noch einmal vor den Strafgerichten, von denen alle betroffen werden, die trotz dieser Warnung auf dem Wege der Sünde bleiben. Dieser dritte Ruf ist ein Ruf zur Entscheidung. Er stellt alle Schwankenden und Verzagten vor die Wahl, entweder Christus zu vertrauen oder verlorenzugehen. Diese Botschaft steht in enger Beziehung zu dem weltweiten Abfall, auf den in den Kapiteln 13, 16 und 17 hingewiesen ist, wenn der Antichrist und sein falscher Prophet durch die Annahme des Malzeichens Anerkennung für sich fordern werden.

Das Malzeichen des Tieres

Was haben wir unter dem Malzeichen zu verstehen, von dem in den Kapiteln 13–16 wiederholt die Rede ist? Dieses Malzeichen des Tieres muß irgendwie wahrnehmbar sein; denn niemals läßt Gott eine Strafe über Unwissende ergehen. Es muß außerdem in deutlichem Gegensatz zu dem Siegel oder Zeichen Gottes stehen. Wenn das Tier symbolisch aufzufassen ist, dann offensichtlich auch das Zeichen. Und wie die Gläubigen darauf bedacht sind, das Wesen Gottes widerzuspiegeln, so identifizieren sich die anderen mit ihren Gedanken und Taten mit der Wesensart des Tieres.

Im Malzeichen würde dann das Wesen des Tieres, das nach Daniel 7, 25 in Auflehnung gegen Gott und Kampf gegen sein Volk besteht, zum Ausdruck kommen. Das Zeichen der Schöpfermacht Gottes ist, wie bereits erwähnt, Gottes Ruhetag, der Sabbat. Daraus ist zu schließen, daß das Zeichen des allgemeinen Abfalls ein falscher Tag der Anbetung ist.

Der dritte Engel warnt davor, dieses Malzeichen anzunehmen. Doch ehe die letzten Ereignisse eintreten, können wir nicht wissen, was damit alles verbunden sein wird. Bevor der Erlöser in seiner Herrlichkeit erscheint, wird jeder Mensch die Möglichkeit haben, sich zu entscheiden, ob er Gott gehorchen will oder nicht, ob er Christus anbetet oder das Tier.

Rettender Glaube und wahre Anbetung sind bei Gott eine Einheit. Schon bei Kain und Abel zeigte sich, worum es im Kampf zwischen Gut und Böse, Glauben und Unglauben, zwischen wahren und falschen Anbetern geht. „Kain und Abel stellen die beiden Klassen dar, die bis zum Ende der Welt bestehen werden. Die eine vertraut auf das von Gott erwählte Opferlamm, die andere verläßt sich auf eigene Verdienste ... Der bei weitem größte Teil der Anbeter auf Erden folgt dem Beispiel Kains, denn fast jeder falsche Glaube erwächst aus der Vorstellung, daß der Mensch durch eigene Anstrengung erlöst werden kann."[10]

Wenn auch die Linien der drei Engelsbotschaften noch nicht bis zum Ende erkennbar sind, haben sie doch heute schon entscheidende Bedeutung. Sie öffnen der Gemeinde die Augen für die himmlische Wirklichkeit und das hintergründige Geschehen in der religiösen Welt. Sie machen deutlich, daß wir vor Gott nicht mit einer vorsichtigen, allen Menschen recht tuenden, lauen Laodicea-Haltung bestehen können. Allein in der Gerechtigkeit durch den Glauben an Jesus Christus werden wir bewahrt vor dem Zorn Gottes, „der unvermischt eingeschenkt ist in seines Zornes Kelch". Die Botschaft des dritten Engels enthält eine ernste Ankündigung. Wer sich beharrlich weigert, Gottes Ruf zu folgen, kann zuletzt nicht mehr mit seiner Gnade rechnen, sondern wird „von dem Wein des Zornes Gottes trinken, der unvermischt eingeschenkt ist ... und wird gequält werden mit Feuer und Schwefel vor den heiligen Engeln und vor dem Lamm" (Offb. 14, 10).

Diese Aussage hat zu allen Zeiten Anlaß zu Fragen gegeben. Das griechische Wort für „quälen" in Vers 10 hat einen Bedeutungswandel durchgemacht. Ursprünglich war mit „basanismos" das Prüfen von Edelmetallen gemeint, ausgeführt mit einem Stein, dem „basanos". Nach dem theologischen Begriffslexikon zum Neuen Testament und anderen griechischen Wörterbüchern ist dieses Wort aus Ägypten entlehnt und war ursprünglich die Bezeichnung für einen Prüfstein, mit dem Gold geprüft wurde. Rieb man diesen Stein an dem betreffenden Metall, so konnte man erkennen, ob irgendwelche Legierungen beigefügt waren.

Das Wort „basanos" bezeichnete also zunächst einen Prüfstein; später wandte man es auf die Folter an, und zwar dort, wo man sie als Mittel zur Wahrheitsfindung einsetzte. Schließlich benutzte man das Wort, um Qualen ganz allgemein zu beschreiben.

Von dieser Sicht her wäre es angebrachter, das Wort „quälen" mit „erproben", „analysieren" oder „durch eine Untersuchung nachweisen" wiederzugeben. Das führte auch zu einem besseren Verständnis von Vers 10; denn das dort angedeutete „Durch-eine-Untersuchung-Nachweisen" geschieht nicht in einem „Fegfeuer", sondern „vor den heiligen Engeln und vor dem Lamm". Paulus sagt in 1. Korinther 3, 13: „... welcherlei eines jeglichen Werk sei, wird das Feuer bewähren;" wir könnten auch sagen: wird durch Feuer offenbar werden. Jesaja stellt in Kapitel 33, 14 angesichts der Allmacht Gottes die Frage: „Wer ist unter uns, der bei verzehrendem Feuer wohnen kann? Wer ist unter uns, der bei ewiger Glut wohnen kann? Und im 15. Vers weist er darauf hin, daß diese Probe nur bestanden wird von denen, die gerecht sind vor Gott, die reden und tun, was ihm gefällt.

Die drei Hebräer in Babel, die sich weigerten, das Standbild anzubeten, blieben unversehrt im Feuerofen (Dan. 3). So werden auch die Gerechten, die allein Gott anbeten, zuletzt bestehen können in seiner Gegenwart, die mit einem „verzehrenden Feuer" verglichen wird (Hebr. 12, 29).

Zuerst sind wir selbst zu einer klaren Entscheidung gefordert, dann haben wir den Ruf weiterzugeben. Einst stand Elia ganz allein auf dem Berge Karmel vor dem Volk Israel. Im Auftrag Gottes mußte er ihm die Entscheidung vorlegen: „Wie lange hinket ihr auf beiden Seiten? Ist der Herr

Gott, so wandelt ihm nach, ist's aber Baal, so wandelt ihm nach." (1. Kön. 18, 21.)

Mit der Botschaft der drei Engel stehen wir heute gleichsam auf dem Karmel: Entweder wir halten fest am Glauben an Jesus und dem Gehorsam gegenüber Gottes Geboten, oder wir beten das Tier an. Eine dritte Möglichkeit gibt es nicht.

Das Kennzeichen der Getreuen Gottes

Die Offenbarung nennt keinen Namen einer Kirche oder Gemeinschaft, die als die allein wahre in der letzten Zeit bezeichnet werden könnte. Sie gibt aber eine klare Kennzeichnung der Getreuen Gottes: „Hier ist Geduld der Heiligen! Hier sind, die da halten die Gebote Gottes und den Glauben an Jesus!" (Offb. 14, 12.)

Das Wort „Geduld" ist genauer mit „Ausharren" oder „Standhaftigkeit" wiederzugeben. Standhaft wartet Gottes Volk auf das Kommen des Herrn. Von Gottes Kindern wird weiterhin gesagt, daß sie gehorsam sind. Sie halten fest an Gottes Geboten, auch wenn alle anderen davon abrücken sollten. Im griechischen Text hat das Wort für „halten" nicht nur die Bedeutung von „befolgen", sondern auch von „festhalten an". Die Kraft, an Gottes Geboten festzuhalten und sie zu befolgen, empfangen sie durch den Glauben an Jesus.

Die Gemeinde der Reformation wurde gelobt wegen ihrer Geduld und ihres Glaubens (Offb. 13, 10), die Übrigen aber werden auch ihres Gehorsams wegen gerühmt. Jesus sagt: „Daran wird jedermann erkennen, daß ihr meine Jünger seid, so ihr Liebe untereinander habt." (Joh. 13, 35.) Und Paulus schreibt, daß Christus die Gemeinde geliebt hat und „sich selbst für sie gegeben, auf daß er sie heiligte, und . . . sie sich selbst darstellte als eine Gemeinde, die herrlich sei, die nicht habe einen Flecken oder Runzel oder etwas dergleichen, sondern daß sie heilig sei und unsträflich" (Eph. 5, 25–27).

Damit ermutigt Christus seine Nachfolger, ihm treu zu

bleiben, auch wenn die Welt mit aller Macht versucht, sie von ihm abzuwenden oder ihnen das Leben zu rauben. „Selig sind die Toten, die in dem Herrn sterben von nun an." (Offb. 14, 13.)

Die Wiederkunft Christi

Mit dem letzten Abschnitt von Offenbarung 14 (Verse 14–20) ist uns eine der eindrucksvollsten Beschreibungen der Wiederkunft Jesu geschenkt. Einst hatte Jesus zu seinen Jüngern gesagt: „Wenn ich hingehe, euch die Stätte zu bereiten, so will ich wieder kommen und euch zu mir nehmen, damit ihr seid, wo ich bin." (Joh. 14, 3.) Bei seiner Himmelfahrt wurde diese Zusage noch einmal bestätigt. Zwei Männer in weißen Kleidern sagten zu den Jüngern: „Ihr Männer von Galiläa, was stehet ihr und sehet gen Himmel? Dieser Jesus, welcher von euch ist aufgenommen gen Himmel, wird so kommen, wie ihr ihn habt gen Himmel fahren sehen." (Apg. 1, 11.)

Was Jesus seinen Jüngern zugesagt hatte, sah Johannes sich erfüllen. Er erblickte eine weiße Wolke, und auf der Wolke saß einer, der war gleich eines Menschen Sohn. Die goldene Krone auf seinem Haupt ist das Zeichen seiner Königsmacht; die scharfe Sichel in seiner Hand der Hinweis auf seine Richtergewalt. Durch einen Engel wird der wiederkommende Herr aufgefordert, mit der Sichel anzuschlagen: „Die Zeit zu ernten ist gekommen, denn die Ernte der Erde ist reif geworden!" (Vers 15.) Genauer übersetzt müßte es „überreif" heißen. Das Einbringen der Ernte duldet also keinen Aufschub mehr.

In zweifacher Weise greift Christus nun ein: Die Ernte muß geborgen und die Kelter getreten werden. Mit all ihrem Wüten konnten die Verfolger das Reifwerden des Guten nicht verhindern, aber auch ihr eigenes Ausreifen zum Gericht nicht verzögern. Die Stunde der Wiederkunft Jesu wird im Himmel bestimmt.

Johannes sah, wie das Gericht als Weizenernte und als Traubenlese vollzogen wird. Der Weizen wird geschnitten und in die himmlischen Scheunen gebracht. Gottes Engel „werden sammeln seine Auserwählten von den vier Winden, von einem Ende des Himmels bis zum andern“ (Matth. 24, 31). Während des Menschen Sohn die Seinen heimholt, bringt der Engel mit dem scharfen Winzermesser die Ernte derer ein, die gerichtet werden. Diese zweite Ernte ist Gottes Antwort auf die Taten der Gottlosen.

Bevor Christus als König aller Könige und Richter der Welt erscheint, wird er seinen Mittlerdienst als Hoherpriester beenden. Dann tritt keiner mehr vermittelnd vor den Thron des Vaters. Diese gnadenlose Zeit – wenn die sieben Plagen über die Erde gehen – wird in der Bibel als „Angst in Jakob“ bezeichnet. Gottes Getreue, die unter dem Schutz des Allmächtigen stehen, werden in dieser Zeit wunderbar bewahrt durch die Kraft Jesu und ihr Vertrauen zu ihm.

16
Das Siegeslied am kristallenen Meer und die sieben Plagen

Offenbarung 15 und 16:

Das Lied der Überwinder

15 *Und ich sah ein anderes Zeichen am Himmel,*
das war groß und wundersam: sieben Engel, die
hatten die letzten sieben Plagen, denn mit denselben
ist vollendet der Zorn Gottes. 2 *Und ich sah, und es war*
wie ein gläsernes Meer, mit Feuer gemengt; und die
den Sieg behalten hatten über das Tier und sein Bild
und über die Zahl seines Namens, die standen an dem
gläsernen Meer und hatten Gottes Harfen 3 *und sangen*
das Lied des Mose, des Knechtes Gottes, und das Lied
des Lammes und sprachen: Groß und wundersam sind
deine Werke, Herr, allmächtiger Gott! Gerecht und
wahrhaftig sind deine Wege, du König der Völker.
4 *Wer sollte dich nicht fürchten, Herr, und deinen*
Namen preisen? Denn du allein bist heilig! Ja, alle
Völker werden kommen und anbeten vor dir, denn
deine gerechten Gerichte sind offenbar geworden.

Die Schalen des Zorns

5 *Danach sah ich: da ward aufgetan der Tempel, die*
Stiftshütte im Himmel, 6 *und es gingen aus dem Tempel*
die sieben Engel, die die sieben Plagen hatten, angetan
mit reiner, heller Leinwand und umgürtet die Brust mit
goldenen Gürteln. 7 *Und eine der vier Gestalten gab*
den sieben Engeln sieben goldene Schalen voll vom

Zorn Gottes, der da lebt von Ewigkeit zu Ewigkeit.
8 Und der Tempel ward voll Rauch von der Herrlichkeit
Gottes und von seiner Kraft; und niemand konnte in
den Tempel gehen, bis die sieben Plagen der sieben
Engel vollendet waren.

16 Und ich hörte eine große Stimme aus dem
Tempel, die sprach zu den sieben Engeln: Gehet
hin und gießet aus die sieben Schalen des Zornes
Gottes auf die Erde! 2 Und der erste ging hin und goß
seine Schale aus auf die Erde; und es ward ein böses
und arges Geschwür an den Menschen, die das
Malzeichen des Tieres hatten und die sein Bild an-
beteten. 3 Und der zweite Engel goß aus seine Schale
ins Meer; und es ward Blut wie eines Toten, und alle
lebendigen Wesen im Meer starben. 4 Und der dritte
Engel goß aus seine Schale in die Wasserströme und in
die Wasserbrunnen; und es ward Blut. 5 Und ich hörte
den Engel der Wasser sagen: Gerecht bist du, der du
bist und der du warst, du Heiliger, daß du solches
Urteil gesprochen hast; 6 denn sie haben das Blut der
Heiligen und der Propheten vergossen, und Blut hast
du ihnen zu trinken gegeben; sie sind's wert. 7 Und ich
hörte den Altar sagen: Ja, Herr, allmächtiger Gott,
deine Gerichte sind wahrhaftig und gerecht. 8 Und der
vierte Engel goß aus seine Schale in die Sonne, und
ward ihr gegeben, die Menschen zu versengen mit
Feuer. 9 Und die Menschen wurden versengt von
großer Hitze und lästerten den Namen Gottes, der
Macht hat über diese Plagen, und taten nicht Buße,
ihm Ehre zu geben. 10 Und der fünfte Engel goß aus
seine Schale auf den Thron des Tieres; und sein Reich
ward verfinstert, und sie zerbissen ihre Zungen vor
Schmerzen 11 und lästerten Gott im Himmel um ihrer
Schmerzen und ihrer Schwären willen und taten nicht
Buße für ihre Werke. 12 Und der sechste Engel goß aus

*seine Schale auf den großen Wasserstrom Euphrat; und
sein Wasser vertrocknete, damit bereitet würde der
Weg den Königen vom Aufgang der Sonne.* 13 *Und ich
sah aus dem Munde des Drachen und aus dem Munde
des Tieres und aus dem Munde des falschen Propheten
drei unreine Geister gehen, gleich Fröschen;* 14 *diese
sind Teufelsgeister, die tun Zeichen und gehen aus zu
den Königen der ganzen Welt, sie zu versammeln zum
Streit auf jenen großen Tag Gottes, des Allmächtigen.*
15 *Siehe, ich komme wie ein Dieb. Selig ist, der da
wacht und bewahrt seine Kleider, daß er nicht nackt
wandle und man nicht seine Blöße sehe.* 16 *Und er hat
sie versammelt an einen Ort, der da heißt auf hebräisch
Harmagedon.* 17 *Und der siebente Engel goß aus seine
Schale in die Luft; und es ging aus eine große Stimme
aus dem Tempel vom Thron, die sprach: Es ist ge-
schehen!* 18 *Und es wurden Blitze und Stimmen und
Donner; und ward ein großes Erdbeben, wie solches
nicht gewesen ist, seit Menschen auf Erden gewesen
sind, solch Erdbeben, so groß.* 19 *Und aus der großen
Stadt wurden drei Teile, und die Städte der Heiden
fielen. Und Babylon, der großen, ward gedacht vor
Gott, ihr zu geben den Kelch mit dem Wein seines
grimmigen Zornes.* 20 *Und alle Inseln entflohen, und
keine Berge wurden mehr gefunden.* 21 *Und ein großer
Hagel wie Zentnerstücke fiel vom Himmel auf die
Menschen; und die Menschen lästerten Gott über der
Plage des Hagels, denn seine Plage ist sehr groß.*

Vom Inhalt her gesehen gehören die Kapitel 15 und 16 zusammen. Mit Beginn des 15. Kapitels wird Johannes gezeigt, wie sich neue Ereignisse anbahnen, nämlich die sieben letzten Plagen. Das sind Gottes Gerichte über alle, die sein Volk unterdrücken und sogar vernichten wollen. Ehe

Johannes aber die Gerichte Gottes hereinbrechen sieht, wird ihm durch einen Blick in den Himmel ein ermutigender Ausblick geschenkt. Am Ufer eines kristallenen Meeres stehen die Überwinder.

Symbol, Allegorie und Typologie

Zum besseren Verständnis der folgenden Visionen ist es angebracht, noch einmal auf grundsätzliche Gesichtspunkte für die Deutung des prophetischen Wortes einzugehen. In der Offenbarung werden häufig Symbole verwendet, um Vorgänge oder Tatsachen, die sich der sinnlichen Wahrnehmung entziehen, bildlich darzustellen. Daneben begegnen wir der Allegorie, die mittels Vergleich oder Versinnbildlichung das Verständnis für Vorgänge im übersinnlichen Bereich ermöglicht. Dem eigentlichen Wortlaut kommt dabei kaum noch Bedeutung zu; es geht vielmehr um das Erfassen des tiefen geistlichen Gehalts. Schließlich treffen wir in der Offenbarung auch auf eine Typologie, die dem semitischen Denken entspricht. Durch sie kann mehr und Umfassenderes ausgesagt werden als durch abstrakte Begriffe.

Ein Typos ist ein Urbild oder Vorbild, durch das Inhalt und Ziel des göttlichen Heilshandelns dem menschlichen Verständnis nahegebracht wird. Wo immer in der Offenbarung etwa ein hebräischer Name oder Ort erwähnt wird oder die Beziehung zu einer alttestamentlichen Person oder einem alttestamentlichen Ereignis geknüpft wird, sollte man zuerst der entsprechenden Typologie nachgehen.

Wir versuchen also zu erkennen, ob und inwieweit über den konkreten Wortlaut hinaus eine höhere Wirklichkeit angedeutet ist. Wir fragen, welche ursprüngliche heilsgeschichtliche Bedeutung ein Name oder ein Ereignis in Gottes Bund mit dem alten Israel hatte. Danach gilt es, die theologische Bedeutung zu erfassen, ausgehend von der auf Golgatha vollbrachten Erlösungstat Christi. Dabei wird deutlich, daß der Typos stets nur Vor-Bild einer künftigen, viel größeren Wirklichkeit ist. In Hebräer 7 zum Beispiel wird mit Hilfe der Person des Melchisedek und am Melchisedekschen Priestertum das unvergleichlich höhere Priestertum Christi dargestellt.

In der Typologie der Offenbarung ist „Babylon" ein Bild für Selbstherrlichkeit und Überheblichkeit (1. Mose 11, 4; Dan. 4, 27), für Götzendienst und Trotz gegenüber Gottes Willen (Jes. 46, 6–8), für Unduldsamkeit und die Verfolgung der Getreuen Gottes (Jes. 14, 3–6). Damit steht „Babylon" gleichzeitig im Gegensatz zu „Jerusalem", dem Sinnbild der Gemeinde (Gal. 4, 26; Hebr. 12, 22–24). So wie die Gemeinde Jesu Christi in der ganzen Welt anzutreffen ist, so ist auch Babylon überall zu finden und nicht nur lokal begrenzt.

Am Anfang des 14. Kapitels wird der Berg Zion mit den Hundertvierundvierzigtausend erwähnt. Darunter ist kein Berg im topographischen Sinn zu verstehen. Bereits im Alten Testament wurde der „Berg Zion" als Synonym[1] für das Volk Gottes gebraucht (Jes. 51, 16). Im Neuen Testament, also in der Zeit nach dem Opfertod Christi, ist „Zion" dann ein Begriff für die weltumspannende Gemeinde der Überwinder (Hebr. 12, 22) geworden. Das trifft auch auf Offenbarung 14, 1 zu.

Dieses Prinzip der Auslegung klingt bereits in dem Gespräch Jesu mit der Frau aus Samarien an. Als sie nach dem rechten Ort der Anbetung fragte, antwortete ihr Jesus: „Glaube mir, es kommt die Zeit, daß ihr weder auf diesem Berge noch zu Jerusalem werdet den Vater anbeten . . . Die wahrhaftigen Anbeter werden den Vater anbeten im Geist und in der Wahrheit." (Joh. 4, 21. 23.) Anbetung ist also in neutestamentlicher Zeit nicht mehr gebunden an eine bestimmte geographische Stätte.

Die zehn Plagen, die einst über Ägypten gingen, werden im 16. Kapitel der Offenbarung zum Typos für die Zornesschalen Gottes, für seine Gerichte über eine unbußfertige Welt.

Diese Beispiele machen deutlich, daß wir die Bibel stets als Einheit aufzufassen haben, die sich selber auslegt. E. G. White drückte das mit folgenden Worten aus: „Die Bibel ist ihre eigene Auslegerin. Schrift muß mit Schrift verglichen werden. Der Studierende muß lernen, das Wort als ein *Ganzes* zu sehen und dem *Zusammenhang* der einzelnen Teile nachzugehen. Dem Alten Testament gehört nicht weniger unsere Aufmerksamkeit als dem Neuen Testament. Das Alte Testament wirft Licht auf das Neue und das Neue auf das Alte."[2]

Dieses Grundprinzip der Schriftauslegung muß konsequent angewandt werden, wenn wir Weissagungen richtig deuten wollen.

Ein gläsernes Meer mit Feuer vermengt.

Kapitel 14 der Offenbarung schließt mit einem gerafften Überblick über das Endgericht. Danach sah Johannes ein „anderes Zeichen am Himmel, das war groß und wundersam" (Vers 1). Das erste Zeichen, das er am Himmel geschaut hatte, ist in Kapitel 12, 1 beschrieben. Eine Frauengestalt, „mit der Sonne bekleidet, und der Mond unter ihren Füßen", ist das Symbol für die Gott treu ergebene Gemeinde in allen Jahrhunderten. Das zweite „große und wundersame Zeichen" – dieser Eindruck wurde bei Johannes erweckt – sind sieben Engel, die die sieben letzten Plagen, gewissermaßen in Schalen, bereithalten. Durch sie soll Gottes Zorngericht vollendet werden. Zwar widerstrebt es Gott in seiner Barmherzigkeit zu strafen, aber seine Langmut gegenüber den Heilsverächtern hatte diese nur noch dreister werden lassen. Um seiner Gerechtigkeit willen kann er die Bestrafung der Sünder nicht länger aufschieben.

Bevor Johannes jedoch auf die sieben Engel mit den letzten sieben Plagen näher eingeht, werden ihm die Getreuen gezeigt, die im Glauben an Christus überwunden haben. Es sind wieder die Hundertvierundvierzigtausend, die von Gott versiegelt wurden (Kap. 7) und dann auf dem Berg Zion vor dem Lamm versammelt waren (Kap. 14). Nun stehen sie als von der Welt Erkaufte an einem kristallklaren Meer, das Johannes wie mit Feuer vermengt schien.

Wer an einem klaren Sommerabend den Sonnenuntergang am Meer erlebt hat, kann etwas ahnen von der Herrlichkeit, die Johannes zu beschreiben versucht. Der am Horizont versinkende Sonnenball verwandelt das Meer in golden flammende Glut. Für Johannes muß solch ein herrlicher Sonnenuntergang auf der Insel Patmos Sinnbild jenes großen Tages gewesen sein, an dem alle Mühsal der Erde ein Ende gefunden hat, alle Enttäuschungen Vergangenheit sind und die Heiligen vor ihrem Herrn stehen werden.

Als Johannes noch ganz gebannt auf die Schar der Überwinder am gläsernen Meer blickte, hörte er wunderbaren Gesang, ein Siegeslied. Gottes Getreue haben das Ziel erreicht. Nichts ist alle Trübsal dieser Welt im Vergleich zu jener Herrlichkeit. Das Wort des Apostels Paulus ist ihre persönliche Erfahrung geworden: „Denn unsre Trübsal, die zeitlich und leicht ist, schafft eine ewige und über alle Maßen wichtige Herrlichkeit." (2. Kor. 4, 17.)

Das Lied des Mose und des Lammes

Johannes schaute die Überwinder mit ihren Harfen am Ufer jenes kristallenen Meeres. Sie sangen das Lied Moses und erinnern damit an die Kinder Israel, die nach dem Durchzug durch das Rote Meer den Herrn priesen, der so große Wunder an ihnen getan hatte. Die Erlösung Israels aus der ägyptischen Gefangenschaft und die Durchquerung des Roten Meeres sind wunderbare Bilder für die Errettung aus der Macht der Sünde durch Jesus Christus. „Die den Sieg behalten hatten über das Tier und sein Bild und über die Zahl seines Namens", singen nun das Lied des Mose und das Lied des Lammes (Offb. 15, 2. 3). Vor dem Thron Gottes vereinen sich beide Gesänge zu einem gewaltigen Chor.

Kein Klagelied über ausgestandene Leiden wird von den Überwindern angestimmt. Mit keinem Wort erwähnen sie, was sie um Jesu willen erlitten haben. Sie preisen vielmehr Gottes Werke, die groß und wundersam sind; sie rühmen seine Wege, die gerecht und wahrhaftig sind.

Engeln ist es nicht gegeben, in dieses Lied einzustimmen; nur verlorene Sünder, die aus Gnaden gerettet sind, können die Tat der Erlösung rühmen. Und sie tun es in einem Jubelgesang, wie er nie zuvor gehört worden ist. Dieser gewaltige Chor der Erlösten übertrifft die herrlichste Musik, die je auf Erden zu hören war.

„Groß und wundersam sind deine Werke, Herr, allmächtiger Gott!“ (Vers 3.) Das hat jeder von ihnen persönlich erfahren durch das Opfer Christi. Dem natürlichen Menschenverstand ist es eine Torheit, ein Ärgernis, daß Gottes Sohn am Kreuz sterben mußte; aber gerade dadurch siegte er über Satan, Sünde und Tod. Durch Jesus Christus werden sündige Menschen zu Überwindern und können teilhaben an seinem Sieg.

Kein Zugang mehr

Im weiteren Verlauf der Vision schaute Johannes, wie vor ihm der Tempel, das Heiligtum im Himmel, aufgetan wird (Vers 5). Damit wird gedanklich an den Schluß des 11. Kapitels angeknüpft. Als die siebente Posaune ertönte, sah Johannes, wie der himmlische Tempel geöffnet *wurde*. Als Begleiterscheinungen dazu „geschahen Blitze und Stimmen und Donner und Erdbeben und ein großer Hagel“. An dieses Geschehen nun anknüpfend, schildert Johannes in Offb. 15, 6, wie aus dem geöffneten Heiligtum sieben Engel mit den sieben letzten Plagen heraustraten. In ihren Händen hielten sie „Schalen voll vom Zorn Gottes“. Sie standen bereit, diese auf Gottes Weisung hin auszugießen.

Was verbirgt sich hinter diesem Bild? Mittelpunkt der Stiftshütte war die Bundeslade, in der die Tafeln mit den Zehn

Geboten verwahrt wurden. Wenn nun die Engel des Gerichts aus dem himmlischen Heiligtum hervortreten, wird damit angedeutet, daß die folgenden Ereignisse in einem inneren Zusammenhang mit der Übertretung des göttlichen Gesetzes stehen. Gott hat diese Engel zu Vollstreckern der bevorstehenden sieben Plagen erwählt.

„... und niemand konnte in den Tempel gehen, bis die sieben Plagen der sieben Engel vollendet waren." (Offb. 15, 8.) Wenn die Tür der Gnade für immer geschlossen sein wird, gibt es keine Gelegenheit mehr, das Heil zu ergreifen. Bei Gott ist keine Intervention möglich! Dies wird hierdurch veranschaulicht.

Worin unterscheiden sich Posaunen und Plagen?

Einige Bibelausleger sind der Auffassung, daß die Plagen parallel zu den Siegeln und Posaunen verlaufen. Das ist jedoch vom Gesamtverständnis der Offenbarung her nicht zu vertreten. Die Plagen werden ja nur über jene ergehen, die das Malzeichen des Tieres angenommen haben. Das geschieht aber erst unmittelbar vor Christi Wiederkunft. Gottes Gerichte in den Plagen brechen herein, wenn Christus seinen Dienst für die Sünder beendet hat. Zum anderen erklärt die Schrift, daß „ihre Plagen auf *einen* Tag kommen, Tod, Leid und Hunger ... denn stark ist Gott der Herr, der sie richtet" (Offb. 18, 8). Der Text weist also auf einen begrenzten Zeitraum hin.

Außerdem besteht zwischen Posaunen und Plagen ein wesentlicher Unterschied. Wohl versinnbilden beide Gottes Gerichte; sie unterscheiden sich aber in bezug auf die Zeit, die Völker und die geographische Ausbreitung. Die sieben Posaunen stellen politische Strafgerichte über jene dar, die Gottes Volk in der nachchristlichen Zeit verfolgt haben. Sie umfassen die gleiche Zeitspanne wie die sieben Gemeinden (Offb. 2 und 3) und die sieben Siegel (Offb. 6). Die sieben Plagen dagegen fallen in die Zeit unmittelbar vor dem

Kommen des Herrn, wenn die Gnadenzeit bereits abgeschlossen ist. Sie werden deshalb meist „die letzten sieben Plagen“ genannt (Offb. 15, 1). Ausgegossen aus den sieben Schalen des Zornes Gottes, folgen sie schnell aufeinander, ähnlich wie einst die zehn Plagen über Ägypten. So wird das schmerzende Geschwür der ersten Plage noch während der fünften gefühlt (Offb. 16, 2. 10. 11).

Die letzten sieben Plagen werden erst ausgegossen, wenn Menschen überall auf Erden das Malzeichen des Tieres angenommen haben und niemand mehr „in den Tempel gehen kann“ (Vers 8). Das Versöhnungswerk Christi im himmlischen Heiligtum wird also zu der Zeit bereits abgeschlossen sein; darum werden diese Plagen auch als der „unvermischte Zorn Gottes“ bezeichnet (Offb. 14, 10).

Die sieben Schalen des Zornes Gottes

Jahrhunderte zuvor haben alttestamentliche Propheten die Auswirkungen dieser letzten Gottesgerichte beschrieben, unter ihnen Jesaja und Joel. So schildert der Prophet Joel: „Der Same ist unter der Erde verdorrt... das Getreide ist verdorben... Die Schafe verschmachten... Die Wasserbäche sind ausgetrocknet, und das Feuer hat die Auen in der Steppe verbrannt.“ (Joel 1, 17–20.) Ohne Zweifel wollte der Prophet zunächst die Situation seiner Zeit skizzieren, aber darüber hinaus wies er hin auf „den Tag des Herrn“ (Joel 1, 15; 2, 1), der wie ein Schrecken über alle Bewohner kommen wird. In Vorbereitung auf die Vision von den Gerichten Gottes wird Johannes darauf aufmerksam gemacht, daß mit den sieben Plagen der Zorn Gottes vollendet ist (Offb. 15, 1). Und die letzte der sieben Plagen wird dadurch eingeleitet, daß „eine große Stimme aus dem Tempel vom Thron“ rief: „Es ist geschehen!“ (Offb. 16, 17.)

Schon Paulus hatte in seinem Brief an die Gemeinde in Rom erwähnt: „Gottes Zorn vom Himmel wird offenbart über alles gottlose Wesen und Ungerechtigkeit der Menschen, die

die Wahrheit in Ungerechtigkeit gefangen halten." (Röm. 1, 18.) Nun erfüllt sich, was er geschrieben hat. Johannes hört, wie jemand mit lauter Stimme aus dem Tempel den Engeln zuruft: „Gehet hin und gießet aus die sieben Schalen des Zornes Gottes auf die Erde!" (Offb. 16, 1.)

In gewisser Hinsicht gleichen, wie schon gesagt, die letzten sieben Plagen den zehn Plagen, die einst über Ägypten kamen. In beiden Ereignissen geht es darum, die Autorität und Macht Gottes zu bezeugen. Beide führen zur Niederlage derjenigen, die sich auflehnen gegen den allmächtigen Gott, und beide bringen zuletzt die Befreiung des Volkes Gottes aus einer nach menschlichem Ermessen aussichtslosen Lage. Einst wurden durch die zehn Plagen alle Hindernisse beseitigt, die Israel in Ägypten zurückhielten, so daß das Volk aus der Knechtschaft befreit werden konnte. Die angekündigten sieben letzten Plagen werden in weit größerem Ausmaß Gericht und Erlösung zugleich sein. Jede der Plagen über Ägypten war buchstäblich schmerzhaft und machte deutlich, wie töricht es ist, sich auf eine falsche Religion zu verlassen. So werden auch die sieben Zornesschalen Gottes Plagen auslösen, die echte Schmerzen hervorrufen. Sie treffen eine Menschheit, die sich der letzten Einladung Gottes durch die Drei-Engel-Botschaft bewußt widersetzt hat.

Selbstverständlich tragen auch diese Plagen symbolisches Gepräge. So wird der erste Engel offensichtlich keine chemische Flüssigkeit aus einer wirklichen Schale über Menschen ausgießen, die buchstäblich ein Malzeichen von einem wirklichen Tier angenommen haben. Aber der Engel ist eine Wirklichkeit, und es sind wirkliche Menschen, über die die Plagen hereinbrechen.

Sind die sieben Plagen mit der Liebe Gottes vereinbar?

Mit Recht mag man beim Lesen der biblischen Schilderung der letzten sieben Plagen die Frage stellen, weshalb Gott am

Ende der Gnadenzeit derartige Strafgerichte über die Menschen hereinbrechen läßt. Für sie gibt es doch ohnehin keine Möglichkeit der Umkehr. Warum kommt Christus nicht gleich, um der Herrschaft der Sünde unverzüglich ein Ende zu machen?

Wenn in der Vergangenheit Gottes Gerichte über Völker oder Menschen hereinbrachen, zielten sie zugleich darauf ab, Buße und Umkehr zu wirken. Dafür gibt es viele Beispiele im Alten Testament. Die letzten sieben Plagen aber schließen diese Möglichkeit offenbar aus. Dennoch besteht kein Zweifel, daß auch sie in den Heilsplan Gottes gehören.

Aus dem Zusammenhang wird deutlich, daß die ersten vier bzw. fünf Plagen vorbereitender Art sind. Sie sollen den Menschen bewußt machen, daß sie in ihrem Haß gegen die Gemeinde und damit gegen den allmächtigen Gott gekämpft haben. Aber anstatt ihr Verhalten zu bereuen, fluchen sie stärker als zuvor und verhärten sich in ihrem Trotz gegen Gott (Offb. 16, 9. 11. 21). Durch die Plagen wird der Geist der Empörung im Herzen der Störrischen vor dem ganzen Universum offenbar.

Auf der anderen Seite werden gerade durch die Prüfungen in der letzten Trübsalszeit die Getreuen veranlaßt, ihr Vertrauen völlig auf Gott zu setzen.

So wie sich in der Bereitschaft, für andere zu sterben, die höchste Form der Liebe bekundet (Joh. 15, 13), zeigt sich in der Absicht, dem anderen das Leben zu nehmen, der teuflischste Haß. Durch die Geschehnisse während der letzten beiden Plagen wird vor dem ganzen Weltall offenbar, daß Gottes getreuer Überrest eher bereit ist zu sterben, als ungehorsam zu werden. Jene aber, die sich auf die Seite Satans gestellt haben, würden – sofern es ihnen möglich wäre – alle niederschlagen, die sich ihnen in den Weg stellen. „Dann wird die Welt wie niemals zuvor die entsetzlichen Folgen der Herrschaft Satans erkennen."[3]

So wird mit den letzten sieben Plagen eine für alle erkennbare Linie gezogen zwischen denen, die Gott willig dienen, und jenen, die sich ihm trotzig widersetzen.

Was geschieht während der ersten fünf Plagen?

Was im prophetischen Wort über die letzten sieben Plagen vorausgesagt wird, läßt sich heute nur erahnen. Skizzenhaft deutet Gottes Wort die furchtbaren Gerichte an, die nach Abschluß der Gnadenzeit hereinbrechen werden. Wenngleich wir heute manches wissen über die verheerenden Wirkungen atomarer, bakteriologischer und chemischer Waffen, gilt es doch behutsam zu sein in der Deutung; denn nicht von Menschen gehen diese Zorngerichte aus, sondern von Gott. Wir wollen uns deshalb vor jeder Spekulation hüten. Es wäre aber ebenso verkehrt, wenn wir die Wirklichkeit der letzten sieben Plagen abschwächen wollten.

Die erste Plage ist nach Offenbarung 16, 2 „ein böses und arges Geschwür", von dem alle befallen werden, die das Malzeichen des Tieres haben. Ehe der Engel seine Zornesschale ausgießt, wird sich die Menschheit in zwei Gruppen geteilt haben, was zunächst nicht sichtbar sein muß. Da sind jene, die das Siegel des lebendigen Gottes tragen, und jene, die das Malzeichen des Tieres angenommen haben.

Die einen stehen unter dem Schutz des Allmächtigen. Ihnen gilt die Verheißung, „daß du nicht erschrecken mußt... vor der Pest, die im Finstern schleicht... Wenn auch tausend fallen zu deiner Seite und zehntausend zu deiner Rechten, so wird es doch dich nicht treffen ... Es wird dir kein Übel begegnen, und keine Plage wird sich deinem Hause nahen" (Ps. 91, 5. 7. 10).

Über die anderen aber ergehen Gottes Gerichte. Die Wirkung der ersten Zornesschale gleicht der sechsten Plage über Ägypten, übertrifft sie aber an Schrecken. Ohnmächtig gegen die Plage erweist sich die prahlerische, wunderwirkende Macht der dämonischen Geister, die im Bunde stehen mit der abgefallenen Christenheit.

Der zweite und der dritte Gerichtsengel gießen ihre Schalen auf das Meer und die Wasserquellen. Das für alles Leben notwendige Wasser wird „Blut wie eines Toten". Ist das Meer so zur Stätte der Fäulnis und Verwesung geworden, dann werden nahezu alle Bewohner der Erde davon betroffen. Gottes Volk aber braucht sich nicht zu fürchten. In seinem Wort verheißt Gott, daß er selbst in schwersten Tagen seine Auserwählten bewahren wird. „Die Elenden und Armen suchen Wasser, und es ist nichts da, ihre Zunge verdorrt vor Durst. Aber ich, der Herr, will sie ... nicht verlassen. Ich will Wasserbäche auf den Höhen öffnen und Quellen mitten auf den Feldern." (Jes. 41, 17. 18.)

Als Johannes sah, wie die Menschen unter der dritten Plage litten, hörte er den Engel sagen: „Gerecht bist du ... daß du solches Urteil gesprochen hast; denn sie haben das Blut der Heiligen und der Propheten vergossen, und Blut hast du ihnen zu trinken gegeben; sie sind's wert." (Offb. 16, 5. 6.) Die Strafe entspricht somit dem Vergehen, sie ist kein Willkürakt Gottes.

Manche Ausleger weisen an dieser Stelle darauf hin, daß das Meer in der Bildersprache der Bibel häufig auch als Völkermeer gedeutet wird. Dann bezögen sich die Auswirkungen dieser Plage auf die Völkerwelt. Wenn die Beziehungen der Völker und Rassen zueinander nur noch vom Geist des Hasses durchdrungen sind, muß es zwangsläufig zur Selbstvernichtung kommen.

Der vierte Gerichtsengel „goß aus seine Schale in die Sonne, und ward ihr gegeben, die Menschen zu versengen mit Feuer" (Offb. 16, 8). Jahr für Jahr leben wir von dem wunderbaren Gleichgewicht, das in Gottes Schöpfung besteht. Uns bis heute weithin unbekannte Funktionen sorgen dafür, daß Frost und Hitze, Sommer und Winter einander ablösen (siehe 1. Mose 8, 22). In der Regel erfreut uns die Sonnenwärme; sie schafft die Voraussetzung für Pflanzenwuchs und Leben auf Erden.

Das aber wird vermutlich nicht mehr der Fall sein, wenn die vierte Plage ausgegossen ist. Die Menschen werden durch die Entfesselung außergewöhnlicher Sonnenenergie von furchtbarer Hitze gequält. Trockenheit und Dürre, wie sie die Welt nie zuvor erlebt hat, werden eine schreckliche Hungersnot auslösen.

Nach Amos 8, 11. 12 ist durchaus anzunehmen, daß diese Plage von einem Hunger nach Gottes Wort begleitet sein wird, der nun aber nicht mehr gestillt werden kann. Die Menschen werden „versengt von großer Hitze" (Offb. 16, 9). Ihre einzige Antwort darauf wird sein, daß sie den Namen Gottes lästern. Am schrecklichsten dabei ist, daß sie Christus nicht mehr erkennen können. Die Zeit der Reue, die auch ihnen gegeben war, ist verstrichen.

Nun sieht Johannes, wie der fünfte Gerichtsengel seine Schale auf den Thron des Tieres ausgießt und dessen Reich verfinstert wird. Im 13. Kapitel war Johannes gezeigt worden, wie das Tier „große Dinge" redete, die den Anschein höchster Klugheit besaßen. Nun wird im Gericht Gottes das Reich des Antichristen verfinstert. Seine vermeintlich hohe Intelligenz entpuppt sich als satanisches Blendwerk.

Auch hier besteht eine Ähnlichkeit mit den Plagen, die auf Ägypten fielen. Damals waren es Gerichte Gottes über ein kleines Land; die letzten sieben Plagen aber ergehen über die ganze Erde. Als einst in Ägypten Finsternis herrschte, war es hell in den Hütten der Kinder Israels. In ähnlicher Weise werden Gottes Getreue die Fürsorge ihres himmlischen Vaters während der Plagenzeit erfahren.

Welche Bedeutung hat der Wasserstrom Euphrat während der sechsten Plage?

„... und der sechste Engel goß aus seine Schale auf den großen Wasserstrom Euphrat." (Offb. 16, 12.) Was haben wir unter dem Euphrat zu verstehen? Bereits in Jes. 8, 7. 8 werden die Assyrer symbolisch als die überströmenden Wasser des Euphrat dargestellt. Dieser Fluß war die von Gott vorgesehene Nordgrenze des verheißenen Landes. Nördlich des Euphrat wohnten die Feinde Israels, die Gott hin und wieder zur Geißel für sein abtrünniges Volk werden ließ.

Die Bezeichnung „Euphrat" trägt typologischen Charakter und bezieht sich nicht auf eine bestimmte Nation, sondern ist ein Hinweis auf eine dem Volk Israel feindliche Macht. Für die Zeit nach dem Opfer Jesu am Kreuz muß der typologische Begriff „Euphrat“ im gleichen Verhältnis zum „Israel nach dem Geist“ stehen.

Aus dem Zusammenhang, in dem der Name Euphrat erscheint, kann geschlossen werden, daß es sich um eine angreifende und verderbenbringende Macht handelt. In der Botschaft des dritten Engels (Offb. 14, 9–11) war eine unmißverständliche Warnung vor den letzten sieben Plagen enthalten, die das geistige Babylon treffen sollen. Dieses „Babylon“ lebt in den Herzen derer, die sich von Gott abgewandt und das Malzeichen des Tieres angenommen haben. Wer das Malzeichen des Tieres trägt, ist „in Babylon“; wer aber zu Christus gehört, befindet sich symbolisch in der „Heiligen Stadt“ oder auf dem „Berg Zion“.

Beide Klassen sind vor der Wiederkunft Christi weder geographisch noch völkisch zu bestimmen, sondern ausschließlich geistig aufzufassen. Kurz bevor Christus kommt, wird der ernste Ruf erschallen: „Gehet aus von ihr, mein Volk, daß ihr nicht teilhaftig werdet ihrer Sünden, auf daß ihr nicht empfanget etwas von ihren Plagen!“ (Offb. 18, 4.)

Es fällt auf, daß die Plagen „ihre“ Plagen genannt werden. Bereits die erste Plage in Offenbarung 16 trifft jene, „die das Malzeichen des Tieres hatten und die sein Bild anbeteten“ (Vers 2). Die fünfte Plage ergeht über „den Thron des Tieres; und sein Reich ward verfinstert“ (Vers 10). Unter der siebenten Plage fällt Babylon, die große Stadt, auseinander.

Wenn auch alle sieben Plagen Gerichte Gottes über Babylon sind, so wird doch erst die letzte Plage als das entscheidende Eingreifen Gottes den endgültigen Zusammenbruch Babylons herbeiführen. Alle sieben Plagen werden über das weltweite Babylon ausgegossen, folglich trifft das auch für die sechste zu.

Wenn nun Johannes schreibt, daß die sechste Plage auf „den großen Wasserstrom Euphrat“ (Vers 12) ausgegossen wird, so muß zwischen „Euphrat“ und „Babylon“ ein Zusammenhang bestehen. Im „Vertrocknen des Euphrat“ ist einerseits ein Strafgericht über das weltweite Babylon zu sehen, andererseits die Vorbereitung für die endgültige Befreiung des Volkes Gottes. Aus der Geschichte wissen wir, daß Babylon und der Euphrat zusammengehörten. Der Euphrat war der Fluß, der der Stadt Wohlstand brachte und Schutz bot. So haben das alte Babylon und der Euphrat typologische Bedeutung für das eschatologische Babylon und seinen Euphrat.

Das Volk Israel wurde in die Gefangenschaft nach Babylon verschleppt. Nach menschlichem Ermessen schien es unmöglich, daß Jerusalem und der Tempel jemals wieder aufgebaut würden. Da erhielten die Propheten Jesaja und Jeremia von Gott den Auftrag, eine Gerichtsbotschaft nach der anderen über Babylon zu verkünden. Diese Drohbotschaften waren gleichzeitig Freudenbotschaften für Israel (Jer. 50, 33–35. 38 und Jes. 51, 11–16).

Aus den vielen Gerichtsweissagungen über Babylon seien folgende angeführt: „Darum spricht der Herr: Siehe, ich will deine Sache führen und dich rächen. Ich will ihr Meer austrocknen und ihre Brunnen versiegen lassen. Und Babel soll zu Steinhaufen und zur Wohnung der Schakale werden." (Jer. 51, 36. 37.) „Von Norden habe ich einen kommen lassen, und er ist gekommen, vom Aufgang der Sonne her den, der meinen Namen anruft. Er zerstampft die Gewaltigen wie Lehm und wie der Töpfer, der den Ton tritt." (Jes. 41, 25.) Weil Babylon Gott lästerte und das israelitische Volk unterdrückte, mußte es den Zorn Gottes ernten.

In diesen Gerichtsweissagungen sind auch die Mächte genannt, die das Urteil über Babylon vollstrecken; „vom Osten", „vom Aufgang der Sonne" sollten sie kommen (Jes. 41, 2. 25; 46, 11). Gleichzeitig ist angedeutet, auf welche Weise Babylons Untergang herbeigeführt werden würde: durch das Austrocknen des Euphrat (Jer. 50, 38; 51, 36).

Bei Herodot ist zu lesen, wie es dem Perserkönig Cyrus gelang, das anscheinend uneinnehmbare Babylon durch eine Kriegslist zu gewinnen. Der Perserkönig ließ den Fluß für kurze Zeit in einen See ableiten. Dadurch fiel der Wasserspiegel des Euphrat während einer Nacht so stark, daß das Flußbett in Babylon fast ausgetrocknet war. Damit wurde es den Persern möglich, durch das Flußbett unterhalb der Befestigungen in die Stadt einzudringen und sie einzunehmen. Dieses Ereignis hat offenbar typologische Bedeutung für das Geschehen während der sechsten Plage.

In Offenbarung 16, 13. 14 wird ferner erwähnt, daß aus dem Munde des Drachen, des Tieres und des falschen Propheten drei unreine Geister gehen, den Fröschen gleich. Wie zur Zeit der zweiten Plage in Ägypten Frösche das Land buchstäblich überschwemmten, so werden dämonische Geister in der sechsten Plage ihr verführerisches Werk in der Menschheit tun.

Schon heute haben sich Spiritismus und Okkultismus nahezu über die ganze Welt ausgebreitet – auch in den christlichen Ländern. Angesichts dieser Gefahr ist es für einen Christen unerläßlich, Gottes Wort zu kennen, damit er sich nicht durch vorgebliche Totenerscheinungen, die auf der heidnischen Vorstellung von einer unsterblichen Seele beruhen, und trügerische Wundertaten betören läßt.

Nirgends lehrt die Bibel, daß der Mensch eine unsterbliche Seele habe, die beim Tode in den Himmel gehe. Ewiges Leben ist nach dem Zeugnis des Neuen Testaments Gottes Gabe in Christus Jesus (Röm. 6, 23). Wir erhalten es als Geschenk Gottes bei der Auferstehung von den Toten, nicht früher. Unmißverständlich sind die Worte Jesu: „Verwundert euch des nicht. Denn es kommt die Stunde, in welcher alle, die in den Gräbern sind, werden seine Stimme hören, und werden hervorgehen, die da Gutes getan haben, zur Auferstehung des Lebens, die aber Übles getan haben, zur Auferstehung des Gerichts.“ (Joh. 5, 28. 29.) Paulus weist darauf hin, daß Satan mit „allerlei lügenhaften Kräften und Zeichen und Wundern“ (2. Thess. 2, 9) durch Werkzeuge wirkt, die sich ihm hingeben. Und „er selbst, der Satan, verstellt sich zum Engel des Lichtes“ (2. Kor. 11, 14).

Wer nicht bereit ist, Gottes Wort ernst zu nehmen, wer sich dem Einfluß des Heiligen Geistes entzieht, muß damit rechnen, ein Opfer listiger Verführung der „bösen Geister unter dem Himmel" zu werden (Eph. 6, 12).

Jesus macht darauf aufmerksam, daß in der letzten Zeit Männer „aufstehen und große Zeichen und Wunder tun, so daß, wenn es möglich wäre, auch die Auserwählten verführt würden" (Matth. 24, 24). „Da sich der Spiritismus dem heutigen Namenschristentum anpaßt, hat er größere Macht, zu hintergehen und zu verstricken. Satan selbst hat sich zu der neuen Ordnung der Dinge bekehrt. Er wird als ein Engel des Lichts erscheinen. Durch die Wirksamkeit des Spiritismus werden Wunder geschehen; Kranke werden geheilt und viele unstreitig übernatürliche Taten vollbracht werden. Und da die Geister ihren Glauben an die Bibel beteuern und Achtung vor den Einrichtungen der Kirche bekunden, wird ihr Werk als eine Offenbarung göttlicher Macht angenommen werden."[4]

Ziel dieser dämonischen Aktivitäten während der sechsten Plage ist es, die Könige der ganzen Welt „zu versammeln zum Streit auf jenen großen Tag Gottes, des Allmächtigen" (Offb. 16, 14). Satans Absicht hat sich seit Beginn dieser Weltzeit nicht gewandelt. Er möchte Gottes Volk ausrotten. Nachdem es ihm nicht gelungen ist, die Gemeinde in der Wüste zu vernichten, richtet er seinen Zorn gegen „die übrigen von ihrem Geschlecht, die da Gottes Gebote halten und haben das Zeugnis Jesu" (Offb. 12, 17). In der sechsten Plage versucht er sein Ziel endgültig zu erreichen.

Worum geht es in jenem letzten großen Streit? Die vereinigten Kräfte Babylons, angeführt durch Teufelsgeister, rüsten sich zum Kampf gegen Gott und seine Getreuen. „Der letzte große Kampf zwischen Wahrheit und Irrtum ist das entscheidende Ringen in dem langanhaltenden Streit über Gottes Gesetz."[5] Es handelt sich also nicht um einen Vernichtungskrieg zwischen militärischen Mächten, es ist auch kein Krieg um das Öl der Euphratebene, sondern die letzte Auseinandersetzung zwischen Licht und Finsternis. Dabei wird es nur zwei Parteien geben: Babylon und Jerusalem, sinnbildlich gesehen.

Harmagedon – ein eschatologisches Ereignis

„Und er hat sie versammelt an einen Ort, der da heißt auf hebräisch Harmagedon." (Vers 16.) Harmagedon, geheimnisvolle Bezeichnung des Ortes des endzeitlichen Entscheidungskampfes, bedeutet Berg oder Gebirge von Megiddo. Auch die vorgelagerte Ebene an der großen Straße von Ägypten nach Damaskus trägt diesen Namen. Von alters her bis zur Zeit Napoleons gehörte sie zu den großen Schlachtfeldern der Erde. Balak und Debora besiegten dort Sisera mit seinem Streitwagen (Richt. 5, 19); dort starb Ahasja, der König von Juda, getroffen von den Pfeilen Jehus (2. Kön. 9, 27); dort kam auch der König Josia um im Kampf mit Pharao Necho II. (2. Kön. 23, 29. 30).

Dieser Schauplatz entscheidender Kämpfe wird zum Typos für die letzte große Auseinandersetzung zwischen Gott und seinem Widersacher. „Zwei große Mächte stehen sich in diesem letzten Kampf gegenüber. Auf der einen Seite steht der Schöpfer Himmels und der Erde und alle, die sein Zeichen tragen. Sie folgen seinen Weisungen. Auf der anderen Seite steht der Fürst der Finsternis mit all denen, die sich für den Abfall und die Empörung gegen Gott entschieden haben."[6]

Den „Königen der ganzen Welt" stehen die „Könige vom Aufgang der Sonne" gegenüber. Der Ausdruck „Könige vom Aufgang der Sonne" (Offb. 16, 12) ist bekannt aus der Weissagung über den Untergang des geschichtlichen Babylon (vgl. Jes. 41, 2. 4. 25) und bezeichnet die Befreier des Volkes Gottes. In der Schrift werden die Begriffe „Sonne", „Aufgang", „Licht" häufig symbolisch gebraucht, aber niemals auf Satan oder satanische Mächte bezogen. Die „Könige", die unter Cyrus „vom Aufgang der Sonne" kamen, sind Typos für die Befreiung des geistigen Israels durch Christus. Er selbst ist mit dem Aufgang der Sonne vergleichbar. So erst wird es verständlich, daß Christus in der Offenbarung von sich sagt: „Ich bin ... der helle Morgenstern." (Offb. 22, 16.)

In der Vergangenheit wurden vielfach vorgefaßte Meinungen über Harmagedon geäußert. Unerfüllte Prophezeiungen sind immer ein fruchtbares Feld für Spekulationen. Der „Streit auf jenen großen Tag Gottes, des Allmächtigen“ (Vers 14) kann jedoch niemals auf ein bestimmtes Land begrenzt werden. Im Wort der Offenbarung geht es nicht darum, einen geographischen Raum abzustecken, sondern zu zeigen, was auf dem Spiel steht.

Die Könige der ganzen Welt werden in diese Auseinandersetzung hineingezogen. Alle Armeen der Welt auf einem Schlachtfeld zusammenzubringen oder die Entscheidung in einem weltweiten Krieg an einem Ort herbeizuführen, ist in der modernen Kriegführung ohnehin undenkbar. In dem letzten Kampf zwischen den Kräften der Finsternis und dem Heer des Lichtes wird gleichsam die ganze Welt zum Schlachtfeld. Es wird ein Kampf zwischen Himmel und Erde, zwischen Christus und Satan sein.

In Zusammenhang mit den Vorgängen in Harmagedon geht es nicht um eine politische Auseinandersetzung, sondern um eine religiöse: „Sie werden streiten wider das Lamm, und das Lamm wird sie überwinden, denn es ist der Herr aller Herren.“ (Offb. 17, 14.) Dieser Kampf findet sein Ende nicht durch den Sieg einer Nation über eine andere, sondern durch die Wiederkunft Christi in Macht und Herrlichkeit.

Wir sollten nicht übersehen, daß zwischen den Versen 14 und 16 eine ernste Mahnung Gottes für die Gläubigen eingeschoben ist: „Siehe, ich komme wie ein Dieb. Selig ist, der da wacht und bewahrt seine Kleider, daß er nicht nackt wandle und man nicht seine Blöße sehe.“ (Offb. 16, 15.) Der Herr ruft uns zu: „Seid bereit!“ Der Gemeinde ist äußerste Wachsamkeit geboten, damit sie die Zeichen der Zeit erkennt. Wachen heißt bereit sein. Seine Kleider „bewahren“ bedeutet, die Rechtfertigung durch den Glauben nicht preiszugeben, sondern ein neues Leben mit Christus aus der Vergebung zu führen. „Nackt wandeln“ ist soviel wie ohne Rechtfertigung und Vergebung vor dem Richterstuhl Gottes stehen zu müssen.

Babylon unter der siebenten Plage

Wenn der siebente Engel seine Schale ausgießt, ist eine laute Stimme vom Himmel her zu hören: „Es ist geschehen!" (Vers 17.) Danach folgen Blitze, Stimmen, Donner und ein solch großes Erdbeben, wie es noch nie zuvor auf Erden erlebt wurde. Die Worte: „Es ist geschehen!" erinnern an den Ruf Jesu am Kreuz: „Es ist vollbracht!" (Joh. 19, 30.) Die Entscheidung, die dann getroffen wird, ist ebenso unwiderruflich wie die am Kreuz. Das große Babylon, Symbol einer abgefallenen Welt, war nur auf den „Schein eines gottesfürchtigen Wesens" bedacht, aber seine Kraft verleugnete es (2. Tim. 3, 5). Deshalb empfängt es nun Gottes Urteil. Inseln entfliehen, Berge werden nicht mehr gefunden, und ein großer Hagel, wie Zentnerstücke schwer, fällt vom Himmel. Das stolze Babylon muß den Becher des Zornesweines Gottes bis zum letzten Tropfen leeren.

Wir wissen nicht, wie diese Gerichte vollstreckt und wie sie sich auswirken werden. Daniel spricht von dieser Zeit als einer „Zeit so großer Trübsal ... wie sie nie gewesen ist, seitdem es Menschen gibt" (Dan. 12, 1); dann fügt er hinzu: „Aber zu jener Zeit wird dein Volk errettet werden, alle, die im Buch geschrieben stehen."

„Es ist notwendig, daß wir uns mit der Ausgießung der siebenten Plage beschäftigen. Die Mächte des Bösen werden nicht ohne Kampf aufgeben. Aber Gott wird entscheidend eingreifen in der Schlacht von Harmagedon. Wenn die Erde erleuchtet ist von der Herrlichkeit des Engels von Offenbarung 18, werden die sich gegenüberstehenden Kräfte des Guten und Bösen aus ihrem Schlummer erwachen, und die Heere des lebendigen Gottes werden zuletzt das Feld behaupten."[7]

Vor diesem gewaltigen Tag des Gerichts läßt Gott durch die Drei-Engel-Botschaft eine unüberhörbare Einladung ergehen, um alle zu sammeln, die ihn suchen. Keiner kann sich auf die Seite Christi stellen, wann er will, sondern nur, wenn ihn Christus anspricht. Darum wäre es leichtfertig, die

Entscheidung auf morgen zu verschieben, wenn der Herr heute ruft.

Wer sich dieser Botschaft nicht verschließt und die in Christus angebotene Gerechtigkeit annimmt, wird bewahrt bleiben in diesen Plagen. Seinem Volk wird der Herr eine Zuflucht sein und eine Burg den Kindern Israel. Die Psalmen (z. B. Ps. 46 und 91) veranschaulichen, wie Gott sein Volk unter seine Fittiche nehmen wird. „Während die Erde schwankt, die Blitze zucken und der Donner grollt, ruft die Stimme des Sohnes Gottes die schlafenden Heiligen hervor."[8]

Das wird ein überwältigender Beweis der Macht Gottes sein vor den Augen aller, die ihn ablehnten, die trotzig ihren eigenen Weg gingen. Die verstorbenen Heiligen werden zur Unsterblichkeit erweckt und die lebenden Heiligen verwandelt, um dem Herrn entgegengerückt zu werden. Dann werden die Heilsverächter, die Gottes gnädige Einladung abgewiesen haben, vor Schrecken fliehen und von „dem Hauch seines Mundes ... durch seine Erscheinung" umgebracht werden (2. Thess. 2, 8). Das wird ein Tag des Sieges für die Getreuen Gottes sein, aber eine furchtbare Tragödie für alle, die an der Sünde festgehalten haben.

Angesichts der Nähe seines Kommens ruft uns Jesus auf, Öl in unseren Lampen zu haben, um bereit zu sein, wenn er mitten in der Nacht kommt: „Und die bereit waren, gingen mit ihm hinein zur Hochzeit, und die Tür ward verschlossen ... Darum wachet! Denn ihr wisset weder Tag noch Stunde, in welcher des Menschen Sohn kommen wird." (Matth. 25, 10. 13.) Jedem, der Gottes Botschaft aus dem 16. Kapitel der Offenbarung hört, stellt sich die entscheidende Frage: Bin ich bereit?

Das göttliche Urteil und Gericht über Babylon

17

Offenbarung 17 und 18:

Das große Babylon

17 *Und es kam einer von den sieben Engeln, die die
sieben Schalen hatten, redete mit mir und
sprach: Komm, ich will dir zeigen das Gericht über die
große Hure, die an vielen Wassern sitzt,* 2 *mit welcher
Unzucht getrieben haben die Könige auf Erden; und
die da wohnen auf Erden, sind trunken geworden von
dem Wein ihrer Unzucht.* 3 *Und er brachte mich im
Geist in die Wüste. Und ich sah ein Weib sitzen auf
einem scharlachfarbnen Tier, das war voll lästerlicher
Namen und hatte sieben Häupter und zehn Hörner.*
4 *Und das Weib war bekleidet mit Purpur und
Scharlach und übergoldet mit Gold und edlen Steinen
und Perlen und hatte einen goldenen Becher in der
Hand, voll Greuel und Unflat ihrer Hurerei,* 5 *und an
ihrer Stirn war geschrieben ein Name, ein Geheimnis:
Das große Babylon, die Mutter der Hurerei und aller
Greuel auf Erden.* 6 *Und ich sah das Weib trunken von
dem Blut der Heiligen und von dem Blut der Zeugen
Jesu. Und ich verwunderte mich sehr, da ich das Weib
sah.* 7 *Und der Engel sprach zu mir: Warum verwun-
derst du dich? Ich will dir sagen das Geheimnis des
Weibes und des Tieres, das sie trägt und hat sieben
Häupter und zehn Hörner.* 8 *Das Tier, das du gesehen
hast, ist gewesen und ist nicht und wird wieder*

emporsteigen aus dem Abgrund und wird fahren in die
Verdammnis, und es werden sich verwundern, die auf
Erden wohnen, deren Name nicht geschrieben steht
von Anfang der Welt in dem Buch des Lebens, wenn sie
sehen das Tier, daß es gewesen ist und nicht ist und
nicht wieder sein wird. 9 Hier ist der Sinn, zu dem
Weisheit gehört! Die sieben Häupter sind sieben
Berge, auf welchen das Weib sitzt, und sind sieben
Könige. 10 Fünf sind gefallen; einer ist; der andre ist
noch nicht gekommen; und wenn er kommt, muß er
eine kleine Zeit bleiben. 11 Und das Tier, das gewesen
ist und nicht ist, das ist der achte und ist einer von den
sieben und fährt in die Verdammnis. 12 Und die zehn
Hörner, die du gesehen hast, das sind zehn Könige, die
ihr Reich noch nicht empfangen haben; aber wie
Könige werden sie Macht empfangen eine Stunde mit
dem Tier. 13 Diese haben einerlei Meinung und geben
ihre Kraft und Macht dem Tier. 14 Sie werden streiten
wider das Lamm, und das Lamm wird sie überwinden,
denn es ist der Herr aller Herren und der König aller
Könige, und die mit ihm sind, sind Berufene und
Auserwählte und Gläubige. 15 Und er sprach zu mir:
Die Wasser, die du gesehen hast, wo die Hure sitzt,
sind Völker und Scharen und Heiden und Sprachen.
16 Und die zehn Hörner, die du gesehen hast, und das
Tier, die werden die Hure hassen und werden sie
einsam machen und bloß und werden ihr Fleisch essen
und werden sie mit Feuer verbrennen. 17 Denn Gott
hat's ihnen gegeben in ihr Herz, zu tun seinen
Ratschluß und zu tun einerlei Ratschluß und zu geben
ihr Reich dem Tier, bis daß vollendet werden die Worte
Gottes. 18 Und das Weib, das du gesehen hast, ist die
große Stadt, die die Herrschaft hat über die Könige auf
Erden.

Der Untergang Babylons

18 Und danach sah ich einen andern Engel nieder-
fahren vom Himmel, der hatte große Macht, und die
Erde ward erleuchtet von seinem Glanz. 2 Und er
schrie mit großer Stimme und sprach: Sie ist gefallen,
sie ist gefallen, Babylon, die große, und ist eine
Behausung der Teufel geworden und ein Gefängnis
aller unreinen Geister und ein Gefängnis aller unreinen
und verhaßten Vögel. 3 Denn von dem Zorneswein
ihrer Hurerei haben alle Völker getrunken, und die
Könige auf Erden haben mit ihr Unzucht getrieben, und
die Kaufleute auf Erden sind reich geworden von ihrer
großen Üppigkeit. 4 Und ich hörte eine andre Stimme
vom Himmel, die sprach: Gehet aus von ihr, mein
Volk, daß ihr nicht teilhaftig werdet ihrer Sünden, auf
daß ihr nicht empfanget etwas von ihren Plagen!
5 Denn ihre Sünden reichen bis an den Himmel, und
Gott denkt an ihren Frevel. 6 Bezahlet ihr, wie sie
bezahlt hat, und tut ihr zwiefältig nach ihren Werken;
und mit welchem Kelch sie euch eingeschenkt hat,
schenket ihr zwiefältig ein! 7 Wie viel sie sich herrlich
gemacht und ihren Übermut getrieben hat, so viel
schenkt ihr Qual und Leid ein! Denn sie spricht in
ihrem Herzen: Ich sitze da und bin eine Königin und
keine Witwe, und Leid werde ich nicht sehen. 8 Darum
werden ihre Plagen auf einen Tag kommen, Tod, Leid
und Hunger, und mit Feuer wird sie verbrannt werden;
denn stark ist Gott der Herr, der sie richtet. 9 Und es
werden sie beweinen und sie beklagen die Könige auf
Erden, die mit ihr Unzucht und Frevel getrieben haben,
wenn sie sehen werden den Rauch von ihrem Brand;
10 und werden von ferne stehen aus Furcht vor ihrer
Qual und sprechen: Weh, weh, du große Stadt Baby-
lon, du starke Stadt, in einer Stunde ist dein Gericht
gekommen! 11 Und die Kaufleute auf Erden werden

*weinen und Leid tragen über sie, weil niemand mehr
ihre Ware kaufen wird,* 12 *Gold und Silber und
Edelgestein und Perlen und köstliche Leinwand und
Purpur und Seide und Scharlach und allerlei wohlrie-
chendes Holz und allerlei Gefäß von Elfenbein und
allerlei Gefäß von köstlichem Holz und von Erz und
von Eisen und von Marmor,* 13 *und Zimt und Salbe und
Räucherwerk und Myrrhen und Weihrauch und Wein
und Öl und Semmelmehl und Weizen und Vieh und
Schafe und Pferde und Wagen und Sklaven und
Menschenseelen.* 14 *Und das Obst, daran deine Seele
Lust hatte, ist dahin; und alles, was glänzend und
herrlich war, ist von dir gewichen, und nimmermehr
wird man es finden.* 15 *Die Händler solcher Ware, die
durch Babel sind reich geworden, werden von ferne
stehen aus Furcht vor ihrer Qual, weinen und klagen*
16 *und sagen: Weh, weh, du große Stadt, die bekleidet
war mit köstlicher Leinwand und Purpur und Scharlach
und übergoldet war mit Gold und Edelgestein und
Perlen,* 17 *in einer Stunde ist verwüstet solcher Reich-
tum! Und alle Schiffsherren und alle Steuerleute und
die Seefahrer und die auf dem Meer hantieren, standen
von ferne* 18 *und schrien, da sie den Rauch von ihrem
Brande sahen, und sprachen: Wer ist gleich der großen
Stadt?* 19 *Und sie warfen Staub auf ihre Häupter und
schrien, weinten und klagten und sprachen: Weh,
weh, du große Stadt, in welcher von ihrer Üppigkeit
reich geworden sind alle, die da Schiffe auf dem Meere
hatten, in einer Stunde ist sie verwüstet!* 20 *Freue dich
über sie, Himmel und ihr Heiligen und Apostel und
Propheten; denn Gott hat sie gerichtet um euretwillen!*
21 *Und ein starker Engel hob einen Stein auf wie einen
großen Mühlstein, warf ihn ins Meer und sprach: So
wird im Sturm verworfen die große Stadt Babylon und
nicht mehr gefunden werden.* 22 *Und die Stimme der
Saitenspieler und Sänger, Pfeifer und Posaunen soll
nicht mehr in dir gehört werden, und kein Handwerks-*

mann irgendeines Handwerks soll mehr in dir gefunden werden, und die Stimme der Mühle soll nicht mehr in dir gehört werden, 23 *Und das Licht der Lampe soll nicht mehr in dir leuchten, und die Stimme des Bräutigams und der Braut soll nicht mehr in dir gehört werden. Denn deine Kaufleute waren Fürsten auf Erden, und durch deine Zauberei sind verführt worden alle Völker;* 24 *und das Blut der Propheten und der Heiligen und aller derer, die auf Erden getötet sind, ward in ihr gefunden.*

Das 17. Kapitel der Offenbarung ist vielen ein Rätsel. Nicht umsonst stehen mitten in diesem Kapitel die Worte: „Hier ist der Sinn, zu dem Weisheit gehört!" (Vers 9.) Wenn wir die Aussagen des prophetischen Wortes erfassen wollen, muß unser Verständnis von göttlicher Weisheit erfüllt sein. Diese Weisheit will von Gott erbeten sein (Jak. 1, 5).

Dennoch wird uns manches ein Geheimnis bleiben, bis es am Ende seine Erfüllung findet. Die Prophetie ist einer Skizze vergleichbar, die markante Entwicklungen andeutet, aber niemals einer technischen Zeichnung, der kleinste Einzelheiten zu entnehmen sind. Wenn wir uns eingehend mit diesem Kapitel beschäftigen, werden wir das für uns Wesentliche schon heute verstehen.

Die Kapitel 17 und 18 der Offenbarung stehen in einer inneren Beziehung zu den letzten beiden Plagen (Offb. 16, 12–21). Die darin vermittelte göttliche Botschaft wird uns in dem Maße verständlich werden, wie wir erkennen, was die Symbole und Typologien zu sagen haben. Diese beiden Kapitel sind der entscheidende Bußruf Gottes an die abgefallene, verweltlichte Christenheit und zugleich eine dringende Mahnung an die Gemeinde der Getreuen.

Noch stand Johannes vor Augen, was ihm über Gottes Zorngericht in den sieben Plagen gezeigt worden war. Nun sollte dem Propheten auf Patmos ein genaueres Bild von der

Macht gegeben werden, die die Nationen auf Erden dahingehend beeinflußt, daß sie sich erdreisten, Gott zu trotzen und gegen ihn zu kämpfen.

Die sieben Plagen und das göttliche Gericht über Babylon

Was Johannes in Kapitel 17 offenbart wird, ist so unbegreiflich, daß er höchst verwundert ist. Einer von den sieben Engeln, die die sieben Schalen hatten, war zu ihm getreten und sprach: „Komm, ich will dir zeigen das Gericht über die große Hure, die an vielen Wassern sitzt." (Vers 1.) Daraus geht hervor, daß das folgende Geschehen nicht nur in Beziehung zu dem in Offenbarung 14, 8 und Offenbarung 16 erwähnten Babylon und den sieben Plagen steht, sondern eine ins einzelne gehende Erläuterung des angekündigten göttlichen Gerichts über Babylon ist.

„Die Wasser, die du gesehen hast, wo die Hure sitzt", sagte der Engel zu Johannes, „sind Völker und Scharen und Heiden und Sprachen." (Vers 15.) So global wie die Verkündigung der Drei-Engel-Botschaft ist, so weitreichend ist auch der Einfluß Babylons. Während die ersten fünf der sieben letzten Plagen vornehmlich über jene ergehen, die mit Babylon zusammenwirkten, findet das Gericht über Babylon selbst während der siebenten Plage statt. In der sechsten Plage wird gewissermaßen die Vorbereitung dafür getroffen.

Aus alledem wird deutlich, daß der letzte große Kampf, von dem in Offenbarung 16, 14 die Rede ist, im 17. Kapitel näher erläutert wird. Das wird durch die Tatsache unterstrichen, daß eben der Engel, der Johannes unterrichtet, „einer von den sieben Engeln" ist, die die sieben Schalen hatten. Er begründet nicht nur Gottes Urteilsspruch, sondern weist auch hin auf die Urteilsvollstreckung.

Abgesehen von den einleitenden Worten besteht das 17. Kapitel aus zwei Teilen. Die Verse 3 bis 6 geben wieder, was Johannes sah; und die Verse 7 bis 16 berichten, was ihm gesagt wurde. Den ersten Teil, in dem die Sünden Babylons aufgeführt werden, könnte man als Anklageschrift des Himmels ansehen, als Begründung des göttlichen Urteils über Babylon. Der zweite Teil enthält den Urteilsspruch und deutet an, wie er vollstreckt wird. Eine scharfe Trennung beider Abschnitte ist nicht möglich, da sie ineinander übergehen. Der erste Teil bezieht sich mehr auf die Ereignisse zur Zeit der sechsten Plage, während der zweite Teil vor allem auf die Geschehnisse der siebenten Plage eingeht.

Die Frau auf dem scharlachfarbenen Tier

In dieser erschütternden Darstellung der Endzeit und der Endgerichte Gottes sieht Johannes eine Frau auf einem scharlachfarbenen Tier sitzen. „Das Weib war bekleidet mit Purpur und Scharlach und übergoldet mit Gold und edlen Steinen und Perlen . . . und an ihrer Stirn war geschrieben ein Name, ein Geheimnis: Das große Babylon, die Mutter der Hurerei und aller Greuel auf Erden." (Verse 4. 5.)

Wer ist diese Frau, die das große Babylon genannt wird? Eigentlich dürfte es darüber kaum Zweifel geben. Nach Offenbarung 12 hatte Johannes ein großes Zeichen am Himmel gesehen. Unter den Symbolen einer Frau, mit der Sonne bekleidet, war ihm die Gemeinde Jesu Christi gezeigt worden. So wie die reine Jungfrau ist auch die Stadt Jerusalem Sinnbild für die Gemeinde. In einem gewissen Zusammenhang und doch im krassen Gegensatz dazu steht die Hure, die abgefallene Kirche, die auch als „das große Babylon" bezeichnet wird.

Beide Frauen werden als Mütter gezeigt. Die erste gebar ein Kind, „einen Sohn, ein Knäblein, der alle Völker sollte weiden" (Offb. 12, 5). Das ist ein deutlicher Hinweis auf die Menschwerdung Christi. Die zweite Frau wird als „Mutter der Hurerei und aller Greuel auf Erden" bezeichnet. Demzufolge ist die Hure Babel die ihrem Herrn untreu gewordene Christenheit, also das Gegenstück zur wahren Gemeinde Gottes.

Johannes wird gezeigt, was vor ihm schon dem Apostel Paulus kundgetan worden war. In den letzten Tagen der Menschheitsgeschichte muß mit einem unvorstellbaren Abfall und einer noch nie dagewesenen Verführung innerhalb der Christenheit gerechnet werden, so daß am Ende nur noch eine religiöse Fassade übrigbleibt. Die äußere Form wird zwar noch gewahrt, dahinter aber verbirgt sich heidnisches Wesen, so wie edles Furnier ein morsches Brett überdeckt. Die Voraussetzung für diese Entwicklung hatte die Kirche bereits im vierten und fünften Jahrhundert gelegt, und das prägte sie auch während des ganzen Mittelalters.

Dem Drachen ist es nicht gelungen, das Weib, die Gemeinde Jesu Christi, durch Verfolgung zu vernichten. Aber Satan hat sein Ziel deshalb nicht aufgegeben, sondern versucht es auf anderen Wegen zu erreichen. Das ist die Methode, die er bereits Jesus gegenüber in der Wüste angewandt hatte. Er zeigte ihm alle Reiche der Welt und ihre Herrlichkeit und sprach: „Das alles will ich dir geben, so du niederfällst und mich anbetest." (Matth. 4, 9.)

Dieser Versuchung, die Jesus eindeutig abwies, erlag die Kirche. Sie ließ sich betören und verließ den Weg der Selbstverleugnung. Statt im Gehorsam des Glaubens allein Christus, ihrem Herrn, zu dienen, paßte sie sich der Welt an und ließ so viel heidnisches Gedankengut in ihre Lehre einsickern, daß das Evangelium davon durchsetzt wurde. Um zu Macht und Ansehen zu gelangen, knüpfte die Kirche Verbindungen zu den Mächten dieser Welt. Das ließ in ihr Stolz und Anmaßung aufkommen und führte schließlich zum Trotz gegen Gott und seinen Willen.

Die Gemeinde, die die reine Braut des Lammes (siehe Offb. 21, 9) hätte sein sollen, wurde zur Hure. Die wahre Braut Christi weiß sich allein ihrem himmlischen Bräutigam und seiner Macht anvertraut. Die „Hure" dagegen stützte sich auf weltliche Macht, bis sie unvermerkt auf dem Tier saß und von ihm getragen wurde. „Purpur und Scharlach stellen die Farben des Königtums dar, auf welche dieses Weib Anspruch erhebt."[1]

Es ist ein hartes Urteil, das Christus im prophetischen Wort über die Kirche ausspricht, die eigentlich seine ihm treu ergebene Gemeinde sein sollte. Er nennt sie Hure, „mit welcher Unzucht getrieben haben die Könige auf Erden; und die da wohnen auf Erden, sind trunken geworden von dem Wein ihrer Unzucht" (Offb. 17, 2).

Bereits im Alten Testament lesen wir erschütternde Klageworte Gottes über die Treulosigkeit seines Volkes: „Ich gedenke der Treue deiner Jugend und der Liebe deiner Brautzeit, wie du mir folgtest in der Wüste . . . Da war Israel dem Herrn heilig, die Erstlingsfrucht seiner Ernte . . . Aber mein Volk hat seine Herrlichkeit eingetauscht gegen einen Götzen, der nicht helfen kann . . . Vergißt wohl eine Jungfrau ihren Schmuck oder eine Braut ihren Schleier? Mein Volk aber vergißt mich seit endlos langer Zeit . . . Was läufst du denn so leichtfertig bald dahin, bald dorthin!" (Jer. 2, 2. 3. 11. 32. 36.)

Ergreifend klingt auch in Hesekiel 16 Gottes Wehklage über sein treuloses Volk: „Dein Ruhm erscholl unter den Völkern deiner Schönheit wegen, die vollkommen war durch den Schmuck, den ich dir angelegt hatte, spricht Gott der Herr. Aber du verließest dich auf deine Schönheit. Und weil du so gerühmt wurdest, triebst du Hurerei und botest dich jedem an, der vorüberging, und warst ihm zu Willen." (Hes. 16, 13. 15.)

Was einst in geistlicher Hinsicht im alttestamentlichen Volk Israel geschah, wiederholte sich in der Christenheit, als sie nach Macht und Ansehen in der Welt strebte. Israels Treulosigkeit wurde zum Typos einer abgefallenen Kirche. Die Frau, die Johannes in der Vision sah, war angetan mit Purpur und Scharlach, mit Gold und Edelsteinen. Durch äußeren Glanz und Reichtum suchte sie die Aufmerksamkeit auf sich zu ziehen und der Welt zu imponieren.

Aber all das hebt ihre Fragwürdigkeit nicht auf. Unumwunden wird in der Offenbarung gesagt, daß ihr Schmuck nicht echt ist, sondern nur übergoldet. Johannes schaut ferner einen goldenen Becher in ihrer Hand. „Er war mit unanständigen und schmutzigen Dingen gefüllt, den Zeichen ihrer Zuchtlosigkeit." (Offb. 17, 4, Die Gute Nachricht.) Das Gold des Bechers soll lediglich über den greulichen Inhalt hinwegtäuschen, mit dem sie „alle Völker getränkt hat" (siehe Offb. 14, 8).

„Babylon hat andere mit dem Wein des Irrtums getränkt. Er besteht aus falschen Lehren, wie die von der Unsterblichkeit der Seele, der ewigen Qual der Gottlosen, der Leugnung der Präexistenz Christi vor seiner Geburt in Bethlehem und der Befürwortung und Erhöhung des ersten Wochentages über den heiligen Ruhetag. Diese und ähnliche Irrlehren werden von verschiedenen Kirchen vertreten. So erfüllt sich das Schriftwort von ‚dem Zorneswein ihrer Hurerei' (Offb. 18, 3)."[2]

Durch diese unbiblischen Lehren wurde das Bild Gottes entstellt und eine falsche Gottesvorstellung in die Welt hineingetragen. Die Folge davon war, daß man in Gott nur noch den fordernden, strafenden und richtenden Gott sah, aber kaum etwas von einem liebenden, barmherzigen Vater wußte, der selbst das größte Opfer gebracht hat, um Menschen aus der Verlorenheit der Sünde zu retten.

Nachfolger Jesu aber, deren Glaube sich auf Gottes Wort gründet, werden sich nicht von einem goldenen Becher blenden lassen, der trügerische Lehren enthält. Es ist eine List Satans, mit der Lüge gerade so viel Wahrheit zu verknüpfen, daß sie glaubwürdig erscheint. Wenn man Gift in gesunde Nahrung mischt, so daß es nicht mehr zu erkennen ist, bleibt es am Ende doch Gift; es wird sogar noch gefährlicher, weil man es nichtsahnend zu sich nimmt.

„An ihrer Stirn war geschrieben ein Name, ein Geheimnis." (Offb. 17, 5.) Seneca und Juvenal, römische Schriftsteller und Dichter im ersten Jahrhundert n. Chr., berichten in ihren Schriften, daß römische Dirnen ein Stirnband trugen, auf dem ihr Name stand. Johannes sah auf der Stirn der Hure ebenfalls einen Namen geschrieben. Dieser Name ist ein Geheimnis. Das griechische Wort „mysterion", das für Geheimnis gebraucht wird, besagt aber nicht, daß dieses für alle dunkel bleiben muß. Nur für Uneingeweihte ist es unklar, für Eingeweihte dagegen zu verstehen.

Schon sehr früh wurde das symbolische Babylon auf das päpstliche Rom gedeutet. Joachim von Fiore, er starb um 1200, gehörte zu den ersten, die den Begriff Babylon auf die römische Kirche bezogen. Ebenso stellte der römische Dichter Dante in der „Göttlichen Komödie" die sittlich verfallene römische Kirche als unzüchtiges Weib dar. Savonarola wurde 1498 in Florenz auf dem Scheiterhaufen verbrannt, weil er das Babylon aus Offenbarung 17 mit der geistlichen Untreue der römischen Kirche in Beziehung brachte.

Gewisse charakteristische Merkmale, die das Meertier in Offenbarung 13 trägt, begegnen uns auch in der prophetischen Darstellung von Offenbarung 17. Wenn aber in diesem Kapitel ein anderes Symbol verwendet wird, soll damit noch mehr ausgesagt werden. In Offenbarung 13 war das päpstliche Rom als Meertier dargestellt, dessen religiös-politische Macht während der 1260 Jahre seinen Höhepunkt erreichte. Dann erlitt es die tödliche Wunde. Doch das Papsttum erholte sich rasch, wenn fortan auch nicht die weltliche, sondern die geistliche Macht Roms in den Vordergrund gerückt wurde.

In Offenbarung 17 ist der Rahmen der Darstellung weiter gespannt. Das wird schon dadurch deutlich, daß das große Babylon „Mutter der Hurerei und aller Greuel auf Erden" genannt wird (wörtlich „Mutter der Huren"). Nach jüdischer Ausdrucksweise, so schreibt Adolf Pohl, bedeutet das soviel wie „die größte Hure im hervorstechenden Sinne".[3] Johannes bekommt ferner das Tier gezeigt, auf dem die untreue Frau sitzt.

Das geheimnisvolle Babylon versinnbildet jene Kirchen, die nicht nur biblische Lehren preisgegeben haben, sondern auch die Unterstützung politischer Mächte suchten, um ihre Ziele zu erreichen. Man kann sagen, Babylon ist alles, was einen christlich-religiösen Schein trägt, aber nicht den Geist Christi hat.

Babylonischer Einfluß wird letztlich überall spürbar, wo in religiöser Hinsicht die Schale wichtiger ist als der Kern, wo frommer Schein mehr bedeutet als lebendige Gemeinschaft mit Christus. Er zeigt sich, wo man sich mit der Erfüllung religiöser Pflichten begnügt, etwa damit, daß man getauft ist, als Glied zu einer Kirche oder Gemeinschaft zählt, ab und zu den Gottesdienst besucht – aber keine persönliche Beziehung zu Christus hat. Es ist ein Christsein, das den Schein eines gottesfüchtigen Wesens trägt, dem aber die Kraft zur Nachfolge Jesu im Gehorsam des Glaubens fehlt (siehe 2. Tim. 3, 5). Babylonischer Geist sucht sich immer zuerst im Herzen einzunisten. Da liegen die geistigen Wurzeln Babylons. Es gibt keine Kirche oder Gemeinde, die nicht von dieser Versuchung bedroht wäre. Kein Christ sollte meinen, daß ihm der babylonische Geist nicht zur Gefahr werden könnte. Niemand ist von sich aus dagegen gefeit.

Das Reittier der „großen Hure"

Als Johannes die unzüchtige Frau, die Babylon genannt wird, näher betrachtet, erkennt er, daß sie auf einem Tier sitzt. Es sieht aus, als ob sie das Tier lenke und in ihrer Gewalt habe. In Wirklichkeit aber wird sie von dem Tier getragen.

Was ist unter diesem Tier zu verstehen? In den prophetischen Büchern Daniel und Offenbarung sind Tiere im allgemeinen Symbole für politische Mächte, die Gott und seinem Volk zu trotzen versuchen. Das scharlachfarbene Aussehen des Tieres deutet an, daß es ein Inbegriff des Bösen ist; und die Namen der Lästerung, die es trägt, sind ein Hinweis darauf, daß es sich Gott widersetzt.

Wenn es auch in gewisser Hinsicht dem ersten Tier aus Offenbarung 13 ähnelt, besteht doch ein wesentlicher Unterschied zu ihm. In jenem Tier war, wie bereits dargelegt, die politisch-religiöse Macht des Papsttums in ihrer Verflechtung mit der Welt dargestellt. Offenbarung 17 aber deutet auf einen religiösen und einen politischen Aspekt. Hure und

Tier sind zwei verschiedene Größen. Hinter dem Tier verbirgt sich Satan, der zu allen Zeiten durch politische Mächte wirkte, die sich ihm bereitwillig zur Verfügung stellten. Und es sieht so aus, als ob die abgefallenen Kirchen, versinnbildet durch die Frau, mit Unterstützung politischer Mächte die Völker beeinflussen, ja sogar beherrschen. Aller äußere Glanz aber kann nicht darüber hinwegtäuschen, daß Babylon auf dem „Tier" sitzt.

Wo „sitzen" wir in unserem Christsein? Manch einer meint, auf dem „goldenen Mittelweg" wohlanständiger Frömmigkeit leben zu können. Ein wenig Christsein ist schon nicht schlecht – aber man sollte es nicht übertreiben... Welcher Geist wirkt und herrscht in uns? Ist es der Heilige Geist, der uns in die Nachfolge Christi treibt, zur Selbstverleugnung führt und uns willig macht, das Kreuz täglich auf uns zu nehmen (Matth. 16, 24)? Oder lassen wir uns zu bequemer, selbstzufriedener Frömmigkeit verleiten, die zwar nicht gerade den Becher der Hurerei ausleert, aber doch hin und wieder ein wenig darin nippt? Christus hat in aller Eindeutigkeit gesagt: „Wer nicht mit mir ist, der ist wider mich." (Matth. 12, 30.)

Als Johannes das Weib weiter beobachtete, stellte er mit Erschrecken fest, daß es trunken war vom Blut der Heiligen. Das war für ihn furchtbar und unbegreiflich. Und doch ist es eine Tatsache, daß die blutigsten Verfolgungen der Gemeinde Christi von der verweltlichten Kirche ausgingen. Das bestätigt die Kirchengeschichte. Wir denken dabei nur an die Schrecken der Inquisition, an die grauenhaften Verfolgungen der Waldenser und Albigenser, an die Jagd, die man von evangelischer und katholischer Seite auf die Täufer machte, an das Martyrium, dem die Hugenotten ausgesetzt waren, und an die Leiden der Stundisten im zaristischen Rußland.

Darauf hatte Jesus seine Jünger vorbereitet: „Solches habe ich zu euch geredet, damit ihr nicht Ärgernis nehmt. Sie werden euch in den Bann tun. Ja, es kommt die Stunde, daß wer euch tötet, wird meinen, er tue Gott einen Dienst damit.

Und solches werden sie darum tun, weil sie weder meinen Vater noch mich erkennen. Aber solches habe ich zu euch geredet, damit, wenn die Stunde kommen wird, ihr daran gedenket, daß ich's euch gesagt habe." (Joh. 16, 1–4.)

In diesem furchtbaren Geschehen, das Johannes schaute, ist aber auch ein ermutigender Aspekt enthalten. Der Apostel darf wissen, daß nicht die ganze Christenheit dem antichristlichen Geist zum Opfer fallen wird. Bis zuletzt wird es Heilige geben, treue Zeugen Jesu, auch wenn sich alle religiösen Kräfte unter dem Banner Babylons vereinen. Es sind die Hundertvierundvierzigtausend, die ihre Kleider gewaschen haben im Blut des Lammes und bereit sind, für Jesus – wenn es sein müßte – selbst in den Tod zu gehen.

Johannes hat in den Visionen der Offenbarung schon manches Erschreckende schauen müssen, doch bei dem entsetzlichen Geschehen, das ihm nun gezeigt wurde, war er überaus betroffen. „Und ich verwunderte mich sehr, da ich das Weib sah." (Offb. 17, 6.) Er konnte es nicht fassen und empfand ähnlich wie einst der Prophet Jesaja, als er schmerzerfüllt zum Ausdruck brachte: „Wie geht das zu, daß die treue Stadt zur Hure geworden ist?" (Jes. 1, 21.)

Das Geheimnis des Weibes und des Tieres

In den folgenden Versen geht der Engel auf das Geheimnis der Frau und des Tieres ein: „Ich will dir sagen das Geheimnis des Weibes und des Tieres, das sie trägt." (Offb. 17, 7.) In den einleitenden Worten und in der Vision war die Aufmerksamkeit des Johannes fast ausschließlich auf die Frau gerichtet; nur am Rande wurde das Tier erwähnt.

Im Gegensatz dazu geht der Engel in der folgenden Erklärung (Verse 7–18) ausschließlich auf das Tier mit seinen Hörnern und Häuptern ein. Offensichtlich liegt der Schwerpunkt bei dem, was Johannes sah und mitteilte, auf der Hure; in der Erklärung dagegen, die ihm der Engel gab, auf dem Tier.

Dieser beachtenswerte Unterschied will auf folgendes aufmerksam machen: In der Vision ging es um die göttliche Anklage gegen Babylon und die Begründung derselben; denn von Babylon geht ja in den erwähnten Ereignissen der bestimmende Einfluß aus. Die Machtentfaltung und den plötzlichen Fall Babylons können wir aber nur verstehen, wenn wir beachten, welchen Beitrag das Tier dazu leistete. Darum geht der Engel in seiner Erkärung vor allem darauf ein, wie das Urteil über Babylon gefällt und vollstreckt wird.

Das Bemerkenswerte an jenem Tier besteht darin, daß es „gewesen ist und nicht ist und wieder sein wird". Zweimal macht Vers 8 darauf aufmerksam. Offenbar soll damit auf ein dreifaches Stadium der Entfaltung dieser Macht hingewiesen werden. Zuerst war sie da als heidnische Macht, wie es Daniel in seinen Visionen gesehen hatte. In der Zeit der Christianisierung der Völker hatte sie dieses Gepräge abgelegt und sich ein christliches Mäntelchen umgehängt. Sie wird aber wieder unverhüllt auftreten in den Geschehnissen der Endzeit. Damit soll gesagt werden: auch wenn das Tier mit seinem scharlachfarbenen Aussehen und den lästerlichen Namen eine Zeitlang nicht zu erkennen ist, existiert es doch; und vor der Wiederkunft Christi wird es in einer noch nie dagewesenen Machtfülle aus dem Abgrund emporsteigen. Darüber werden sich alle verwundern, „deren Name nicht geschrieben steht . . . in dem Buch des Lebens" (Vers 8).

Das Tier mit den sieben Häuptern

Nun gibt der Engel nähere Erklärungen über das Tier, das war und nicht ist und sein wird. „Hier ist der Sinn, zu dem Weisheit gehört!" (Vers 9.) Das gilt besonders für die rätselhaften Worte in Vers 8 und ihre Erläuterungen in den Versen 9 und 10, im weiteren Sinne für die gesamte Vision und die Erklärung, die der Engel gibt.

„Die sieben Häupter sind sieben Berge, auf welchen das Weib sitzt." (Vers 9.) Hier kann es kaum Fragen geben; und es fällt nicht schwer zu erkennen, was gemeint ist. Die sieben Berge sind zunächst buchstäblich Berge, nämlich die sieben Hügel, auf denen die Hure wohnt und von denen ihre Aktivitäten ausgehen. Die Stadt Rom ist auf sieben Hügeln erbaut, und die Bezeichnung „Stadt der sieben Hügel" ist allgemein bekannt.

Doch der Engel gibt noch eine weitere Erläuterung. Nach Vers 7 beziehen sich die sieben Häupter zuerst auf das Tier. Der Engel sagt nun, daß darunter sieben Könige zu verstehen sind. Es wird also auf sieben Mächte hingewiesen, die sich nach dem prophetischen Wort in alt- und neutestamentlicher Zeit gegen die Gemeinde Jesu Christi stellten und sie verfolgten.

Das prophetische Wort nennt folgende sieben Mächte: 1. Babylon als Löwe (Dan. 7, 4); 2. Medo-Persien als Bär (Vers 5); 3. Griechenland als Panther (Vers 6); 4. das heidnische Rom, dargestellt als zehnhörniges Tier (Vers 7); 5. das päpstliche Rom, dargestellt als das siebenköpfige Meertier (Offb. 13, 1. 5) oder als kleines Horn (Dan. 7, 8); 6. das zweihörnige Tier, das dem Meertier ein Bild errichtet und dem Papsttum zu neuer Macht verhilft (Offb. 13, 11 ff.); 7. die vereinigten Kräfte Babylons, getragen von dem scharlachfarbenen Tier (Offb. 16, 13. 14; 17, 3).

Wie eingangs erwähnt, führt nach den Worten des Engels (Offb. 17, 1) die Vision über Babylon in die Zeit unmittelbar vor dem Hereinbrechen der von Gott angekündigten sieben Plagen. Zu dieser Zeit sind fünf Mächte bereits gefallen. Das päpstliche Rom des Mittelalters hatte nach 1260 Jahren Herrschaft eine tödliche Wunde erlitten. „Fünf sind gefallen; einer ist." (Vers 10.) „Einer ist" müßte sich dann auf das zweihörnige Tier beziehen, das dem Papsttum ein Bild errichtet und ihm zu neuer Macht verhilft. In der Auslegung von Offenbarung 13 war bereits deutlich geworden, wie das protestantische Amerika nach und nach zum Verbündeten Roms geworden ist und dem Tier ein Bild macht, „das die Wunde vom Schwert hatte und lebendig geworden war" (Offb. 13, 14). Das geschieht heute vor unseren Augen.

Dann wird Johannes auf das siebente Haupt hingewiesen: „Und wenn er kommt, muß er eine kleine Zeit bleiben." (Offb. 17, 10.) Die Macht Babylons wird am Ende – wenn auch nur für kurze Zeit – groß sein, aber niemals wieder so beherrschend wie in der Vergangenheit. Wahrscheinlich will der Engel mit diesen Worten Johannes noch einmal die Zusicherung geben, daß Satan und die Mächte, die im siebenten Haupt versinnbildet werden, niemals ihre Pläne vollends verwirklichen können. Ihnen ist von Gott eine Grenze gesetzt, die sie nicht überschreiten werden. Wohl werden sie alles einsetzen, um Gottes Volk auszulöschen, doch es wird ihnen nicht gelingen, weil Gott ihrem Wirken unwiderruflich ein Ende setzt.

Noch einmal greift der Engel die Worte auf, die er nach Vers 8 bereits zweimal gesagt hatte über das Tier, auf dem die Hure sitzt: „das gewesen ist und nicht ist" (Vers 11) und wieder emporgesteigen wird. Ganz unvermittelt fügt er hinzu, daß das Tier zuletzt selbst als achtes Haupt in Erscheinung tritt. Das wird sich in überraschender Weise zeigen.

Manche Ausleger sehen darin einen Hinweis auf den letzten Versuch Satans, sich in einer eindrucksvollen Täuschung vor der ganzen Welt als der wiederkommende Christus auszugeben. Es fällt auf, daß im Griechischen der bestimmte Artikel vor dem Wort „achter" fehlt. Damit wird wohl angedeutet, daß das Tier mehr ist als das achte Haupt in einer bestimmten Reihenfolge; es ist die eigentliche Macht, die hinter den sieben Häuptern steht, „ist einer von den sieben" (Vers 11) und damit das gewichtigste aller Häupter. Und doch fährt es in die Verdammnis; das ist das Gericht, das zuletzt über Satan ergeht (siehe Offb. 20).

Der Engel macht Johannes darauf aufmerksam, daß das scharlachfarbene Tier zehn Hörner hat. Im Gegensatz zu dem Tier in Offenbarung 13 tragen diese Hörner keine Kronen. In der Zeit, da das Gericht über Babylon gehen wird, stellen die Hörner Könige dar; aber es sind ungekrönte Könige. Sie haben zwar königliche Macht, aber können nicht als Könige angesprochen werden. Wenngleich sie nach den

Worten der Prophezeiung „ihr Reich noch nicht empfangen haben", werden sie doch mit dem Tier Macht erhalten für eine kurze Zeit, „und haben einerlei Meinung und geben ihre Kraft und Macht dem Tier" (Verse 12. 13).

Doch auch dieses neue Bündnis politischer und geistlicher Macht wird nicht lange währen, nur „eine Stunde". Damit wird auf eine begrenzte kurze Zeit hingewiesen. Sie reicht aber aus, um vor aller Welt die lästerlichen und arroganten Ziele der satanischen Konföderation offenbar zu machen. Wer sich weigert, ihr die geforderte Verehrung zu zollen, wird mit dem Tode bestraft: „ . . . daß alle, welche nicht des Tieres Bild anbeten, getötet würden . . . daß niemand kaufen oder verkaufen kann, er habe denn das Malzeichen, nämlich den Namen des Tieres oder die Zahl seines Namens." (Offb. 13, 15. 17.)

Das wird, wenn auch nur für kurze Zeit, die größte und umfassendste Vereinigung von Kirche und Staat sein, die die Welt je erlebt hat. „Sie werden streiten wider das Lamm." (Offb. 17, 14.) Das ist das Finale in dem jahrtausendelangen Kampf gegen Christus und seine Gemeinde; es ist der Endstreit von Harmagedon vor dem „großen Tag Gottes, des Allmächtigen" (Offb. 16, 13. 14), der vom Drachen, dem Tier und dem falschen Propheten angeführt wird. Ausführlicher wird er in Offenbarung 19, 11–21 beschrieben.

Die überraschende Wende

Während der sechsten Plage werden die Vorbereitungen für den Kampf getroffen, der unter der siebenten ausgetragen und seinen Höhepunkt erreichen wird. Plötzlich sieht Johannes etwas Überraschendes: die zehn Hörner – die Mächte also, die sich mit Babylon verbündet hatten, um seine Ziele zu verwirklichen – wenden sich gegen die Hure. „Die werden die Hure hassen und werden sie einsam machen und bloß und werden ihr Fleisch essen und werden sie mit Feuer verbrennen." (Offb. 17, 16.)

Die Machthaber, die zunächst von der Hure begeistert waren, richten nun ihren Haß gegen sie. Als betrogene Betrügerin erfährt sie, die Treulose, die ganze Treulosigkeit ihrer früheren Verehrer. Babylon wird gestraft und gerichtet durch jene, mit denen sie sich eingelassen hat. „Denn Gott hat's ihnen gegeben in ihr Herz, zu tun seinen Ratschluß." (Vers 17.) Zuletzt also benutzt Gott die zehn Hörner und das Tier, um das Urteil über Babylon zu vollstrecken, das in Vers 1 angekündigt wurde.

Am Ende aber wird das Lamm sie alle überwinden, denn es ist der „Herr aller Herren und der König aller Könige, und die mit ihm sind, sind Berufene und Auserwählte und Gläubige" (Offb. 17, 14). In dem Augenblick, da sich die Kräfte des Bösen zum letzten Angriff gegen die treuen Nachfolger Christi rüsten, wird Christus aus der Verborgenheit hervortreten und kraft seiner Allmacht eingreifen. Das wird während der siebenten Plage geschehen.

Davon gibt E. G. White in dem Buch „Der große Kampf" folgende anschauliche Darstellung: „Gottes Kinder, deren etliche in Gefängniszellen leben, etliche in den einsamen Schlupfwinkeln der Wälder und Berge verborgen sind, erflehen noch immer göttlichen Schutz, während überall bewaffnete Männer, angetrieben von Scharen böser Engel, Vorkehrungen für das Werk des Todes treffen. Jetzt, in der Stunde äußerster Gefahr, wird der Gott Israels einschreiten, um seine Auserwählten zu erretten . . . Die zornigen Scharen werden plötzlich aufgehalten. Ihre spöttischen Rufe ersterben. Das Ziel ihrer mörderischen Wut ist vergessen. Mit schrecklichen Ahnungen starren sie auf das Sinnbild des Bundes Gottes und möchten gern vor dessen überwältigendem Glanz geschützt sein.

Das Volk Gottes vernimmt eine helle, klangvolle Stimme, die ruft: ‚Sehet auf!' Und die Augen zum Himmel erhebend, erblickt es den Bogen der Verheißung. Die schwarzen, drohenden Wolken, die das Himmelsgewölbe bedeckten, haben sich zerteilt. Gleich Stephanus sieht das Volk Gottes unverwandt zum Himmel empor und erblickt die Herrlichkeit Gottes und des Menschen Sohn sitzend auf seinem Thron. An seiner göttlichen Gestalt erkennen die Auserwählten die Zeichen seiner Erniedrigung, und von seinen Lippen vernehmen sie die vor seinem Vater und den heiligen Engeln dargebrachte Bitte: ‚Ich will, daß, wo ich bin, auch die bei mir seien, die du mir gegeben hast! Wiederum erklingt eine klangvolle und frohlockende Stimme, die sagt: ‚Sie kommen! Sie kommen! heilig, harmlos und makellos, sie haben das Wort meiner Geduld gehalten, sie sollen unter den Engeln wandeln!'

Es ist mitten in der Nacht, da Gott seine Macht zur Befreiung seines Volkes offenbart. Die Sonne wird sichtbar und leuchtet in voller Kraft. Zeichen und Wunder folgen rasch aufeinander. Die Gottlosen schauen erschreckt und bestürzt auf diese Vorgänge, während die Gerechten mit feierlicher Freude die Zeichen ihrer Befreiung betrachten."[4]

Das 17. Kapitel schließt mit den Worten: „Das Weib, das du gesehen hast, ist die große Stadt, die die Herrschaft hat über die Könige auf Erden." (Vers 18.) Noch übt sie ihren Einfluß aus und wird für kurze Zeit noch größere Macht erlangen. Aber mit Johannes kennen wir nun das Geheimnis des Weibes und sehen das von aller Welt bewunderte Babel mit anderen Augen. Durch Gottes Wort und Gottes Geist kann schon heute die Zauberkraft Babylons gebrochen sein. Wir denken an Jesu Worte in Matthäus 24, 25: „Siehe, ich habe es euch zuvor gesagt", und in Johannes 14, 29: „Und nun habe ich's euch gesagt, ehe es geschieht, auf daß ihr glaubet, wenn es nun geschehen wird." Wer Jesu Worte ernst nimmt, kann trotz aller Dämonie des Bösen, die uns die Offenbarung enthüllt, getrost in die Zukunft schauen; denn er weiß: Christus ist der Herr!

Das Urteil wird verkündigt

Das 18. Kapitel schließt unmittelbar an das vorige an. Gott ist gerecht, auch in seinem Richten, weil er zuvor einen Ruf an die ganze Welt ergehen läßt, den jeder verstehen kann. Um alle, die zu seinem Volk gehören wollen, auf diese letzte Krise vorzubereiten, sendet er noch eine Botschaft der Gnade.

Johannes sieht einen Engel vom Himmel kommen, „und die Erde ward erleuchtet von seinem Glanz" (Offb. 18, 1). Das setzt einen Zustand tiefer geistlicher Finsternis voraus, der kennzeichnend ist für die Zeit vor der Wiederkunft Christi. Was das bedeutet, wird bereits in Jesaja 60, 2 angedeutet: „Finsternis bedeckt das Erdreich und Dunkel die Völker."

Diese Finsternis ist ein Bild für die fehlende Gemeinschaft mit Gott und die mangelnde Einsicht in sein Wort und den Erlösungsplan. Der Hinweis, daß Babylon „eine Behausung der Teufel geworden" ist, läßt ferner darauf schließen, daß es zu einer wachsenden Dämonisierung kommt. In diesem Gewirr der Stimmen kann nur noch das Schreien des Engels „mit großer Stimme" die Aufmerksamkeit auf die letzte Mahnung Gottes lenken: „Sie ist gefallen, sie ist gefallen, Babylon, die große . . ." (Vers 2.)

Wir dürfen hier nicht nur an den Abfall in der römischen Kirche denken, sondern an alles falsche Christentum, alle unechte und weltförmige Frömmigkeit, wie sie sich in der kleinsten Gemeinschaft bemerkbar machen kann. Hier sind alle angesprochen, denen frommer Schein wichtiger ist als die Gemeinschaft mit Christus, die lediglich auf christliche Formen Wert legen.

Babylon ist bei weitem nicht nur die *eine* Kirche. In Offenbarung 17, 5 wird sie die „Mutter der Hurerei" genannt. Folglich hat sie Töchter oder Söhne – andere Kirchen –, und die haben teil an ihrem unheiligen Wesen, trinken ihren „Wein" und verkünden Lehren, die mit der Bibel nicht vereinbar sind. Die Wiederholung des Rufs: „Gefallen ist Babylon!" ist ähnlich wie in Offenbarung 14, 8 der Ausdruck einer prophetischen Gewißheit, daß Ereignisse eintreten werden, die zwar heute noch in der Zukunft liegen, an denen es aber nichts mehr zu deuteln gibt.

„Gehet aus von ihr, mein Volk!“

Das ist Gottes Ruf an uns. Diesen Ruf vernahm bereits Abraham, als der Herr zu ihm sprach: „Geh aus deinem Vaterland und von deiner Verwandtschaft ... in ein Land, das ich dir zeigen will.“ (1. Mose 12, 1.) Auch an Lot erging vor dem Untergang Sodoms die Aufforderung: „Macht euch auf und geht aus diesem Ort, denn der Herr wird diese Stadt verderben.“ (1. Mose 19, 14.) „Geht heraus aus Babel“, verkündete Jesaja, „flieht vor den Chaldäern!“ (Jes. 48, 20.) Und bei Jeremia heißt es: „Fliehet aus Babel und zieht aus der Chaldäer Lande.“ (Jer. 50, 8.) Diese Aufforderungen wurden zunächst aus ganz konkretem Anlaß erteilt, haben aber auch endgeschichtliche Bedeutung.

„Gehet aus von ihr, mein Volk“, ruft Gott in seiner Liebe und mit ganzem Ernst. Selbst wenn die gesamte Christenheit in den Abfall hineingezogen würde, dürften wir uns nicht einfach damit abfinden und fragen: Was kann ich als einzelner schon dagegen tun?

Einst rief der Prophet Elia das Volk Israel zur Entscheidung auf: „Wie lange hinket ihr auf beiden Seiten? Ist der Herr Gott, so wandelt ihm nach, ist's aber Baal, so wandelt ihm nach.“ (1. Kön. 18, 21.) Ein ähnlicher Ruf wird auch ergehen, ehe Gottes Gericht hereinbricht. „Gehet aus von ihr, mein Volk!“ Das heißt nicht, daß wir uns wie Einsiedler aus der Welt zurückziehen sollen, sondern daß wir uns durch ein Leben in der Nachfolge Jesu von anderen unterscheiden. Wir werden aufgefordert, zuerst nach dem zu trachten, „was droben ist, nicht nach dem, was auf Erden ist“ (Kol. 3, 2).

„Trotz der geistlichen Finsternis und der Trennung von Gott, die in den Kirchen, die Babylon bilden, bestehen, findet sich die Mehrzahl der wahren Nachfolger Christi noch immer in ihrer Gemeinschaft. Es gibt viele unter ihnen, die noch nie die besonderen Wahrheiten für diese Zeit gehört haben. Nicht wenige sind unzufrieden mit ihrem gegenwärtigen Zustand und sehnen sich nach hellerem Licht. Sie schauen sich in den Kirchen, mit denen sie in Verbindung stehen, vergebens nach dem Ebenbild Christi um. Indem diese Gemeinden immer mehr von der Wahrheit abweichen und sich immer enger mit der Welt verbinden, wird der Unterschied zwischen diesen beiden Gruppen immer größer und schließlich zu einer Trennung führen. Die Zeit wird kommen, da die, welche Gott über alles lieben, nicht länger mit denen in Verbindung bleiben können, die ,mehr lieben Wollust denn Gott, die da haben den Schein eines gottseligen Wesens, aber seine Kraft verleugnen'.

Offenbarung 18 verweist auf die Zeit, da die Kirche infolge der Verwerfung der drei Engelsbotschaften aus Offenbarung 14, 6–12 völlig den Zustand erreicht haben wird, der durch den zweiten Engel vorhergesagt ist. Das Volk Gottes, das sich noch immer in Babylon befindet, wird dann aufgefordert werden, sich aus dieser Bindung zu lösen. Diese Botschaft ist die letzte, die die Welt erhalten wird, und sie wird ihre Aufgabe erfüllen. Wenn die Seelen, die der Wahrheit nicht glaubten, sondern Lust hatten an der Ungerechtigkeit, kräftigen Irrtümern preisgegeben werden, daß sie der Lüge glauben, dann wird das Licht der Wahrheit allen strahlen, deren Herzen offenstehen, es zu empfangen, und alle Kinder Gottes, die in Babylon ausharren, werden dem Ruf folgen: ,Gehet aus von ihr, mein Volk!'"[5]

Einige Ausleger sind der Ansicht, daß es Christus selber ist, der hier durch den Engel spricht. Er sammelt seine Gemeinde, die „er durch sein eigen Blut erworben hat" (Apg. 20, 28). Wir denken dabei an sein Wort in Johannes 10, 16: „Und ich habe noch andere Schafe, die sind nicht aus diesem Stalle; und auch diese muß ich herführen, und sie werden meine Stimme hören und wird *eine* Herde und *ein* Hirte werden."

Nach Offenbarung 18, 4 ist Gottes Volk heute noch zerstreut unter allen Völkern. Das Ausgehen aus Babylon ist ein Hören auf die Stimme Jesu und ein Tun des Willens Gottes. Wer sich hinwendet zu ihm, wird nicht mit Babel vergehen, sondern in Ewigkeit leben. Wer aus Babel flieht, bleibt in Ewigkeit.

Gottes Gericht ist gerecht

In Vers 5 begründet der Engel noch einmal das Gericht über Babel. „Denn ihre Sünden reichen bis an den Himmel [wörtlich: sind aufgetürmt bis zum Himmel], und Gott denkt an ihren Frevel." Das übervolle Maß der Sünden nötigt Gott zum Einschreiten. Babylon muß nicht nur die Strafe für seine eigenen Freveltaten tragen, sondern auch für alles, was es mittelbar oder unmittelbar verschuldet hat. „Bezahlet ihr, wie sie bezahlt hat, und tut ihr zwiefältig nach ihren Werken... Darum werden ihre Plagen auf *einen* Tag kommen, Tod, Leid und Hunger, und mit Feuer wird sie verbrannt werden; denn stark ist Gott der Herr, der sie richtet [eigentlich „gerichtet hat", so wird es von der Zürcher Bibel und anderen wiedergegeben]." (Verse 6. 8.)

Der Urteilsspruch über Babylon ist bereits gefällt. Diese Worte enthalten keine Rachegedanken nach menschlicher Art. Hier redet allein der heilige und majestätische Ernst der Gerechtigkeit Gottes. Das verführerische Wirken Babylons mit seinen verhängnisvollen Folgen fordert ein Höchstmaß an Vergeltung. Das von Gott verhängte Strafmaß entspricht der Schuld, die Babylon auf sich geladen hat. Zwiefältig wird ihr bezahlt nach ihren Werken.

Was bedeutet dieses „Zwiefältig" in Vers 6? Wir stehen hier vor der furchtbaren Wirklichkeit der Sünde, vor der niemand die Augen verschließen kann. Auch wir müssen immer wieder erfahren, daß die Auswirkungen unserer sündigen Taten nicht auf uns beschränkt bleiben. Andere werden davon beeinflußt und mit hineingerissen; sie müssen an den Folgen unserer Sünden mittragen.

Wer den Aussagen über Gottes Gericht den Ernst nehmen will, wer da meint, hier sei nichts mehr vom Geiste Christi zu erkennen, der sei daran erinnert, daß der Offenbarung, die den Zorn Gottes ankündigt, eine Bibel mit mehr als 60 Büchern vorausgeht. Sie alle sind geprägt von Gottes Liebe, von rufender, strafender, vergebender Liebe, die nicht den Tod des Sünders will, sondern daß er sich bekehre und lebe.

Das klingt auch in den Botschaften der Offenbarung immer wieder an.

Am Kreuz von Golgatha hat Christus für uns Sünder das Gericht auf sich genommen. Wer sich unter das Kreuz stellt und Christus als seinen Heiland annimmt, wird nicht in das Gericht kommen. Der Zorn Gottes trifft nur jene, die das Kreuz ablehnen, sich Christus widersetzen und damit das Gericht über sich selbst herbeiführen.

Nach dem Urteil über Babylon hört Johannes die bittere Wehklage all derer, die gemeinsame Sache mit Babylon gemacht und mit ihr getrunken haben aus dem Becher ihrer Hurerei. Da wird die ganze Ohnmacht, Haltlosigkeit und Armut derer offenbar, die auf der Seite Babylons gestanden haben. Wohl sind sie äußerlich reich geworden, nun aber haben sie durch das Gericht in einem Augenblick alles verloren.

Schlagartig geschieht Gottes Eingreifen. Dreimal wird in Offenbarung 18 (Verse 10. 17. 19) erwähnt, daß dieses Gericht „in einer Stunde“ vollstreckt wird. Babylon wird von göttlicher Hand wie von einem Sturm erfaßt und ausgelöscht. Das wird durch eine symbolische Handlung veranschaulicht. Johannes sieht einen Mühlstein, von Engelfäusten ergriffen, der in die 'Tiefe geschleudert wird und spurlos im Meer versinkt. Danach hört er: „So wird im Sturm verworfen die große Stadt Babylon und nicht mehr gefunden werden.“ (Vers 21.)

Noch zur Zeit Alexanders des Großen hatte das alte Babylon gewisse Bedeutung. Später ging es im Sande der Wüste fast spurlos unter. Jahrhundertelang wußte man nicht einmal, wo es gelegen hatte. Erst zu Beginn unseres Jahrhunderts wurde diese alte Stadt von Prof. Koldewey mühselig ausgegraben. Vom prophetischen Babylon aber wird gesagt, daß es so restlos ausgelöscht wird, daß es nie mehr gefunden werden kann.

Das letzte in dieser erschütternden Vision ist aber nicht der Sturz Babylons und das Wehklagen seiner Bewohner, sondern das Triumphlied, das im Himmel angestimmt wird.

„Freue dich über sie, Himmel und ihr Heiligen und Apostel und Propheten; denn Gott hat sie gerichtet um euretwillen!" (Vers 20.)

Beim Nachdenken über Offenbarung 17 und 18 werden uns einige schwerwiegende Fragen gestellt. Sind wir aufgebrochen aus „Babel"? Haben wir uns gelöst von allem „babylonischen Wesen"? Leben wir in Gemeinschaft mit Jesus Christus? Würde uns ein Zusammenbruch dieser Welt zu beklagenswerten Bettlern machen, oder haben wir durch Christus unvergänglichen Reichtum in Gott? Kennen wir nur Klagen um das, was vergeht, oder wissen wir etwas von der Freude der Gotteskindschaft? Freuen wir uns, daß das Kommen Jesu vor der Tür steht – und das nicht nur in Stunden schweren Leides, wenn wir am Ende unserer Kraft sind, sondern auch, wenn wir auf der Sonnenseite des Lebens gehen?

Gott hat uns gerufen durch seine Gnade, er hat uns erwählt, ein heiliges Volk zu sein. Nicht den Erfolgreichen ist der Eingang in Gottes Reich verheißen, sondern denen, die ihm treu sind. „Ei, du frommer und getreuer Knecht, du bist über wenigem getreu gewesen, ich will dich über viel setzen; gehe ein zu deines Herrn Freude!" (Matth. 25, 21.)

Das Hochzeitsmahl des Lammes 18

Offenbarung 19:

Der Jubel im Himmel

19 *Danach hörte ich eine große Stimme vieler
Scharen im Himmel, die sprachen: Halleluja!
Das Heil und die Herrlichkeit und die Kraft sind unsers
Gottes! 2 Denn wahrhaftig und gerecht sind seine
Gerichte, daß er die große Hure verurteilt hat, welche
die Erde mit ihrer Unzucht verderbte, und hat das Blut
seiner Knechte von ihrer Hand gefordert. 3 Und sie
sprachen zum andern Mal: Halleluja! Und ihr Rauch
steigt auf in Ewigkeit. 4 Und die vierundzwanzig
Ältesten und die vier Gestalten fielen nieder und
beteten Gott an, der auf dem Thron saß, und sprachen:
Amen, Halleluja! 5 Und eine Stimme ging aus von dem
Thron: Lobet unsern Gott, alle seine Knechte, die ihn
fürchten, beide, klein und groß! 6 Und ich hörte, und es
war wie eine Stimme einer großen Schar und wie eine
Stimme großer Wasser und wie eine Stimme starker
Donner, die sprachen: Halleluja! denn der Herr, unser
Gott, der Allmächtige, hat das Reich eingenommen!
7 Lasset uns freuen und fröhlich sein und ihm die Ehre
geben, denn die Hochzeit des Lammes ist gekommen,
und seine Braut hat sich bereitet! 8 Und es ward ihr
gegeben, sich anzutun mit schöner reiner Leinwand.
Die köstliche Leinwand aber ist die Gerechtigkeit der
Heiligen. 9 Und er sprach zu mir: Schreibe: Selig sind,
die zum Abendmahl des Lammes berufen sind. Und
er sprach zu mir: Dies sind wahrhaftige Worte Gottes.*

10 *Und ich fiel ihm zu Füßen, ihn anzubeten. Und er sprach zu mir: Siehe zu, tu es nicht! Ich bin dein und deiner Brüder Mitknecht, die das Zeugnis Jesu haben. Bete Gott an! Das Zeugnis Jesu aber ist der Geist der Weissagung.*

Christus der Sieger

11 *Und ich sah den Himmel aufgetan; und siehe, ein weißes Pferd, und der darauf saß, hieß: Treu und wahrhaftig, und richtet und streitet mit Gerechtigkeit.*
12 *Seine Augen sind eine Feuerflamme und auf seinem Haupte viele Kronen; und er trug einen Namen geschrieben, den niemand wußte als er selbst.* 13 *Und er war angetan mit einem Kleide, das mit Blut besprengt war, und sein Name heißt: Das Wort Gottes.*
14 *Und ihm folgte nach das Heer im Himmel auf weißen Pferden, angetan mit weißer, reiner Leinwand.*
15 *Und aus seinem Munde ging ein scharfes Schwert, daß er damit die Völker schlüge; und er wird sie regieren mit eisernem Stabe; und er tritt die Kelter voll vom Wein des grimmigen Zornes Gottes, des Allmächtigen;* 16 *und trägt einen Namen geschrieben auf seinem Kleid und auf seiner Hüfte: König aller Könige und Herr aller Herren.* 17 *Und ich sah einen Engel in der Sonne stehen, und er rief mit großer Stimme und sprach zu allen Vögeln, die unter dem Himmel fliegen: Kommt, versammelt euch zu dem großen Mahl Gottes,*
18 *daß ihr esset das Fleisch der Könige und der Hauptleute und das Fleisch der Starken und der Pferde und derer, die darauf sitzen, und das Fleisch aller Freien und Knechte, der Kleinen und der Großen!*
19 *Und ich sah das Tier und die Könige auf Erden und ihre Heere versammelt, Krieg zu führen mit dem, der auf dem Pferde saß, und mit seinem Heer.* 20 *Und das Tier ward gegriffen und mit ihm der falsche Prophet, der die Zeichen tat vor ihm, durch welche er verführte, die das Malzeichen des Tieres nahmen und die das*

Bild des Tieres anbeteten. Lebendig wurden diese beiden in den feurigen Pfuhl geworfen, der mit Schwefel brannte. 21 *Und die andern wurden erschlagen mit dem Schwert, das aus dem Munde ging des, der auf dem Pferde saß. Und alle Vögel wurden satt von ihrem Fleisch.*

Johannes muß tief ergriffen gewesen sein von der erschütternden Wehklage, die das göttliche Strafgericht über Babylon ausgelöst hatte. Während das Jammern über die Vernichtung Babylons noch in seinen Ohren klang, hörte Johannes die Himmelsbewohner, die schon lange auf das machtvolle Eingreifen Gottes gewartet hatten, ein gewaltiges Halleluja anstimmen. Unvorstellbarer Jubel herrschte im Himmel über Gottes gerechtes Gericht. Die Engel, die vierundzwanzig Ältesten und die vier Lebewesen forderten einander zum Lobpreis und zur Anbetung auf, bis schließlich der Jubelgesang zur Ehre Gottes so mächtig anschwoll, daß er wie das Rauschen großer Wasserfälle und wie starkes Donnerrollen klang. „Halleluja! denn der Herr, unser Gott, der Allmächtige, hat das Reich eingenommen!" (Offb. 19, 6.)

Was bedeutet das Wort „Halleluja"?

Offensichtlich wird dieses Siegeslied unmittelbar nach dem Strafgericht angestimmt, das über Babylon, die große Hure, während der siebenten Plage ergeht (Offb. 16, 19; 17, 1). Dieser Dank- und Jubelchor der himmlischen Scharen wird mit Halleluja eingeleitet.

Das Wort „Halleluja" begegnet uns im Neuen Testament ausschließlich in der Offenbarung und zwar nur in Verbindung mit diesem Jubelgesang im Himmel. Im Alten Testament kommt es mehr als 20mal vor, ausschließlich in den Psalmen und zuerst am Schluß des 104. Psalms, wo Gottes Sieg über seine Feinde auf Erden verkündet wird. „Halleluja" heißt „Preiset Gott".

Er wird gepriesen, weil Heil, Herrlichkeit und Kraft allein ihm gehören. Das Heil, das Gott in uns wirkt, sollte uns immer wieder zur Dankbarkeit veranlassen, die Herrlichkeit Gottes tiefe Ehrfurcht in uns wecken und die Kraft Gottes, in der sich seine Liebe bezeugt, unser Vertrauen festigen.

Das Halleluja ist in der Offenbarung gleichsam der Schlußakkord im Lied des Lammes, dem Siegeslied der Erlösten. Das prahlerische Babylon ist vernichtet. Die Heiligen bereiten sich darauf vor, ihr Erbe anzutreten. Gottes Gericht über Babylon ist das sichtbare Zeichen, daß alle Ungerechtigkeit, unter der Jesu Nachfolger gelitten haben, endgültig überwunden ist. Sie wissen: „Wahrhaftig und gerecht sind seine Gerichte." (Vers 2.)

Allein Gott kann gerecht richten, denn nur er kennt die Gedanken der Menschen; vor ihm sind nicht nur unsere Taten, sondern auch unsere Absichten offenbar. Weil sein Wesen vollkommene Güte ist, ist auch sein Urteil vollkommen. Er hat Weisheit und Kraft, um gerecht zu urteilen und dieses Urteil zu vollstrecken.

Nun steht Christi Erlösungswerk unmittelbar vor der Vollendung. Keine Macht der Welt konnte es hindern. „Halleluja! denn der Herr, unser Gott, der Allmächtige, hat das Reich eingenommen!" (Vers 6.) Neunmal bezeichnet Johannes in der Offenbarung Gott als den Allmächtigen; denn er behält das letzte Wort. Daran wollen auch wir im Glauben festhalten.

Die Hochzeit des Lammes

„Lasset uns freuen und fröhlich sein und ihm die Ehre geben, denn die Hochzeit des Lammes ist gekommen, und seine Braut hat sich bereitet!" (Vers 7.) Was in diesem Jubelruf enthalten ist, kann man nur verstehen, wenn man weiß, welch ein frohes Ereignis in biblischer Zeit eine Hochzeit war. Die Verlobung hatte damals größere Bedeutung als heute; denn da einigten sich der Bräutigam oder dessen Vater mit dem Vater der Braut über den Brautpreis. War er entrichtet, dann war die Eheschließung so gut wie rechtskräftig. Auch wenn die Hochzeit noch nicht stattgefunden hatte, war die Braut dem Bräutigam zur Treue verpflichtet. Mit der Verlobung begann die Braut, sich für die Ehe zu rüsten, während der Bräutigam das Haus vorbereitete. Eine Trauung, wie sie heute in der Kirche oder im Gemeindesaal üblich ist, kannte man damals nicht.

An dem für die Hochzeit vorgesehenen Tag ging der Bräutigam, begleitet von Freunden, der Braut entgegen, die ihrerseits von Freundinnen zum Haus des Bräutigams geleitet wurde. Wenn sich beide Festzüge begegneten, legte der Bräutigam seinen Mantel um die Schultern der Braut und bekundete damit, daß sie sein eigen ist. Danach bewegte sich der Hochzeitszug in das Hochzeitshaus, meist das Haus vom Vater des Bräutigams. Die Festlichkeiten zogen sich bis zu sieben Tagen hin. Heiratete ein Königssohn, dann übereignete der König dem jungen Paar mitunter eine Stadt oder eine ganze Provinz als Zeichen seiner Wertschätzung. Das geschah oft unmittelbar vor der Hochzeit. Vor dem Hintergrund einer solchen Hochzeitsfeier können wir besser verstehen, was Johannes über die Hochzeit des Lammes sagt.

Wer ist die Braut des Lammes?

Nach Offenbarung 21, 2 sieht Johannes „die heilige Stadt, das neue Jerusalem . . . bereitet wie eine geschmückte Braut ihrem Mann". Damit kein Zweifel daran aufkommt, wer die Braut des Lammes ist, tritt ein Engel zu Johannes und sagt ihm: „Komm, ich will dir das Weib zeigen, die Braut des Lammes." Und er zeigte ihm, wie die „heilige Stadt Jerusalem . . . aus dem Himmel herabfuhr" (Verse 9. 10).

Was hier noch verschleiert kundgetan wird, kommt in anderen Schriftstellen deutlich zum Ausdruck: Gottes Gemeinde wird dort als Braut bezeichnet. In der Offenbarung wird sie dargestellt, wie sie mit schöner reiner Leinwand angetan ist. Und diese köstliche Leinwand ist „die Gerechtigkeit der Heiligen" (Offb. 19, 8). Dieses Symbol kann kaum auf eine Stadt angewandt werden. Ist es aber nicht ein Widerspruch, wenn einmal die Gemeinde und zum andern das neue Jerusalem als Braut des Lammes gezeigt werden?

Wir sahen bereits, daß die „heilige Stadt Jerusalem" im Gegensatz zur „Hure Babylon" steht, der großen Stadt, und das erlöste Gottesvolk darstellt. Eine Stadt ohne Einwohner wäre ja nichts weiter als ein Gewirr leerer Straßen und Gebäude. Erst die Menschen, die darin leben, machen die Stadt aus. Nun fällt es auf, daß die heilige Stadt, das neue Jerusalem, in der Offenbarung erst dann als Braut des Lammes bezeichnet wird, wenn die Heiligen aller Zeitalter in sie eingezogen sind.

Von Anfang der Menschheitsgeschichte an hat Gott nach Menschen ausgeschaut, die willig sind, in sein Reich zu kommen. Als Adam sündigte, beanspruchte Satan die Reiche dieser Welt für sich. „Als aber die Zeit erfüllet ward, sandte Gott seinen Sohn", um „zu suchen und selig zu machen, was verloren ist" (Gal. 4, 4; Luk. 19, 10). Durch sein Blut kaufte Christus das verlorene Erbe zurück, wie in Offenbarung 5 erläutert wird. Sein Ziel ist es, Gottes Reich aufzurichten. Und so hat er in allen Jahrhunderten durch sein Wort Menschen gerufen, daß sie sich von ihren Sünden trennen und Gemeinschaft mit ihm suchen.

Die Beziehung zwischen Christus und seinem Volk wird in der Heiligen Schrift durch die innige Verbindung zwischen Bräutigam und Braut veranschaulicht. Wie in einer guten Ehe gehört dreierlei zum echten Verhältnis zwischen Christus und einem Christen. Die Liebe ist die Grundlage. Ohne Liebe wäre Ehe ein Widerspruch in sich selbst. Ferner bedeutet Ehe eine vertraute Gemeinschaft, in der Mann und Frau „ein Fleisch" werden. Ebenso innig soll die Beziehung des

Gläubigen zu Christus sein. Und nicht zuletzt ist Treue unerläßlich. Ohne Treue hat die Ehe keinen Bestand. Christus erwartet, daß unser Verhalten zu ihm die Erwiderung seiner Treue zu uns ist.

Als Gott einst Israel zu seinem Volk berief, sprach er: „Ich will mich mit dir verloben für alle Ewigkeit; ich will mich mit dir verloben in Gerechtigkeit und Recht, in Gnade und Barmherzigkeit. Ja, in Treue will ich mich mit dir verloben, und du wirst den Herrn erkennen." (Hos. 2, 21. 22.) Bibelausleger haben diese Worte je nach ihrem Standpunkt entweder auf Israel als Nation oder auf die neutestamentliche Gemeinde bezogen. Gott aber hatte stets nur eine Gemeinde, die sich aus allen Nationen und Generationen zusammensetzt. Das ist die Braut. Der himmlische Bräutigam hat den Preis für sie bezahlt, teurer als Silber und Gold, indem er freiwillig sein Leben gab.

Nachdem Christus am Kreuz das Opfer für seine Brautgemeinde gebracht hatte, kam die Zeit der Trennung. Er ging zurück in seines Vaters Haus, während sich die Braut antun sollte mit reiner Leinwand: „Die köstliche Leinwand aber ist die Gerechtigkeit der Heiligen." (Offb. 19, 8.) Die Vorbereitung der Braut besteht darin, alle denkbaren Voraussetzungen dafür zu schaffen, daß der Herr sich seine „Braut" darstellen kann „als eine Gemeinde, die herrlich sei, die nicht habe einen Flecken oder Runzel oder etwas dergleichen, sondern daß sie heilig sei und unsträflich" (Eph. 5, 27).

Zur Ausstattung der Braut gehört zuerst das Hochzeitskleid. Sie wählt es sich nicht selber aus, sondern „es ward ihr gegeben" (Offb. 19, 8). Niemals und durch nichts kann sie sich den Himmel und die Teilnahme am Hochzeitsfest verdienen. Sie wird bekleidet mit der Gerechtigkeit, die Christus am Kreuz auf Golgatha für sie erworben hat. Ein Dreifaches kennzeichnet nach den Worten der Heiligen Schrift dieses Brautgewand: Es ist „schön", „rein" und „köstlich". Die leuchtende Schönheit des Brautkleides steht in offenbarem Gegensatz zu allem Flitterglanz, Purpur und Scharlach, die die Hure trägt.

Während sich die Braut rüstet, bereitet der Bräutigam die Wohnung für sie: „Und wenn ich hingehe, euch die Stätte zu bereiten, so will ich wieder kommen und euch zu mir nehmen, damit ihr seid, wo ich bin." (Joh. 14, 3.) Durch Christus sind wir von Ewigkeit her erwählt. Schon zur Zeit des Alten Testaments wurde die Hochzeit angekündigt. Als Gottes Sohn Mensch wurde, fand die Verlobung statt; am Kreuz auf Golgatha wurde der Brautpreis bezahlt. Seit der Himmelfahrt rüstet sich die Braut auf das Kommen des Bräutigams, während er das Heim für sie bereitet, das himmlische Jerusalem.

Nun kommt alles darauf an, daß die künftigen Bewohner dieser Stadt bereit sind, wenn er erscheint. Als Johannes den Jubelgesang im Himmel hörte und ihm gesagt wurde, daß die Hochzeit des Lammes gekommen ist, forderte ihn der Engel auf: „Schreibe: Selig sind, die zum Abendmahl [wörtlich: Hochzeitsmahl] des Lammes berufen sind." Und er bestätigte noch einmal: „Dies sind wahrhaftige Worte Gottes." (Offb. 19, 9.)

Alles, was wir an Glück in unserem Leben genießen können, muß verblassen vor der Freude, als Gast an den Tisch des Herrn gerufen zu werden, um in inniger Gemeinschaft ewig mit ihm zu leben.

Anbetung gebührt allein Gott

Johannes war von dem, was ihm der Engel gezeigt hatte, so beeindruckt, daß er vor ihm niederfiel, um ihn anzubeten. Doch der Engel ließ es nicht zu. „Tu es nicht!" sagte er. „Ich bin dein und deiner Brüder Mitknecht, die das Zeugnis Jesu haben. Bete Gott an! Das Zeugnis Jesu aber ist der Geist der Weissagung." (Vers 10). Anbetung gebührt ausschließlich Gott. Die Botschaft Gottes verdient Beachtung; der Übermittler aber hat stets hinter die Botschaft zurückzutreten. Der Engel sieht sich nur als Mitknecht des Johannes, als einer von denen, die das Zeugnis Jesu haben.

Was bedeutet die Aussage: „Das Zeugnis Jesu aber ist der Geist der Weissagung"? Zunächst soll damit gesagt werden, daß Jesus seiner Gemeinde Zeugnis gibt durch die Gabe der Weissagung. Die Stimme der Propheten, soweit sie sich auf das Werk der Erlösung bezieht, ist letztlich die Stimme des Erlösers. Das Zeugnis Jesu, das als Geist der Weissagung bezeichnet wird, ist zugleich ein entscheidendes Merkmal der Gemeinde der Übrigen: „Der Drache ward zornig über das Weib und ging hin, zu streiten wider die übrigen von ihrem Geschlecht, die da Gottes Gebote halten und haben das Zeugnis Jesu." (Offb. 12, 17.) Die Gabe der Weissagung ist demnach unter ihnen wirksam und wird von ihnen geschätzt.

Gabe der Weissagung hat sich nicht nur bei der Abfassung der biblischen Bücher bekundet; sie ist auch zuvor und danach wirksam geworden, in mündlicher wie auch schriftlicher Form. Der Maßstab, an dem alle prophetischen Botschaften außerhalb des biblischen Kanons zu messen sind, ist die Heilige Schrift. Deshalb fordert Paulus in 1. Thess. 5, 20. 21 auf: „Weissagungen verachtet nicht. Prüfet aber alles, und das Gute behaltet." Diese Gabe des Geistes dient dazu, das Verständnis des Wortes Gottes zu vertiefen, niemals aber, um die Heilige Schrift zu verdrängen.

Christus kommt wieder!

Mit Vers 11 beginnt das eigentliche Schlußstück der Offenbarung, die Vollendung des Erlösungsplanes. Nun erfüllt sich, was Jesus während seines Erdenlebens seinen Jüngern immer wieder verkündigt hat: Ihr werdet „kommen sehen des Menschen Sohn in den Wolken des Himmels mit großer Kraft und Herrlichkeit." (Matth. 24, 30).

In der Stunde seiner tiefsten Demütigung hatte Jesus vor dem Hohen Rat gesagt: „Von nun an wird's geschehen, daß ihr sehen werdet des Menschen Sohn sitzen zur Rechten der Kraft und kommen in den Wolken des Himmels." (Matth. 26,

64.) Nun soll Wirklichkeit werden, was die Engel bei Jesu Himmelfahrt den Jüngern zugerufen hatten: „Was stehet ihr und sehet gen Himmel? Dieser Jesus, welcher von euch ist aufgenommen gen Himmel, wird so kommen, wie ihr ihn habt gen Himmel fahren sehen." (Apg. 1, 11.) Paulus beschließt seinen ersten Brief an die Korinther mit dem Ausruf: „Maranatha!" Das heißt soviel wie: „Unser Herr kommt!" Dieser Gebetswunsch der ersten Christen erfüllt sich nun.

Es wird ein wirklicher Tag sein, der letzte Tag der Welt, an dem die Sünde ausgelöscht wird und die neue Welt Gottes beginnt. Jesus erscheint nicht mehr in Knechtsgestalt, sondern als König aller Könige. So sicher wie für uns der Tag seiner Geburt in Bethlehem ein wirklicher Tag der Weltgeschichte war, so wird auch der Tag seiner Wiederkunft in Macht und Herrlichkeit ein wirklicher Tag sein.

„Darauf sah ich den Himmel offen, und es erschien ein weißes Roß. Sein Reiter heißt ‚Treu und Wahrhaftig'; er richtet und kämpft mit Gerechtigkeit." (Offb. 19, 11, Albrecht.) Wenn Jesus sein Mittlerwerk im himmlischen Heiligtum abgeschlossen hat, tritt er vor seinen Vater (Dan. 7, 13. 14), um von ihm das Reich und die Herrschaft zu empfangen.

„Die Hochzeit des Lammes ist gekommen!" – dieser Ruf ergeht im Himmel unmittelbar vor der Wiederkunft Christi. Seine Nachfolger werden ihm dann entgegengerückt (siehe 1. Thess. 4, 14. 17) und zur Hochzeit des Lammes geleitet. Während seines Erdenlebens hatte Jesus gesagt: „Lasset eure Lenden umgürtet sein und eure Lichter brennen und seid gleich den Menschen, *die auf ihren Herrn warten,* wann er *aufbrechen wird von der Hochzeit,* auf daß, wenn er kommt und anklopft, sie ihm alsbald auftun." (Luk. 12, 35. 36.) Dann werden die Heiligen das Reich empfangen (Dan. 7, 22) und die Worte des Propheten Daniel erfüllt sein: „Das Reich und die Macht und die Gewalt über die Königreiche unter dem ganzen Himmel wird dem Volk der Heiligen des Höchsten gegeben werden, dessen Reich ewig ist." (Dan. 7, 27.)

Das große „Mahl" Gottes

Die abschließenden Verse des 19. Kapitels entwerfen außer dem Hochzeitsmahl noch ein anderes Bild. In Anlehnung an die Gerichtsweissagungen Hesekiels wird Johannes ein furchtbares Mahl gezeigt: Die Raubvögel des Himmels stürzen sich auf die Leichname der Erschlagenen auf Erden.

Zunächst sieht Johannes nach Offenbarung 19, 1 den Himmel weit aufgetan. Während sich die Mächte der Finsternis zum großen Kampf vereinen, schüttet der siebente Engel seine Schale in die Luft. Da reitet aus dem geöffneten Himmel ein Herrscher auf weißem Roß hervor. Er heißt treu und wahrhaftig, und es handelt sich bei diesem Reiter um Christus. „Seine Augen sind eine Feuerflamme und auf seinem Haupt viele Kronen." (Vers 12.) Er trägt nicht mehr die Dornenkrone, das Zeichen seiner schmachvollen Erniedrigung, sondern „Kronen" (wörtlich: Diademe) als Symbol seiner umfassenden Herrschaft. In ihm sind alle Verheißungen Ja und Amen, daß heißt gänzlich erfüllt. Er hält, was er verspricht. Er kommt als Richter. Das veranschaulichen die Feuerflammen in seinen Augen und das scharfe Schwert, das aus seinem Munde geht. Er schickt sich an, die Kelter des Zornes Gottes zu treten. Das sind Bilder, die uns aus der Offenbarung bereits wohlvertraut sind.

Der Weltenrichter ist zugleich unser Erlöser. Sein Kleid ist mit Blut besprengt, weil er den Sieg durch die Hingabe seines Lebens errang. Sein Name heißt: das Wort Gottes. Alle Macht dieses Wortes ist in ihm umschlossen: das Wort der Schöpfung, das Wort der Verheißung und des Gerichts.

„Ihm folgt nach das Heer im Himmel auf weißen Pferden, angetan mit weißer, reiner Leinwand." (Offb. 19, 14.) Nicht mit Kriegsgewalt vernichtet er seine Feinde, so wie es die Juden einst von dem Messias erwarteten, sondern durch die Macht seines Wortes. Johannes sieht, wie zuletzt auch das Tier und der falsche Prophet, die Werkzeuge, deren sich Satan bediente, um die Welt in die Irre zu führen, in das verzehrende Feuer geworfen werden (siehe Offb. 20, 10).

Doch nicht nur die Hauptverantwortlichen, sondern auch die Mitläufer finden ihre gerechte Strafe. Bestürzt von diesem Geschehen bei Christi Wiederkunft, suchen „die Großen und die Obersten und die Reichen und die Gewaltigen und alle Knechte und alle Freien" sich zu verbergen in Klüften und Felsen. Schreckerfüllt rufen sie zu den Bergen: „Fallet über uns und verberget uns vor dem Angesichte des, der auf dem Thron sitzt, und vor dem Zorn des Lammes! Denn es ist gekommen der große Tag seines Zorns, und wer kann bestehen?" (Offb. 6, 15–17.) – Bestehen wird nur, wer Vergebung der Sünden empfangen hat und bekleidet ist mit der Gerechtigkeit Christi.

Vom Thron Gottes hörte Johannes eine Stimme: „Lobet unsern Gott, alle seine Knechte, die ihn fürchten!" (Offb. 19, 5.) Dort am Thron sind Gottes Gerechtigkeit und Liebe vor dem ganzen Universum offenbar und die Sünde in ihrer Bosheit entlarvt.

Zwei bedeutsame Ankündigungen werden zuletzt von dem Thron ausgehen: „Es ist geschehen!" (Offb. 16, 17) und „Siehe, ich komme bald!" (Offb. 22, 7.)

Bei seinem Kommen trägt Christus „auf seinem Haupte viele Kronen" (Offb. 19, 12). Das ist das Zeichen dafür, daß er der König aller Könige und Herr aller Herren ist. Als Gottes Sohn am Kreuz über den Tod und den Urheber der Sünde siegte, verlor Satan seinen Anspruch auf die Reiche dieser Welt. Zwar sieht es heute oft so aus, als ob Satan in der von ihm angemaßten Macht triumphiere. Doch wir dürfen wissen, daß der Tag nicht fern ist, an dem Christus vor aller Welt erscheinen wird, um seine Nachfolger zu Bürgern seines ewigen Reiches zu machen.

19

Die Austilgung der Sünde aus dem Universum

Offenbarung 20:

Das Tausendjährige Reich

20 *Und ich sah einen Engel vom Himmel fahren,*
der hatte den Schlüssel zum Abgrund und eine
große Kette in seiner Hand. 2 *Und er griff den Drachen,*
die alte Schlange, das ist der Teufel und Satan, und
band ihn tausend Jahre 3 *und warf ihn in den Abgrund*
und verschloß ihn und tat ein Siegel oben darauf, daß
er nicht mehr verführen sollte die Völker, bis daß
vollendet würden die tausend Jahre. Danach muß er
los werden eine kleine Zeit. 4 *Und ich sah Throne, und*
sie setzten sich darauf, und ihnen ward gegeben das
Gericht. Und ich sah die Seelen derer, die enthauptet
sind um des Zeugnisses von Jesus und um des Wortes
Gottes willen, und die nicht angebetet hatten das Tier
noch sein Bild und nicht genommen hatten sein
Malzeichen an ihre Stirn und auf ihre Hand; diese
wurden lebendig und regierten mit Christus tausend
Jahre. 5 *Die andern Toten aber wurden nicht wieder*
lebendig, bis daß die tausend Jahre vollendet wurden.
Dies ist die erste Auferstehung. 6 *Selig ist der und heilig,*
der teilhat an der ersten Auferstehung. Über solche hat
der zweite Tod keine Macht; sondern sie werden
Priester Gottes und Christi sein und mit ihm regieren
tausend Jahre.

Der letzte Kampf

*7 Und wenn die tausend Jahre vollendet sind, wird der
Satan los werden aus seinem Gefängnis 8 und wird
ausgehen, zu verführen die Völker an den vier Enden
der Erde, den Gog und Magog, um sie zu versammeln
zum Streit; deren Zahl ist wie der Sand am Meer. 9 Und
sie zogen herauf auf die Breite der Erde und umringten
das Heerlager der Heiligen und die geliebte Stadt. Und
es fiel Feuer vom Himmel und verzehrte sie. 10 Und der
Teufel, der sie verführte, ward geworfen in den Pfuhl
von Feuer und Schwefel, da auch das Tier und der
falsche Prophet war, und werden gequält werden Tag
und Nacht von Ewigkeit zu Ewigkeit.*

Das Weltgericht

*11 Und ich sah einen großen, weißen Thron und den,
der darauf saß; und vor seinem Angesicht floh die Erde
und der Himmel, und ihnen ward keine Stätte gefun-
den. 12 Und ich sah die Toten, beide, groß und klein,
stehen vor dem Thron, und Bücher wurden aufgetan.
Und ein andres Buch ward aufgetan, welches ist das
Buch des Lebens. Und die Toten wurden gerichtet
nach dem, was geschrieben steht in den Büchern, nach
ihren Werken. 13 Und das Meer gab die Toten, die
darin waren, und der Tod und sein Reich gaben die
Toten, die darin waren; und sie wurden gerichtet, ein
jeglicher nach seinen Werken. 14 Und der Tod und sein
Reich wurden geworfen in den feurigen Pfuhl. Das ist
der zweite Tod: der feurige Pfuhl. 15 Und so jemand
nicht gefunden ward geschrieben in dem Buch des
Lebens, der ward geworfen in den feurigen Pfuhl.*

Die ersten und die letzten drei Kapitel der Bibel entsprechen einander. So berichten die ersten beiden Kapitel vom Schöpfungswerk und das 3. Kapitel im ersten Buch Mose, wie die Sünde in Gottes vollkommene Schöpfung eindrang. Das drittletzte Kapitel der Heiligen Schrift (Offb. 20) zeigt in prophetischen Bildern, wie Gott am Ende die Sünde aus dem Weltall austilgen wird, so daß sie nie mehr aufkommen kann. Danach schildern die letzten beiden Kapitel (Offb. 21 und 22) die Neuschöpfung Gottes. Zwischen den ersten und den letzten drei Kapiteln der Bibel ist das Geschehen in dieser Welt unter der Macht der Sünde dargestellt. Es ist die Geschichte eines harten Kampfes zwischen dem Reich des Lichtes, geführt von Christus und seinen Engeln, und dem Reich der Finsternis unter der Macht Satans und seiner Engel.

Woher kommen die Engel?

Engel gab es schon vor der Erschaffung dieser Welt, von der 1. Mose 1 und 2 berichtet. Sie gehören einer höheren Schöpfungsordnung an und sind nach Hebräer 1, 14 „dienstbare Geister", die Gott mit der Erfüllung besonderer Aufgaben betraut. So wie wir Menschen haben sie einen freien Willen und können sich für oder gegen ihren Schöpfer entscheiden. Gott will nicht, daß ihm seine Geschöpfe aus Furcht oder Zwang gehorchen; er schätzt die Treue, die aus der Liebe erwächst.

Bei seiner Empörung gelang es Satan, ein Drittel der Engelwelt gegen Gott einzunehmen und auf seine Seite zu ziehen (siehe Offb. 12, 4. 7–9). Seitdem stehen den treuen Engeln in der Gefolgschaft Christi die Dämonen und Heerscharen Satans gegenüber.

Es widerspricht dem Wort der Bibel, wenn behauptet wird, daß Engel die Geister der Verstorbenen seien.

Verschiedene Ansichten über die tausend Jahre

Mehrfach wird in Offenbarung 20 ein Zeitraum von tausend Jahren erwähnt, auch Millennium genannt (abgeleitet von lat. „mille“ = tausend und „annus“ = Jahr), fälschlicherweise als Tausendjähriges Reich bezeichnet. Über diese tausend Jahre, von denen nur Offenbarung 20, und zwar sechsmal, spricht, gibt es verschiedene, sich oft widersprechende und spekulative Anschauungen.

Manche sehen in den tausend Jahren ein Zeitalter schrittweiser Vervollkommnung der Menschheit, eine Verbesserung der sozialen Verhältnisse auf dieser Erde und den Sieg des Christentums.

Andere vertreten die Meinung, daß mit Beginn der tausend Jahre die Herrschaft der auferweckten Heiligen anbreche, während zur gleichen Zeit noch Sterbliche auf Erden leben. Mit eisernem Stabe werde Christus über dieses irdische Reich herrschen. Dabei werde den Juden eine wichtige Aufgabe zufallen. Von Jerusalem aus, wo angeblich der Tempel und der Opferdienst wiederhergestellt sein werden, sollen die Juden die Nationen regieren und unterweisen, bis es zur letzten Empörung und Vernichtung der aufrührerischen Völker am Ende jenes Tausendjährigen Reiches komme. Noch andere meinen, daß in den tausend Jahren alle bis dahin ungläubig Gebliebenen noch eine Möglichkeit zur Bekehrung erhalten. Doch all diese Anschauungen entsprechen nicht den klaren Aussagen, die in Offenbarung 20 über die tausend Jahre gemacht werden.

Beim ersten Blick auf dieses Kapitel fällt auf, mit welch betonter Zurückhaltung Johannes berichtet, was er schauen durfte. Es scheint, als wolle er allen phantastischen Vorstellungen wehren, die schon damals in die Christenheit Eingang gefunden hatten.

In welchem Zusammenhang stehen die tausend Jahre?

Zum Verständnis dessen, was in den tausend Jahren geschieht, sei zunächst an den Streit erinnert, der im Himmel begann und von dem Offenbarung 12, 7–9 berichtet. Der Kampf zwischen Christus und Satan, im Himmel angefangen, hat sich über die Jahrtausende erstreckt. Als sich Adam und Eva zum Ungehorsam gegen Gott verleiten ließen, wurden sie zwangsläufig zu Knechten der Sünde. Seither beansprucht Satan diese Welt als sein Reich.

Nachdem die Gerichte Gottes in den sieben Plagen über die Erde gegangen sind, ist die Zeit gekommen, daß auch der Urheber der Sünde mit seinen Engeln ein gerechtes Urteil erfährt. Die Sünde soll für immer aus dem Universum ausgelöscht werden. Dazu hat Gott den Weg ausersehen, von dem Offenbarung 20 berichtet.

Nach biblischem Verständnis bedeutet Gericht mehr als nur Strafe für begangene Verfehlungen. Die ganze Unzulänglichkeit menschlicher Rechtsprechung wird deutlich, wenn wir bedenken, daß auf Erden dem Rechtsbrecher zwar häufig die verdiente Strafe zuteil wird, aber die Folgen seines unrechten Tuns dadurch nicht ausgelöscht werden können. In der Bibel hingegen steht das Gericht stets in innerem Zusammenhang mit der Gerechtigkeit Gottes. Durch dieses Gericht wird zuletzt auch die Sünde als Ursache alles Leides ausgetilgt.

Satan wird gebunden

Der Sieg, den Christus am Kreuz über Satan errang und der heute noch weithin verborgen ist, wird mit Beginn der tausend Jahre, wenn Christus wiederkommt, vor dem ganzen Weltall offenbar werden. Johannes „sah einen Engel vom Himmel fahren, der hatte den Schlüssel zum Abgrund und eine große Kette in seiner Hand. Und er griff den Drachen, die alte Schlange, das ist der Teufel und Satan, und band ihn tausend Jahre und warf ihn in den Abgrund und verschloß ihn und tat ein Siegel oben darauf, daß er nicht mehr verführen sollte die Völker, bis daß vollendet würden die tausend Jahre." (Offb. 20, 1–3.)

Ein Engel genügt, um Satan zu fesseln. Mit Ruhe und Sicherheit, die ein Zeugnis für die Macht Gottes sind, erfüllt er seinen Auftrag. Wir fragen: Wie ist es möglich, daß ein einziger Engel den Drachen bindet? Dafür gibt es nur eine Erklärung: durch Christi Tod und seine Auferstehung ist das Entscheidende geschehen. Was noch zu tun bleibt, kann auf Gottes Wink einer seiner Diener bewältigen. „Er griff den Drachen, die alte Schlange, das ist der Teufel und Satan." Alte Schlange wird der Teufel genannt, weil er von Anfang an die Menschen durch seine Verschlagenheit verführte. Der „Drache" hat trotz aller Versprechungen nur eines im Sinn: Menschen zu verderben. Deshalb tritt er immer wieder als Verkläger auf und wird mit Recht Satan (= Widersacher) genannt.

Der Prophet Sacharja hatte einst eine bemerkenswerte Vision (Sach. 5, 8). Er sah, wie die Gottlosigkeit in einer Tonne mit einem Deckel aus Blei sicher verwahrt und dann fortgeschafft wurde. In Offenbarung 20 begegnet uns eine andere symbolische Handlung: Ein Engel hält den Schlüssel zum Abgrund und eine große Kette in seinen Händen, um den Machenschaften Satans ein Ende zu bereiten, daß er „nicht mehr verführen sollte die Völker" (Vers 3).

Am Ende des 19. Kapitels der Offenbarung war gezeigt worden, daß die Erde durch Gottes Gericht völlig entvölkert sein wird, da die Gottlosen beim Erscheinen des Herrn umkommen werden (Offb. 19, 21). Bereits der Prophet Jeremia malte davon ein Bild großer Trostlosigkeit. „Zu der Zeit werden die vom Herrn Erschlagenen liegen von einem Ende der Erde bis ans andere Ende; sie werden nicht beklagt noch aufgehoben noch begraben werden, sondern müssen auf dem Felde liegen und zu Dung werden." (Jer. 25, 33.)

Christi Wiederkunft und die Auferstehung der Toten

Zu Beginn der tausend Jahre wird Christus wiederkommen vom Himmel, „und die Toten in Christus werden auferstehen zuerst. Danach wir, die wir leben und übrigbleiben, werden zugleich mit ihnen hingerückt werden in den Wolken, dem

Herrn entgegen in die Luft, und werden so bei dem Herrn sein allezeit." (1. Thess. 4, 16. 17.)

Bei seinem zweiten Kommen wird Christus sein Reich zunächst nicht auf dieser Erde aufrichten; die Heiligen müssen deshalb von der Erde entrückt werden. Die Aufrichtung des Gottesreiches auf Erden geschieht erst nach den tausend Jahren, wenn das neue Jerusalem „von Gott aus dem Himmel" herabfährt (Offb. 21, 2). Auch aus den Worten Jesu in Johannes 14, 1–3 geht hervor, daß er seine Heiligen zunächst zu sich nehmen wird. Er sagt dort, daß er zum Vater geht, um Wohnungen für sie zu bereiten. Dann aber wird er wiederkommen, um sie zu sich zu nehmen. Zu den Entrückten gehören die gerechten Toten, die bei Jesu Wiederkunft auferweckt werden, und die lebenden Gerechten, die verwandelt werden (1. Kor. 15, 51). Alle Erlösten, die je auf Erden lebten, werden an dieser Auferstehung teilhaben.

„Die Toten in Christus werden auferstehen *zuerst.*" (1. Thess. 4, 16.) Wo ein erstes ist, muß auch ein zweites sein. Jesus selbst erwähnt zwei Auferstehungen, eine „Auferstehung des Lebens" und eine „Auferstehung des Gerichts" (Joh. 5, 29). Und Paulus spricht von der „Auferstehung der Gerechten und Ungerechten" (Apg. 24, 15). Alle Verstorbenen bleiben nach den Worten Jesu bis zum Auferstehungstag in ihren Gräbern. „Verwundert euch des nicht. Denn es kommt die Stunde, in welcher alle, die in den Gräbern sind, werden seine Stimme hören." (Joh. 5, 28.)

An keiner Stelle der Bibel wird auch nur die geringste Andeutung gemacht, daß die Seelen der Verstorbenen unmittelbar nach dem Tode in den Himmel genommen werden. Die Vorstellung von der Unsterblichkeit der Seele ist durch das Heidentum ins Christentum eingedrungen. Bereits Justin der Märtyrer, der um 165 starb, wandte sich mit aller Entschiedenheit gegen derartige Gedanken: „Nicht entscheide ich mich für Menschen oder für menschliche Lehre, sondern für Gott und seine Wahrheit. Wenn ihr mit solchen zusammenkommen solltet, die sich Christen nennen und behaupten, ihre Seelen würden vielmehr schon beim Tode in den Himmel genommen werden, dann haltet sie nicht für Christen." Der Theologieprofessor Karl Heim bemerkte dazu: „Die Unsterblichkeitsidee ist eine Lebensversicherung ohne Gott."

Satan während der tausend Jahre

Da die Heiligen bei Jesu Wiederkunft zum Himmel entrückt, die Gottlosen aber umkommen werden, wird die Erde völlig entvölkert sein. Das Gebundensein Satans besteht darin, daß er keinen Menschen mehr verführen kann. Er hat auch keinen Zugang zu anderen Planeten, sondern ist in den Abgrund geworfen. Im griechischen Text ist für „Abgrund" das gleiche Wort gebraucht, das schon in der griechischen Übersetzung des Alten Testaments, in der Septuaginta, benutzt wird, um den Zustand der Erde vor der Schöpfung zu beschreiben: „Und die Erde war wüst und leer, und es war finster auf der *Tiefe*." (1. Mose 1, 2.)

„Sechstausend Jahre lang ließ Satans empörerische Handlungsweise ‚die Welt zittern' . . . Sechstausend Jahre hat sein Gefängnis das Volk Gottes aufgenommen, und er hätte es auf ewig gefangengehalten, doch Christus hat die Fesseln gesprengt und den Gefangenen zur Freiheit verholfen . . . Er kann (nun) allein mit seinen bösen Engeln die Wirkung des Fluches wahrnehmen, den die Sünde über die Erde brachte . . . Tausend Jahre lang wird Satan auf der verwüsteten Erde umherwandern, um die Folgen seiner Empörung gegen Gottes Gesetz zu betrachten." [1]

Das Gericht im Himmel

Nachdem Johannes gesehen hatte, wie Satan für tausend Jahre auf Erden gebunden war, richtete sich sein Blick in den Himmel, wo die Erlösten mit ihrem Herrn tausend Jahre regieren. „Und ihnen ward gegeben das Gericht." (Offb. 20, 4.)

Das Gerichtsgeschehen verläuft, wie bereits in Offenbarung 14 angedeutet, in drei Phasen. Auf den ersten Abschnitt des Gerichts vor Christi Wiederkunft geht der Prophet Daniel ein (Dan. 7, 25. 26). In diesem sogenannten Untersuchungsgericht im Himmel geschieht die Scheidung zwischen Heiligen und Unheiligen. Dieser erste Teil des Gerichts findet seinen Abschluß, wenn Christus sein hohepriesterliches Amt niederlegt und aus dem himmlischen Heiligtum tritt, um die Seinen heimzuholen. „Wie die Auferweckung derer, die des Christus sind, der allgemeinen Totenerweckung vorausgeht, so ist auch das Gericht über die Glaubenden dem Gericht über die Völker (Heiden) zeitlich vorgeordnet."[2] Im ersten Abschnitt des Gerichts, das im Himmel stattfindet, werden die Grundsätze göttlichen Handelns vor allen Engeln offenkundig.

Der zweite Teil des Gerichts findet während der tausend Jahre statt. Christus führt dabei den richterlichen Vorsitz. Ihm stehen die Erlösten zur Seite. Über wen wird während dieser tausend Jahre Gericht gehalten? Warum ist dafür solch eine lange Zeitspanne vorgesehen? Ginge es allein um Gott, den Allwissenden, so bestünde kaum die Notwendigkeit eines solchen Gerichts. Weil aber Gottes Gerechtigkeit und Liebe vor dem ganzen Universum offenbar werden sollen, ist ein Gericht vor Zeugen notwendig. Dazu werden stichhaltige Unterlagen herangezogen. Johannes nennt sie „Bücher".

Zunächst gilt ohne Einschränkung, was in Hebräer 9, 27 geschrieben steht: „Wie den Menschen gesetzt ist, einmal zu sterben, danach aber das Gericht..." Und in 2. Korinther 5, 10 heißt es: „Wir müssen alle offenbar werden vor dem Richterstuhl Christi."

Dennoch gibt es einen wesentlichen Unterschied zwischen dem Gericht über Gläubige und dem über Ungläubige. Wer sich nicht selbst zu rechtfertigen sucht, sondern seine Sünde vor Jesus bekennt und das Blut des Lammes als Lösegeld für seine Schuld annimmt, wird nicht in das Gericht der tausend Jahre kommen. „Wenn wir uns selber richteten, so würden wir nicht gerichtet.“ (1. Kor. 11, 31.) Darum wird denen, die an der ersten Auferstehung teilhaben, ein „Selig“ und „Heilig“ zugerufen (siehe Offb. 20, 6).

Während der tausend Jahre wird Gericht gehalten über die Ungerechten, die Gottlosen und Gleichgültigen. Zwar ist ihr Schicksal bereits entschieden; denn ihre Namen stehen nicht im Lebensbuch. Sie gehören auch nicht zu denen, die an der ersten Auferstehung teilhaben. Dennoch läßt Gott noch einmal das Leben jedes einzelnen vor Zeugen überprüfen. Paulus spricht davon in 1. Korinther 6, 2: „Wisset ihr nicht, daß die Heiligen die Welt richten werden?“ In dem Gericht während der tausend Jahre wird jede Gelegenheit offenbar, die Gott dem Menschen zur Umkehr gewährte. Wenn jemand verlorengeht, so liegt es nicht an der mangelnden Liebe Gottes, sondern allein an der Unbußfertigkeit des einzelnen. Niemand kann einen anderen für sein Schicksal verantwortlich machen.

In diesem Gericht läßt Gott die Heiligen gleichsam hinter die Kulissen schauen und sein Tun von den Erlösten überprüfen. Gottes Handeln wird vor den Engeln und den Heiligen offen daliegen. Das alles geschieht um unsertwillen. Mit dem Zweifel an Gottes Liebe und Gerechtigkeit hatte die Sünde bei den Menschen Eingang gefunden. Doch nun soll niemals mehr dem Zweifel an Gottes Liebe und Gerechtigkeit Raum gegeben werden können. Bedingungsloses Vertrauen zu Gott ist die Voraussetzung für eine ewige, glückliche Zukunft.

Sicherlich hätte Gott auch ganz anders verfahren und mit Satan und der Sünde „kurzen Prozeß“ machen können. Aber der Herr des Universums hat sich in seiner unbegreiflichen Weisheit herabgelassen, um sein Handeln von den Engeln und den Erlösten überprüfen zu lassen. Er hat dafür in der Hingabe seines Sohnes einen unermeßlich hohen Preis gezahlt. Fortan können seine Liebe und Gerechtigkeit nicht mehr in Frage gestellt werden. Zugleich tritt das Furchtbare der Sünde offen zutage. Damit wird der allmächtige Gott vor aller Welt gerecht erfunden werden. „Gerecht und wahrhaftig sind deine Wege, du König der Völker" (Offb. 15, 3), müssen am Ende alle bekennen.

Die Ereignisse am Ende der tausend Jahre

In schneller Folge lösen die Ereignisse am Ende der tausend Jahre einander ab. Johannes hatte geschaut, daß „die anderen Toten" (die nicht an der ersten Auferstehung teilhatten) nicht wieder lebendig wurden, „bis daß die tausend Jahre vollendet wurden" (Offb. 20, 5). Nun werden auch sie auferweckt, um vor Gottes Richterstuhl zu erscheinen. Selbst das Meer muß die Toten für die Gerichtsverhandlung des Jüngsten Tages herausgeben (Vers 13).

Satan wird noch einmal „los werden eine kleine Zeit" (Vers 3). Darauf weist ebenso Vers 7 hin: „Wenn die tausend Jahre vollendet sind, wird der Satan los werden aus seinem Gefängnis."

Im Gegensatz zum Gebundensein Satans bei der Wiederkunft Christi steht nun sein Loswerden. Das geschieht mit der Auferstehung der Ungerechten. Noch einmal werden sie das Opfer satanischer Verführung, wenn er den letzten Kampf gegen Gott vorbereitet. Nur eine „kleine Zeit" wird Satan loswerden. Wir wissen nicht, wie lange das sein wird. Die Bibel macht darüber keine näheren Angaben. Diese Zeit aber muß ausreichen, daß Satan seine Scharen sammelt, „deren Zahl ist wie der Sand am Meer" (Vers 8), um das „Heerlager der Heiligen und die geliebte Stadt" (Vers 9) anzugreifen.

Warum läßt Christus seinen gefesselten Feind noch einmal los? Es kann nur eine Antwort darauf geben: aus Gerechtigkeit. Satans wahres Wesen soll zum letzten Mal vor aller Welt offenbar werden. Seine Befreiung dient seiner letzten Enthüllung. Auch in den tausend Jahren hat sich Satan ja nicht gewandelt; er ist der große Betrüger der Menschheit geblieben und versucht nun, die Völker zu einem letzten Kampf gegen Gott zu verleiten.

Von allen Richtungen strömen sie herbei; ein Ziel vereint sie: den Aufenthaltsort der Heiligen zu vernichten und die Stadt Gottes einzunehmen, um so der Herrschaft Christi ein Ende zu bereiten. Johannes sieht, wie diese riesige Schar – in Anlehnung an ein alttestamentliches Prophetenwort (Hes. 38, 2) nennt er sie Gog und Magog – gegen Christus und das himmlische Jerusalem zu Felde zieht.

„Nun bereitet sich Satan auf den letzten mächtigen Kampf um die Oberherrschaft vor. Seiner Macht beraubt und von seinem Werk der Täuschung abgeschnitten, war der Fürst des Bösen elend und niedergeschlagen; sind jedoch die gottlosen Toten auferweckt und sieht er die ungeheuer große Schar auf seiner Seite, kehrt seine Hoffnung zurück, und er ist entschlossen, den großen Kampf nicht aufzugeben. Er will alle Heere der Verlorenen unter sein Banner rufen und mit ihrer Hilfe versuchen, seine Pläne auszuführen. Die Gottlosen sind Satans Gefangene. Durch die Verwerfung Christi haben sie die Herrschaft des rebellischen Anführers angenommen. Sie sind bereit, seinen Vorschlägen zu folgen und seine Befehle auszuführen."[3]

Trotz der großen Zahl und einer zur Schau getragenen Sicherheit wird allen Gefolgsleuten Satans ahnungsvoll bewußt werden: Christus ist doch mächtiger!

Der letzte Akt im Gericht

Die letzte Empörung gegen Gott und Christus wird zum letzten Gericht vor Gott und Christus mit Urteilsverkündung und -vollstreckung. „Und ich sah die Toten, beide, groß und klein, stehen vor dem Thron, und Bücher wurden aufgetan. Und ein andres Buch ward aufgetan, welches ist das Buch des Lebens. Und die Toten wurden gerichtet nach dem, was geschrieben steht in den Büchern, nach ihren Werken." (Offb. 20, 12.)

Betroffen werden sie vor dem Thron des Lammes stehen, „groß und klein". Alle Rangunterschiede sind geschwunden.

Die Großen, die einst Geschichte machten, stehen neben den Kleinen, die keine Rolle auf Erden spielten. Welche Stellung jemand im Leben eingenommen hat, ist bedeutungslos, wenn er vor Gottes Richterstuhl treten muß. Die Bücher werden aufgetan. Eine unfehlbare Hand hat jede Einzelheit des Lebens aufgezeichnet. Jeder böse Gedanke, jede unreine Absicht, jede schmutzige Handlungsweise, jede gemeine Redensart, jede niedrige Gesinnung ist dort festgehalten und benannt. Nichts wird am Ende verschwiegen werden.

Mit dem Öffnen der Bücher wird die Menschheitsgeschichte aufgearbeitet. Die Bücher enthalten alles, was der einzelne in seinem Leben getan und was er aus Trägheit oder Feigheit unterlassen hat. Niemand kann sich dieser großen Entschleierung entziehen. Angesichts der Tatsachen muß jeder Rechtfertigungsversuch scheitern. Dann wird deutlich, daß für jeden die Möglichkeit bestanden hat, gerettet zu werden. Letztlich ist nur eines wichtig: daß unser Name im Lebensbuch steht, daß wir Christus gehören.

Das Endgericht

„Die Toten wurden gerichtet... nach ihren Werken." (Offb. 20, 12.) Die Rechtfertigung durch den Glauben an Jesus Christus ist zweifellos die ermutigendste und hoffnungsvollste Botschaft des Evangeliums. Das sollte aber niemanden zu der Annahme verleiten, daß es kein Gericht nach den Werken gäbe. Weil Gott unser Tun so ernst nehmen muß, hat er uns die Rechtfertigung aus Gnaden ermöglicht. Niemals widerspricht Gottes Gnadenhandeln aber seinem richterlichen Tun. Begnadigung durch Jesus Christus hat stets zu einem neuen Leben mit guten Werken zu führen, sonst wird sie nicht nur wertlos, sondern sogar zum Deckmantel der Bosheit. Gottes Gerechtigkeit fordert von uns „Glaube, der durch die Liebe tätig ist" (Gal. 5, 6). Und nach den Werken des Glaubens wird die letzte Entscheidung durch den himmlischen Richter gefällt.

Nun müssen selbst die Heilsverächter erkennen, daß es töricht war, Gottes Angebot ausgeschlagen oder sich damit vertröstet zu haben, es bleibe immer noch Gelegenheit zu einer Bekehrung. Zwar werden auch sie Gottes Gerechtigkeit und Liebe anerkennen müssen, doch für eine Umkehr ist es zu spät: „So jemand nicht gefunden ward geschrieben in dem Buch des Lebens, der ward geworfen in den feurigen Pfuhl." (Offb. 20, 15.) Aber auch „der Tod und sein Reich wurden geworfen in den feurigen Pfuhl". Und Johannes bemerkt dazu: „Das ist der zweite Tod." (Vers 14.) Damit ist auch der Tod entmachtet. „Der letzte Feind, der vernichtet wird, ist der Tod." (1. Kor. 15, 26.) Er wird als eine Macht verstanden, die am Ende das gleiche Los wie alle anderen gottfeindlichen Mächte erleiden muß.

So werden zuletzt Satan und alle, die nicht von der Sünde lassen wollten, auf ewig ausgetilgt, so daß ihnen weder „Wurzel noch Zweig" (Mal. 3, 19) bleiben. Das bedeutet nicht, daß es eine ewige Strafe im zeitlichen Sinn geben wird – ein ewig brennendes Feuer etwa –, aber ewig wird die Wirkung sein, so daß keine Spur der Sünde mehr zu finden ist. Niemals wieder wird sie die Menschheit verderben können. „Die Feinde des Herrn . . . werden . . . vergehen, wie der Rauch vergeht." (Ps. 37, 20.)

Vor Christus muß früher oder später jeder einmal hintreten. Heute steht er noch als Heiland vor uns, der uns einlädt, ein neues Leben mit ihm zu beginnen. Wer aber seine gütige Hand ausschlägt, wird einst vor ihm als seinem Richter stehen. Ob ein Mensch bei Gott angenommen wird oder für immer verlorengeht, hängt von seiner zu Lebzeiten gefällten Entscheidung ab. Eine künftige Gelegenheit gibt es nicht. Das lehrt die biblische Darstellung der tausend Jahre. Niemand weiß, wie lange er noch Zeit hat, sich zu Christus zu wenden. „Siehe, jetzt ist die angenehme Zeit, siehe, jetzt ist der Tag des Heils!" (2. Kor. 6, 2.)

Die Heimat der Erlösten wiederhergestellt

20

Offenbarung 21, 1–27; 22, 1–5:

Das neue Jerusalem

21 *Und ich sah einen neuen Himmel und eine neue*
Erde; denn der erste Himmel und die erste Erde
vergingen, und das Meer ist nicht mehr. 2 *Und ich sah*
die heilige Stadt, das neue Jerusalem, von Gott aus dem
Himmel herabfahren, bereitet wie eine geschmückte
Braut ihrem Mann. 3 *Und ich hörte eine große Stimme*
von dem Thron, die sprach: Siehe da, die Hütte Gottes
bei den Menschen! Und er wird bei ihnen wohnen,
und sie werden sein Volk sein, und er selbst, Gott, wird
mit ihnen sein; 4 *und Gott wird abwischen alle Tränen*
von ihren Augen, und der Tod wird nicht mehr sein,
noch Leid noch Geschrei noch Schmerz wird mehr
sein; denn das Erste ist vergangen. 5 *Und der auf dem*
Thron saß, sprach: Siehe, ich mache alles neu! Und er
spricht: Schreibe, denn diese Worte sind wahrhaftig
und gewiß! 6 *Und er sprach zu mir: Es ist geschehen.*
Ich bin das A und O, der Anfang und das Ende. Ich will
dem Durstigen geben von dem Brunnen des leben-
digen Wassers umsonst. 7 *Wer überwindet, der wird*
es alles ererben, und ich werde sein Gott sein, und er
wird mein Sohn sein. 8 *Der feigen Verleugner aber*
und Ungläubigen und Frevler und Totschläger und
Unzüchtigen und Zauberer und Götzendiener und
aller Lügner, deren Teil wird sein in dem Pfuhl, der mit

Feuer und Schwefel brennt; das ist der zweite Tod.
9 Und es kam zu mir einer von den sieben Engeln,
welche die sieben Schalen hatten voll der letzten
sieben Plagen, und redete mit mir und sprach: Komm,
ich will dir das Weib zeigen, die Braut des Lammes.
10 Und er führte mich hin im Geist auf einen großen
und hohen Berg und zeigte mir die heilige Stadt
Jerusalem herniederfahren aus dem Himmel von Gott,
11 die hatte die Herrlichkeit Gottes. Und ihr Licht war
gleich dem alleredelsten Stein, einem Jaspis, klar wie
Kristall. 12 Und sie hatte eine große und hohe Mauer
und hatte zwölf Tore und auf den Toren zwölf Engel
und Namen darauf geschrieben, nämlich der zwölf
Geschlechter der Kinder Israel: 13 von Morgen drei
Tore, von Mitternacht drei Tore, von Mittag drei Tore,
von Abend drei Tore. 14 Und die Mauer der Stadt hatte
zwölf Grundsteine und auf ihnen die zwölf Namen der
zwölf Apostel des Lammes. 15 Und der mit mir redete,
hatten einen Meßstab, ein goldnes Rohr, daß er die
Stadt messen sollte und ihre Tore und Mauer. 16 Und
die Stadt liegt viereckig, und ihre Länge ist so groß wie
die Breite. Und er maß die Stadt mit dem Rohr auf
zwölftausend Feld Wegs. Die Länge und die Breite und
die Höhe der Stadt sind gleich. 17 Und er maß ihre
Mauer hundertvierundvierzig Ellen nach Menschen-
maß, das der Engel gebrauchte. 18 Und ihre Mauer war
aus Jaspis und die Stadt aus reinem Golde, gleich dem
reinen Glase. 19 Und die Grundsteine der Mauer um
die Stadt waren geschmückt mit allerlei Edelgestein.
Der erste Grundstein war ein Jaspis, der zweite ein
Saphir, der dritte ein Chalcedon, der vierte ein
Smaragd, 20 der fünfte ein Sardonyx, der sechste ein
Sarder, der siebente ein Chrysolith, der achte ein
Beryll, der neunte ein Topas, der zehnte ein Chryso-
pras, der elfte ein Hyazinth, der zwölfte ein Amethyst.
21 Und die zwölf Tore waren zwölf Perlen, und ein
jegliches Tor war von einer einzigen Perle, und die

*Gassen der Stadt waren lauteres Gold wie durchschei-
nendes Glas. 22 Und ich sah keinen Tempel darin;
denn der Herr, der allmächtige Gott, ist ihr Tempel,
und das Lamm. 23 Und die Stadt bedarf keiner Sonne
noch des Mondes, daß sie ihr scheinen; denn die
Herrlichkeit Gottes erleuchtet sie, und ihre Leuchte ist
das Lamm. 24 Und die Völker werden wandeln in ihrem
Licht; und die Könige auf Erden werden ihre Herrlich-
keit in sie bringen. 25 Und ihre Tore werden nicht
verschlossen des Tages; denn da wird keine Nacht
sein. 26 Und man wird die Pracht und die Herrlichkeit
der Völker in sie bringen. 27 Und wird nicht hinein-
gehen irgendein Unreines und nicht, der da Greuel
tut und Lüge, sondern allein, die geschrieben sind in
dem Lebensbuch des Lammes.*

22 *Und er zeigte mir einen Strom des lebendigen
Wassers, klar wie Kristall, der ausgeht von dem
Thron Gottes und des Lammes. 2 Auf beiden Seiten des
Stromes mitten auf der Gasse ein Baum des Lebens, der
trägt zwölfmal Früchte und bringt seine Früchte alle
Monate, und die Blätter des Baumes dienen zur
Heilung der Völker. 3 Und es wird nichts mehr unter
dem Bann sein. Und der Thron Gottes und des Lammes
wird darinnen sein, und seine Knechte werden ihm
dienen 4 und sehen sein Angesicht, und sein Name
wird an ihren Stirnen sein. 5 Und wird keine Nacht
mehr sein, und sie werden nicht bedürfen einer
Leuchte oder des Lichts der Sonne; denn Gott der Herr
wird sie erleuchten, und sie werden regieren von
Ewigkeit zu Ewigkeit.*

In nahezu vierzig Visionen war Johannes der Weg der Gemeinde von den Tagen der Himmelfahrt Jesu bis hin zu seiner Wiederkunft gezeigt worden. Zuletzt durfte er das Ziel des Weges in herrlichen Bildern schauen, die Vollendung des Erlösungsplanes. Und was Johannes offenbart wurde, war so überwältigend, daß er sich außerstande fühlte, mit eigenen Worten wiederzugeben, was Gott denen bereitet hat, die ihn lieben.

Die letzten beiden Kapitel der Offenbarung machen deutlich, daß über allem Geschehen auf dieser Erde wie in unserem persönlichen Leben Gottes Plan steht. Das Hereinbrechen der Sünde hatte zwar Gottes ursprüngliche Absicht mit der Menschheit einige Jahrtausende aufgehalten, aber nicht vereiteln können. Gott sandte seinen Sohn als Erlöser auf diese Welt, um zurechtzubringen, was durch die Sünde verdorben war. Die beiden letzten Kapitel der Bibel zeigen, wie durch die Wiederkunft Christi Gottes Plan vollendet wird; sie zeigen das Ziel Jesu für seine Gemeinde. Auch hier gilt, was das Sprichwort sagt: „Wer das Ziel kennt, scheut den Weg nicht." Alles, was Johannes nun noch zu berichten hat, steht unter der Zusage Gottes: „Siehe, ich mache alles neu!" (Offb. 21, 5.)

„Siehe, ich mache alles neu!"

Was in Offenbarung 21, 1–22, 5 geschrieben steht, ist kein frommes Wunschbild, geboren aus der Sehnsucht unterdrückter Menschen, sondern göttliche Offenbarung, erfüllt von der Liebe unseres Heilandes. „Und ich sah einen neuen Himmel und eine neue Erde; denn das Meer ist nicht mehr." (Offb. 21, 1.) Der große Kampf zwischen Licht und Finsternis ist zu Ende. Die Erde, der Planet, auf dem Leid, Sünde und Ungerechtigkeit geherrscht haben, ist zu einer Stätte der Freude, der Gerechtigkeit und des Friedens geworden.

Das erscheint uns heute noch unvorstellbar. Aber was einst Petrus in froher Zuversicht an die Gemeinde schrieb, ist nun Wirklichkeit: „Wir warten aber eines neuen Himmels und einer neuen Erde nach seiner Verheißung, in welchen Gerechtigkeit wohnt." (2. Petr. 3, 13.) Auch die göttliche Zusage, verkündet durch den Propheten Jesaja, ist erfüllt: „Denn siehe, ich will einen neuen Himmel und eine neue Erde schaffen, daß man der vorigen nicht mehr gedenken und sie nicht mehr zu Herzen nehmen wird." (Jes. 65, 17.)

Diese und andere Verheißungen Gottes haben den Menschen in ihrem Ringen mit der Sünde immer wieder Hoffnung, Kraft und Trost geschenkt, haben sie ermutigt, den Kampf des Glaubens nicht aufzugeben. Einst aber, in der Heimat der Erlösten, wird die Erinnerung an die Vergangenheit völlig ausgelöscht sein.

Nun hat sich auf der Erde ein grundlegender Wandel vollzogen: „Selig sind die Sanfmütigen; denn sie werden das Erdreich besitzen." (Matth. 5, 5.) Sie können sich nun wahrhaft glücklich preisen; denn es ist ihr Erbe, das Christus für sie erworben hat. Kampflos ist es ihnen zugesprochen worden. Die Zeit ist da, „daß die Heiligen das Reich" empfangen (Dan. 7, 22). „Und der Herr wird König sein über alle Lande... Es wird keinen Bann mehr geben, denn Jerusalem wird ganz sicher wohnen." (Sach. 14, 9. 11.)

„Das Erste ist vergangen"

Die Bilder, in denen Gott in der Offenbarung zu uns spricht, sind der irdisch-menschlichen Vorstellungswelt entnommen; dahinter aber steht eine himmlische Wirklichkeit. So wirklich wie diese Erde jetzt schon unter der Macht der Sünde leidet, so gewiß wird es eine neue Erde geben, wo Gerechtigkeit wohnt.

„Und das Meer ist nicht mehr." (Offb. 21, 1.) Freudigen Herzens mag der Apostel diese Worte geschrieben haben, als er – ein Verbannter auf Patmos – durch das Meer von seinen Glaubensbrüdern getrennt war. Die Einsamkeit, unter der er litt, nagte an seinem Herzen. Doch er wußte: auch das wird vergessen sein, wenn Gott alles neu gemacht hat.

Wir erinnern uns, daß Johannes in verschiedenen Visionen Raubtiere aus dem Meer hatte aufsteigen gesehen. Unter diesen Sinnbildern waren ihm mächtige Nationen gezeigt worden, die der Welt den Frieden raubten. All das „ist nicht mehr", ist für immer vergangen, wenn durch Gottes Gnade ein neuer Himmel und eine neue Erde geschaffen sind. Unheil und Katastrophen, die sich auf den Weltmeeren ereignen, wird man nicht mehr kennen. Jetzt ist das Meer in seiner unheimlichen Weite noch ein Hinweis auf das Gericht Gottes in der Sintflut. Erde und Meer leiden noch unter dem Fluch der Sünde. Dann aber „wird nichts mehr unter dem Bann sein" (Offb. 22, 3). Unvorstellbar für uns aber ist die Tatsache, daß die Erde keine Gräber mehr kennen wird, weil es keinen Tod mehr gibt.

Die neue Erde

„Und der auf dem Thron saß, sprach: Siehe, ich mache alles neu!" (Offb. 21, 5.) Hier an dieser Stelle der Offenbarung spricht Gott zum ersten Mal selbst: „Und der auf dem Thron saß, sprach . . ." Als am Anfang Gottes Wort erging, schuf er diese Welt. Nun spricht er wieder. Es geht um die Erneuerung der Welt durch sein schöpferisches Wort. Unsere Erde wird also nicht einfach zu Ende sein. Sie wird vielmehr erneuert, um auf ewig ein Zeugnis der Liebe Gottes zu sein.

Auf diesem Planeten lebte eine Zeitlang der Sohn Gottes als Mensch; hier starb er, um uns zu erlösen. Durch Taten der Liebe bewies er seine göttliche Barmherzigkeit. Diese Erde wird nicht der Vernichtung anheimfallen, mag es heute auch durch Menschenhand geschaffene Waffen geben, die sie mühelos zerstören könnten. „Die Erde ist des Herrn." (Ps. 24, 1.) Er wird darüber wachen, was auf ihr und mit ihr geschieht. Und weil Gott die Erde schuf, wird er auch mit Macht kommen, um sein Eigentum wieder in Besitz zu nehmen.

So gehören Schöpfungsglaube und Adventhoffnung eng zusammen. „Siehe, ich mache alles neu!" Das sind nicht

Worte eines Demagogen, der sich auf billige Weise Stimmen sichern will; auch nicht Worte eines Religionsstifters, der um Anhänger wirbt. „Und der auf dem Thron saß, sprach: Siehe, ich mache alles neu!" (Vers 5.) Dieses „alles" umschließt Himmel, Erde, Meer und die Menschheit.

Die heilige Stadt

Sind das vielleicht doch nur Zukunftsträume von Schwärmern und Phantasten, die mit der Wirklichkeit des menschlichen Daseins nicht fertig wurden? Solch eine Annahme ist – auch wenn sie noch so oft geändert wird – völlig unbegründet; denn Gott selbst bürgt für die Erfüllung seiner Verheißungen. Der Allmächtige, der einst durch sein Wort die Welt aus dem Nichts ins Dasein rief, versichert: „Siehe, ich mache alles neu!" Und damit kein Zweifel an der Echtheit dieser Zusage aufkommen kann, gibt er Johannes den Befehl: „Schreibe, denn diese Worte sind wahrhaftig und gewiß!" (Vers 5.) Gott selbst gibt die Gewähr für die Zuverlässigkeit seiner Verheißungen. Es sind eben doch nicht nur Zukunftsträume, von denen die Offenbarung in den letzten beiden Kapiteln spricht!

Wenn Gott alles neu macht, wird nicht die geringste Spur von Sünde in der Schöpfung zu finden sein. Deshalb muß Jesus auch uns vorher reinigen und erneuern. Wir wollen ihn bitten: Räume aus unserm Herzen allen Neid, alle Selbstsucht und Empfindlichkeit, alle Unaufrichtigkeit und jeden unreinen Gedanken.

„Dir öff'n ich, Jesu, meine Tür.
Ach komm und wohne du bei mir.
Treib all Unreinigkeit hinaus
aus deinem Tempel, deinem Haus."
(Heinrich Georg Neuß)

„Und ich sah die heilige Stadt, das neue Jerusalem, von Gott aus dem Himmel herabfahren, bereitet wie eine geschmückte Braut ihrem Mann." (Vers 2.) Was ist dieses himmlische Jerusalem, diese heilige Stadt? Johannes erhält die Erklärung durch einen Engel, der ihm zuruft: „Komm, ich will dir das Weib zeigen, die Braut des Lammes." (Vers 9.) Wiederholt wird in der Offenbarung deutlich gemacht, daß unter dem Weib, der Braut des Lammes, die Gemeinde Jesu Christi zu verstehen ist, die ihrem Herrn selbst in Trübsal treu geblieben ist.

Nun sieht Johannes, wie die heilige Stadt „von Gott aus dem Himmel" herabfährt. Sie ist Frucht von oben, ist himmlischen Ursprungs; denn Gott hat für sie seinen Sohn dahingegeben. Die Gemeinde ist nicht das Ergebnis geschichtlicher Entwicklungen oder menschlicher Machtkämpfe wie die Reiche dieser Welt, sondern eine göttliche Stiftung. Nach diesem himmlischen Jerusalem schaute schon Abraham im Glauben aus.

„Gott mit uns"

Johannes hatte noch die Worte des Engels im Ohr, der ihm die Braut des Lammes gezeigt hatte, da hörte er eine andere Stimme vom Thron: „Siehe da, die Hütte Gottes bei den Menschen! Und er wird bei ihnen wohnen, und sie werden sein Volk sein, und er selbst, Gott, wird mit ihnen sein." (Offb. 21, 3.) Mit dem dreimaligen „mit" oder „bei" in Vers 3 – im Griechischen stets durch das gleiche Wort wiedergegeben – wird unterstrichen, daß die Gemeinschaft Gottes mit den Erlösten unwiderruflich sein wird.

Das Höchste, was Menschen je ersehnt haben, ist Wirklichkeit geworden. Die Zusage, die einst Abraham beim Bundesschluß erhielt: Ich will „dein und deiner Nachkommen Gott" sein (1. Mose 17, 7), ist nun eingelöst. Was Joseph vor der Geburt des Heilandes gesagt worden war: „‚Sie werden seinen Namen Immanuel heißen', das ist verdolmetscht: Gott mit uns" (Matth. 1, 23), ist erfüllt.

Wenn sich Gott diese Erde gleichsam zum Wohnort erwählt, ist seine Entscheidung nur von dem hohen Preis her zu verstehen, den er für ihre Rettung gezahlt hat. „Dort, wo einst die Sünde herrschte, wird die Gnade Gottes sich überreich erweisen. Die Erde, die Satan als sein Eigentum beansprucht hat, wird nicht nur losgekauft, sondern verherrlicht sein. Unserer kleinen Welt, die unter dem Fluch der Sünde der einzig dunkle Fleck in Gottes herrlicher Schöpfung war, soll in dem Universum Gottes über allen anderen Welten Ehre erwiesen werden."[1]

In vielen alten Handschriften der Offenbarung steht in Vers 3 der Plural: „Und sie werden seine Völker sein."

Im Alten Bund war die Stiftshütte als Stätte der Begegnung mit Gott mitten in Israel aufgerichtet. Darin kam Gottes Wunsch zum Ausdruck, unter seinem Volk zu wohnen. In Gottes Neuschöpfung aber geht es um mehr. Den Erlösten wird innige Gemeinschaft mit Gott geschenkt, die nie zerstört werden kann. „Und Gott wird abwischen alle Tränen von ihren Augen, und der Tod wird nicht mehr sein, noch Leid noch Geschrei noch Schmerz wird mehr sein; denn das Erste ist vergangen." (Offb. 21, 4.) Alles, was uns in unserm Leben ängstigte, was Trauer und Schmerz bereitete, gehört der Vergangenheit an. Leid und Verzweiflung können uns nichts mehr anhaben. Es gibt keinen Tod mehr, der uns liebe Menschen entreißen könnte und vor dem wir zuletzt selbst die Waffen strecken müßten. Niemand und nichts kann uns aus der Hand des Vaters reißen (Joh. 10, 29).

Als Christus auf Golgatha starb, rief er aus: „Es ist vollbracht!" (Joh. 19, 30.) Nun hört Johannes die Worte: „Es ist geschehen." (Offb. 21, 6.) Erklärend fügt Gott hinzu: „Ich bin das A und das O, der Anfang und das Ende." Nicht nur in zeitlicher Hinsicht ist Gott der Anfang und das Ende; er ist Ursprung und Ziel aller Dinge überhaupt.

„Wer überwindet, der wird es alles ererben"

Mit den Versen 7 und 8 des 21. Kapitels der Offenbarung hat Gott eine Wegetafel aufgestellt, an der wir uns zu entscheiden haben. In die eine Richtung gehen die Überwinder, in die andere alle, denen das Reich Gottes verschlossen bleibt. Wer Bürger des Reiches Gottes werden will, muß Christus im Glauben angenommen, durch ihn zu einem neuen Leben gefunden und so die Macht der Sünde überwunden haben. Dann wird er von Gott als Sohn angenommen und „alles ererben", was Christus für uns erworben hat. Auf der anderen Seite dieser Wegtafel stehen die feigen Verleugner, die Ungläubigen, die Frevler, die Totschläger, die Unzüchtigen, die Zauberer, die Götzendiener und alle Lügner (siehe Vers 8).

Diese Aufzählung beginnt mit den feigen Verleugnern. Sie haben ihre Bequemlichkeit mehr geliebt als Christus; sie schämten sich, ihn zu bekennen, und haben ihn um ihrer eigenen Sicherheit willen verleugnet. Auch ihnen stand der Weg ins Reich Gottes offen, aber sie fürchteten Spott, waren besorgt um ihr Ansehen und zögerten deshalb, Gottes Botschaft anzunehmen. Sie waren keine Verbrecher, Mörder, Ehebrecher oder Trunkenbolde, scheuten sich aber, wider besseres Wissen das zu tun, was sie eigentlich hätten tun sollen. Und so finden sie sich zuletzt draußen unter den Frevlern, Totschlägern, Unzüchtigen und Zauberern.

Gewiß erfordert es Mut, sich auf die Seite Gottes zu stellen. Es kostet etwas, sich zur göttlichen Wahrheit zu bekennen. Doch angesichts des ewigen Erbes, das durch Christus für uns bereitliegt, kostet es noch viel mehr, die Retterhand des Heilandes auszuschlagen.

Das neue Jerusalem

Einer der sieben Engel, die die sieben Schalen des Zornes Gottes tragen, hatte dem Apostel Johannes das Gericht über Babylon angekündigt (Offb. 17, 1). Es fällt auf, daß einer von ihnen erneut vor Johannes hintritt und ihm das neue Jerusalem zeigt. Im Geist sieht sich der Prophet auf einen großen und hohen Berg versetzt.

Ehe Mose starb, hatte ihm der Herr vom Berge Nebo aus das verheißene Land gezeigt. Dieses irdische Kanaan war nur ein schwaches Abbild der künftigen Heimat der Überwinder. Als Satan den Herrn Jesus in der Wüste versuchte, führte er ihn auf einen sehr hohen Berg und zeigte ihm alle Reiche der Welt und ihre Herrlichkeit „in einem Augenblick" (Luk. 4, 5). Das neue Jerusalem aber „hatte die Herrlichkeit Gottes" und kam von oben herab (Offb. 21, 2. 10. 11).

Beim Lesen dieser Worte spüren wir: Kein Vergleich, kein Ausdruck ist stark genug, um das himmlische Jerusalem zu beschreiben. Wenn Johannes von den Mauern der Stadt spricht, die aus Edelgestein bestehen, von Perlentoren und goldenen Gassen, bedeutet das keinesfalls, daß im Himmel irdische Materialien verwendet werden. Diese kostbaren Gesteine und Erze werden nur genannt, um uns etwas ahnen zu lassen von der himmlischen Herrlichkeit, die kein Auge gesehen und kein Ohr gehört, die in keines Menschen Sinn gekommen ist und die Gott doch bereitet hat denen, die ihn lieben (siehe 1. Kor. 2, 9).

Zuerst berichtet Johannes von der Mauer dieser Stadt und den zwölf Toren (Verse 12. 13). Das Wort, das im Griechischen für „Tor" steht, bezeichnet eigentlich ein Portal, das von der Straße her den Eingang zu der geräumigen Vorhalle eines Hauses bildet. Johannes sieht jeweils drei offene Tore in den vier Himmelsrichtungen. Das ist ein Hinweis darauf, daß das himmlische Jerusalem allen Menschen offensteht, ganz gleich, woher sie kommen. „Also hat Gott die Welt geliebt, daß er seinen eingebornen Sohn gab, auf daß *alle,* die an ihn glauben, nicht verloren werden, sondern das ewige Leben haben." (Joh. 3, 16.)

Wohl ist Jerusalem von „einer großen und hohen Mauer" umgeben. Sie dient aber nicht ihrem Schutz oder der Abwehr feindlicher Angriffe; denn es gibt keinen Feind mehr, der die Stadt bedrohen könnte. Diese Mauer ist vielmehr Sinnbild für die innere Geschlossenheit der Gemeinde Gottes. Obwohl die Überwinder aus allen Nationen der Erde kommen, sind sie eins in Jesus Christus. Wahrhaft ein Hirte und eine Herde!

In den zwölf Grundsteinen der Mauer sind die Namen der „zwölf Apostel des Lammes“ (Vers 14) eingegraben. Das neue Jerusalem ist keine jüdische Stadt, obwohl auch ehemalige Juden dort sein werden. Nicht aufgrund ihrer Abstammung werden sie Bürger des himmlischen Jerusalem sein, sondern weil sie überwunden haben durch Gottes Gnade. Neben den Namen der zwölf Apostel auf den Grundsteinen finden sich die Namen der zwölf Stämme Isarels an den Toren der Mauer. Die Gotteskinder aller Zeitalter haben Zugang zu der Stadt.

Eigentümlich ist auch die Form der heiligen Stadt. Der Engel mißt sie vor den Augen des Johannes (Vers 15ff.). Da zeigt sich, daß Länge, Breite und Höhe gleich sind, so wie auch das Allerheiligste im Tempel die Form eines Würfels hatte. Vielleicht soll dadurch unterstrichen werden, daß es sich bei der heiligen Stadt um das Allerheiligste, die Wohnstätte Gottes, handelt. Überall im himmlischen Jerusalem wird er, der Allmächtige, gegenwärtig sein, so wie es einst durch das Allerheiligste des Tempels angedeutet war.

Das himmlische Jerusalem hat eine Länge von mehr als 2200 km. Das ist weiter als von Berlin nach Moskau, eine Entfernung, die die Erfahrungswerte des Johannes weit überstieg. Unvorstellbar auch, daß dieses Maß ebenso für die Höhe gilt, während die Mauer mit ihren „hundertvierundvierzig Ellen nach Menschenmaß“ im Vergleich dazu sehr niedrig ist. Sie dient ja auch nicht der Verteidigung, sondern ist nur als Begrenzung der Stadt anzusehen.

Vieles von dem, was Johannes hier schaute und niederschrieb, übersteigt unser Vorstellungsvermögen. Doch deshalb dürfen wir nicht in den Fehler verfallen, alles vergeistigen zu wollen, was die Offenbarung sagt. So wirklich wie die Erde ist, auf der wir leben, wird auch Gottes Neuschöpfung sein, eine Stätte unbeschreiblicher Herrlichkeit. Jesus sprach davon, daß in seines Vaters Hause viele Wohnungen seien und er hingehe, uns diese Stätte zu bereiten. (Joh. 14, 2. 3.)

Außergewöhnlich sind die Maße der Stadt, außergewöhnlich die Baustoffe. In den durchsichtigen Steinen bricht sich das Licht und erstrahlt in den Farben des Regenbogens. Diese überwältigende Pracht stand im krassen Gegensatz zu der öden Insel Patmos, auf der Johannes als Verbannter leben mußte. Und was er schaute, schrieb er nieder für die Gemeinden, die damals schweren Verfolgungen ausgesetzt waren. Im Auftrage Gottes versicherte ihnen Johannes, daß sie diese heilige Stadt bewohnen werden, wenn sie festhielten am Glauben. Auch Paulus war davon überzeugt: „Ich halte dafür, daß dieser Zeit Leiden der Herrlichkeit nicht wert sei, die an uns soll offenbart werden." (Röm. 8, 18.)

Kein Tempel im himmlischen Jerusalem

Noch ganz gebannt von der Herrlichkeit des neuen Jerusalem, stellt Johannes fest, daß in der Stadt kein Tempel ist (Offb. 21, 22). Jener war ja das Sinnbild und ein Hinweis auf die göttliche Gegenwart. Das neue Jerusalem aber bedarf keines Tempels, weil kein Versöhnungsdienst mehr nötig ist und weil Gott und das Lamm selber gegenwärtig sind. Sie bilden den eigentlichen Mittelpunkt der heiligen Stadt. Ihre Herrlichkeit wird alles überstrahlen, so daß selbst das Licht von Sonne, Mond und Sternen verblassen muß. Nur eines erinnert noch an den Preis, den unsere Erlösung gekostet hat: die Wundmale Jesu an Händen, Füßen und an seiner Seite. Die Sünde, die einst Gottes gute Schöpfung zugrunde gerichtet hat, ist für alle Ewigkeit ausgelöscht. Nie mehr wird es Mißtrauen gegenüber Gottes Liebe und Gerechtigkeit geben: „Es wird das Unglück nicht zweimal kommen." (Nah. 1, 9.)

Nicht nur das Verhältnis der Menschen untereinander und zu Gott wird völlig neu sein, sondern auch die Welt der Tiere und Pflanzen. So schreibt der Apostel Paulus: „Die Schöpfung soll von der Sklaverei und Verlorenheit befreit werden zur Freiheit und Herrlichkeit der Kinder Gottes." (Röm. 8, 21, Einheitsübersetzung.) Durch die Sünde des Menschen wurden alle Geschöpfe in Mitleidenschaft gezogen.

Den grundlegenden Wandel von der alten Erde zur göttlichen Neuschöpfung haben schon die Propheten beschrieben! „Da werden die Wölfe bei den Lämmern wohnen und die Panther bei den Böcken lagern. Ein kleiner Knabe wird Kälber und junge Löwen und Mastvieh miteinander treiben. Kühe und Bären werden zusammen weiden, daß ihre Jungen beieinander liegen, und Löwen werden Stroh fressen wie die Rinder . . . Man wird nirgends Sünde tun noch freveln auf meinem ganzen heiligen Berge; denn das Land wird voll Erkenntnis des Herrn sein, wie Wasser das Meer bedeckt." (Jes. 11, 6–9.)

Das 21. Kapitel der Offenbarung schließt mit einer ernsten Feststellung: Es „wird nicht hineingehen irgendein Unreines und nicht, der da Greuel tut und Lüge" (Vers 27). Offen ist die Stadt für alle, die sich durch Christus „von ihren Sünden" haben retten lassen (Matth. 1, 21). Ausgeschlossen aber werden jene bleiben, die vorsätzlich an der Sünde festhalten und sich nicht durch Christus reinigen lassen von ihrer Schuld. Wer wissentlich ausschlägt, was ihm Christus in seiner Gnade anbietet, und weiterhin seine eigenen Wege geht, wird keinen Eingang finden. Zwar sind in Gottes Augen alle Menschen Sünder, aber doch gibt es einen wesentlichen Unterschied. Die einen lassen sich ihre Schuld vergeben, die anderen beharren in ihrem sündigen Wesen. Diese Unbußfertigen werden nicht in die Stadt Gottes eingehen. Sie würden sich auch nicht wohl fühlen, wo die Lüge keinen Raum hat, wo es nichts Gemeines und Unreines gibt.

Das Geheimnis des ewigen Lebens

Die ersten fünf Verse des 22. Kapitels gehören inhaltlich noch zum 21. Sie unterscheiden sich von den vorhergehenden dadurch, daß sie nicht mehr das Äußere der himmlischen Stadt beschreiben, sondern uns die Augen für das Geheimnis des ewigen Lebens öffnen.

Der Engel, der Johannes die Herrlichkeit des neuen Jerusalem gezeigt hatte, war noch nicht am Ende seines Auftrages. Der Apostel berichtet weiter: „Und er zeigte mir einen Strom des lebendigen Wassers, klar wir Kristall, der ausgeht von dem Thron Gottes und des Lammes." (Offb. 22, 1.) Im Mittelpunkt der letzten Vision der Offenbarung steht die höchste und herrlichste Gabe, die Gott in seiner Liebe den Erlösten schenkt: das ewige Leben.

Was ist das ewige Leben?

Damit stehen wir vor einem Geheimnis, wissen wir doch nicht einmal, was das leibliche Leben ist. Was besagen schon Erklärungen, die im Lexikon stehen? Leben – „besitzt eine Reihe spezifischer Eigenschaften, die in ihrer Gesamtheit keinem unbelebten Körper zukommen". Oder: Leben – „ein alles Leblose übersteigender Bereich des Wirklichen". So und ähnlich lauten die Definitionen, die letztlich keine befriedigende Antwort geben auf die Frage: „Was ist Leben?"

Wie sollte man dann erklären können, was ewiges Leben ist? Gott aber möchte, daß eine untrügliche Hoffnung unser Herz erfüllt, daß wir selbst in schwerstem Leid und angesichts des Todes ein Ziel vor Augen haben. Deshalb schenkt er der gläubigen Gemeinde in der Offenbarung einen Ausblick in die Ewigkeit, wenn auch nur in Bildern, die die künftige Herrlichkeit ahnen lassen. Diese Bilder wollen wenigstens einen Eindruck von der neuen Erde vermitteln.

Besonders zwei sind es, die das Geheimnis des ewigen Lebens veranschaulichen: der Strom des Lebens, der „ausgeht von dem Thron Gottes und des Lammes" (Offb. 22, 1), und der „Baum des Lebens". Dieser trägt zwölfmal Früchte und bringt seine Früchte alle Monate, und die Blätter des Baumes dienen zur Heilung der Völker (Vers 2).

Als Adam sündigte, wurde ihm der Zugang zum Baum des Lebens verwehrt; die Sünde sollte nicht verewigt werden. Fortan bewachte ein Engel mit einem flammenden Schwert diesen Baum. Dann aber wird alles, was durch die Sünde verlorenging, wiederhergestellt sein. Kein Engel verwehrt mehr den Zugang zum Baum des Lebens.

Beide Bilder besagen: Ewiges Leben ist ein Geschenk aus der Hand des Schöpfers. Es ist mehr als nur endloses Weiterleben im Gegensatz zum Sterben; es ist ein ewiges Teilhaben am göttlichen Leben. Und dieses ewige Leben beginnt nicht erst in ferner Zukunft. Wenngleich es uns in seiner Fülle erst in der Neuschöpfung geschenkt werden wird, dürfen wir doch heute schon vom Strom des Lebens trinken, dürfen Anteil haben am ewigen Leben. Das bezeugt Jesus in seinen Worten: „Wer an den Sohn glaubt, der hat das ewige Leben." (Joh. 3, 36.)

Neues Leben mit Christus wird uns in der Wiedergeburt zuteil. „Denn wir sind wohl gerettet, doch auf Hoffnung", sagt Paulus (Röm. 8, 24). Das ist der verborgene Anfang des ewigen Lebens. Doch schon jetzt soll es uns Wirklichkeit und Vorgeschmack der künftigen Herrlichkeit sein, die ihre Vollendung in der ungetrübten Gemeinschaft mit Gott und dem Lamm findet. Darin besteht das Beglückendste am ewigen Leben: in der innigen Gemeinschaft mit Gott in Jesus Christus durch den Heiligen Geist.

Die Sehnsucht der Gläubigen erfüllt

Als der Vater des bekannten Theologen Adolf Schlatter im Sterben lag, besuchte ihn ein Gemeindeglied und wollte ihm Trost zusprechen. Er sagte, daß er nun bald auf den goldenen Gassen des himmlischen Jerusalem gehen und über den weiten kristallenen Strom schauen werde.

Da fuhr der Sterbende den andern zornig an und rief: „Weg mit dem Plunder! Mich verlangt nur, am Hals meines himmlischen Vaters zu hängen, sein Angesicht schauen zu dürfen."

Der „Himmel" besteht eben nicht zuerst in dem, was wir bekommen, sondern in dem, was wir sein dürfen. Die

Erlösten werden „sehen sein Angesicht, und sein Name wird an ihren Stirnen sein" (Vers 4). Damit erfüllt sich die Sehnsucht der Gläubigen aller Zeiten. Hiob kleidet sie in die Worte: „Ich weiß, daß mein Erlöser lebt... Ich selbst werde ihn sehen, meine Augen werden ihn schauen und kein Fremder. Danach sehnt sich mein Herz in meiner Brust." (Hiob 19, 25. 27.)

Die Erlösten werden den Namen Gottes „an ihren Stirnen" (Vers 4) tragen. Das bedeutet, daß sie ihm gehören. Ihr ganzes Wesen und Sein wurde von dem Bilde Christi geprägt. Solche Gemeinschaft mit dem Herrn ist das Größte. „Sehet, welch eine Liebe hat uns der Vater erzeiget, daß wir Gottes Kinder sollen heißen ... Es ist noch nicht erschienen, was wir sein werden. Wir wissen aber, wenn es erscheinen wird, daß wir ihm gleich sein werden; denn wir werden ihn sehen, wie er ist." (1. Joh. 3, 1. 2.) Die Verheißung Jesu, daß alle, „die reines Herzens sind ..., Gott schauen" (Matth. 5, 8), wird dann bleibende Wirklichkeit.

Noch ein letztes wird Johannes über das Geheimnis des ewigen Lebens offenbart: „Gott der Herr wird sie erleuchten, und sie werden regieren von Ewigkeit zu Ewigkeit." (Offb. 22, 5.) Damit ist schließlich auch erfüllt, was Daniel schaute: „Aber die Heiligen des Höchsten werden das Reich empfangen und werden's immer und ewig besitzen." (Dan. 7, 18.) Wenn die Erlösten aller Zeiten beim Abendmahl Gottes vereint sein werden, ist das allein Frucht der grenzenlosen Liebe Gottes. Mehr als ein Hirte für seine Herde sorgen kann, wird sich der Herr um sie mühen, „denn das Lamm mitten auf dem Thron wird sie weiden und leiten zu den lebendigen Wasserbrunnen, und Gott wird abwischen alle Tränen von ihren Augen" (Offb. 7, 17).

„Und alle Kreatur, die im Himmel ist und auf Erden und unter der Erde und im Meer, und alles, was darinnen ist, hörte ich sagen: Dem, der auf dem Thron sitzt, und dem Lamm sei Lob und Ehre und Preis und Gewalt von Ewigkeit zu Ewigkeit!" (Offb. 5, 13.) „Der große Kampf ist beendet. Sünde und Sünder sind nicht mehr. Das ganze Weltall ist rein. Eintracht und Freude herrschen in der ganzen unermeßlichen Schöpfung. Von dem, der alles erschuf, fließt Leben, Licht und Freude über alle Gebiete des grenzenlosen Raumes. Vom kleinsten Atom bis zum größten Weltenkörper erklärt alle lebende und unbelebte Natur in ungetrübter Schönheit und vollkommener Freude: Gott ist die Liebe."[2]

Vertrauensvoll wollen wir festhalten an den Verheißungen, die Gottes Wort über das herrliche Ziel der Gemeinde gibt. Wer das Ziel fest im Auge behält, wird sich nicht durch Beschwerlichkeiten des rauhen Pfades entmutigen oder vom Wege abbringen lassen. Mit Paulus wird er sagen: „Ich vergesse, was dahinten ist, und strecke mich nach dem, das da vorne ist, und jage nach dem vorgestreckten Ziel, nach dem Kleinod der himmlischen Berufung Gottes in Christus Jesus." (Phil. 3, 13. 14.)

Abschließende Worte der Offenbarung

21

Offenbarung 22, 6–21:

Der Herr kommt

22 6 *Und er sprach zu mir: Diese Worte sind gewiß
und wahrhaftig; und der Herr, der Gott der
Geister der Propheten, hat seinen Engel gesandt, zu
zeigen seinen Knechten, was bald geschehen muß.*
7 *Siehe, ich komme bald. Selig ist, der da hält die Worte
der Weissagung in diesem Buch.* 8 *Und ich, Johannes,
bin es, der solches gehört und gesehen hat. Und da
ich's gehört und gesehen, fiel ich nieder, anzubeten zu
den Füßen des Engels, der mir solches zeigte.* 9 *Und er
spricht zu mir: Siehe zu, tu es nicht! denn ich bin dein
Mitknecht und deiner Brüder, der Propheten, und
derer, die da halten die Worte dieses Buches. Bete Gott
an!* 10 *Und er spricht zu mir: Versiegle nicht die Worte
der Weissagung in diesem Buch; denn die Zeit ist nahe!*
11 *Wer böse ist, der sei fernerhin böse, und wer unrein
ist, der sei fernerhin unrein; aber wer fromm ist, der sei
fernerhin fromm, und wer heilig ist, der sei fernerhin
heilig.* 12 *Siehe, ich komme bald und mein Lohn mit
mir, zu geben einem jeglichen, wie seine Werke sind.*
13 *Ich bin das A und das O, der Erste und der Letzte, der
Anfang und das Ende.* 14 *Selig sind, die ihre Kleider
waschen, auf daß sie teilhaben dürfen an dem Baum
des Lebens und zu den Toren eingehen in die Stadt.*
15 *Draußen sind die Hunde und die Zauberer und die*

*Unzüchtigen und die Totschläger und die Götzendie-
ner und jeder, der Lüge lieb hat und tut. 16 Ich, Jesus,
habe gesandt meinen Engel, solches euch zu bezeugen
für die Gemeinden. Ich bin die Wurzel und das
Geschlecht Davids, der helle Morgenstern. 17 Und der
Geist und die Braut sprechen: Komm! Und wer es hört,
der spreche: Komm! Und wen dürstet, der komme;
und wer da will, der nehme das Wasser des Lebens
umsonst. 18 Ich bezeuge allen, die da hören die Worte
der Weissagung in diesem Buch: Wenn jemand etwas
dazusetzt, so wird Gott zusetzen auf ihn die Plagen, die
in diesem Buch geschrieben stehen. 19 Und wenn
jemand etwas davontut von den Worten des Buchs
dieser Weissagung, so wird Gott abtun seinen Anteil
vom Baum des Lebens und von der heiligen Stadt,
davon in diesem Buch geschrieben steht. 20 Es spricht,
der solches bezeugt: Ja, ich komme bald. Amen, ja
komm, Herr Jesus! 21 Die Gnade des Herrn Jesus sei mit
allen!*

Beim Gang durch die 22 Kapitel des letzten Buches der Bibel wurden wir Zeugen, wie Christus seinem treuen Apostel Johannes Weg und Ziel der Gemeinde zeigte. Die Offenbarung soll dem Volk Gottes aller Zeiten Wegweisung und Trost vermitteln. Was der frühchristlichen Gemeinde gesagt wurde, gilt genauso für die Gläubigen in den Tagen vor der Wiederkunft Christi. In der Offenbarung wird die Botschaft der ganzen Bibel noch einmal zusammengefaßt.

Johannes wurden die Augen dafür geöffnet, daß er die hinterhältigen Anschläge Satans erkennen konnte. Von Anfang an ist der Widersacher Gottes darauf bedacht, das Erlösungswerk Christi zunichte zu machen, die Gemeinde vom Weg des Glaubens abzubringen und zu zerstören. Zugleich wurde Johannes offenbart, wie Jesus in unablässiger

Fürsorge über seiner Gemeinde wacht und ihr den Weg weist.

„Unendlich ist die Liebe Gottes zu seiner Gemeinde ... Er läßt nicht zu, daß eine andre Trübsal über die Gemeinde komme als die, die zu ihrer Reinigung, zu ihrem gegenwärtigen und ihrem ewigen Heil erforderlich ist.“ [1] Immer wieder wurde der Blick des Johannes auf den Thron Gottes und des Lammes gelenkt und auf das herrliche Erbe, das der Gemeinde in der Neuschöpfung zuteil werden wird.

Zwei Verheißungen Jesu haben den Gläubigen aller Zeiten Kraft und Mut gegeben. Die eine lautet: „Ich will den Vater bitten, und er wird euch einen andern Tröster geben, daß er bei euch sei ewiglich ... Er bleibt bei euch und wird in euch sein. Ich will euch nicht als Waisen zurücklassen; ich komme zu euch.“ (Joh. 14, 16–18.) Durch den Heiligen Geist ist Christus in seiner Gemeinde gegenwärtig und aufs innigste mit ihr verbunden.

Die andere Verheißung spricht von seiner sichtbaren Wiederkunft. Seither schauen die Gläubigen dem Tag des Herrn erwartungsfroh entgegen und halten sich an Jesu Wort: „Wenn ich hingehe ... so will ich wieder kommen und euch zu mir nehmen, damit ihr seid, wo ich bin.“ (Joh. 14, 3.) Das ist der Grund ihrer Freude und Hoffnung. Christus, der Bräutigam, wird seine Brautgemeinde zu sich nehmen, um auf ewig mit ihr vereint zu sein. Diese Gewißheit strahlt wie ein helles Licht und weist der Gemeinde den Heimweg.

Der Herr der Gemeinde spricht

Nun ist der Vorhang geschlossen über den vielfältigen Gesichten, die Johannes schaute. Noch einmal tritt Christus auf, um seinem Volk die Zusicherung zu geben, daß unbedingt verläßlich ist, was er Johannes für die Gemeinde anvertraut hat. Mehrfach war der Apostel aufgefordert worden: „Schreibe, denn diese Worte sind wahrhaftig und gewiß!“ Nun hörte er am Ende der Offenbarung seinen Herrn noch einmal sagen: „Diese Worte sind gewiß und wahrhaftig; und der Herr, der Gott der Geister der Propheten, hat seinen Engel gesandt, zu zeigen seinen Knechten, was bald geschehen muß." (Offb. 22, 6.)

Diese Worte Jesu beziehen sich offensichtlich auf das gesamte Offenbarungsbuch. Damit bestätigt er – der die Quelle aller Inspiration ist –, was in den 22 Kapiteln niedergeschrieben wurde. Die Gesichte des Johannes haben den gleichen Ursprung wie alle Weissagungen, die den Propheten des alten Bundes gegeben wurden. Aber in keinem anderen Buch legt Jesus seinen Nachfolgern so nachdrücklich ans Herz, daß sie die darin enthaltene Botschaft studieren und beachten sollen. Das wird in Vers 16 noch einmal unterstrichen: „Ich, Jesus, habe gesandt meinen Engel, solches euch zu bezeugen für die Gemeinden."

Als unser Heiland starb Christus für uns; als unser Heiland gab er uns die Offenbarung, und als unser Heiland bürgt er dafür, daß alles, was er verheißen hat, sich auch erfüllen wird.

Am Anfang der Offenbarung hatte Johannes auf Weisung des Herrn geschrieben: „Selig ist, der da liest und die da hören die Worte der Weissagung und behalten, was darin geschrieben ist." (Offb. 1, 3.) Nun ruft der Heiland denen, die sich mit diesem Buch beschäftigen, noch ein „Selig" zu: „Selig ist, der da hält die Worte der Weissagung in diesem Buch." (Vers 7.)

Er hat vorausgesehen, daß man diesem Buch selbst in der Christenheit mit Vorurteilen, Gleichgültigkeit und Argwohn begegnen wird und daß man die belächelt oder sogar meidet, die darin forschen. Wer aber sein Herz den Botschaften des letzten Bibelbuches öffnet, wird reich gesegnet, selbst wenn er nicht gleich die Bedeutung jedes Sinnbildes erfassen kann. Er wird erfahren, daß ihn Christus von der ersten bis zur letzten Seite begleitet und unterweist.

Johannes war von dem, was er gesehen hatte, so bewegt, daß er vor dem Engel niederfallen wollte. Doch der Engel verwehrte es ihm wie zuvor: „Tu es nicht! denn ich bin dein

Mitknecht und deiner Brüder, der Propheten, und derer, die da halten die Worte dieses Buches. Bete Gott an!" (Offb. 22, 9.) Er sah sich nur als Mittler der göttlichen Botschaft und damit als Mitknecht des Johannes und all derer an, die die Worte der Weissagung bewahren. Mag eine übermittelte Botschaft noch so bedeutsam sein, Anbetung gebührt allein Gott, sonst niemand, weder Engeln noch Menschen.

„Versiegle nicht die Worte der Weissagung!"

Johannes empfing nun die letzten Weisungen. Einst hatte Gott dem Propheten Daniel geboten: „Verbirg diese Worte, und versiegle dies Buch bis auf die letzte Zeit." (Dan. 12, 4.) Im Gegensatz dazu wurde Johannes gesagt: „Versiegle nicht die Worte der Weissagung in diesem Buch; denn die Zeit ist nahe!" (Vers 10.)

Allein diese Aussage schon beweist die Schwäche und Haltlosigkeit der futuristischen Auslegung. Ihre Verfechter schieben die Erfüllung der Weissagungen weit in die Zukunft hinaus. Damit erwecken sie den Eindruck, als ob die Offenbarung keine wesentliche Botschaft für die Gemeinde der Vergangenheit und Gegenwart enthalten habe. Mit dieser Auslegungsmethode führten einst die Jesuiten ihren geistigen Angriff gegen die Reformation. Wo die Offenbarung so ausgelegt wird, hat man den Sinn dieses Buches nicht verstanden. Wer die Weissagungen so weit hinausschiebt, als hätten sie uns heute nichts zu sagen, macht sich schuldig, weil er im offenbaren Widerspruch zum Worte Jesu handelt und gewissermaßen versiegelt, was verkündet werden soll. „Das Verbot der Versieglung an Johannes wird zu einem Gebot der Verkündigung für uns."[2]

Das Studium der sieben Gemeinden und der sieben Siegel macht deutlich, daß die Erfüllung der Prophezeiungen in den Tagen der Apostel begann. Und mit jedem Jahrhundert erfüllten sich weitere Voraussagen. Nun stehen wir vor den letzten Ereignissen, die in der Offenbarung erwähnt werden.

Wir sind auf der letzten Wegstrecke, nahe dem Ziel. Das bestätigen die Geschehnisse in der Welt und in der Gemeinde. Wir können tatsächlich sagen: „Die Zeit ist nahe." Dreimal steht in den Schlußworten, was der Herr selbst zugesichert hat: „Siehe, ich komme bald." (Verse 7. 12. 20.)

Außer der Erlösungsbotschaft gibt es nichts, was im Neuen Testament so häufig und nachdrücklich erwähnt wird wie die Wiederkunft Christi. Im Durchschnitt spricht jeder 25. Vers davon, allein Paulus geht mehr als 50mal darauf ein. Zum Kreuz gehört untrennbar die Aufrichtung der Königsherrschaft Christi. Das eine wäre ohne das andere sinnlos. Welche Bedeutung hätte Christi Opfer, wenn er nicht wiederkäme, um Satan und die Sünde endgültig auszulöschen? Wenn *das* eine geschichtliche Wirklichkeit ist, wird es auch das *andere* werden.

Eine Christenheit ohne lebendige Wiederkunftserwartung gleicht einer Braut, die von ihrem Bräutigam nichts mehr wissen will. Geht es uns heute etwa wie den Menschen vor der Sintflut, von denen Jesus sagt, daß sie sich von Alltäglichkeiten so in Anspruch nehmen ließen, daß sie kein Ohr für die göttliche Botschaft hatten? „Und sie achteten's nicht, bis die Sintflut kam und nahm sie alle dahin –, so wird auch sein das Kommen des Menschensohnes." (Matth. 24, 39.)

Johannes sollte die empfangene Botschaft nicht für sich behalten. Auch heute genügt es nicht, wenn wir uns lediglich mit dem Wort beschäftigen. Die Offenbarung ist nicht zum Schwärmen und Spekulieren gegeben. Der Herr erwartet, daß wir auf die Meilensteine am Wege zum Leben hinweisen und unsere Mitmenschen auf Jesu Kommen aufmerksam machen.

Immer hat die Verkündigung des Wortes Gottes eine doppelte Wirkung. Sie beläßt den Menschen nicht in seinem alten Zustand. Entweder leitet sie ihn zur Reue, oder er verhärtet sein Herz in der Sünde. Wem das Wort Gottes kein Geruch des Lebens zum Leben ist, dem wird es zu einem

Geruch des Todes zum Tode (siehe 2. Kor. 2, 16). Es führt entweder zur Reinigung des Herzes oder in immer tiefere Verstockung. „Denn das Wort Gottes ist lebendig und kräftig und schärfer denn ein zweischneidig Schwert und dringt durch, bis daß es scheidet Seele und Geist, auch Mark und Bein, und ist ein Richter der Gedanken und Sinne des Herzens." (Hebr. 4, 12.)

Wenn die Gnadentür verschlossen wird

Wenn Christus seinen hohepriesterlichen Dienst abgeschlossen hat, heißt es: „Wer böse ist, der sei fernerhin böse, und wer unrein ist, der sei fernerhin unrein; aber wer fromm ist, der sei fernerhin fromm, und wer heilig ist, der sei fernerhin heilig." (Offb. 22, 11.) Sobald im Himmel dieses Wort ergeht, ist das Schicksal aller Menschen besiegelt.

Joh. Albrecht Bengel schrieb in seine Bibel als Fußnote unter diesen 11. Vers: „Wer sich durch dieses Buch nicht gewinnen läßt, wird nicht gewonnen." Gewiß haben nicht alle Menschen die gleiche Möglichkeit, Christus und die Erlösung durch ihn zu erkennen. Gott wird deshalb im Gericht alles abwägen, was auf das Leben des einzelnen Einfluß hatte. Wir werden nicht nur nach dem gerichtet, was wir getan haben, sondern auch nach dem, was wir hätten tun können, wenn wir die uns geschenkten Gelegenheiten genutzt hätten. Unsere Versäumnisse werden schwer ins Gewicht fallen (Jak. 4, 17; Matth. 25, 45).

Der Zusicherung, daß er bald wiederkommen wird, fügt Christus noch hinzu: „... und mein Lohn mit mir, zu geben einem jeglichen, wie seine Werke sind." (Vers 12.) Ist damit eine Abfindung für fromme Taten oder gute Werke gemeint, so, als ob man sich das ewige Leben zumindest teilweise verdienen könnte?

Antwort darauf gibt das Wort des Herrn an Abraham: „Ich bin dein Schild und dein sehr großer Lohn." (1. Mose 15, 1.) Lohn ist also keine Abfindung für Frömmigkeit; er besteht vielmehr in der tiefen Verbundenheit mit Gott. Auch unter Menschen läßt sich Gemeinschaft nicht durch klingende Münze erwerben, sie wird geschenkt. So wird die Gemeinschaft mit Gott auf der erneuerten Erde ein Geschenk seiner Gnade sein.

Die letzte Seligpreisung

Die letzte der sieben Seligpreisungen in der Offenbarung lautet: „Selig sind, die ihre Kleider waschen, auf daß sie teilhaben dürfen an dem Baum des Lebens und zu den Toren eingehen in die Stadt." (Vers 14.) Einige ältere Handschriften geben diese Seligpreisung mit folgenden Worten wieder: „Selig sind, die seine Gebote halten, auf daß sie Macht haben an dem Holz des Lebens und zu den Toren eingehen in die Stadt."

Im griechischen Text kann durch die Veränderung weniger Buchstaben aus der einen Lesart die andere werden. Ganz gleich, welche wir vorziehen, das Ergebnis bleibt dem Sinne nach gleich. Denn nur „die ihre Kleider gewaschen ... haben ... im Blut des Lammes" (Offb. 7, 14), sind in der Lage, seine Gebote zu befolgen. Gehorsam ist niemals die Voraussetzung für den Empfang der Gnade Gottes; sondern erst durch Gottes Gnade ist Gehorsam – so wie ihn Jesus versteht – möglich.

Wegen ihres Ungehorsams mußten unsere ersten Eltern aus dem Garten Eden gewiesen werden. Der Zugang zum Baum des Lebens war ihnen damit verwehrt. Durch das Opfer Christi aber wird es dem Menschen möglich, sein Leben dem Willen Gottes unterzuordnen. „Denn was dem Gesetz unmöglich war, weil es durch das Fleisch geschwächt war, das tat Gott: er sandte seinen Sohn in der Gestalt des sündlichen Fleisches und um der Sünde willen und verdammte die Sünde im Fleisch, auf daß die Gerechtigkeit, vom Gesetz gefordert, in uns erfüllt würde, die wir nun nicht nach dem Fleische wandeln, sondern nach dem Geist."

(Röm. 8, 3. 4.) Das ist der Weg des Evangeliums. Wir erhalten wieder Anteil am Baum des Lebens. Eine wahrhaft frohe Botschaft!

Die letzte Einladung

Johannes hörte seinen Herrn ein letztes Mal, wie er gleichsam sein Siegel unter alles setzte und sich hinter seinen Diener stellte: „Ich, Jesus, habe gesandt meinen Engel, solches euch zu bezeugen für die Gemeinden. Ich bin die Wurzel und das Geschlecht Davids, der helle Morgenstern." (Offb. 22, 16.)

Er ist wahrer Gott und wahrer Mensch. Als Mensch war er der „Sohn Davids", in dem sich die Weissagung des Propheten Jesaja erfüllte: „Und es wird ein Reis hervorgehen aus dem Stamm Isais und ein Zweig aus seiner Wurzel Frucht bringen." (Jes. 11, 1.) Himmlischen Ursprungs ist er als der „helle Morgenstern", der im Anfang war, als der Sohn Gottes, der zur Rechten des Vaters sitzt und deshalb sagen kann: „Mir ist gegeben alle Gewalt im Himmel und auf Erden." (Matth. 28, 18.) Alles ist in Jesus Christus zusammengefaßt: er ist Seligmacher und Herr, der in seiner göttlichen Macht ewige Herrlichkeit schafft. Er ist es, der auch in unserm Leben beides wirkt, „das Wollen und das Vollbringen" (Phil. 2, 13).

„Und der Geist und die Braut sprechen: Komm! Und wer es hört, der spreche: Komm! Und wen dürstet, der komme; und wer da will, der nehme das Wasser des Lebens umsonst!" (Offb. 22, 17.) Das ist die letzte Einladung in der Offenbarung. Sie unterstreicht: Das Reich Gottes ist kein Platz für Bevorrechtete. Es steht allen offen, die sich darauf vorbereiten. Und Jesus ruft: „Kommet her zu mir alle, die ihr mühselig und beladen seid; ich will euch erquicken." (Matth. 11, 28.) Er lädt uns ein, sein Reich mit ihm zu teilen, ein Reich, in das nie mehr Sünde, Leid und Sorgen eindringen können. Er wartet darauf, daß wir seine Einladung annehmen. „Wohlan, alle, die ihr durstig seid, kommt her zum Wasser! Und die ihr kein Geld habt, kommt her, kauft und eßt! Kommt her und kauft ohne Geld." (Jes. 55, 1.) Wir würden am Sinn unseres Lebens scheitern, wenn wir dieses einzigartige Angebot Jesu ausschlügen!

„Wer es hört, der spreche: Komm!"

Diese letzten Worte der Offenbarung umreißen die Aufgabe der Gemeinde. Sie braucht ihre Daseinsberechtigung nicht vor der Welt zu verteidigen oder sich um Ansehen und Einfluß zu mühen. Sie ist gerufen, andere einzuladen, damit auch diese Gottes Liebe annehmen. Wer der Einladung Jesu Folge geleistet hat, ist verpflichtet, sie an andere weiterzugeben. Wer in seinem Leben Christus gefunden hat, soll fortan darauf bedacht sein, andere für Christus zu gewinnen. „Der Eingeladene muß zum Einladenden werden, der, der gefunden wurde, muß andere zu finden suchen."[3]

Der Heilige Geist und die Brautgemeinde haben eigentlich nichts anderes zu verkündigen als das Wort: Komm! In dieses Wort ist das ganze Evangelium, die frohe Botschaft von Jesus Christus, hineingelegt.

In den beiden letzten Kapiteln der Offenbarung war nicht nur von der Herrlichkeit der göttlichen Neuschöpfung die Rede, es wurde auch unüberhörbar darauf hingewiesen, daß Sünde vom Eingang in die heilige Stadt ausschließt. Keiner aber braucht sich mit seiner Sündenlast weiter herumzuschleppen; denn Christus hat am Kreuz für unsere Sünden gebüßt und gelitten. Deshalb darf jeder seiner Einladung folgen.

Das Wort stehen lassen

Am Ende erteilt Johannes den Lesern der Offenbarung die Mahnung: Laßt das Wort stehen, so wie es Gott geschenkt hat. „Ich bezeuge allen, die da hören die Worte der

Weissagung in diesem Buch: Wenn jemand etwas dazusetzt, so wird Gott zusetzen auf ihn die Plagen, die in diesem Buch geschrieben stehen. Und wenn jemand etwas davontut von den Worten des Buchs dieser Weissagung, so wird Gott abtun seinen Anteil vom Baum des Lebens und von der heiligen Stadt, davon in diesem Buch geschrieben steht." (Offb. 22, 18. 19.)

Eindringlich warnt er davor, dem Gotteswort etwas hinzuzufügen oder davon abzustreichen. Der menschliche Verstand wird in die Schranken gewiesen, damit er nicht an dem, was im prophetischen Wort offenbart ist, deutelt oder Abstriche macht. Dadurch würden die Lehren, die Jesu Nachfolger auf ihrem Weg so notwendig brauchen, verfälscht, verdreht oder verkürzt. „Gott wird im Gericht so mit uns umgehen, wie wir im Leben mit seinem Wort umgegangen sind."[4]

Mit dem Davontun und Zusetzen meint der Herr nicht ein unvollkommenes Auslegen des einen oder anderen Wortes, sondern alles eigenmächtige Richten des Verstandes über das, was Christus in der Offenbarung kundgetan hat. An der Wahrheit, die Gott seiner Gemeinde übermittelt hat, darf nichts verändert werden. Es gilt, das Wort zu lesen, sich zu beugen und es in einem aufrichtigen Herzen zu bewahren, so daß das Leben davon geprägt werden kann. Selbst der Verstand des gelehrtesten Theologen kann niemals Meister der Offenbarung sein, heißt es doch in der Einleitung: „Dies ist die *Offenbarung Jesu Christi,* die ihm Gott gegeben hat." (Offb. 1, 1.)

„Ich komme bald!"

Zum dritten und letzten Mal ruft Jesus in den Schlußworten: „Ich komme bald!" (Vers 20.) Es ist wie eine Hand, die sich uns entgegenstreckt, und der Apostel schlägt im Namen der Gemeinde, im Namen aller, die an Jesus glauben, in diese Hand ein: „Amen, ja komm, Herr Jesus!"

Johannes beschließt, was er im Auftrag seines Herrn für uns niederschrieb, mit einem Wunsch: „Die Gnade des Herrn Jesus sei mit allen!“ (Vers 21.) Damit richtet er den Blick auf die ausgebreiteten Hände des Gekreuzigten und auf die segnenden Hände des Auferstandenen. In seinen Segen sind auch wir mit hineingenommen. Sinnvoller könnte die Heilige Schrift nicht abgeschlossen werden als mit dem Wunsche, daß die Gnade Jesu allen zuteil werde. In dieser Gnade wollen wir durchs Leben gehen, bis wir das Ziel erreicht haben.

„O welch eine Tiefe des Reichtums, beides, der Weisheit und der Erkenntnis Gottes! Wie gar unbegreiflich sind seine Gerichte und unerforschlich seine Wege! Ihm sei Ehre in Ewigkeit! Amen.“ (Röm. 11, 33. 36.)

Quellenverzeichnis

Die Offenbarung – eine Botschaft an die Gemeinde

1 E. G. White, Das Wirken der Apostel, Hamburg 1976, Seite 566
2 E. G. White, ebd. Seite 578
3 E. G. White, Gospel Workers, Washington D.C. 1946, Seite 148
4 W. Barclay, Offenbarung des Johannes, Band 1, Wuppertal 1970, Seite 38
5 H. Kobs, Gottes Geheimnis offenbart, Hamburg 1969, Seiten 39. 40
6 J. A. Seiß, Die Offenbarung Jesu Christi, Band 1, Neumünster, Seite 142
7 E. G. White, Das Wirken der Apostel, Seite 582
8 Dächsels Bibelwerk, Band 7, Leipzig 1881, Seite 12
9 W. Barclay, ebd. Seite 42

Das Sendschreiben Christi an die Gemeinde Ephesus

1 W. Barclay, ebd. Seite 67

Die Sendschreiben Christi an die Gemeinden Smyrna und Pergamon

1 Lat. „tessera" bedeutet viereckiger Würfel bzw. Marke, die als Erkennungszeichen für Gastfreunde, als Anweisung zum Geld- (bzw. Getreide-) Empfang oder als (Holz-)Tafel Verwendung finden konnte, auf der etwa ein Tagesbefehl bzw. eine Parole verzeichnet stand.

Die Sendschreiben Christi an die Gemeinden Thyatira und Sardes

1 J. A. Seiß, ebd. Seite 158
2 Nach R. A. Anderson, Unfolding the Revelation, Mountain View, Cal./USA 1974, Seite 31
3 E. G. White, Testimonies for the Church, Band 8, Mountain View, Cal./USA 1904, Seiten 100. 101

Die Sendschreiben Christi an die Gemeinden Philadelphia und Laodicea

1 W. Barclay, ebd. Seite 147
2 E. G. White, Manuskript 189, Washington D.C. 1903
3 E. G. White in: Review and Herald (heute: Adventist Review), Washington D.C. 4. 6. 1895

Der Thron Gottes, das Lamm und das versiegelte Buch

1 E. G. White, Das Leben Jesu, Hamburg 1973, Seiten 788. 789
2 E. G. White in: The Seventh-day Adventist Bible Commentary, Band 7, Washington D.C. 1957, Seite 770
3 J. A. Seiß, ebd. Seite 372

4 H. Lamparter, Prophet wider Willen, in: Die Botschaft des Alten Testaments, Stuttgart 1964, Seite 339

Die apokalyptischen Reiter

1 E. G. White, Der große Kampf zwischen Licht und Finsternis, Hamburg 1975, Seite 481
2 K. Hartenstein, Der wiederkommende Herr, Stuttgart 1940, Seite 101
3 Offenbarungs-Kommentar von Victorinus, angeführt bei L. E. Froom, The Prophetic Faith of Our Fathers, Band 1, Washington D. C. 1950, Seite 339
4 H. Bullinger, Die Offenbarung Jesu Christi, Mühlhausen 1558
5 A. von Harnack, Die Mission und Ausbreitung des Christentums in den ersten drei Jahrhunderten, 2. Teil, Leipzig 1906, Seite 286
6 E. Gibbon, Die Geschichte des römischen Weltreiches, Leipzig 1854
7 F. Thiess, Das Reich der Dämonen, Hamburg 1954, Seite 335
8 R. Hernegger, Macht ohne Auftrag, Freiburg i. Br. 1963, Seite 373
9 A. Clarke, angeführt bei U. Smith, Gedanken über Daniel und die Offenbarung, Mountain View, Cal./USA 1897, Seite 431
10 J. G. Leithäuser, Katastrophen, Berlin 1956, Seite 89
11 N. Webster, Vocabulary of the Names of Noted . . . Persons and Places, An American Dictionary of the English Language, ed. 1882
12 J. J. Seiß, Die Apokalypse, New York 1901, angeführt bei H. Kobs, ebd. Seite 332
13 Herschel, angeführt bei H. Kobs, ebd. Seite 332
14 S. Tenny, angeführt bei U. Smith, Daniel and the Revelation, Band 2, Washington D. C. 1944, Seite 445
15 D. Olmsted, Yale-Universität, American Journal of Science, Band 25, Seite 363

Die Versiegelten und die unzählbare Schar

1 E. G. White, Der große Kampf, Seite 615
2 J. A. Seiß, ebd. Seiten 423. 424
3 J. A. Seiß, ebd. Seite 424
4 U. Smith, Gedanken über Daniel und die Offenbarung, Mountain View, Cal./USA 1897, Seite 461
5 E. G. White in: Review and Herald, 6. 2. 1900
6 E. G. White, Manuskript 173, 1902
7 E. G. White in: Review and Herald, 21. 5. 1895
8 „Feld Wegs“ vom griech. „Stadion“, etwa 185 m. Der Gesamtumfang betrüge danach 1220 km.
9 W. Barclay, ebd. Seite 33
10 H. Frey, Das Ziel aller Dinge, Stuttgart 1953, Seite 79
11 G. Siegel, Christus heute, Auslegung der Offenbarung, Stuttgart 1958, Seiten 58. 59
12 E. G. White in: The Seventh-day Adventist Bible Commentary, Band 7, Seite 783

13 E. G. White, Der große Kampf, Seiten 614. 615
14 E. G. White, Propheten und Könige, Hamburg 1975, Seite 133

Sieben Posaunen künden Gottes Gericht an

1 A. Pohl, Die Offenbarung des Johannes, Band 2, Berlin 1974, Seite 14
2 Salvian, De gubernatione Dei, VII, Seiten 11–14, angeführt bei L. R. Conradi, Der Seher von Patmos, Hamburg 1913, Seite 205
3 L. v. Ranke, Weltgeschichte, Band 2, Leipzig 1896, Seite 412
4 Oncken, Der Islam, Band 1, Seite 249
5 M. Luther, Werke, Erlanger Ausgabe, Band 32, Seite 80
6 M. Luther, ebd. Band 62, Seite 395

Der Engel mit dem offenen Büchlein

1 E. G. White, Manuskript 59, 1900
2 E. G. White, ebd.
3 E. G. White, ebd.
4 E. G. White, Propheten und Könige, Seiten 382. 383

Das Messen des Tempels und die beiden Zeugen

1 E. G. White, Der große Kampf, Seite 268
2 E. G. White, ebd. Seite 270
3 H. Frey, ebd. Seite 102

Die Gemeinde in der Auseinandersetzung zwischen Christus und Satan

1 E. G. White, Patriarchen und Propheten, Hamburg 1973, Seiten 47. 48
2 E. G. White, Das Leben Jesu, Seiten 762. 763
3 A. Pohl, ebd. Seite 54
4 E. G. White, Der große Kampf, Seite 583
5 E. G. White, Propheten und Könige, Seite 133

Die Gemeinde der Übrigen im Kampf mit Antichrist und falschem Propheten

1 A. v. Harnack, Das Wesen des Christentums, Leipzig 1902, Seite 151
2 L. Ferrares, Papa II, Prompta Bibliotheca, Band VI, Seiten 25. 29
3 Leist, Der Gefangene des Vatikans, Seite 22
4 John Wesley in: Anmerkungen zu Offenbarung 14, angeführt bei U. Smith, ebd. Seite 555
5 E. G. White, Der große Kampf, Seite 440
6 E. G. White, ebd. Seite 441
7 E. G. White, ebd. Seite 442
8 A. Manhatten, Der Vatikan des 20. Jahrhunderts, Berlin 1958, Seite 346
9 Enzyklika Immortale Dei, vom 1. 11. 1885
10 E. G. White, Der große Kampf, Seiten 443. 445
11 U. Smith, zitiert in: Schlüsselbegriffe adventistischer Glaubenslehre, Hamburg 1973, Seite 99

12 Kardinal Faulhaber in: Münchner katholische Kirchenzeitung, 26. 2. 1950

Gottes letzte Botschaft an die Menschheit

1 E. G. White, Selected Messages, Band 2, Washington D.C. 1958, Seite 32
2 Mit „Tal der Entscheidung" bzw. „Tal des Urteils" ist das „Tal Josaphat" gemeint (Joel 4, 2. 12), das viele Bibelausleger mit dem Kidrontal bei Jerusalem gleichsetzen. Da der Name Josaphat soviel heißt wie „Der Herr richtet", handelt es sich hier um ein interessantes Wortspiel.
3 E. G. White, Review and Herald, 16. 9. 1902
4 E. G. White, Review and Herald, 4. 6. 1895
5 E. G. White, Der große Kampf, Seite 438
6 E. G. White, ebd. Seiten 383. 384
7 G. Siegel, Die Offenbarung des Johannes, Christus heute, Stuttgart 1958
8 E. G. White, Das Leben Jesu, Seite 27
9 E. G. White, Der große Kampf, Seiten 392. 393
10 E. G. White, Patriarchen und Propheten, Seite 53

Das Siegeslied am kristallenen Meer und die sieben Plagen

1 Synonyme (griech.) sind sinnverwandte Worte, deren Bedeutungen unter einen gemeinsamen Begriff fallen, wobei oft eine gewisse Wortverschiebung stattfindet.
2 E. G. White in: The Seventh-day Adventist Bible Commentary, Band 4, Seite 656
3 E. G. White, Der große Kampf, Seite 36
4 E. G. White, ebd. Seite 589
5 E. G. White, ebd. Seite 583
6 E. G. White, Review and Herald, 7. 5. 1901
7 E. G. White, Manuskript 175, 1889
8 E. G. White, Der große Kampf, Seite 643

Das göttliche Urteil und Gericht über Babylon

1 The Seventh-day Adventist Bible Commentary, Band 7, Seite 851
2 E. G. White, Testimonies to Ministers and Gospel Workers, Mountain View, Cal./USA 1962, Seite 61
3 A. Pohl, ebd. Seite 201
4 E. G. White, Der große Kampf, Seiten 635. 636
5 E. G. White, ebd. Seite 393

Die Austilgung der Sünde aus dem Universum

1 E. G. White, ebd. Seite 658
2 H. Lamparter, Die Hoffnung der Christen, Stuttgart 1967, Seite 161
3 E. G. White, ebd. Seite 662

Die Heimat der Erlösten wiederhergestellt

1 E. G. White, Das Leben Jesu, Seite 16
2 E. G. White, Der große Kampf, Seite 677

Abschließende Worte der Offenbarung

1 E. G. White, Aus der Schatzkammer der Zeugnisse, Band 3, Hamburg 1957, Seiten 337. 338
2 P. Ketter in: Herders Bibelkommentar, Band 16 (Die Apokalypse), Freiburg i. Br. 1942, Seite 310
3 W. Barclay, ebd. Seite 253
4 P. Ketter in: Herders Bibelkommentar, ebd. Seite 316

Eingesehene Literatur

Anderson, Roy Allan, Unfolding the Revelation, Mountain View, Cal./USA 1974

Barclay, William, Offenbarung des Johannes, Band 1 u. 2, Wuppertal 1970

Bengel, Johann Albrecht, Gnomon, Band 2, II. Teil, (Ost-) Berlin 1952

Conradi, L. R., Prophetischer Ausblick auf Zeit und Ewigkeit, Hamburg 1919

Dächsels Bibelwerk, Band 7, Leipzig 1881

Eberhardt, Walter, Wege und Irrwege der Christenheit, (Ost-)Berlin 1968

Eberhardt, Walter, Reformation und Gegenreformation, (Ost-)Berlin 1973

Frey, Hellmuth, Das Ziel aller Dinge, Stuttgart 1953

Froom, L. E., The Prophetic Faith of our Fathers, Washington D.C. 1950

Hartenstein, Karl, Der wiederkommende Herr, Stuttgart 1940

Heinz, H., Zwischen Zeit und Ewigkeit, Wien 1966

Hernegger, Rudolf, Macht ohne Auftrag, Olten und Freiburg i. Br. 1963

Heussi, Karl, Kompendium der Kirchengeschichte, (Ost-)Berlin 1957

Jenni/Westermann, Theol. Handwörterbuch zum Alten Testament, München 1971

Ketter, Peter, Die Apokalypse, Band XVI/2 in „Herders Bibelkommentar“, Freiburg i. Br. 1942

Kobs, Hermann, Gottes Geheimnis offenbart, Hamburg 1969

Lamparter, Helmut, Prophet wider Willen, Stuttgart 1964

Lamparter, Helmut, Die Hoffnung der Christen, Stuttgart 1967

Langenberg, Heinrich, Die prophetische Bildsprache der Apokalypse, Metzingen/Württ.

Lehre und Leben der Siebenten-Tags-Adventisten, Grundbegriffe von A–Z, (Ost-)Berlin 1975
Lilje, Hanns, Das letzte Buch der Bibel, Hamburg 1961
Neues Testament Deutsch, Band 11, Die Offenbarung des Johannes, erklärt von Johannes Behm, Göttingen 1949
Pohl, Adolf, Die Offenbarung des Johannes, 1. u. 2. Teil, (Ost-)Berlin 1974
Reisner, Erwin, Das Buch mit den sieben Siegeln, Göttingen 1949
Rienecker, Fritz, Lexikon zur Bibel, Wuppertal 1972
Schmidt, Kurt Dietrich, Kirchengeschichte, Göttingen 1963
Schneider, Johannes, Die Offenbarung Jesu Christi, Basel 1945
Seiß, J. A., Die Offenbarung Jesu Christi, Band I u. II, Neumünster
The Seventh-day Adventist Bible Commentary, Volume 7, Washington D.C. 1957
Smith, Uriah, Gedanken über Daniel und die Offenbarung, Mountain View, Cal./USA 1897
Theologisches Begriffslexikon zum Neuen Testament, Wuppertal 1972
Were, Louis, The Woman and the Resurrected Beast, 1973
White, E. G., Das Leben Jesu, Hamburg 1974
White, E. G., Von Jerusalem nach Antiochien – Aus dem Leben und Wirken der Apostel, (Ost-)Berlin 1972 und 1974
White, E. G., Der große Kampf zwischen Licht und Finsternis, (Ost-)Berlin 1976
White, E. G., Patriarchen und Propheten, Hamburg 1973
White, E. G., Propheten und Könige, Hamburg 1975
White, E. G., Testimonies for the Church, Bände 1–9, Mountain View, Cal./USA 1948

Deine Zeit ist meine Zeit

Der biblische Ruhetag als Chance für den modernen Menschen

Samuele Bacchiocchi

320 Seiten, Paperback
Farbiger Umschlag, Format 14 × 21 cm

Samuele Bacchiocchi promovierte als erster Nichtkatholik an der Gregoriana, der Päpstlichen Universität in Rom, mit einer Arbeit über den Sabbat – FROM SABBATH TO SUNDAY – zum Doktor der Theologie („summa cum laude"). Heute ist S. Bacchiocchi als Bibellehrer an der adventistischen Andrews-Universität in Berrien Springs (USA) tätig. Mit diesem, seinem zweiten Buch legt er eine umfassende Studie über ein Grundthema biblischen Glaubens vor, wie es sie bisher kaum gegeben hat.

Sabbat oder Sonntag – die Kontroverse ist alt. In diesem Buch finden wir ein neues, tieferes Verständnis für den biblischen Ruhetag, den Gott mit der Schöpfung eingesetzt hat. In keiner Phase geht es dem Verfasser um gesetzliches Denken oder Handeln etwa mit der Absicht, das Reich Gottes durch eigene Leistung zu verdienen. Vielmehr begreift er den Sabbat als Chance, inmitten der Unruhe Geborgenheit zu finden und Frieden mit Gott zu haben.

Millionen von Christen in aller Welt feiern den biblischen Sabbat. Dieses Buch zeigt die Gründe, warum die Feier des Sabbats keine Sache von gestern ist. Gerade dem modernen Menschen bietet der Ruhetag eine Gelegenheit, sich aus dem Alltag zur Begegnung mit seinem Schöpfer herauszulösen. Ein außergewöhnliches Buch, das dazu anregt, neu über ein altes biblisches Thema nachzudenken.

ADVENT-VERLAG · HAMBURG

Leben mit Christus

Eine Serie in 10 Heften
von Morris L. Venden

Je Heft 20–24 Seiten

1 – Die Frage, die alles entscheidet
2 – Ein erstaunlicher Gott
3 – Aufgeben?
4 – Er läßt sich finden
5 – Glaubenskampf – Glaubenskrampf?
6 – So kann ich leben
7 – Vertrauen lernen
8 – Es tut mir leid. Wirklich?
9 – Wenn ich nicht mehr weiter weiß
10 – Für andere da sein

Hattest du schon einmal das Gefühl, daß Gott dich allein läßt? Empfindest du Religion manchmal als eine Art Zwangsjacke? Von Christen erwartet man, daß sie leben, wie Jesus gelebt hat. Bedeutet das auch für dich bisweilen, das Unmögliche versuchen zu wollen, das dir um so weniger gelingt, je mehr du dich anstrengst?

Mutet uns Gott zuviel zu, oder haben wir ihn vielleicht nicht richtig verstanden?

Erfülltes Leben mit Christus – das wünschen wir uns alle. Diese Serie legt darauf das Hauptgewicht. Mißverständnisse im Glauben werden geschildert. Der Autor spricht aus eigener Erfahrung als Christ und als Prediger.

ADVENT-VERLAG · HAMBURG

Alle Bücher zu beziehen durch:

Saatkorn-Verlag GmbH — D-2000 Hamburg 13, Grindelberg 13–17
Advent-Verlag — CH-3704 Krattigen
Wegweiser-Verlag GmbH — A-1090 Wien, Nußdorfer Straße 5

Zwischen Zeit und Ewigkeit

H. Heinz

296 Seiten
Fester Einband
Format 12,2 x 19 cm

Wir leben in einer außergewöhnlichen Zeit, in der sich die Ereignisse förmlich überstürzen. Kaum vergeht ein Tag, an dem nicht die Schreckensnachricht von einer Naturkatastrophe, menschlichem Versagen, einem Terroranschlag oder Äußerungen prominenter Wissenschaftler und führender Staatsmänner die Weltöffentlichkeit aufhorchen lassen. Ernste Menschen nehmen das bewußt wahr und stellen sich die Frage: Wohin soll das führen?

WEGWEISER-VERLAG
WIEN

Kein Tod mehr!

Wann beginnt das ewige Leben?

Gustav Tobler

272 Seiten
Vierfarbiger Einband
Format 14 x 20 cm

Die Frage nach dem Sterben und dem, was danach kommt, bewegt immer mehr Menschen. Ist mit dem Tode alles aus? G. Tobler versucht eine ausführliche biblische Antwort auf die Frage nach den Rätseln des Todes zu geben und setzt sich in diesem Zusammenhang auch mit mancherlei Formen des Jenseitsglaubens auseinander. Er zeigt, daß die Feststellung „Kein Tod mehr!" nicht nur eine belanglose Floskel ist, sondern lebendige Wirklichkeit. Jesus Christus hat den Tod besiegt. Seine Auferstehung steht im Zentrum der christlichen Verkündigung. Von daher entfaltet der Autor seine Überzeugung, daß eine Zeit sein wird, da es den Tod nicht mehr gibt. Ein Buch voller Glauben, Trost und Hoffnung.

ADVENT-VERLAG
KRATTIGEN